浙江省哲学社会科学规划重点课题成果

新中国经济与
科技政策演变研究

RESEARCH ON THE EVOLUTION OF
NEW CHINA'S ECONOMIC
AND TECHNOLOGICAL POLICIES

张琼妮　张明龙　著

中国社会科学出版社

图书在版编目(CIP)数据

新中国经济与科技政策演变研究/张琼妮，张明龙著.—北京：中国社会科学出版社，2017.5
ISBN 978-7-5203-0426-9

Ⅰ.①新… Ⅱ.①张…②张… Ⅲ.①中国经济—经济政策—研究②科技政策—研究—中国 Ⅳ.①F120②G322.0

中国版本图书馆 CIP 数据核字(2017)第 109476 号

出 版 人	赵剑英	
选题策划	刘 艳	
责任编辑	刘 艳	
责任校对	陈 晨	
责任印制	戴 宽	

出　版	中国社会科学出版社	
社　址	北京鼓楼西大街甲 158 号	
邮　编	100720	
网　址	http://www.csspw.cn	
发 行 部	010-84083685	
门 市 部	010-84029450	
经　销	新华书店及其他书店	
印　刷	北京明恒达印务有限公司	
装　订	廊坊市广阳区广增装订厂	
版　次	2017 年 5 月第 1 版	
印　次	2017 年 5 月第 1 次印刷	
开　本	710×1000　1/16	
印　张	30	
插　页	2	
字　数	468 千字	
定　价	138.00 元	

凡购买中国社会科学出版社图书，如有质量问题请与本社营销中心联系调换
电话:010-84083683
版权所有　侵权必究

目　录

前言 …………………………………………………………………… (1)

第一章　国有企业政策演变研究 ………………………………… (1)
第一节　初创时期的国有企业政策 …………………………… (2)
一　初创时期国有企业的产权政策 ……………………… (2)
二　初创时期国有企业的税收与利润政策 ……………… (9)
三　初创时期国有企业的收入分配政策 ………………… (11)
四　初创时期国有企业的管理政策 ……………………… (14)
第二节　传统体制下的国有企业政策 ………………………… (18)
一　传统体制下国有企业的产权政策 …………………… (18)
二　传统体制下国有企业的利润与奖金政策 …………… (24)
三　传统体制下国有企业的管理政策 …………………… (27)
第三节　改革开放初期的国有企业政策 ……………………… (36)
一　改革开放初期国有企业的产权政策 ………………… (36)
二　改革开放初期国有企业的利润与税收政策 ………… (42)
三　改革开放初期国有企业的收入分配政策 …………… (48)
四　改革开放初期国有企业的管理政策 ………………… (50)
第四节　社会主义市场经济时期的国有企业政策 …………… (55)
一　社会主义市场经济时期国有企业的产权政策 ……… (55)
二　社会主义市场经济时期国有企业的利润与税收政策 …… (68)
三　社会主义市场经济时期国有企业的薪酬与激励政策 …… (70)

四　社会主义市场经济时期国有企业的管理政策……………（72）

第二章　财税政策演变研究……………………………………（78）
第一节　改革开放前的财税政策……………………………（79）
　　一　改革开放前的财政体制及管理政策…………………（79）
　　二　改革开放前的税收政策………………………………（86）
　　三　改革开放前的预算政策………………………………（91）
第二节　改革开放初期的财税政策…………………………（94）
　　一　改革开放初期的财政体制及管理政策………………（94）
　　二　改革开放初期的税收政策……………………………（99）
　　三　改革开放初期的预算政策……………………………（110）
第三节　社会主义市场经济时期的财税政策………………（114）
　　一　社会主义市场经济时期的财政体制及管理政策……（114）
　　二　社会主义市场经济时期的税收政策…………………（123）
　　三　社会主义市场经济时期的预算会计政策……………（134）

第三章　金融政策演变研究……………………………………（140）
第一节　改革开放前的金融政策……………………………（141）
　　一　统一组织和调节货币流通的政策……………………（141）
　　二　集中统一管理信贷资金的政策………………………（144）
　　三　集中统一管理基本建设资金的政策…………………（148）
第二节　改革开放初期的金融政策…………………………（156）
　　一　实施重塑金融微观基础的政策………………………（156）
　　二　实施加快金融市场培育和发展的政策………………（160）
　　三　实施改革金融宏观调控体系的政策…………………（164）
第三节　社会主义市场经济时期的金融政策………………（170）
　　一　制定金融体制改革的方针政策………………………（170）
　　二　推进优化金融微观基础的政策………………………（172）
　　三　进一步加强金融法律体系建设………………………（176）

第四章　就业政策演变研究 (182)

第一节　改革开放前的就业政策 (182)
一　改革开放前就业政策的演进 (182)
二　改革开放前就业政策的主要特征 (188)
三　改革开放前就业政策的成效与弊端 (190)

第二节　改革开放初期就业政策的演进 (194)
一　外围层次改革阶段的就业政策 (194)
二　内圈层次改革阶段的就业政策 (197)
三　核心层次改革阶段的就业政策 (199)
四　硬核层次改革阶段的就业政策 (202)

第三节　社会主义市场经济条件下就业政策的变动趋势 (204)
一　实施下岗和失业职工的再就业工程 (204)
二　制定规范劳动力市场运行的新政策 (210)
三　进一步完善适应社会主义市场经济的就业政策 (215)

第五章　工资政策演变研究 (227)

第一节　改革开放前的工资政策 (227)
一　新中国成立初期的收入分配政策 (227)
二　开始建立新型工资等级制度 (232)
三　开展首次全国性工资制度改革 (236)
四　计划经济体制下的工资调整政策及特征 (241)

第二节　改革开放初期工资政策的变动 (243)
一　改革开放初期局部调整工资的政策 (243)
二　恢复发展奖励和计件工资制度 (247)
三　开展第二次全国性工资制度改革 (251)

第三节　社会主义市场经济条件下工资政策的变动 (254)
一　开展第三次全国性工资制度改革 (254)
二　进行第四次全国性工资制度改革 (260)
三　实施第五次全国性工资制度改革 (263)
四　新体制下推进工资政策创新的展望 (267)

第六章 宏观调控政策演变研究 (270)

第一节 走向计划经济时期的宏观调控及其政策 (270)
一 第一次宏观调控的最初应急对策 (271)
二 第一次宏观调控运用的财政政策 (273)
三 第一次宏观调控运用的货币政策 (278)
四 第一次宏观调控运用的投资政策和收入政策 (280)
五 第一次宏观调控期间各年取得的主要成果 (284)

第二节 计划经济体制下的宏观调控及其政策 (285)
一 第二次宏观调控及其主要对策 (285)
二 第三次宏观调控及其主要对策 (289)
三 第四次宏观调控及其主要对策 (292)

第三节 走向市场经济时期的宏观调控及其政策 (300)
一 第五次宏观调控及其主要对策 (300)
二 第六次宏观调控及其主要对策 (303)
三 第七次宏观调控及其主要对策 (308)
四 第八次宏观调控及其主要对策 (312)
五 第九次宏观调控及其主要对策 (315)
六 第十次宏观调控及其主要对策 (318)

第七章 知识产权政策演变研究 (322)

第一节 制定和完善保护商标的政策法规 (323)
一 制定保护商标的政策法规 (323)
二 完善保护商标的政策法规 (326)

第二节 制定和完善保护专利的政策法规 (336)
一 制定保护专利的政策法规 (336)
二 完善保护专利的政策法规 (343)

第三节 制定和完善保护著作权的政策法规 (364)
一 制定保护著作权的政策法规 (364)
二 完善保护著作权的政策法规 (373)

目录

第四节　完善保护知识产权的其他政策法规 …………… （381）
　一　制定保护知识产权的其他相关法规条例 ………… （381）
　二　通过修订科技进步法来完善知识产权政策 ……… （388）
　三　实施国家知识产权战略 …………………………… （391）

第八章　科技创新政策演变研究 ……………………………… （394）

第一节　中长期科学和技术发展规划的演进 …………… （395）
　一　中长期科学和技术发展规划概述 ………………… （395）
　二　新近国家中长期科学和技术发展规划的基本内容 …… （402）
　三　国家科技创新规划的基本内容 …………………… （408）

第二节　进一步完善推动科技进步的政策法规 ………… （413）
　一　实施科技发展专项计划 …………………………… （413）
　二　修订科学技术进步法 ……………………………… （422）
　三　完善科学技术奖励政策 …………………………… （428）

第三节　完善科技成果转化的政策法规 ………………… （430）
　一　颁布促进科技成果转化和推广应用的政策法规 … （430）
　二　发布建立国家高新技术产业开发区的政策 ……… （435）
　三　制定国家高新技术产业开发区发展规划 ………… （440）

第四节　科技信用管理政策的演进 ……………………… （443）
　一　制定科技信用管理政策的必要性 ………………… （443）
　二　制定科学基金领域的信用管理政策 ……………… （444）
　三　科技部牵头制定规范科技人员行为的信用政策 … （446）
　四　在国家科技计划管理中不断完善科技信用政策 … （450）
　五　推进科技信用管理政策体系建设的展望 ………… （453）

参考文献 ………………………………………………………… （459）

后记 ……………………………………………………………… （465）

前　言

　　政策通常指党和国家为实现一定历史时期的路线和任务而制定的行动准则。它主要包括：（1）党和国家根据经济社会发展需要制定的纲领和规划；（2）政府根据经济社会运行特点和管理需要，制定的各项具体政策；（3）政府根据特定时期的路线方针，按照立法要求，通过法定程序，颁布各种法律、法令、条例和规定，并相应形成各种制度和章程等。

　　各个具体政策都在一定范围内，一定过程中，发挥着一定的作用，它们都会对社会经济的发展产生一定影响力。当然，这些具体政策的影响力并不完全等同，它们存在高低不同的层次差别，存在大小不等的范围差别，还存在长短不一的作用时限差别。在现实经济生活中，各种具体政策，总是存在于一个有机组合而成的政策体系中，并以多元化的政策体系整体合力的形式，对调节对象产生作用。

　　在多元化的政策体系中，各个具体政策不是同一平面上的几条直线，而是一个互相配合、互相交错的运动立体，一个互相依存、互相制约的有机整体。也就是说，在整个影响社会经济发展的政策体系内，"有无数互相交错的力量，有无数个力的平行四边形"[①]。

　　促进社会经济发展的多元化政策体系，尽管其内含的具体政策纷繁庞杂，但从系统性角度分析，可大体归并为三类：（1）微观管理系统政策，由促进社会经济发展的企业政策、企业技术改革与创新政策、产品政策、企业发展激励政策等组成，主要从微观角度提高经济活动主体

[①]《马克思恩格斯选集》（第4卷），人民出版社1972年版，第478页。

的发展与创新能力。（2）宏观管理系统政策，由促进社会经济发展的产业政策、财税政策、货币信贷政策、固定资产折旧政策、土地政策和人才政策等组成，主要从宏观角度加强经济活动主体的发展与创新活动。（3）科技管理系统政策，由促进社会经济发展的科技创新政策、科技信用政策和知识产权政策等组成，它们通常可以直接推动和加强经济活动主体的创新活动。

在现代经济活动中，特别是出现了网络环境后，一个健全的多元化经济政策体系，可以自动利用众多的信息点、便捷的沟通渠道，以及功能强大的公共平台，及时调整其内含的各类政策要素，使它们形成强大的矢量合力和导向机制，促使经济活动主体积极参与市场竞争活动，并取得预期的效果。这种政策体系，通常具有以下几个主要作用特点。

（1）导向性。对于亟须发展的高技术产品和新兴行业，多元化经济政策体系将通过整合内含政策，聚集方向相同的作用力，定向产生特别有利于高技术产品研发者、新兴产业创办人的经济结果，促使这些高技术产品、新兴产业或关键部门，向着预定目标稳定而迅速地发展。

（2）遏制性。对于应限制发展的低技术产品和落后行业，多元化经济政策体系也会通过整合内含政策强制力，发挥遏制性功能，在适当范围内适时适度地造成不利于低技术产品生产者，不利于落后行业从业者的经济结果，从而及时淘汰一些落后产品和落后企业。

（3）协调性。有的原料产地、投资场所或销售市场，由于某些特殊条件，能够获得较多经济收益。它们往往会吸引不同区域、不同部门、不同所有制的企业一起涌入，可能会因此造成无序竞争。这时，政府可以通过运用各种调控措施，促使多元化经济政策体系合理调整作用力，从而形成有方向地协调各种不同企业的进入比例，使之趋向最佳组合，获取最佳宏观经济效益。

在多元化经济政策体系中，内含的各个具体政策都有特定的调节对象。它们存在着许多差别：在功能上，有的属于鼓励性的，有的则是限制性的；在效果上，有的以扩张形式表现出来，有的则通过收缩来完成任务；在时间上，出台顺序有先有后，制定所需的时间有长有短；在范围上，有的对整个区域或整个部门发挥作用，有的作用范围仅仅局限于某个企业甚至某个产品；在依存条件上，有的是存在于经济稳定持续发展状态中的，有的却存在于经济剧烈波动出现下滑状态中的。

在多元化经济政策体系内，各个政策在调节自己的特定对象时，不是以孤立的形式，而是以整个政策体系构成部分的形式发生作用。它在产生自身强制力的同时，又与其他政策的强制力融合起来，既体现自身政策机制的调节功能，又反映别的政策机制的调节要求。所以，各项政策总是以合力形式发挥调节作用。在政策合力形成的过程中，只有方向一致的作用力，才能通过矢量相加产生更大的合力。如果它们的作用力方向相反，其矢量相加的结果，只能产生较小的力量，甚至由于完全抵消而没有任何效果。例如，对于某项经济活动，如果有些政策是鼓励的，而另外一些政策是限制的，那么它们的作用力就会相互抵消，既无法产生预定的鼓励效果，也难以收到应有的限制作用。

健全多元化经济政策体系，不是一项简单的工作，而是一个系统工程。首先，必须根据促进经济活动的具体要求，制定、充实和完善各个单项政策。接着，在单项政策的基础上，分别理顺微观管理系统政策体系、宏观管理系统政策体系和科技管理系统政策体系。然后，三大系统政策，通过系统内部各种政策要素融合，形成系统内统一的政策机制；再通过各个系统政策机制之间的相互融合，形成一个浑然一体的经济政策体系融合制约机制，并由这种融合制约机制对经济活动主体的行为产生综合调节作用。

为此，应该根据一定时期经济运行的实际需要，制定促进经济发展的统领性政策，使其能够对整个经济活动，发挥总控制、总协调的作用。制定促进经济发展的系统性政策，努力通过系统载体扩大政策的作用范围，使其能够覆盖一定空间内各个系统的创新活动。制定促进经济发展的多样性政策，不断提高政策调节机制的针对性，使不同类型的经济主体都能加强发展与创新。制定促进经济发展的互补性政策，充实和完善不同系统、不同范围和不同时差经济政策的功能，使它们能够发挥更好的调节效果。制定促进经济发展的交替性政策，抓紧推出体现新目标的新政策，及时取代已经过时的旧政策，使政策具有强烈的时代性特点，能够按照时代要求促进经济的发展与创新。

新中国成立以来,国民经济经历了多次快速发展和繁荣,也经历了多次紧张波动与回落,相应地进行过多次调整、改革与创新,并推出各种相关的具体经济政策,形成不同阶段的多元化经济政策体系。系统考察这些经济政策的内涵及其产生原因,进而揭示我国经济政策体系的变化规律,对于早日建成适应社会主义市场经济的政策体系,有着重要的理论价值和实践意义。

本书以新中国成立为起点,依据时间进展为线索,由纵向角度系统考察经济政策与科技政策的演变过程。为了便于研究,把整个时间大体分成三个阶段:改革开放前或传统体制阶段、改革开放初期、建立社会主义市场经济时期。当然,这种时间的划分,要服从于内容研究的需要,没有固定的绝对界限,有的根据需要可能会往前或往后延伸一两年,有的可能会把一个阶段再细分成两个阶段,如把改革开放前阶段又分为新中国成立初期、计划经济时期,还有的可能对三个阶段不作明确区分。本书由八章组成,各章内容梗概大体如下。

第一章 国有企业政策演变研究

新中国成立后,通过增加基本建设投入、没收官僚资本和敌伪财产,赎买资本主义工商业资产等政策,使国有企业迅速成长为国民经济的主导力量,并建立起高度集中的计划经济体制。作为计划经济体制微观基础的国有企业,经过一段时间的快速发展,逐步暴露出缺乏活力、效率低下等弊端。于是,多次调整管理政策,一会儿产权下放,一会儿产权上收,然而见效甚微,关键是难以突破高度集中的体制框架。直到实施改革开放政策,国有企业经历了扩大自主权,实施所有权与经营权两权内部分离的承包制,走向两权外部分离的公司制,羽化为社会主义市场经济的微观基础,同时依据商业类和公益类的功能差别,继续推进改革与发展,努力实现国有资本保值增值,并不断提高公共服务效率和能力。

第二章 财税政策演变研究

本章主要考察财政政策、税收政策和预算政策的演变过程。改革开放前,我国财政政策由统一领导和分级负责方式,转变为适当分权,收支包干等办法；税收政策有合并税种，简化征税，试行下放管理权等举措；预算政策是为建立和健全国家预算制度，制定相关法规条例。改革开放初期，财政政策以各种形式的分级包干为基本特征；税收政策着重围绕工商税制改革研究制定一系列政策性文件；预算政策主要在实行预算包干的基础上加强预算外资金管理。社会主义市场经济时期，财政政策以分税制改革为主线，出台一系列配套措施；税收政策通过制定和修改各种税收法规，建立新型税制；预算政策从规范预算工作入手，逐步健全财政总预算会计制度。

第三章　金融政策演变研究

新中国通过创建中国人民银行，在全国建立以人民币为本位币的统一货币体系，建立分支机构垂直领导的银行组织机构，形成集中统一的国家银行体系，进而形成与计划经济体制相适应的金融体制，并由其对货币现金、信贷资金和基本建设资金等，实施集中统一管理和调度的金融政策。金融体制改革初期，主要采取重塑金融微观基础、加快金融市场培育和发展以及改革金融宏观调控体系等政策。进入社会主义市场经济时期，金融政策的变动趋势主要表现为，制定金融体制改革的基本方针，推进金融微观基础不断优化，进一步加强金融法律体系建设。

第四章　就业政策演变研究

由纵向角度考察我国就业政策的演变历程，可以发现，就业政策是宏观经济政策的重要组成部分。它是由经济体制决定的，有什么样的经济制度，就有什么样的就业政策。改革开放以来，我国就业政策从抛弃统包统配方式开始，逐步打破固定工用工模式，改革指令性劳动计划体制，全面推进劳动、就业和用工政策创新。它确立的目标，是建立政府宏观调控的市场竞争就业机制。此后，围绕这一目标，制定规范劳动力市场运行的新政策，并出台了进一步做好就业和再就业工作、加强高校毕业生就业、解决农民工问题，以及促进残疾人就业等新政策。可以预计，我国的就业政策，将会沿着既有的目标指向继续推进创新，从而更加合理地配置劳动力资源。

第五章　工资政策演变研究

我国通过制定统一标准的全国性工资创新政策，把供给制全部转化为工资制，并把旧社会遗留的不合理工资制改造为体现按劳付酬原则的新工资制。改革开放初期，运用结构工资制政策，力图消除原有工资制中存在的平均主义和其他不合理因素，但由于尚未建立有效的工资调控机制，收效甚微。随着改革开放的深入发展，所有制结构发生了很大变化，公有制实现形式呈现多样化；非公有制经济迅速发展，已成为社会主义市场经济的重要组成部分。以公有制为主体、多种经济成分并存的经济制度，形成了以按劳分配为主的多元分配格局，出现了多种利益主体，逐步打破了传统的分配体制。社会主义市场经济条件下，工资政策发生了较大变动，其主要做法是，坚持兼顾效率与公平的导向，努力理顺个人收入分配关系，逐步建立合理的工资调控机制和正常的增长机制。

第六章　宏观调控政策演变研究

第一次宏观调控，尽管是为建立计划经济制度服务的，但其政策立足于市场经济，除了适度使用行政手段外，主要依靠经济手段和相应的法律手段。计划经济体制下的三次宏观调控，尽管所处背景不大一样，但其政策治理对象基本相似，重点都是抑制扩张冲动，缓解投资饥渴。从计划经济走向市场经济的六次宏观调控，通过其政策演变趋势看，我国政府对经济发展进行宏观调控的自觉性逐步增强，有效性不断提高，特别是对调控时机、调控力度和调控手段的把握更加准确。这一时期宏观调控政策和特点表现为，直接调控和间接调控并存，行政调控、经济调控与法律调控同用，总量调控跟结构调控并重；直接调控、行政调控和总量调控方面的政策力度渐趋减弱，间接调控、经济和法律调控、结构调控方面的政策力度日益增强。

第七章　知识产权政策演变研究

新中国从成立初期，就开始制定保护商标等政策法规，但当时并没有充分认识到知识产权的重要性。随着改革开放的推进，发明创造成果不断涌现，知识产权的作用日益彰显。为加强知识产权保护工作，我国先后推出《商标法》《专利法》和《著作权法》等重要政策法规。加入世界贸易组织后，根据《保护工业产权巴黎公约》《与贸易有关的知识产权协议》等国际文件规定，同时为合理解决国际贸易中知识产权争端问题的需要，我国对现行知识产权政策法规作出多次修改，使其逐步与国际知识产权制度实现整体接轨。接着，知识产权政策的演变趋势是，强调走具有本国特色的自主创新道路，加快创新型国家建设，实施《国家知识产权战略纲要》，并以此全面提升知识产权综合能力，实现创新驱动发展，推动经济提质增效升级。

第八章 科技创新政策演变研究

我国自20世纪50年代中期开始，制定和实施中长期科技发展规划，先后形成11个全国科学技术发展规划纲要，牢牢把握我国科技发展的战略方向和发展重点，并运用科技发展专项计划，确保完成中长期科技发展规划任务，从而大大增强科技政策创新的导向功能。同时，制定、修订科学技术进步法，完善科学技术奖励政策，并使它们与科技发展中长期规划和专项计划一起，共同推动全社会的科技进步。在此基础上，为促进科技成果转化和推广应用，我国颁布了一系列与促进科技成果转化相关的政策法规，还发布建立国家高新技术产业开发区的政策，制定国家高新技术产业开发区发展规划，进一步促进高新技术成果的商品化和产业化。另外，通过制定科学基金领域的信用管理政策，制定规范科技人员行为的信用政策，在国家科技计划管理中不断完善科技信用政策，倡导实事求是和不断创新的科学精神，逐步建立符合国际惯例的社会诚信体系，引导科技人员恪守学术道德，坚守社会责任。

张琼妮　张明龙
2017年2月3日

第一章　国有企业政策演变研究

新中国成立初期，国有企业政策的核心内容，是确定采取全民所有制产权形式，以基本建设投资、没收官僚资本和改造民族资本作为其资产的主要来源。同时，通过制定国有企业产权清理和重组、税收与利润、收入分配和企业管理等一系列配套政策，促使国有企业迅速成长为国民经济的主导力量，以及计划经济的坚实微观基础。在高度集中的传统体制下，国有企业随着宏观经济的波动而大起大落，特别是由于缺乏自主权，导致效率低下。为了促使国有企业增强活力，政府交替变动产权下放与产权上收政策，并采用企业利润分成、提取企业奖金、增加福利补助费等措施，以及加强企业流动资金、成本计划和财务管理政策，然而，都没有实现预期目标。究其原因，在于没有触动高度集中的计划经济体制。进入改革开放时期，开始松动僵化的传统体制模式，对国有企业采取行政性分权、放权让利等改革方案。接着，根据所有权与经营权两权内部分离的思路，对国有企业实施承包制改革。但是，实践表明，承包制并不是国有企业改革的方向。于是，按照所有权与经营权两权外部分离的思路，制定建立现代企业制度的产权改革方案，并制定产权清理、评估、重组和转让等相关政策，以及利润与税收、薪酬与激励、资产与财务管理等配套政策，经过不懈的努力，大多数国有企业制度改革取得明显成效，已转化为社会主义市场经济的微观基础。近年，又提出分类推进国有企业制度改革，使商业类国有企业以实现国有资产保值增值为主要目标，公益类国有企业以提供公共产品和服务为主要目标，从而促进国有企业全面融入市场经济，使其在不断增加自身收益的同时全面提高社会效益。

第一节　初创时期的国有企业政策

一　初创时期国有企业的产权政策

（一）国有财产产权概述

1. 我国国有财产的主要来源。

我国国有财产，从其产权创建与形成过程可以看出，主要来自以下几方面：没收官僚资本和敌伪财产，赎买民族资产阶级工商业资产，依法没收的其他财产，依法宣布属于国有财产的自然资源，依法认定和接收的无主财产和无人继承的财产，国家通过经济建设对企业投资形成的财产，国家对行政事业单位拨款形成的财产，接受国内外赠与的财产等等。①

2. 国有财产产权的基本特征。

国有财产的产权主体是国家，财产在法律上属于国家所有，它的基本特征主要包括：

（1）具有独占权和排他性。理论讨论中不少人把国有产权看作公共产权，实际上两者不尽相似。国有产权不同于公共产权之处主要表现为，国家作为产权主体，不同于公众作为产权主体，它可以独占或垄断自己拥有的财产。

（2）没有国家授权，任何单位或个人不得动用。国有产权的使用对公众具有排他性，没有国家授权，任何单位或个人不得占有、使用和处置国有财产。

（3）国家始终拥有收益权，特别是剩余索取权。国有财产的收益权特别是剩余索取权，始终掌握在国家手中，而不是分散于公众。任何单位或个人，未经国家许可都不得私自攫取国有财产的利益。

（4）政府代理国家行使国有企业产权。国有财产的运营实行代理制，代理行使产权者，是政府而不是公众。政府代理国家行使国有企业

---

① 张明龙：《企业产权的演进与交易》，企业管理出版社2012年版，第58—59页。

产权时，可在契约基础上建立委托代理关系，由职业经理去经营。

3. 国有企业及其产权特点。

国有企业，通常表现为一个国家各级政府投资或参与控制的企业。它的产权，是国有财产产权的重要组成部分，法律上属于国家所有，并由政府来具体实施其产权运行。所以，国有企业的行为，取决于政府的意志和利益。国有企业是一种生产经营组织形式，与其他企业一样，具有营利法人的特点，它的营利性体现为追求国有财产的保值和增值。同时，国有企业又具有公益法人的特点，这是其区别于其他企业的显著标志，它的公益性体现为创建国有企业通常是为了实现国家调节经济的目标，起着协调国民经济各个方面发展的作用。

(二) 确定国有企业产权性质的政策

1949年10月1日，毛泽东主席发布政府《公告》。《公告》指出，中央人民政府一致决议接受《中国人民政治协商会议共同纲领》（以下简称《共同纲领》）为本政府的施政方针。《共同纲领》第28条规定，国营经济为社会主义性质的经济。凡属有关国家经济命脉和足以操纵国民生计的事业，均应由国家统一经营。凡属国有的资源和企业，均为全体人民拥有的财产，为人民共和国发展生产、繁荣经济的主要物质基础和整个社会经济的领导力量。这表明，国有企业产权具有社会主义性质，将采取全民所有制形式，它控制国民经济命脉，对经济发展起主导作用。

(三) 制定国有企业产权来源政策

1. 通过经济建设形成国有企业产权。

《共同纲领》指出，将把重工业作为重点，有计划有步骤地恢复和发展矿业、钢铁业、动力工业、机器制造业、电器工业和主要化学工业等，以创立国家工业化的基础。同时，将恢复和增加纺织业及其他有利于国计民生的轻工业的生产，以供应人民日常消费的需要。还指出，将迅速恢复并逐步增建铁路和公路，疏浚河流，推广水运，改善并发展邮政和电信事业，有计划有步骤地建造各种交通工具和创办民用航空。这表明，国家将通过大规模的经济建设，迅速发展重工业、轻工业、交通运输业和邮电业等，并由此创建一大批国有企业。

1950年3月3日，政务院发布的《关于统一国家财政经济工作的决定》规定，国有企业分为三种：一是属于中央人民政府各部直接管理者；二是属于中央人民政府所有，暂时委托地方人民政府或军事机关管理者；三是划归地方人民政府或军事机关管理者。依此标准，责成政务院财政经济委员会划清现有各类国有企业的管理责任，并制定对这些企业投资贷款的条例，从而厘清国有企业之间不同投资主体的产权关系。

2. 通过没收官僚资本形成国有企业产权。

《共同纲领》第3条规定，中华人民共和国必须取消帝国主义国家在中国的一切特权，没收官僚资本归国家所有。这表明，国有企业产权的一部分，来自于收回由帝国主义国家特权形成的财产，以及没收的官僚资本。

1951年2月4日，政务院发出《关于没收战犯、汉奸、官僚资本主义及反革命分子财产的指示》。该文件对公私合营企业和私营企业中含有战犯、汉奸、官僚资本家的股份和财产，以及一般土匪、特务、恶霸和反革命分子的股份和财产，如何进一步做好没收工作，做出具体规定。这些没收后归国家所有的股份和财产，是国有企业产权的重要来源之一。

同日，政务院公布《企业中公股公产清理办法》，规定通过指定主管机关进行清理，把没收的敌伪资产和官僚资本，转化为国有企业产权。列入清理的产权形式主要包括：（1）国民党政府及其国家经济机关、金融机关等在企业中的股份及财产；（2）前敌国政府及其侨民在企业中的股份及财产；（3）业经依法没收归公的战犯、汉奸、官僚资本家等在企业中的股份及财产，以及其他依法没收归公的股份及财产。同时规定，经过清理之后，把这些资产转作公股，与新中国成立后人民政府及国家经济机关、企业法人对企业投资形成的资产一起，合并为国有企业产权。

3. 通过改造民族资本形成国有企业产权。

把民族资本改造为国有企业产权，是运用"和平赎买"政策，通过国家资本主义形式来完成的。《共同纲领》第31条指出，国家资本与私人资本合作的经济为国家资本主义性质的经济。在必要和可能的条件下，应鼓励私人资本向国家资本主义方向发展，例如，为国家企业加工，或与国家合营，或用租借形式经营国家的企业，开发国家的资源等。

1950年5月，中财委召开七大城市工商局长会议，着重研究了调整工商业的公私关系问题。会议指出，对私营企业，根据国家的需要和可能，一年组织两次加工订货，促进出口滞销物资流转，指导私营企业联营，国家根据可能进行必要的收购，并根据不同情况制定加工费标准。自此开始，经过委托加工、计划订货、统购包销、委托经销代销等一系列从初级到高级的国家资本主义过渡形式后，促使部分民族资本家的私营企业，转变为公私合营企业。

1954年9月2日，政务院公布《公私合营工业企业暂行条例》，对公私合营工业企业应遵循的原则、公私双方的股份、合营企业的经营管理、盈余分配、董事会和股东会议以及领导关系等作了具体的规定。其中，对盈余分配的规定是：股东股息红利，加上董事、经理和厂长等人的酬劳金，共可占到全年盈余总额的25%左右；企业奖励基金，参照国营企业的有关规定和企业原来的福利情况适当提取；发付股东股息红利和提取企业奖金后的余额，作为企业公积金。并规定，公股分得的股息红利，应当依照规定上缴；私股分得的股息红利，由股东自行支配。此外，还分别规定了企业公积金和企业奖励金的用途，公积金主要用于发展生产，奖励金应以举办职工集体福利设施和奖励先进职工为主。

1956年2月8日，国务院同时公布了3个文件：《关于在公私合营企业中推行定息办法的规定》《关于私营企业在合营时财产清理估价几个主要问题的规定》和《关于目前私营工商业和手工业的社会主义改造中若干事项的规定》。这些文件的主要内容是：（1）确定企业在公私合营时期，不论盈亏，按季付给私股股东以股息。私股股息率的幅度为1—6厘。（2）根据"公平合理、实事求是"的原则，采取"从宽处理"和"尽量了结"的方针，对公私合营后原私营企业的机器、设备、房屋、土地的估价和公积金、债务等其他财产关系的处理，作了原则性规定。(3)规定私营企业和手工业在社会主义改造的时候,一般应在半年左右时间内照旧生产经营,不要轻易地改变它们原来的生产和运销规律、经营制度和服务制度等,只有在准备充分,经过仔细考察研究、统筹规划的条件下,才能妥善地对它们逐行逐业地进行必要的经济改组、企业改造等工作。

1956年年底,实行公私合营的工业企业,已占原有资本主义工业企业总户数和职工人数的99%,占生产总值的99.6%。全行业公私合营后,采用定息方式,按照公私合营企业的私股股额23亿余元,每年发给资本家5%的股息,共发10年。这样,把私股与生产资料的使用权分离开来,由国家统一控制和管理企业的生产资料。定息停付后,原来的私营企业便完全转变为全民所有制企业,民族资本由此彻底改造成了国有企业产权。

(四)制定国有企业产权清理和重组政策

1. 公布清理国有企业产权的政策。

1950年10月13日,中财委发布的《关于统一整理公私合营企业公股的决定》。《决定》指出,自大陆解放以来,各公私合营企业公股未能整理,为便于军管,曾暂由各有关业务部门接收保管。为统一清理及管理公股股权,端正公私政策,中财委规定:(1)凡公私合营企业中的公股,其股权属财政部。(2)凡公私合营企业公股的清理与股权管理,由财政部委托人民银行责成交通银行统一办理。(3)所有各部门接管公私合营企业的公股,应即转交交通银行统一管理,并应提供有关材料,协助其完成公股清理工作。(4)凡公私合营企业,合并于其他企业单位者,应由接收单位向交通银行提供原企业合并前的全部资料,以便清理公股,确定股权。(5)交通银行所接管各公私合营企业的全部公股,应合并统一开立"中央人民政府财政部(交通银行代管)"户名,原中国银行、交通银行所参加企业的股份,仍用各该户名。(6)《决定》中所称的公股,指敌伪政府国家经济金融机关参加的企业股份和战犯及其他应依法没收归公的企业股份。《决定》还强调各公私合营企业在选派公股代表及董事、监事时,应请交通银行派员参加,其人选和人数由交通银行、主管部门商定后报中财委核准。

1951年2月4日，政务院公布的《企业中公股公产清理办法》规定，对于公股公产的清理，由中财委按照企业性质及规模大小，分别指定主管机关进行。凡属全国性或特殊重要性的企业，由中财委直接指定主管机关负责清理；凡属地方性的企业，则委托大区或省（市）财委指定主管机关负责清理。对公私合营企业，各主管机关不直接管理，而由所派的公股代表、董事和监察人行使管理权。此外，该文件还规定了清理改组程序和清理期限等事宜。

1951年6月1日，中财委公布《关于国营企业清理资产核定资金的决定》。该文件指出，为了建立经济核算制的基础，使国营企业的经营管理走上正轨，特做出如下规定：全国国营企业的固定资产与流动资金应一律重新清理登记，并按1951年6月底的人民币价格重新估价，国营企业自有流动资金一律根据1951年国家所给予的生产任务来核定，以用最少的物资与货币资金来完成国家计划的任务。国营企业应占有的固定资产，由各级核资委员会逐级审查核定。7月31日，中财委又颁布了《国营企业资产清理及估价暂行办法》和《国营企业资金核定暂行办法》。8月17日，中财委召开了第一次全国国营企业清理资产核定资金会议。这项工作，到1952年年底基本结束。清产核资的结果是：国营企业（不包括文委、军委、军工及地方国营企业）的固定资产原值为223.6亿元，折旧后为158.9亿元，流动资金原有15亿元，经核定1952年定额计划为8.6亿元。

2. 制定国有企业资金核定的办法。

1951年7月31日，中财委公布《国营企业资金核定暂行办法》。该文件指出，为正式确定国营企业的国家投资额，加强企业的资金管理，建立经济核算制的基础，特做出以下规定：（1）全国国营企业，其资金（包括固定资金与流动资金）的计算与核定，一律以人民币为计算单位。（2）全国国营企业应根据1951年度上半年实际状况，与1951年度下半年的生产和供销计划，在财务方面精打细算，尽一切可能加速资金的周转，以使资金得到最有效与合理的运用，并依照对原料、材料、燃料、辅助材料、备品、低值易耗品、在制品、产成品、预付费用和库存现金等定额的原则规定，计算所需流动资金定额。

(3) 全国国营企业应按企业本身生产和财务计划及 6 月底的资产负债实际情况，逐级严格计算并审核其最低必需的国家投资额。(4) 凡季节性的生产或企业，以及其他特殊原因所需用作非常周转的流动资金，应由国家银行短期信贷解决。(5) 全国国营企业应根据 1951 年度国家所给予的生产任务，按生产组织、设备能力，结合技术经济定额，计算最低必需的国有资产。(6) 全国国营企业在资产清理后，其资金的计算与核定，应由各级核资委员会逐级负责严格审核。(7) 全国国营企业，清理资产核定资金工作，应按规定的期限全部完成。

3. 制定国有企业产权重组的政策。

1952 年 10 月 7 日，中财委发出《关于财务管理上几个问题的批复》，其内容涉及两类国有企业的产权重组：(1) 取消中央委托地方代管企业，自 1953 年起，把这些企业产权收归中央各主管部门直接管理，作为国营企业。(2) 取消中央与地方合营企业，把这些企业产权根据具体情况划归中央或地方。这是因为过去地方由于资金不足，曾有中央与地方互相协助合营的企业，虽对恢复和发展生产起了一定的作用，但在加强生产领导和推行经济核算制上有些困难。因此，取消这种合营形式。

1954 年 5 月 28 日，中财委发出《同意财政部关于国营企业未使用及不需用固定资产转移调拨处理手续函》，对因固定资产转移而引起的产权重组做出了政策规定。中财委指出，财政部所拟关于国营企业未使用及不需用固定资产转移调拨处理手续的意见，对推动国营企业将此项固定资产充分利用和简化转移调拨手续均有好处。财政部提出的处理手续主要内容是：(1) 基层企业本身的未使用及不需用固定资产，为适应生产需要转为使用时，由基层企业自行作固定资产科目间的调整；(2) 调至其他基层企业使用时，在同一主管企业部门系统内，由上一级主管企业部门批准办理；(3) 各主管企业部门间，或国营企业与地方国营企业间固定资产的调拨，由交接双方主管企业部门洽商，签订合同并经批准后办理，但成套的及主要的固定资产的调拨，须事先报经国家计委批准。

二 初创时期国有企业的税收与利润政策

(一) 初创时期国有企业的税收政策

1. 规定国有企业应缴纳营业税。

1950年3月3日,政务院发布的《关于统一国家财政经济工作的决定》规定,一切公营企业及合作社,均须依照中央人民政府财政部的规定,按时纳税。同日,政务院公布了《公营企业缴纳工商业税暂行办法》。该文件规定,公营企业应纳工商业税,除属于所得额计算部分由中央人民政府另定提取利润办法外,属于营业额计算部分,纳税单位应向所在地税务机关照章纳税。不按规定期限缴纳税款的,税务机关得报请中央或大行政区财政部、省市财政厅局,将其应缴纳税款从欠款单位应领经费中扣除,或从其在人民银行存款内扣除,无存款者限期补缴。对欠缴税款单位除按日课以所欠税款3%的滞纳金外,并对其单位负责人,依情节轻重予以适当处分。

2. 确定国有企业贸易税的内容。

1950年7月,中财委公布《关于国营贸易纳税问题的几项决定》。文件指出,中财委召集财政部、贸易部、税务总局等有关部门研究后,对国营贸易公司纳税问题,做出如下决定:

(1) 印花税。贸易资金,由中财委从财政上直接拨付者,不贴印花。贸易公司的资金账簿,均依章贴花。在各专业公司未正式成立前,可暂由贸易公司代各公司总贴。

(2) 营业税。对粮食公司面粉是否纳税,应视具体情况而定。

(3) 货物税。清理仓库物资,确定归贸易部的应税未税货物,由贸易部照章纳税,其未定归属由贸易部代管者,应在确定归属后由接收单位纳税。

(4) 加工商品纳税问题。将原料交工厂加工,非交易性质,不纳营业税,加工制成的商品,应纳货物税。

(5) 对过去悬案解决的原则。因税法规定不具体,在纳税上发生争议及计税问题,概依第二届全国税务会议规定和本《决定》精神进行清理。应纳税者照章纳税,不应纳税者即将过去记账注销,已错纳或应税未税又无记账可凭者,均不再退补。

3. 制定国营企业中间产品征税免税的办法。

1954年4月17日,中财委发出《关于国营重工业厂、矿连续生产的中间产品征税免税补充规定的通知》。该《通知》指出,关于国营重工业厂、矿连续生产的中间产品征税、免税问题,国家计委在《关于调整国营工业主要产品1954年调拨价格的说明》中已有原则性规定。现再作如下补充规定:

(1)国营重工业厂、矿(地方国营可比照办理)连续生产的最后产品,属于计委编制的《全国国营工业主要产品出厂价格及铁路运价》所列135种产品中的重工业生产资料的,只就最后产品征税;其在连续生产过程中的中间产品,如不对外出售,应免纳各税。

(2)本规定所谓免税连续生产的中间产品,系指在同一厂、矿连续生产的重工业生产资料而言,不在同一厂、矿连续生产的不得援例。至于同一品目的转厂加工,仍应按原规定办理转厂手续。

(二)初创时期国有企业的利润政策

1. 规定国营企业应该集中上缴利润。

《关于统一国家财政经济工作的决定》规定,国有企业利润的一部分,须按期上缴中央人民政府财政部或地方政府。

1950年3月17日,政务院发出《关于公营企业缴纳工商业税的通知》规定,自1950年起,全国公营企业的所得税,一律作为利润,由其主管部门集中向财政部缴纳(属地方管理的企业,则向地方财政部门缴纳);其营业税除铁路可由铁道部集中向财政部缴纳外,其他各业均就地缴纳。

2. 制定国营企业提缴利润暂行办法。

1951年4月6日,中财委公布《国营企业提缴利润暂行办法》。该文件规定,国营企业应依照中财委核准的全部利润按期解缴国库,如同期有核准的基本建设资金或增加流动资金,得在该期计划利润数额内转账抵充,余额悉数以现金解库。财政机关对企业提缴利润及结算,均应依照核准数额计算;如利润数额有变更时,须先报送中财委批准。

3. 进一步完善国营企业提缴利润办法。

1952年2月29日，中财委公布《国营企业提缴利润办法》。该文件规定了国营企业利润缴纳程序及限期。

主要内容是：汇总清算单位（中央主管企业和大行政区主管企业部门）应在每季度开始前，将本季度内所属缴纳单位应缴计划利润的分配数字通知同级财政机关，经审核同意后，财政机关通知缴款单位按期缴款并通知所在金库按期收款，缴款单位应在当月月底前，将每月应缴计划利润如数解缴当地金库。基层企业如有计划亏损，由汇总清算单位就所属其他缴纳单位同期的计划利润按有关规定进行抵补，缴纳单位不按规定期限及核定数额缴纳利润时，财政机关要通知人民银行将该缴纳单位账户存款转抵应缴利润。国营企业提缴利润后不再缴纳工商业所得税及其附加。

该文件，还对各缴纳单位的利润计划数和实际完成数的季度结算及年度清算办法，做了详细规定。

三　初创时期国有企业的收入分配政策

（一）初创时期国有企业的工资政策

1. 制定国营企业工资标准。

1949年，解放较早的东北地区，国营企业开始建立体现等级差别的工资制。这个工资制，规定工资标准由13等39级组成，另外还有等级之外5级（学徒等级）。工人与职员的工资标准没有差别，而是采用等级线，来区分各行各业各类人员的工资差别。

2. 规定企业工资总额的组成。

1951年3月7日，中财委公布《关于工资总额组成的规定》。企业对在册人员所支付的工资，均应包括在工资总额之内。在册人员包括生产工人、学徒工及见习工人、工程及技术人员、管理人员、勤杂人员、消防警卫人员。工资总额包括，基本工资：（1）按工资标准、工资等级所支付的计时工资；（2）按计件单价所直接支付的计件工资；（3）计时奖金，如提高质量、节约燃料、节约动力、无事故等奖励金；（4）不采用上列各种工资制度之企业单位内的营业提成。辅助工资：

（1）除前项所列计时奖励以外的各种有关提高生产的奖金；（2）加班加点费及夜班津贴；（3）各种津贴，如技术津贴、地区津贴、有害健康津贴等；（4）事故停工工资；（5）用其他形式支付的工资如伙食费津贴、房租补贴、水电补贴。

3. 国营企业工资的分类调整。

1951年7月4日，国营企业在原有基础上，进行了一次工资调整。由于当时工资情况不同，调整的深度也不一样，大体上可分为三类：（1）进行工资制度改革，在增加工资的基础上，本着按劳付酬的原则，大部分依据技术标准实行了8级工资制。（2）在工资总额基本不动的原则下，在内部进行较合理的调整。（3）根据技术定额测定法，审查工作定额，在提高劳动生产率的基础上进行调整。

4. 以工资标准为基础的国营企业工资全面调整。

1952年11月，中财委与全国总工会联合召开国营企业工资工作会议，会议讨论了国营企业工资中存在的主要问题及处理意见。主要内容有：

（1）废除工资分，结合工资标准的调整，实行货币工资制。（2）在调整工资标准时，亟须发展的重要企业可多加工资，一般企业少加工资，同等重要的企业因所在地区物价及生活水平的差异，应采用不同的工资标准；现行工资过高的企业不加不减，现行工资过低的企业逐步增加，不能一步赶上。（3）各部门应对所属企业的工人，建立与其生产特点和复杂程度相适应的工资等级制度。（4）从1953年起，应大力推行或改善计件工资制度与计时奖励工资制度。（5）从1953年起，取消年终双薪，并在建立各种合理的工资制度中逐步取消考勤奖。（6）调整工资时，实行以产业部门为主、照顾地区的原则，代替过去以地区为主的原则。

会议还分别拟订了《关于国营企业调整工资的决定》等7个文件草案。1953年2月8日，中共中央原则同意这次会议关于工资改革的几点意见，并同意将有关7个文件草案转发中央各有关部门和各地进行研究。

(二) 初创时期国有企业的奖金政策

1. 制定国营企业提取奖励基金的暂行办法。

1952年1月15日，中财委公布《国营企业提用企业奖励基金暂行办法》，它包括13条内容，主要政策精神是：贯彻经济核算制，发挥企业生产和经营管理的积极性与创造性，并在进一步提高生产的基础上，逐步改善职工的劳动条件与生活条件。

该文件规定，企业奖励基金来源是国家批准的计划利润和超计划利润。从计划利润中按不同行业类别分别提留5%、3.5%、2.5%；从超计划利润中的提留比例分别为20%、15%、12%。各企业全年提留的奖励基金总额不得超过全年基本工资总额的15%。

2. 提出国营企业提取奖励基金的修正办法。

1953年11月17日，中财委发布《关于国营企业提用企业奖励基金的临时规定》。该文件指出，1952年1月中财委曾公布《国营企业提用企业奖励基金暂行办法》，据一些部门反映，由于价格水平不同和利润分配不尽合理，以及各企业管理水平不同等原因，造成企业间所提奖金多寡悬殊和福利待遇不公平的现象。为此，中财委特颁布此规定，做出如下规定：(1)凡已实行经济核算的国营基层企业和建设单位，须报送国家规定的利润及利润上交等计划后，方可申请提取企业奖励基金。(2)企业奖励基金计算基数为：凡有计划利润的企业，从计划利润或超计划利润中提取；无计划利润的企业和亏损企业，按其与上年度计划降低成本的差额，视同计划利润；超计划降低成本额，视同超计划利润，按此差额提取。(3)凡由于价格或工资有较大变动而使实际成本上升者，可予调整计算基数。(4)企业奖励基金的使用范围包括：改善职工物质生活与文化生活的各种福利设施，集体福利事业及安全措施，发给个人和单位（车间、小组）的奖金以及劳保基金对职工救济照顾不及的特殊救济。该文件还分行业对奖励基金占工资总额的比率等项作了明确规定。

3. 提出国营企业提取奖励基金的补充规定。

1954年1月25日，政务院文化教育委员会公布《中央文教各部直属国营企业提用企业奖励基金的补充规定》，这是根据中财委《关于国营企业提用企业奖励基金的临时规定》，并结合文教部门企业特点制定的。主要内容有：（1）中央文教各部直属企业，凡已实行经济核算的单位，其生产总值（商业企业的商品流通额、出版社的新出版作品字数等）、利润及利润上缴等已经完成计划并经批准者，得按规定申请提取企业奖励基金。（2）关于提取标准，规定文化部系统根据不同企业分别从计划利润中提取1%—3%，从超计划利润中提取8%—18%；出版总署系统从计划利润中提取1%—2%，从超计划利润中提取8%—12%。此外，还规定了广播局系统、卫生部系统、教育部系统和科学院系统提取企业奖励基金的比例。（3）为了合理使用企业奖励基金，主管企业部门，对所属企业应提的企业奖励基金，可提取30%—40%集中使用，以便进行调剂。出版总署可根据该署所属企业实际情况，集中应提企业奖励基金的大部或全部，统盘分配使用。

4. 进一步明确提取企业奖励基金的工资总额范围。

1955年1月14日，国务院公布《关于提取企业奖励基金的工资总额范围的规定》。该文件指出，由于中财委公布的《关于国营企业提用企业奖励基金的临时规定》中，对各类企业全年提取企业奖励基金的最高与最低限额，分别规定以其全年工资总额的一定百分比为限，但对工资总额的组成，没有明确规定，以致在实际执行中，有的按工业生产人员的工资总额计算，有的按全部人员的工资总额计算，不尽一致。因此，国务院规定，各类企业提取企业奖励基金的最高与最低限额的计算，自1955年起，一律以工业生产人员（非工业部门为基本业务人员）的工资总额为计算标准。财政部根据这个规定对各部门计算企业奖励基金工资限额的标准提出了具体意见。

四　初创时期国有企业的管理政策

（一）初创时期国有企业的资金管理政策

1. 制定加强国营企业流动资金管理政策。

1952年8月5日，财政部和中国人民银行总行发出《关于规定国营企业在人民银行存款应分别专款各开各户的联合通知》。《通知》指出，为了加强国营企业流动资金的管理，便于各种基金的专款专用，特作以下规定：（1）国营企业应以流动资金的收支为范围，在人民银行建立结算户。（2）国营企业的各项专款，除指定存入专业银行外，其余均应在企业所在地的人民银行专户储存。（3）国营企业应在人民银行设立专户存款，除结算户外，暂以下列专款为范围：大修理基金存款；企业奖励基金存款；福利基金存款；产权未定资产基本折旧基金及其他存款；零星基本建设资金存款。国营企业如需要增加专户，应由同级财政机关、同级人民银行同意后增加。该通知，还对国营企业专户存款的存入及提用手续等，做出有关规定。

2. 制定和完善国有企业折旧基金管理政策。

1950年，《关于统一国家财政经济工作的决定》规定，所有中央政府或地方政府经管的企业，均须把折旧基金，按期解缴中央人民政府财政部或地方政府，其解缴总数及按期缴出的数量，由政务院财政经济委员会及地方政府根据情况分别规定之。

1951年4月6日，中财委公布《国营企业提缴折旧基金暂行办法》。该文件规定，以每一基层企业办理预算缴款及拨款者，以该基层企业为缴纳单位；以每一主管企业机构办理预算缴款及拨款者，以该主管企业机构为缴纳单位。固定资产提缴折旧基金的范围包括建筑及设备、机器、交通设备、工具器具及仪器，按照中财委规定的折旧率，按月分别计算提缴。固定资产的备用部分及停用部分，均免提折旧基金。固定资产如因物价波动，原价应进行调整者，得按调整后价值计算折旧，调整办法由中财委统一规定。国营企业对基本折旧基金未依规定期限及金额解缴时，财政机关得通知银行将该企业存款转账抵充，不足时仍限期补缴。国家银行对国营企业执行大修理折旧基金的缴存或提取，应负监督之责。

1952年2月29日，中财委公布《国营企业提缴折旧基金办法》，在上年公布实施的暂行办法基础上，又做出新的规定：国营企业以基层企业或主管企业机构为缴纳单位，中央直属和中央委托大行政区或省（市）代管的企业，以中央主管企业部门为汇总清算单位；大行政区直属和大行政区委托所属省（市）代管的国营企业，以大行政区主管企业部门为汇总清算单位。固定资产提缴折旧基金的范围，由主管企业部门依据各企业的情况，自行拟定，此办法中不再做具体规定。折旧基金分为两种：（1）基本折旧基金。按照核定的折旧率提取，按月解缴金库。（2）大修理基金。按照核定的折旧率提取，按月交由人民银行专户保存备用。待安装及停用固定资产，均不提折旧基金，但固定资产虽已满使用年限仍在使用的，在继续使用期间，仍应按原折旧率提取折旧基金，国营企业应按规定期限及核定的分配数解缴基本折旧基金，否则财政机关将通知人民银行以该企业存款转账抵充，不足时仍限期补缴。

（二）初创时期国有企业的财务管理政策

1. 要求对企业实行严格的财务监督。

1950年10月27日，财政部召开全国预算、会计和金库制度会议。这是新中国成立后一次重要的业务工作会议。会议讨论通过了9个文件：预算决算暂行条例草案、预算科目草案、国营企业财务收支计划草案及附表、国营企业提交利润办法草案、国营企业折旧基金提缴办法草案、暂行总预算会计制度草案及账表格式、暂行单位预算会计制度草案及账表格式、中央金库条例实施细则草案和货币管理实施办法草案。

关于企业财务制度部分，会议决定不论中央与地方国营企业，均须编制并严格执行财务收支计划，各级财政部门应对企业实行严格财务监督。会议认为，企业是创造社会财富直接积累国家资金的生产经营及劳务供应机构，要求企业财务收支计划应根据国民经济计划控制数字及企业业务计划来确定，并对其规定审批期限。各级财政部门应建立经济建设财务机构，及早拟定财产估价办法，以对国营企业财产做出正确估价。

2. 确定国营企业财务收支计划编制办法。

1951年4月6日，中财委公布《国营企业财务收支计划暂行办法》。该文件规定，国营企业财务收支计划，是国家预算的构成部分，并是政府执行预算及考核企业财务管理的依据。国营企业财务收支计划，应将计划期间全部收支及应缴应领国库款项，分别列入。中央与大区财政部，省市财政厅、局、处对同级主管或代管企业部门及其所属企业财务收支计划的编制与执行，有监督和检查的权力。国营企业财务收支计划的编制，应依照政务院批准的国民经济计划控制数字，并根据该企业生产、基建、大修理、经营计划等进行编制。该文件还对财务收支计划的编审程序、编送期限及执行等,做了详细规定。

1952年12月12日,财政部公布《国营企业财务收支计划编审办法》。该文件要求,凡是主管企业部门、主管企业机构及实行经济核算的国营基层企业,为精确核算生产经营及基本建设必需的资金,并合理运用各部门的全部财政资源,应将计划期内全部收支,照此文件中的有关规定,编制财务收支计划。该文件规定,财务收支计划应根据经济计划的生产、销售、成本、劳动、物资供应、基本建设、大修理等计划及降低成本、提高劳动生产率、加速流动资金周转等任务编制。该文件还对企业财务收支计划总表的编制、账务收支计划的编审程序,以及财政机关审核财务收支计划的权力和责任,作出具体规定。

3. 确定国营企业决算报告编送办法。

1952年1月26日,中财委公布《国营企业决算报告编送暂行办法》。该文件规定,国营基层企业每月应编造月份计算报告,每季编造季度结算报告,每年编造年度决算报告,并按隶属系统,及时报送主管企业机构或主管企业部门。主管企业部门对于所属主管企业机构及直属各基层企业上报的决算报告,应予审核,加注审核意见送同级财政经济委员会及财政机关。财政机关对于主管企业部门报送的决算报告应予审核,经同意后通知原送部门。对于年度决算报告,还要由大行政区人民政府批准后,报政务院财政经济委员会及中央人民政府财政部备案。该文件还对决算报告的内容及编制根据以及资产的估价等做了详细的规定。

1955年1月31日,国务院公布《国营企业决算报告编送办法》,指出旨在健全国营企业决算报告的编制和报送制度,及时检查财务收支计划的执行情况,以加强国营企业的财务管理,贯彻经济核算制。该文件对国营企业决算报告的内容、编制方法、报送程序和资产估价等,均作了比较明确的规定。

(三) 奠定国营企业会计制度的基础

1951年11月24日,财政部公布《各级人民政府暂行总预算会计制度》,为完善国营企业会计制度奠定了基础。该文件由7章74条组成。第一章总则。第二章会计科目，分为岁入、岁出、拨款、资产、负债五类。第三章会计凭证及簿籍，其中凭证分为原始凭证和记账凭证两类，簿籍分日记账、总分类账、各类明细分类账和各种登记簿四类。第四章会计报表，分日报、月报、季度及年报四类。第五章会计事务处理程序。第六章决算，各级总会计应于年度终了办理决算。大行政区及中央总会计，除办理本级决算外，应办理汇总决算。年度决算报告包括三项内容：（1）年报类会计报表；（2）各种统计性质报表；（3）预算执行结果说明。第七章附则。

1952年12月1日，财政部公布《国营企业统一登记会计簿籍填制会计凭证办法》，促进国营企业会计工作规范化、专业化。该文件规定，国营企业会计簿籍的登记、会计凭证的填制，均须用复式记账原理和有关的统一会计科目。国营企业会计簿籍的登记，须以合法的记账凭单、合法的原始凭证或合法的原始凭证汇总表为根据。国营企业会计簿籍的登记、会计凭证的填制，均须使用墨水、化学铅笔或打字机，其文字及数字均不得涂抹、刮擦或挖补。国营企业的会计簿籍、会计凭证均应由企业的会计主管人员或其指定人员负责保管，会计簿籍应按其重要性保存5—10年，会计凭证应按其重要性保存1—10年，销毁时均须报经主管企业部门同意。该文件还对会计凭证和会计簿籍的种类和内容作了详细说明。

第二节 传统体制下的国有企业政策

一 传统体制下国有企业的产权政策

（一）五六十年代制定的产权下放或上收政策

1. 五十年代制定的国有企业产权下放政策。

1958年4月11日，中共中央、国务院发出关于工业企业下放产权的几项规定，提出国有企业产权下放的总原则。这就是，各个工业部门以及部分非工业部门所管理的企业，除了一些重要的、特殊的和试验性质的企业仍归中央继续管理外，其余企业产权一律下放给地方管理。

1958年6月2日，中共中央根据上述原则提出如下具体办法：

（1）轻工业部门所属单位，除4个特殊纸厂和1个钢网厂外，产权全部下放。重工业部门所属单位产权大部分下放。（2）铁道部所属工程局、管理局，实行中央和地方双重领导。邮电部除了保留北京通信枢纽以及北京通各省的长途通信干线和邮政干线的管理权以外，其他单位产权全部下放。交通部所属公路的设计施工单位，除保留必要的援外单位外，产权全部下放。（3）农垦部除直属3个地方国营农场外，其他均交地方管理。粮食、商业部门所属的加工企业，产权全部下放。对轻工、纺织、冶金、一机、化工、煤炭、水电、石油、建工等9个工业部门应当下放产权的企业、事业单位数，也分别作出具体规定，中央要求各部门一律于6月15日以前，也就是只用十几天的时间，就要完成全部产权下放企业的交接手续。这样强调产权下放，主要目的是为了尽快地实现建立若干个工业体系的目标。

中共中央的规定下达以后，9个工业部门很快提出产权下放单位的名单，并立即办理产权下放手续，到6月15日，这些工业部门就匆忙地将确定产权下放的880多个单位的下放手续全部办理完毕。这样，中央各部门所属的企业、事业单位，有80%下放给地方管理。

1958年6月23日，财政部发布《关于中央下放企业、事业单位财务处理的几项规定》，决定中央各部门所属企业、事业单位产权下放给地方管理后，其财务管理权限随同下放。下放企业的收入，原来和地方实行二八分成的，在1958年仍按原比例实行中央和地方分成。原来不和地方分成的企业，产权下放后，在1958年内的收入除允许留作地方固定收入部分外，仍全部上缴中央预算。并决定，产权下放企业年度计划亏损，由中央负责弥补，由计划盈利转为亏损的，按原定分成比例由中央和地方分摊。产权下放企业的利润留成比例，仍由中央各主管部门负责分配和确定。

2. 六十年代制定的国有企业产权上收政策。

1961年1月15日，中共中央作出《关于调整管理体制的若干暂行规定》，重点强调集中统一，主要体现为上收国有企业产权，其主要规定是：（1）经济管理大权应集中到中央、中央局和省、市、自治区三级，最近两三年，应更多地集中到中央和中央局。（2）1958年以来，各省、市、自治区和中央各部下放给地级市、县市、人民公社和企业的人权、财权、商权和工权，如属放得不适当的，一律收回。（3）中央各部直属企业的行政管理、生产指挥、物资调度、干部安排的权力，统归中央主管部门。（4）凡属需要在全国范围内组织平衡的重要物资，均由中央统一管理、统一分配。（5）财权必须集中：各级财政部不许搞赤字预算。货币发行权归中央。（6）国家规定的劳动计划，各部门、各地区不许突破。（7）所有生产、基建、收购、财务、文教、劳动等各项工作任务，都必须执行全国一盘棋、上下一本账的方针，不得层层加码。

（二）七十年代制定的产权下放或上收政策

1. 七十年代制定的国有企业部分财产管理权下放政策。

1970年4月13日，国务院批准财政部军管会《关于下放工商税收管理权的报告》。《报告》提出，扩大地方对国营企业减税和免税的批准权，这实际上是把国营企业部分财产管理权下放给地方。4月21日，财政部军管会发出《关于下放工商税收管理权限扩大试点的通知》，决定1970年在辽宁、山东、浙江、广东、湖北、四川、甘肃、北京等8个省市扩大试点。

1972年3月30日，国务院批转财政部的有关文件，进一步明确地提出把一部分管理权限下放给地方。使地方有权对当地的新兴工业、"五小"企业、社队企业、综合利用、协作生产等，确定征税或者减免税。

2. 七十年代制定的国有企业部分财产管理权适度上收政策。

1975年8月，财政部起草《关于整顿财政金融的意见》（即"财政十条"），要求进一步改进财政信贷管理体制，特别是针对生产遭到破坏，资金偏于分散的情况，提出财政资金需要适当集中。国家财政管理体制继续实行"统一领导，分级管理"的原则，管理权限主要应集中于中央和省、自治区、直辖市两级。国家财政方针、政策、国家预算、税法、税率、全国性的开支标准、企业专用基金的提取比例、生产成本和商品流通费用的开支范围等，都由中央统一规定。

（三）制定国有企业产权清理和重组政策

1. 六十年代制定的清理国有企业产权政策。

1962年2月22日，中共中央、国务院发出《关于彻底清仓核资、充分发挥物资潜力的指示》。针对当时一方面物资供应不足，另一方面又有大量物资分散在国有企业等单位，没有发挥作用，并且占用大量流动资金的情况，该文件指出，各单位虽然都进行了多次的物资清查和调剂工作，但还不彻底、不全面。这次清查范围只限于全民所有制单位的生产资料和消费资料。企业核定固定资产和核定流动资金以后多余的物资，关闭的企业或车间的物资，都按照物资经营管理的分工，由各有关部门分别组织收购处理。收购物资所需资金由财政部统一解决，必须专款专用，不得挪作他用。亏损处理必须慎重，应该发动群众反复查清落实之后，才能报批。清查处理步骤大体上可以分清查、处理和总结三个阶段，各单位也可以根据具体情况，反复交叉进行。

1962年4月6日，财政部根据上述指示，公布《关于国营企业在清仓核资中对物资损失的财务处理办法》。提出如下规定：（1）企业由于缺乏经验、管理不善所发生的原材料、半成品的盘亏短缺部分，可以冲减"国家基金"。（2）企业由于保管不善和技术不过关而造成霉烂变质和完全失去使用价值的原材料、半成品、制成品，或虽有使用价值但长期不能利用，需要回炉的半成品，须严格鉴定，报经主管部门批准后报废。其损失扣去残值后，冲减"国家基金"。（3）企业把流动资金挪作"四项费用"、基本建设、职工福利、农副业生产、医药卫生费等开支的，不属于物资损失的处理范围，应当由挪用资金的企业清理归还。无力归还的应当作书面检查，报请企业主管部门用集体的利润留成等基金归还。主管部门也无力归还的，中央国营企业报财政部审查处理，地方国营企业报省、市、自治区人民委员会审查处理。（4）属本办法规定的冲减"国家基金"的物资损失的批准权限，中央国营企业上报中央企业主管部门审查后，转报财政部批准处理。地方国营企业报省、市、自治区企业主管厅（局）审查后，转报财政厅（局）审核汇总，再报省、市、自治区人民委员会审查处理，并报财政部备案。

1962年12月20日，中共中央批转国家计委等5个部门《关于处理1961年以前财政遗留问题的报告》。《报告》指出，1958年以来，国家的财政收支数字有不少虚假成分，账面上有结余，实际上却有很大的亏空。据计算，1961年年底以前，国营工商企业的物资盘亏和呆账损失，各地方各部门平调集体经济的资金和挪用银行的贷款，需要由国家财政核销、退还和补拨的，共有348亿元。

1963年3月27日，中共中央、国务院同意并转发中央清仓核资领导小组《关于清仓核资工作的报告》。《报告》说，本次清仓核资以来，已收购、处理超过储备定额的物资56亿元，占各单位要求收购、处理的物资总数的36%，其余部分争取在5月底以前完成。本次清仓核资工作，基本上摸清了物资的"底"，对超过合理储备的物资，及时地进行了调剂，初步核定了企业的流动资金，整顿了物资、资金管理制度，揭露出大量违法乱纪行为。《报告》指出，近几年来由于计划多变、指标过高、物资分配留有缺口，因而不少企业产生了粗制滥造、盲目生产、盲目采购等不正确做法，造成在物资严重不足的同时又出现大量积压的现象。

2. 七十年代制定的清理国有企业产权政策。

1972年4月24日，国家计委、财政部发出《关于清产核资工作的意见》《全国清产核资实施办法（草案）》，要求各省、自治区、直辖市抓紧做好清产核资工作。《实施办法》规定，凡是全民所有制单位的一切国家财产和合作工厂、手工业合作社等集体所有制企业的财产都应当进行清查，主要是清查厂矿企业、交通运输企业、建设单位、施工单位、物资、商业、外贸部门、科研单位和校办工厂等的流动资产、固定资产、债权债务，以及用基本建设资金购置的材料、设备和在建工程等。要求对全部财产进行全面的、彻底的清查，做到账物相符，不重不漏。凡是实行独立核算的国营工业企业、交通企业、国营商业的三级批发商店、零售商店、外贸企业、商办工业、国营农（牧）场、施工单位、地质勘探单位、文教卫生企业、城市公用企业等，都要核定流动资金定额。多余积压物资，要边清查、边调剂处理。

1974年6月16日，财政部、全国清产核资小组公布《关于拨补国营工交企业、物资供销企业流动资产盘亏、报废损失资金的规定》。在这次清产核资中，国营工业企业、交通企业和物资供销企业清查出来的流动资产盘盈、盘亏和报废的损失，盈亏相抵后，待核销的资金，由财政部分期分批核实拨补，以利于企业加强经济核算和财务管理。

3. 试行国有企业产权的联合重组政策。

1964年8月17日，中共中央和国务院同意国家经委的报告，决定在工业、交通部分行业试办托拉斯。报告提出，组织托拉斯工作应尽快从酝酿规划阶段进入试办阶段。为了取得经验，1964年由中央各部试办第一批工业、交通托拉斯。即轻工业部所属的烟草公司和盐业公司，煤炭工业部所属的华东煤炭工业公司等12个公司。报告指出，托拉斯性质的工业交通公司，是社会主义全民所有制集中统一管理的经济组织，是在国家统一计划下的独立的经济核算单位。国家通过主管部向它下达计划，它对完成国家计划全面负责，并对所属分公司、厂（矿）以及科研、设计等单位实行统一的经营管理。基本建设统一纳入国家计划。托拉斯应有专门的科研机构和负责新产品、新技术发展工作的机构，并将科研成果及时用于工业生产，迅速提高本行业的技术水平。国家将固定资金和流动资金拨给托拉斯，并将基本折旧费的一部分留给托拉斯，由其掌握使用。新产品试制费、技术组织措施费、劳动安全措施费、零星固定资产购置费等，可采取对托拉斯实行利润留成办法，从利润留成中解决。托拉斯统一掌握国家批准的劳动计划和工资总额，有权根据国家的规定，在所属单位之间调剂使用。

（四）提出制止一切侵占国家产权的错误做法

1962年4月21日，中共中央、国务院作出《关于严格控制财政管理的决定》。该文件提出坚决制止一切侵占国家产权的错误做法。进一步明确以下十条禁令：（1）不许挪用应当上缴的税款和利润；（2）不许挪用银行的贷款；（3）不许挪用应当归还其他单位的贷款；（4）不许把生产成本范围以外的任何开支挤入生产成本；（5）不许挪用企业的定额流动资金；（6）不许挪用固定资产的变价收入；（7）不许挪用折旧基金和大修理基金；（8）不许自行提高企业各项专用基金（附加工资、大修理基金等）的提取比例；（9）不许挪用企业的"四项费用"；（10）不许挪用基建单位储备材料和设备的资金。

二　传统体制下国有企业的利润与奖金政策

（一）传统体制下国有企业的利润政策

1. 制定加强国营企业利润监交工作的规定。

1956年8月14日，财政部公布《有关监交国营企业利润工作的规定》，指出自9月1日起，将原由各省、市、自治区财政厅（局）监交的国营企业利润，移交税务局办理监交工作。为了划清财政厅（局）与税务局的监交责任，9月21日，财政部又发出《关于企业利润移交税务机关监交后的几项通知》。《通知》指出，自9月1日起，移交税务局监交的各企业的交款一律由税务机关监交，金库应将所有的交款书送交税务机关。税务机关从9月开始，应将每月上报企业交款数额与各企业、金库核对清楚，实交数必须与金库的数字一致。

1977年7月10日，财政部公布《国营企业上交利润的监督办法》，并为此发出通知。财政部指出：监督国营企业及时足额地上交利润，是国家对企业实行财政监督，积累资金的重要手段，必须提高思想认识，努力做好监交工作。国营企业的利润是建设资金的重要组成部分，国营企业遵守国家法令规定，将实现的利润及时上交国库，是自己应尽的责任，必须自觉地履行。任何单位和个人均不得拖欠、挪用和侵占。《办法》规定，监交机关为各级税务机关（建筑施工企业由建设银行负责监交）。国营企业上交利润，由企业所在地监交机关就地监督入库；应弥补的亏损，按财政部批准的数额，就地核实弥补。

2. 制定和变动国营企业利润分成的政策。

1956年10月11日，国务院公布《关于国营企业超计划利润分成和使用的规定》。该文件规定，国营企业超计划利润分成的计算，以年度为准，以主管部为单位。主管部汇总的年度决算报告经过审核以后，全年实现的利润数额超过国家批准的年度计划利润的部分，即为主管部的超计划利润。超计划利润扣除应提的超计划利润企业奖励基金和基层企业社会主义竞赛奖金以后，以40%留归各主管部使用，60%解缴金库。为了发挥基层企业超额完成国家计划的积极性，各部可以将超计划利润留成的一部分，分给基层企业使用。超计划利润留成的使用范围是：（1）弥补企业因超额完成生产任务或者其他原因而发生的流动资金不足；（2）弥补基本建设内已列项目的资金不足；（3）弥补技术组织措施费、新产品试制和零星基本建设支出的不足；（4）经国家专案批准的基本建设项目（包括职工宿舍）；（5）其他用途。

1958年5月22日，国务院公布《关于实行企业利润留成制度的几项规定》，指出自1958年起，在国营企业实行利润留成制度。企业留成比例以主管部为单位计算，留成比例确定以后，基本上5年不变。主管部可在本企业留成总额的范围内，根据各企业的具体情况，分别确定各个企业的留成比例，并可酌量提取一部分，集中掌握，调剂使用。

企业留成比例，以第一个五年计划期间所使用的下列资金为计算基数：（1）财政预算拨付的"四项费用"；（2）按规定提取的企业奖励基金和社会主义竞赛奖金；（3）按规定提取的超计划留成部分。以上数字加在一起，同各部在同一时期内所实现的利润总数比较，即为各部今后应提取的留成比例。企业利润留成所得，应当大部分用于发展生产，同时适当照顾职工福利，但用于福利的开支，不得超过工资总额的5%。

1961年1月23日，中共中央批转财政部《关于调低企业利润留成比例加强企业利润留成资金管理的报告》。《报告》指出，实行利润留成以来，总体上来说发挥了良好作用，但也存在一些问题，主要是提取比例偏高，提取数额偏大，同时管理偏松，使用较乱。为此，《报告》提出几点改进意见：（1）明确规定企业利润留成资金必须绝大部分用于"四项费用"、进行技术革新和技术革命以及实行综合利用所需的费用，同时按照国家规定安排奖金和职工福利开支。（2）中央和各地区企业主管部门集中掌握的部分不得超过企业利润留成资金总额的20%，主要应该用来调剂所属企业利润留成资金不足的需要。（3）地方国营企业的利润留成，也应由国家规定留成比例，超过规定的，应当报经国务院批准。（4）企业利润留成比例适当调低，调整的原则是，普遍调低，区别对待。把全国企业利润留成资金从现有水平调低47.7%，由原来平均占国营企业利润收入的13.2%降低到6.9%。初步估算，1961年全国企业利润留成资金约有31亿元，调整后，只要合理安排，加强管理，坚决停止规定范围以外的开支，是可以保证企业发展生产和安排职工福利的需要的。

（二）传统体制下国有企业的奖金与福利政策

1. 公布提取企业奖金的办法。

1962年1月8日，财政部和国家经委公布《国营企业提取企业奖金的临时办法》。这个文件总的精神是促进企业贯彻执行"调整、巩固、充实、提高"的方针，发挥企业广大职工的积极性和创造性，在发展生产的基础上，逐步改善职工。

该文件规定：（1）国营企业在全面完成了国家批准的主要产品产量和质量计划（交通运输业为运量计划，粮食、对外贸易、供销企业为商品购销计划）、新品种计划、工资总额计划、产品成本降低计划、流动资金周转计划和上交利润计划（计划亏损企业以计划亏损额为考核条件）等6个指标后，可按工资总额的3.5%提取企业奖金。没有全面完成计划的企业，每少完成一项指标，扣提奖金的1/6，6个指标都没有完成的企业不得提取奖金。（2）超额完成年度利润计划的企业和实际亏损小于计划亏损的企业，在年度终了时，可提取超计划企业奖金。盈利企业从实现的超计划利润中提取10%；亏损企业从超计划降低成本额中提取20%。（3）企业在完成提取奖金的条件后，可在每季终了时，从实现的利润中，预提应得季度奖金60%—80%，年终清算，多退少补。（4）盈利企业的奖金，从实现利润中扣抵；亏损单位的奖金，从国家弥补的亏损款中解决。（5）企业奖金使用范围包括，发给先进工作者、先进集体的奖金和社会主义竞赛奖金；对困难职工的临时救济；改善职工物质、文化生活的各种集体福利设施。该文件还规定，各级企业主管部门有权集中所属企业实得奖金数额的10%，用以举办所属企业集体福利事业和补助所属未得奖金企业对先进工作者、先进集体的奖金，但不能用作本身的行政、事业费开支和搞基本建设。

2. 确定企业职工福利补助费开支办法。

1962年4月10日，国务院公布《关于企业职工福利补助费开支办法的规定》。为解决企业职工福利补助费经费来源方面存在的问题，并保证企业职工能够得到必要的福利补贴，国务院对企业职工福利补助费的开支办法,做出如下规定:(1)各企业职工食堂的炊事人员,应列入企业人员的正式编制,炊事人员的工资改由工资基金开支,并列入企业的管理费,计入成本,不再在职工福利补助费中开支。(2)各企业仍按工资总额的2.5%提取职工福利补助费,主要用于职工生活困难补助,其余可适当用于补贴托儿所、幼儿园、浴室、理发室等其他集体福利事业的开支,职工福利补助费开支的不足部分,可以从企业奖金中弥补。(3)各企业应合理使用福利补助费,并整顿现行不合理的福利补助制度,以便使职工必要的福利补助得到保证。

三 传统体制下国有企业的管理政策

(一) 制定和变动国有企业流动资金的管理政策

1. 流动资金由定额财政拨款改为部分银行贷款。

1958年3月3日,中国人民银行总行、财政部公布《关于国营企业和中央公私合营企业实行定额信贷的三项具体规定》,提出自1958年起,将中央各工业部门的定额流动资金改为70%由财政拨款,30%由银行贷款。这是当时试行改革企业财务制度,加重企业经营权限和责任的重要措施之一。为此,人民银行总行和财政部拟定了有关文件,对定额信贷的范围、流动资金的核定办法和贷款内容、定额放款、特准储备放款和新厂开工备料放款的原则,以及财政部核定的企业多余流动资金转给人民银行等的具体手续,都作了详细的规定。

2. 流动资金全部改为银行贷款。

1959年2月3日,国务院批转财政部、中国人民银行总行拟定的文件,其主要内容是:国营企业、地方国营企业和已经实行定息的公私合营企业所需要的流动资金,自1959年起,一律改由中国人民银行按信贷方式统一供应,并进行统一管理。国营企业、地方国营企业应当将自己的自有流动资金,全部转给当地人民银行,作为人民银行的贷款,统一计算利息。抽调企业自有流动资金用于基本建设或其他用途的,应进行清理,设法补足,不得冲减企业法定基金,不得减少国家的流动资金。自1959年起,各级财政部门应当将企业需要增加的定额流动资金列入预算，并且全额拨交当地人民银行作为信贷基金。企业向银行所借的流动资金，只能用于生产周转和商品流转的需要，不得用于基本建设和其他用途。企业主管部门应当向财政部门和人民银行编报年度流动资金计划，由财政部门和银行共同审定，作为考核企业主管部门资金周转的依据。

3. 加强主管部门对流动资金的管理。

1961年5月17日，国务院批准财政部、中国人民银行总行公布《关于改进国营企业流动资金供应办法的报告及有关规定》。该文件指出，1959年以来，由于流动资金的供应不经过企业主管部门和财政部门，直接由企业和银行办理，使得企业和企业主管部门对流动资金的管理工作有所放松，对流动资金的核定和运用，也缺乏精打细算。该文件建议，为了加强流动资金的管理工作，更好地贯彻执行"调整、巩固、充实、提高"的方针，除了超定额流动资金仍由银行放款外，定额流动资金，改为大部分由财政部门通过企业主管部门拨款，小部分由银行放款的办法。该文件还提出，工业和交通部门所需的定额流动资金，80%由财政部门通过企业主管部门拨给企业，作为企业的自有流动资金，其余20%由财政部门统一拨给人民银行，由银行向企业发放定额流动资金贷款。

4. 取消定额流动资金银行贷款方式。

1962年1月6日，财政部、中国人民银行总行发出《关于取消国营工业、交通企业流动资金银行贷款的通知》。《通知》规定，国营工业、交通企业的定额流动资金自1962年1月1日起银行不再参与20%的定额贷款，凡是实行由银行参与20%的定额信贷的企业，一律按1961年12月31日定额借款的账面数额（限于企业流动资金定额20%范围以内），转作企业自有资金。1961年5月，国务院曾经批准财政部和中国人民银行总行《关于改进国营企业流动资金供应办法的报告及有关规定》。该文件提出，对工业、交通企业所需定额流动资金，80%由财政部门拨给，作为企业自有资金，其余20%由财政部门统一拨给人民银行，由银行向企业发放定额流动资金贷款。由于财政部门不能及时足额地将资金拨给银行，影响银行信贷平衡，因此停止银行参与

20%的定额流动资金贷款的办法。

5. 制定进一步加强国营企业流动资金管理的政策。

1963年12月19日，财政部、中国人民银行总行发出《关于加强国营工业、交通企业流动资金银行工作的几项措施》，提出要积极利用和处理积压物资，大力压缩流动资金定额，减少不合理的超定额贷款，切实改进流动资金管理工作。1964年3月25日，国务院颁布有关加强企业流动资金管理的文件，提出核定流动资金定额的原则是：既能保证企业正常周转的需要，又能贯彻节约资金的原则；既有利于财政、银行部门对资金的管理，又有利于企业加强经济核算。1965年5月31日，财政部和中国人民银行总行发出联合通知，对国有工业企业和交通企业处理积压物资和解决超产所需的流动资金，提出解决办法。1966年3月30日，财政部和中国人民银行总行联合发文，提出核定财政定额应改为核定企业生产所需的正常的、合理的、平均的流动资金占用总额计划。同时，要按照核定的计划和资金供应比例，进行抽多补少，调剂余缺。

（二）制定和加强国有企业的成本管理政策

1. 提出加强成本计划管理的规定。

1959年3月27日，国家计委、财政部发出《关于加强成本计划管理工作的几项规定》，提出以下具体措施：（1）成本计划编制范围：中央工业、交通、商业各部编制所属企业的成本计划和商品流通费用计划；省、市、自治区计委编制所属地方工业、交通、商业及粮食等企业的成本计划和商品流通费用计划；建筑企业、国营农场和非工业部门的工业企业的成本计划，由主管生产领导部门进行掌握。（2）编制成本计划的内容：工业方面，包括分行业（或分部门）的商品产品全部成本，可比产品总成本，可比产品成本降低率，可比产品成本降低额，并附与成本计划相应的工业总产值数字。交通运输业方面，包括运输总成本，换算吨公里（浬）运输总量，每千换算吨公里（浬）成本，成本降低率，成本降低额。商品流通费计划，包括商品纯流通额，商品流通费，流通费水平，比上年降低率，降低额。（3）成本计划编制程序和审批：中央财经各部负责审批和汇编直属企业单位的成本计划，报送国家计委和财政部；地方各级工业、交通、商业管理部门汇编所属企业成本计划，报送地方各级计委和各级财政部门，省、市、自治区计委会同财政部门审核省属企业与地级市和县市报来的成本计划，并由计委将成本计划纳入地方国民经济计划，报当地党政领导机关批准。同时，将汇总的成本计划，报送国家计委和财政部备查；国家计委会同财政部审核中央各部报来的成本计划，由国家计委将成本计划纳入国民经济计划，报送中央、国务院批准。（4）计划部门和财政部门必须加强计划执行的检查，及时交流先进经验，推动全面工作。

1961年10月13日，国家计委、财政部发出《关于加强成本计划管理工作的几项规定的联合通知》。该《通知》指出，为了进一步加强成本和流通费的计划管理工作，对1959年的几项规定作出修改和补充，其内容主要有：（1）成本和流通费计划的编制范围，包括中央各部负责编制所属企业的成本和流通费计划；省、市、自治区计委负责编制所属县以上的地方企业的成本计划。并规定基本建设投资、事业经费、四项费用、农副业生产费用以及生活福利费用等，均不得摊入成本和流通费。（2）成本和流通费计划的编制内容，包括工业成本计划、运输成本计划、商品流通费计划、农业成本计划、建筑安装工程成本计划等，并规定工业、交通运输、商业、农业和建筑安装方面所要报送的与成本和流通费计划有关的主要经济指标。（3）成本和流通费计划编制，要以国民经济计划的方针、政策和要求作为依据。要根据生产计划、劳动计划和物资供应计划，以及各种经济技术定额指标进行编制，使成本计划有可靠的依据。（4）加强成本和流通费计划执行情况的检查。用抓两头带中间的办法推动检查工作。每个企业都必须实行全面的经济核算（即厂部、车间和小组三级核算），建立和健全经济活动分析制度。

2. 提出加强成本管理工作的规定。

1961年2月9日，国家计委、财政部发出《关于加强国营企业成本管理工作的联合通知》，要求各企业和企业主管部门做好以下几项工作：（1）加强成本计划管理，要认真编制成本计划，逐级汇总上报。（2）加强原材料管理工作，做好原材料的合理调拨，减少损失浪费，要制定先进可行的消耗定额，开展原材料的综合利用和节约代用，建立和健全收发、保管和领退料制度。（3）加强劳动力定员定额的管理，企业必须大力精减非生产人员，充实生产一线，同时要做好工资基金管理工作。（4）缩减公用经费开支，并削减一切可以削减的管理费用。（5）加强经济核算，严格遵守财经纪律。

3. 要求国营企业扭亏为盈。

1962年4月21日，中共中央、国务院颁发《关于严格控制财政管理的决定》。该文件明确指出，切实扭转企业大量赔钱的状况。要求一切国营企业，除了国家特别批准的以外，都必须盈利，不准赔钱。国家允许赔钱经营的企业，国家按计划给予补贴。国家允许暂时赔钱经营的企业，应限期扭转亏损，并按隶属关系，由主管机关认真审查，分别报国务院和省、市、自治区批准。应当立即停产或关厂的企业，应严格审查，逐个安排，具体确定。

1975年12月7日，财政部提出《关于迅速扭转企业亏损的意见》，要求严格控制亏损补贴范围，政策性亏损只限于商业企业经营国家政策允许进销价格倒挂的商品所发生的亏损；工业企业按照国家计划生产新产品，在一年内成本高于售价而发生的亏损；县办"五小"工业，投产初期暂时发生的亏损；国营农牧场由于遭受严重自然灾害而发生的亏损。同时，要制定规划，分期分批扭转亏损；依靠群众，改善经营管理；加强亏损补贴的管理；严格遵守财经纪律；建立扭转企业亏损的专门机构。

（三）传统体制下国有企业的财务管理政策

1. 实施基本业务标准账户计划。

1956年2月24日，财政部公布《国营工业企业基本业务标准账户计划》。该文件对企业原统一账户进行了简化，其简化的内容主要包括以下几方面：（1）账户名称表。原统一账户共规定了26类97个账户和必要的一级明细账户，现在的标准账户共规定了30类85个一级账户和必要的二级账户，并规定了10个资产负债表外账户，未规定任何明细账。（2）账户说明。叙述了每一账户的核算内容和核算方法。（3）账户主要对应关系表。按业务事项的类别对于各账户间的主要对应关系列表说明。

该标准账户计划适用于各工业主管部门所属的国营工业企业，以及交通、贸易、农林、银行、建筑安装等系统独立编制工业财务收支计划的国营工业企业和不独立编制资产负债表的国营工业企业建设单位。

2. 及时解决资金使用和财务管理上出现的问题。

1959年3月20日，国务院转发财政部《关于目前企业财务工作中存在的几个问题的报告》。报告针对随意挪用流动资金去搞基本建设，购置固定资产，把不该摊入的费用摊入生产成本等问题，提出改进意见：（1）必须坚决执行国务院关于流动资金管理的规定，流动资金和人民银行贷款只能用于生产、运输和商品流转的需要，不能用于扩大基本建设投资和其他费用开支。（2）凡是应当在基本建设投资和事业经费中开支的款项和应当用企业利润留成开支的款项，一律不得打入生产成本，也不能直接冲减上交利润。对于企业的各种费用划分，各部门、各地区只能根据国家规定的原则，制定适合于本部门、本地区特点的具体规定，不能作出同国家统一规定相反的规定。（3）生产单位进行改建、扩建工程，使用本厂自制属于计划以内国家统一分配的材料和设备，必须按照国家统一的调拨价格作价，没有调拨价格的，可以参照同类产品的价格作价，企业实现的利润，除了应得的利润留成部分以外，应当全部上缴国家预算，由国家统筹安排，不得自行留用。

3. 对企业经济核算中的费用划分作出规定。

1959年9月29日，国家计委和财政部颁布《关于国营企业若干费用划分的规定》。其内容有：（1）"四项费用"，即采取技术组织措施需要增加固定资产的费用、试制新种类产品需要增加固定资产的费用和试制费用（包括试制成本高于正常成本或高于售价的部分在内）、采取劳动保护措施需要增加固定资产的费用以及购置零星固定资产的费用，在利润留成资金内开支。（2）固定资产与低值易耗品的划分标准，即企业使用的工具、器具和物品同时具备以下两个条件：使用年限在一年以上，单位价值在500元（有的行业是200元）以上的，为固定资产，否则为低值易耗品。（3）在基本建设中使用自产材料和设备应按国家规定的调拨价格作价。（4）开工生产准备费均列入生产成本。（5）基本建设窝工费应当在利润留成资金内开支。该文件，对大修理基金的提存和使用，对包工企业迁移费，对生产发明、技术改进、合理化建议奖金和研究试验费，对勘探设计费、行政费和各种文教经费作了统一规定。

1963年10月29日，国家计委和财政部重新公布《关于国营企业若干费用划分的规定》，对有关规定做出了修订，把"四项费用"的来源，由在利润留成资金内开支，改为国家预算拨给企业的专款。

4. 提出进一步加强企业财务管理的意见。

1961年1月15日，中共中央批转财政部《关于改进财政体制加强财政管理的报告》。该报告在谈到加强企业财务管理时，重申企业资金管理和成本管理制度，加强经济核算。提出要明确企业利润留成资金只能用于技术措施费、新产品试制费、零星资产购置费、劳动安全保护费，不准挪用行政开支，严格按成本开支范围的规定办事，严格划清流动资金和基本建设资金的界限，严禁互相挪用，坚决制止违反国家规定，挪用国家资金和物资的行为，企业与企业之间及企业与其他单位之间，停止预付和赊销，不准支付农副产品预购定金。

该报告在谈到改进基本建设财务管理时，提出要加强拨款监督工作。凡是经过批准的基本建设投资，不论是用预算内资金还是用预算外资金，都必须由中国人民建设银行进行拨款监督。建设单位竣工结余资金，留归包干单位使用，如将其用于新增建设项目，必须报经国家计委批准。应完未完工程，必须纳入下年度的国家基本建设计划和国家预算。

5. 制定国营企业"四项费用"管理办法。

1962年1月10日，财政部和国家计委公布《国营企业四项费用管理办法》。该文件提出，自1962年起，除了商业部门仍实行利润留成办法外，其他各部门的企业不再实行利润留成办法。企业所需要的技术组织措施费、新产品试制费、劳动安全保护费、零星固定资产购置费等"四项费用"，改由国家拨款解决。企业主管部门在国家分配的"四项费用"拨款指标范围内，分别确定企业的"四项费用"指标。该文件规定，"四项费用"不能用于增加主要生产设备、土建工程、全厂或全车间的技术革新项目和扩建附属企业、独立车间等的费用，这些提到的不属于"四项费用"范围的费用,应按基本建设程序办理。

(四)进一步改进和完善国有企业的会计制度

1. 整理和简化会计规章制度。

1958年7月,财政部发出通知,决定废止6个工业会计制度。为适应当时权力下放和简化规章制度的精神,会计制度司对过去颁发的各种企业会计制度进行了整理研究,决定对以下工业会计制度予以废止:(1)国营建筑包工企业统一简易会计科目及会计报表格式;(2)国营工业企业统一成本计划规程;(3)国营建筑包工企业施工单位会计处理办法;(4)关于送审会计制度的几项规定(草案);(5)国营农场基本业务标准账户计划及会计报表格式和说明;(6)国营企业基建投资及建筑安装工程成本的核算通则(草案)。此外,还将12个工业会计方面的制度办法交由中央各主管部门及省、自治区、直辖市财政厅、局根据具体情况自行决定是否继续使用、修改或废止。

2. 及时解决会计核算工作中出现的问题。

1959年8月17日,财政部公布《关于国营企业会计核算工作的若干规定》。该文件针对会计凭证不完整、账簿不健全、会计报表同账簿数字不一致等现象,就进一步加强会计核算工作作出规定。其内容涉及会计凭证、账簿、固定资产、各种物资、库存现金和银行往来、支票管理和往来款项清理、财产清查、会计报表、会计交换等方面。财政部还要求各部门、各地区、各企业在加强会计核算工作的同时,健全财务会计机构,充实财务会计人员。

3. 采用草案形式颁发示范性会计制度。

1959年11月16日,财政部发出通知,根据计划、财政、信贷和企业经营管理方面的需要,本着通俗易懂、简便易行的原则,制定了以下8种示范性会计制度:《国营工业企业示范会计科目和使用说明(草稿)》《国营工业企业示范会计报表格式和编制说明(草稿)》《国营供销企业示范会计科目和使用说明(草稿)》《国营供销企业示范会计报表格式和编制说明(草稿)》《国营企业建设单位示范会计科目和使用说明(草稿)》《国营企业建设单位示范会计报表格式和编制说明(草稿)》《国营建筑安装企业示范会计科目和使用说明(草稿)》《国营建筑安装企业示范会计报表格式和编制说明（草稿）》。通知要求，中央各经济部门和各省、市、自治区财政厅、局应当从有利于生产、满足企业管理需要出发，结合具体情况，拟定基层企业会计制度，或者在本制度的基础上，增发补充规定，也可将本制度转发所属企业执行。

4. 制定国营企业会计核算工作规程。

1961年11月17日，国务院发出《关于试行〈国营企业会计核算工作规程（草案）〉的通知》。该通知指出，会计账簿是经济活动的一种科学记载和反映，在社会主义企业里，必须建立一套健全的会计核算制度，认真地记账、算账、报账、查账，保护和监督国家财产不受损失，这是加强经济核算、加强经营管理的一个重要方面。过去曾在一些企业中发生的账目不实、家底不清、责任不明的情况和"以表代账""无账会计"等错误做法，必须加以彻底改变和纠正。

"规程（草案）"阐述了会计核算的作用，指出会计核算工作的基本任务是：正确、全面、及时地记录、反映企业各项财产和资金的增减变动情况、成本和费用的开支和升降情况、利润的形成和分配情况；严格监督财产、资金的妥善管理和合理使用；认真地检查和分析企业财务、成本计划的执行情况，并为编制国家计划提供确实可靠的会计资料。

5. 公布国营企业会计人员职权条例。

1963年1月3日，国务院公布《会计人员职权试行条例》。《条例》规定，一切国营企业等单位，都必须根据工作的需要，设置财务会计机构或专职会计人员进行会计工作。

《条例》规定了会计人员的职责：按规定切实做好记账、算账、对账、报账工作；严格执行国家批准的计划和预算；执行国家规定的信贷、结算、现金管理等各项制度；通过会计工作保护国家财产；根据会计记录、会计报表和其他有关资料，按时检查分析本单位的经济活动和财务收支情况；向本单位领导人、上级机关和财政、银行、税务等部门派来的查账人员，负责提供各项会计资料，据实答复各个问题；会同有关部门，组织群众性的经济核算工作，并建立和健全各级经济活动分析制度，促进增产节约措施的实现。

《条例》规定会计人员的权限有：会计人员有权要求单位的有关部

门和人员，正确地执行国家批准的计划、预算和各项财务会计制度；会计主管人员和有关的会计人员，有权参与本单位各项有关计划、预算、定额的制定；有权监督财产物资的调拨；有权要求本单位的有关部门和人员提供各项有关计划、预算、定额的执行情况和资料，提供财产物资变动、各项资金使用、各项成本费用开支的情况和资料，提供各项经济合同的执行情况和资料等；有权检查本单位各有关部门的凭证和账目，对违反会计制度的事项，有权拒绝付款、拒绝报销或拒绝执行。《条例》还规定了会计人员的任免和奖惩办法。

6. 提出国营企业设置总会计师岗位。

1963年10月18日，国务院批转国家经委、财政部《关于国营企业、交通企业设置总会计师的几项规定（草案）》。《规定》指出，国营工交企业设置总会计师，是为了建立健全企业的经济责任制，加强企业的经济核算，严格实行财务、会计监督。所有国营工交企业的厂长都应当亲自领导企业的经济核算和财务会计工作，并由总会计师作为厂长加强领导这一工作的助手。总会计师的基本任务是：在厂长领导下建立健全企业内部的经济责任制度；组织和推动企业内部经济核算工作，负责组织计算与审查企业的生产经营活动和技术措施的经济效果，促使企业合理地使用人力、物力、财力；监督企业认真执行国家的财经政策、法令和财务、会计制度，遵守财经纪律，维护国家财产的完整，促使企业改善经营管理，厉行增产节约，降低成本，增加盈利。《规定》指出，总会计师应当定期向厂长或厂务会议汇报工作。企业违反国家的财经政策、法令制度，不遵守财经纪律，总会计师如果不提出意见加以制止，应当与过失人员负连带责任。

第三节　改革开放初期的国有企业政策

一　改革开放初期国有企业的产权政策

（一）扩大国有企业经营管理自主权的政策

1. 实施扩大企业自主权试点工作。

1978年7月6日至9月9日，国务院召开务虚会议，会议的主题是研究如何加快我国四个现代化的速度。讨论内容开始涉及经济管理体制改革问题，提出一定要保障国营企业必要的独立地位，适当扩大其经济自主权。

1979年4月13日至23日，在北京召开全国财政工作会议。会议讨论了1979年预算指标的调整问题，研究了完成本年度财政任务的措施，会议还讨论了《改革财政管理体制》《国营企业利润留成试行办法》《国营企业固定资产征税试行办法》《扩大企业经营管理自主权的建议》《流动资金全额信贷试行办法》《出口商品留成试行办法》《非贸易外汇留成试行办法》等7个文件草案，为扩大国有企业自主权，展开了积极探索。

1979年7月13日，国务院把关于扩大国营企业自主权的5个文件，发给各省、自治区、直辖市和有关部门组织的少数国营工业、交通试点企业。这5个文件是：《关于扩大国营工业企业经营管理自主权的若干规定》《关于国营企业实行利润留成的规定》《关于开征国营工业企业固定资产税的暂行规定》《关于提高国营工业企业固定资产折旧率和改进折旧费使用方法的规定》《关于国营工业企业实行流动资金全额信贷的暂行规定》。这些文件的主要内容是：对经营有盈余的企业实行利润留成；在增加盈利的基础上，逐步提高企业固定资产折旧率和改进折旧费使用办法；对企业实行固定资产有偿占用制度和流动资金全额信贷制度；为了鼓励企业发展新产品，有关新产品的费用（增添设备等措施所需的费用除外）可以规定一定比例，从企业实现的利润中留用。按照国务院的部署，到1979年年底，全国已有3000多个企业进行了试点。扩大企业自主权试点，是改革现行管理体制的一个重要步骤，对于调动企业和职工的积极性，把生产搞活，发挥了积极的作用。

1980年9月2日，国务院批转国家经委关于扩大企业自主权试点的文件。该文件指出，试点企业在"人财物、产供销"等方面，要拥有更大的自主权，企业有权根据国家的价格政策，对一些利润过高和供过于求的产品，以及超储积压物资，实行浮动价格，向下浮动。企业可以申请出口自己的产品，有权参与外贸部门同外商的谈判并附签合同，有条件的企业，经过国家有关部门批准，也可以直接经营出口业务。企业有权决定自己的机构设置和人员配备。到1980年年底，除西藏自治区以外，全国试点企业总计为6000多个，这些试点企业约占全国预算内工业企业总数的16%，产值约占60%，利润占70%左右。在这一年中，经财政部和各省、自治区、直辖市批准进行"以税代利、独立核算、自负盈亏"的试点的有一个市（柳州市）、一个公司（上海轻机公司）和80多个企业。

2. 试行国有企业生产任务和利润包干的经济责任制。

1981年11月11日，国务院批转国家经委等制定的《关于实行工业生产经济责任制若干问题的暂行规定》，要求在逐步扩大企业自主权的基础上，加强和完善企业的经济责任制。文件规定：（1）扩大自主权和实行经济责任制的企业，必须保证全面完成国家计划。（2）对于生产市场短缺的低利产品和小商品的企业，要采取鼓励和扶植的政策。（3）企业自行超产造成积压的产品，有关部门可拒绝收购，银行不予贷款，多占用的贷款要按银行规定加收利息。（4）所有企业都必须首先保证财政上交任务的完成，每年增长的利润，国家所得比例要高于企业。（5）一个企业只能实行一种形式的利润留成或盈亏包干办法，不能兼用两种办法。（6）企业各项技术措施贷款，必须用本项目投产后新增加的利润归还，不能用原有的利润归还。（7）企业的奖金水平，应当随着企业生产经营效益的变动而变动，奖金的发放要严格按照国务院的规定执行，不得突破。（8）实行计件工资要具备一定的条件，有计划、有步骤地推行。（9）企业的福利基金，主要用于职工的集体福利事业，不能巧立名目发给个人。（10）实行经济责任制的企业，要严格执行国家经济政策和财经纪律，财政、银行部门对企业执行财经纪律情况每年至少进行两次检查。到1981年年底，全国实行扩大自主权试点和经济责任制的工业企业，已有4.2万多家。

3. 进一步扩大企业经营管理自主权。

1984年5月10日，国务院发布《关于进一步扩大国营工业企业自主权的暂行规定》。文件指出，为进一步调动企业积极性，搞活经济，提高企业素质，国务院规定：（1）企业在确保完成国家计划和国家供货合同的前提下，可以自行安排生产。（2）企业可以自销其分成的产品、国家计划外超产的产品、试制的新产品等。（3）企业利润留成资金可按主管部门规定的比例，自行支配使用，暂时不用的生产发展基金，可以向企业外投资，折旧基金企业留用70%。（4）在人事劳动管理上，厂长、党委书记由主管部门任命，厂级行政副职由厂长提名，报上级批准，中层行政干部由厂长任免。（5）在不改变所有制的情况下，企业有权参与或组织跨部门、跨地区的联合经营。

1985年9月11日，国务院批转国家经委、国家体改委制定的《关于增强大中型国营工业企业活力若干问题的暂行规定》，要求继续扩大企业自主权，使企业有权制定经营发展战略，有权在内部实行分级分权管理，有权形成质量保证体系，有权自行降低消耗和成本，有权综合利用能源和资源，有权开展多种经营活动，有权发展企业之间的横向联系，有权改进物资供应和产品销售办法，同时给予部分大型企业直接对外经营权。

（二）实施国有企业的产权清理和重组政策

1. 开展国有企业产权清理工作。

1980年4月9日，经国务院批准，国务院清产核资领导小组、国家经委、财政部联合召开全国清产核资、扭亏增盈、经济核算会议，落实了当年的工作任务，研究讨论了有关办法。1981年4月30日，国务院批转清产核资领导小组《关于清产核资、扭亏增盈工作的报告》。《报告》指出，通过清产核资工作，摸清了家底，工业和交通企业清出闲置不用的固定资产100亿元。核销工业和交通企业的固定资产损失和流动资金损失以后，企业资金得到了初步落实。经过清产核资工作，核定工业企业流动资金周转天数为89天，比1978年加速了21%；核定物资供销企业流动资金周转天数为131天，比1978年加速了13%。同时，建立和健全了一些财产、资金管理制度，促进了企业管理，扭亏增盈工作开展了将近4年，到1980年年底，全国国营企业的亏损额，从1976年177亿元减少到82亿元，扭亏95亿元，工业企业的百元产值利润率，从13.5%提高到16.7%。

2. 制定企业关停过程产权重组处理办法。

1981年2月24日,财政部作出《关于国营关停企业财务处理的规定》,其中涉及产权重组的内容主要有:(1)关停企业对所有财产物资,包括厂房、建筑物、机器设备、原材料、燃料、用具用品以及银行存款、现金结余等,都应当进行彻底清查,编造清册。对这些财产物资,要指定专人,妥善保管。(2)关停企业的债权、债务应当核对清楚,限期清理。(3)关停企业一律停止提取折旧基金、大修理基金、企业基金、利润留成奖金,也停止拨交工会经费。(4)关停企业处理财产物资的收入、清理债权收入和从事生产劳动的收入等,首先用于解决职工工资和必要的清理维护费,然后用于归还银行贷款、清偿贷款和欠款,如还有结余,应上交同级财政。

3. 制定实施企业联合过程产权重组处理办法。

1981年6月5日,财政部发出《关于经济联合中若干财务问题的处理意见》,主要内容如下:(1)实行经济联合的企业,可以有多种形式:由若干工厂、单位共同组成总公司,并以公司、总厂为经济实体;也可以把工厂作为经济实体,公司、总厂作为管理机构;由若干生产工厂共同组成联合供、销公司,工厂作为生产的经济实体,联合供销公司作为供销性质的经济实体。以一厂为主,吸收社会各种投资(包括厂房、设备、资金),以主体厂为经济实体。由若干工厂、单位共同集资兴办新的工厂,并成为新经济实体。(2)组织经济联合的各个企业,可以用下列资金向联合企业投资:一是企业闲置未用的厂房、场地、设备;二是企业多余的材料、物资;三是企业结余的更新改造资金;四是企业提取的企业基金、利润留成资金或留用的所得税后利润。(3)为了保证联营企业生产的顺利进行,联营各方除了要筹集固定资金外,还要负责筹集生产所必需的流动资金。(4)联营企业发展生产、进行技术改造所需增加的固定资金,主要应当依靠联营各方进行追加投资。如确有需要,联营企业也可以按规定向银行申请中短期设备贷款。(5)联营企业应按税法的统一规定向国家缴纳税金。(6)参加联营的国营企业按照协议从联营企业中分得的利润,应并入本企业的利润,按照规定统一计提企业基金或企业生产发展基金,其余一律上交国家。

（三）探索国有企业所有权与经营权适当分离的政策

1. 提出国有企业所有权同经营权可以适当分开。

1984年10月20日，中共十二届三中全会通过的《关于经济体制改革的决定》指出，过去国家对企业管得太多太死的一个重要原因，就是把全民所有同国家机构直接经营企业混为一谈。根据马克思主义的理论和社会主义的实践，所有权同经营权是可以适当分开的。《决定》认为，在服从国家计划和管理的前提下，企业有权选择灵活多样的经营方式，有权安排自己的产供销活动，有权拥有和支配自留资金，有权依照规定自行任免、聘用和选举本企业的工作人员，有权自行决定用工办法和工资奖励方式，有权在国家允许的范围内确定本企业产品的价格，等等。《决定》提出，要使企业真正成为相对独立的经济实体，成为自主经营、自负盈亏的社会主义商品生产者和经营者，具有自我改造和自我发展的能力，成为具有一定权利的义务的法人。

所有权与经营权的两权分离，包括两种形式：财产所有权的内部分离和财产所有权的外部分离。由于两权分离，有内部分离和外部分离两种形式，相应的这一理论提供了两种不同的改革方案：一是从内部分离思路出发，改革将引起国有企业的国家所有权与企业经营管理、使用权的分离。在此基础上，可建立起以国家为民事主体的承包、租赁等经营责任制。二是从外部分离思路出发，国有企业改革将引起国家所有权与企业所有权的分离。在此基础上，可建立起以企业法人为民事主体的各种股份责任制或公司制，形成契约化委托代理关系的现代企业制度。[①]

2. 建立以所有权与经营权内部分离为基础的产权模式。

我国国有企业依据两权分离理论进行的产权制度改革，先从财产所有权的内部分离开始，建立起承包和租赁等经营责任制。

1988年2月27日，国务院发布《全民所有制工业企业承包经营责任制暂行条例》。《条例》指出，承包经营责任制，是在坚持企业的社会主义全民所有制的基础上，按照所有权与经营权分离的原则，以承包经营合同形式，确定国家与企业的责权利关系，使企业做到自主经营、

[①] 张明龙：《社会主义市场经济导论》，中国经济出版社1999年版，第287页。

自负盈亏的经营管理制度。实行承包经营责任制,按照包死基数、确保上交、超收多留、欠收自补的原则,确定国家与企业的分配关系。承包期限,一般不得少于3年。

1988年4月13日,七届人大一次会议通过的《中华人民共和国全民所有制工业企业法》,进一步肯定了所有权与经营权的两权分离观点,并把它作为改革国有企业产权制度的原则。《企业法》指出,全民所有制工业企业是依法自主经营、自负盈亏、独立核算的社会主义商品生产和经营单位。企业的财产属于全民所有,国家依照所有权和经营权分离的原则授予企业经营管理。企业对国家授予其经营管理的财产享有占有、使用和依法处分的权利。企业依法取得法人资格,以国家授予其经营管理的财产承担民事责任。企业根据政府主管部门的决定,可以采取承包、租赁等经营责任制形式。

据有关资料统计,到1988年年底,全国国有企业绝大多数实行了承包制或租赁制等经营模式。其中全国预算内企业,特别是大中型企业主要实行承包制,实行租赁制的多是小型企业。1990年,有3.3万多户预算内工业企业第一轮承包到期,占承包企业总数的90%。接着,通过总结第一轮承包经验,进一步改进承包内容和方法,又开始了第二轮承包。

二 改革开放初期国有企业的利润与税收政策

（一）改革开放初期国有企业的利润政策

1. 试行从利润中提取企业基金的办法。

1978年11月25日,国务院批转财政部《关于国营企业试行企业基金的规定》。企业基金的提取和使用办法:(1)凡是全面完成国家下达的产量、品种、质量、原材料与燃料及动力消耗、劳动生产率、成本、利润、流动资金占用等8项年度计划指标,以及供货合同的工业企业,可按职工全年工资总额的5%提取企业基金。完成了产量、品种、质量、利润4项指标和供货合同的工业企业,可按职工全年工资总额的3%提取企业基金,在此基础上,每多完成一项其他指标,增提占工资总额0.5%的企业基金,没有完成该4项指标和供货合同的企业,不能提取企业基金。（2）各级企业主管部门，按其直属企业汇总计算，盈亏相抵后的利润超过国家年度利润指标的部分，石油、电力、外贸部门按5%，冶金、机械等部门按10%，煤炭、军工等部门按15%的比例提取企业基金。（3）企业基金主要用于举办职工集体福利事业，以及发给职工奖金等项开支。企业主管部门提取的企业基金，50%用于奖励超额完成利润指标的企业，50%用于生产技术措施和本系统企业的集体福利设施。

1979年10月17日，财政部发出《关于改进国营企业提取企业基金办法的通知》，主要内容如下：（1）国营工业企业提取的企业基金，原规定按8项计划和供货合同考核，现在改为按产量、质量、利润和供货合同4项计划指标考核。全面完成4项计划指标的，可按职工工资总额5%提取企业基金；没有全面完成4项计划指标的，在完成利润指标的前提下，每完成1项计划指标，可以按职工工资总额1.25%提取企业基金；利润计划指标没有完成的企业，一律不能提取企业基金。对亏损企业也作了相应规定。（2）企业除按上述办法提取企业基金外，原规定由企业主管部门从超计划利润中统一提取的部分，改为由基层企业从当年利润增长额中提取。（3）企业按国家规定提取的企业基金，应在年度终了时列入决算，并从实现的利润中预留。（4）企业按完成国家计划指标情况提取的企业基金，应主要用于职工福利设施等方面；从利润增长额中提取的企业基金，应主要用于生产技术措施。企业基金用于社会主义劳动竞赛奖金方面的，最多不得超过当年提取数的20%。

2. 试行国营工业交通企业利润留成的办法。

1980年1月22日，国务院把《国营工业企业利润留成试行办法》发给各地区、各部门在扩权试点企业中试行。《办法》对1979年7月国务院发布的《关于国营企业实行利润留成的规定》进行了修订，做出如下规定：（1）把原定的全额利润留成，改为基数利润留成加增长利润留成。企业当年利润高于上年利润的，其中相当于上年利润的部分，按核定比例提取基数利润留成资金；比上年增长的部分，另按国家规定比例提取增长利润留成资金。基数利润留成比例核定以后，原则上3年不变。（2）企业增长利润留成的比例，按照不同行业，分别规定为：石油、电力、石油化工和国外引进成套设备等盈利水平较高的企业为10%；冶金、机械、电子、化工、轻工、纺织、建材、森工、铁路、交通运输和其他企业为20%；煤炭、邮电、民航、农机企业为30%。（3）工业企业必须完成产量、质量、利润和供货合同4项计划指标，才能按照核定和规定的留成比例提取全部利润留成资金。4项计划指标中每少1项，扣减应提利润留成的10%。企业从基数利润中提取的利润留成资金，按照核定的生产发展基金、职工福利基金和职工奖励基金的留成比例分别提取，分别管理和使用。企业从增长利润额中提取的利润留成资金，用于发展生产的部分不得少于60%，用于职工福利设施和职工奖金的部分不得超过40%，发给职工的奖金，除国家规定的节约奖外，都在职工奖励基金中开支。

1981年2月20日，财政部和国家经委联合发出《关于国营工业交通企业继续试行利润留成办法的通知》。《通知》指出，截至1980年年底，全国工业、交通企业中已有6000多户试行了留成办法，取得了显著效果。1981年要集中力量搞好已经批准进行利润留成试点企业的工作，不再扩大试点。凡是具备条件的，都应改为按国务院规定的统一的利润留成办法执行。没有试行利润留成的企业，仍然实行企业基金制度。

1981年12月26日，财政部、国家经委公布《关于国营工业交通企业实行利润留成和盈亏包干办法的若干规定》。其主要内容是：（1）对于生产正常、利润比较稳定的部门和企业，应当实行"基数利润留成加增长利润留成"的办法，或"全额利润留成"的办法，后者更好，应积极推行。（2）对因调整期间生产任务不足的部门和企业，可以实行"超计划利润分成"办法；对潜力较大的微利部门和企业，可实行"上交利润包干，超收分成或留用"的办法；对于确因客观原因发生亏损的部门和企业，可以实行"亏损的定额补贴包干"的办法。（3）凡有条件按部门确定包干办法的，由各级财政部门商得主管部门同意后，从上述五种形式中确定一种办法试行，主管部门再对企业实行不同的包干办法。暂时无条件的部门，也可按企业为单位实行，但无论按部门或按企业，只能采用一种办法，不能重复提取留成。（4）利润留成比例和盈亏包干基数确定以后，一般 3 年或 4 年不变；少数生产不稳定的企业，其盈亏包干基数也可以一年一定。(5) 实行利润留成和盈亏包干办法，除考核利润指标外，还要考核产品产量、质量、品种、成本等项指标，5 项指标中每少完成 1 项，扣减其应提利润留成的 8%。(6) 企业提取的利润留成资金和包干、超收分成资金，要分别建立生产发展基金、职工福利基金和职工奖励基金。

1984 年 7 月 31 日，国务院办公厅发出《关于今后不再批准企业实行利润递增包干等办法的通知》。《通知》指出，国务院决定从 1984 年 10 月 1 日起，在全国普遍推行利改税第二步改革，以后各地区、各部门不要再批准企业实行利润递增包干等办法，一律搞利改税。已经实行利润递增包干办法的企业，凡已到期的，应改为按利改税办法执行。尚未到期的，应区别情况，经国务院或国家经委、财政部批准的，可继续执行原办法；省、市、自治区政府批准的，如搞得较好，可以继续执行，否则应尽快改过来；地、市、县政府批准的，一律改过来。凡是经过批准继续试行利润递增包干等办法的企业，从本年第 4 季度起，应按照新的税收条例，缴纳产品税、增值税、营业税和资源税。

3. 确定承包制企业按基数上交利润的方式。

1988 年 2 月 27 日，国务院发布的《全民所有制工业企业承包经营责任制暂行条例》规定，承包制企业上交利润基数一般以上年上交的利润额（实行第二步利改税的企业，是指依法缴纳的所得税、调节税部分）为准。受客观因素影响，利润变化较大的企业，可以承包前 2 年至 3 年上交利润的平均数为基数。确定上交利润基数时，可参照本地区、本行业平均资金利润率进行适当调整。上交利润递增率或超收分成比例，应当根据企业的生产增长潜力并适当考虑企业的技术改造任务确定。上交利润的方式为：企业按照税法纳税，纳税额中超过承包经营合同规定的上交利润额多上交的部分，由财政部门每季返还 80% 给企业，年终结算，多退少补，保证兑现。

4. 试行国营企业税利分流的利润上交办法。

1991 年 8 月 14 日，财政部、国家体改委发布《国营企业实行"税利分流、税后还贷、税后承包"的试点办法》。其主要内容有：税利分流是把国营企业实现的利润分别以所得税和利润形式上交国家一部分，并实行所得税后还贷、所得税后承包。盈利企业一律按33%的比例税率向国家交纳所得税。企业所得税的计税依据，为应纳税所得额。应纳税所得额，是指企业实现的利润总额按照国务院、财政部有关规定进行调整后的余额。企业的固定资产投资借款，应用企业留用资金归还。为照顾历史上形成的借款余额过大的实际情况，可采取划分新老借款，予以区别对待的过渡办法。取消调节税税种，企业缴纳所得税后利润应当上交国家的部分，可以实行承包等各种形式的分配办法。

（二）改革开放初期国有企业的税收政策

1. 试行国营工业企业以税代利的办法。

1981年3月10日，财政部公布《关于国营工业企业试行以税代利的几项规定》，主要内容如下：（1）试点企业原来向国家交纳的利润，改为征收资源税、收入调节税、所得税、固定资金占用费和流动资金占用费。（2）纳税缴费后留给企业的利润，应按国务院文件规定的利润留成水平计算。为了解决企业之间增长利润高低悬殊而形成的苦乐不均问题，在核定税率时，主管部门可以在试点企业提取的增长利润留成总额范围内，在企业之间作必要的调整。（3）财税机关在核定试点企业税率、费率时，企业按照规定留用利润后，不足以交纳上述税费的，首先不征收入调节税，仍有不足的，按照下列顺序依次减免：一是所得税，二是固定资产占用费，三是流动资金占用费。（4）企业上交利润改为纳税缴费后，成本开支范围、费用开支标准和营业外收支等，仍按现行财务会计制度规定办理。企业原在成本中列支的职工福利基金、职工奖金、新产品试制费、科研经费都应在税后留用利润中开支，不再计入成本或冲减课税所得额。（5）除现有试点企业外，一般不再以企业为单位进行试点，按公司、行业进行试点的，要报经财政部批准。

2. 确定对国营企业实行利改税办法。

1983年4月24日，国务院批转财政部《关于国营工业企业利改税试行办法》。国务院认为，对国营企业实行利改税，是在充分酝酿和经过几年试点后确定的一项重大改革，对于促进国营企业建立与健全经济责任制，进一步把经济搞活，正确处理国家、企业和职工三者利益，保证国家财政收入的稳定增长起着重要作用。研究我国企业的成长过程，可以发现，政府政策对企业发展有着重大的影响作用。政策可使企业停滞不前，也可使其迸发活力。[①]

该文件的主要内容有：（1）凡有盈利的国营大中型企业，均根据实现的利润，按55%的税率缴纳所得税，税后利润，一部分上缴国家，一部分按照国家核定的留利水平留给企业，上缴国家的部分，可根据企业不同情况，分别采取递增包干办法、固定比例上缴办法、缴纳调节税办法、定额包干上缴办法来完成。（2）凡有盈利的国营小型企业，根据实现的利润，按8级超额累进税率交纳所得税。缴税以后，由企业自负盈亏，国家不再拨款，但对税后利润较多的企业，国家可以收取一定的承包费，或者按固定数额上缴一部分利润。（3）营业性的宾馆、饭店、招待所和饮食服务公司，都交纳15%的所得税，国家不再拨款。企业税后有盈有亏的，由商业主管部门调剂处理。（4）县以上供销社，以县公司或县供销社为单位，按8级超额累进税率缴纳所得税，国家不再拨款；除国家规定的个别商品外，国家也不再负担价格补贴。（5）军工企业、邮电企业、粮食企业、外贸企业、农牧企业和劳改企业，仍按原定办法执行，在条件成熟后，再实行利改税办法。（6）国营企业归还各种专项贷款时，经财政部门审查同意后，可用缴纳所得税之前该贷款项目新增的利润归还。（7）国营企业应根据财税部门核定的时间，按期预缴所得税和上缴利润。逾期不缴的，财税部门应根据滞纳的数额，按日加收1‰的滞纳金，由企业从留利中支付。

1984年9月18日，国务院批转财政部《国营企业第二步利改税试行办法》。《办法》规定，第二步利改税，将现行的工商税按照纳税对象，划分为产品税、增值税、盐税和营业税，将第一步利改税设置的所得税和调节税加以改进，增加资源税、城市维护建设税、房产税、土地使用税和车船使用税。核定调节税率时，以企业1983年实现的利润为基数，在调整由于变动产品税、增值税、营业税税率以及开征资源税而增减的利润之后，作为核定的基期利润。基期利润扣除按55%计算的

---

① 龚秀敏：《建国以来我国中小企业政策回顾与总结》，《特区经济》2009年第10期。

· 47 ·

所得税和1983年合理留利后部分，占基期利润的比例，为核定的调节税税率。企业当年利润比核定的基期利润增长部分，减征70%调节税。利润增长部分按定比计算，一定7年不变。国营小型盈利企业，按新的8级超额累进税率缴纳所得税以后，一般由企业自负盈亏，国家不再拨款。但在核定基数时，对税后利润较多的企业，国家可以收取一定数额的承包费。营业性的宾馆、饭店、招待所和饮食服务企业，都按新的8级超额累进税缴纳所得税。

三 改革开放初期国有企业的收入分配政策

（一）改革开放初期国有企业的工资政策

1. 国有企业职工工资的局部调整政策。

1983年4月14日，国务院批转劳动人事部《关于企业调整工资和改革工资制度问题的报告》。《报告》的主要内容是：（1）调整工资要同企业的经济效益相结合。凡完成了当年应缴纳的税金或上缴利润计划（减亏计划）和其他主要经济技术指标的企业，从1983年第四季度开始调整工资；经济效益差，管理紊乱，发生经营性亏损的企业，要积极创造条件，力争尽快扭亏为盈。关停企业，暂不调整工资。（2）调整工资必须认真贯彻按劳分配原则。（3）企业调整工资所需的增资指标，国家将按照计划安排。（4）企业调整工资要与改革工资制度相结合。（5）在调整工资中，必须对起骨干作用的中年知识分子，多增加一些工资。（6）增加工资的幅度应有适当控制，平均每人每月增加的工资，一般为7元。

2. 国有企业职工工资的全面改革政策。

1985年1月5日，国务院发出《关于国营企业工资改革问题的通知》。《通知》指出，为了增强企业的活力，充分发挥企业和职工的主动性、积极性和创造性，克服企业工资分配中的平均主义、吃"大锅饭"的弊病，必须对企业的工资分配进行改革。关于国营企业工资改革的主要内容是：（1）企业工资总额同经济效益挂钩。从1985年开始，在国营大中型企业中，实行职工工资总额同企业经济效益按比例浮动的办法。（2）国家对企业的工资实行分级管理的体制。（3）按照国务院有关文件规定，1983 年企业调整工资增加的工资总额，由自有资金负担的部分，从 1985 年 1 月 1 日起列入企业成本，允许核定在 1984 年工资总额之内。（4）工资总额同经济效益挂钩的指标，一般应以 1984 年上缴税利作为工资总额的挂钩指标。1984 年上缴税利低于前 3 年实际平均数的，按照前 3 年上缴税利的实际完成情况酌情核定。（5）企业工资总额同经济效益挂钩浮动的比例，以人均上缴税利为主，同时考虑国家投资比例、百元工资税利率、劳动生产率的高低等情况分别确定。（6）企业与国家机关、事业单位的工资改革和工资调整脱钩。《通知》还规定，建立企业工资增长基金。企业随同经济效益提高而提取的工资增长基金归企业所有，不得平调。但企业每年增加的工资超过工资总额一定限度时，国家要征收工资调节税；当留归企业内部工资基金，以丰补歉，在年度之间调剂使用时，国家免征工资调节税。

（二）改革开放初期国有企业的奖金政策

1. 不断完善和改进国营企业奖金发放方法。

1981 年 10 月 2 日，国务院发出《关于控制奖金发放问题的通知》。《通知》指出，1981 年 1 月至 8 月，全国共发奖金 36.5 亿元，占工资总额的 7.2%，比去年同期增长 10 亿元。据了解，第四季度还有继续增长的趋势。奖金增加主要是因为奖励的范围扩大了，一些企业 1981 年年初发放的跨年度奖金比上年增多，一些企业过分扩大了个人收入。为此，国务院规定：（1）企业发放奖金，应按国务院有关规定执行，奖金发放额不能随便突破。（2）实行盈亏包干的单位，要核定每个企业的奖金最高限额，严格控制。（3）实行计件工资要有条件，目前暂停扩大，已经实行的，要按照条件进行整顿、调整，凡不符合条件的，要停止实行。计件定额应达到平均先进水平，超额工资应限制在 30% 以内，各地区、各部门、各企业要兼顾国家、企业和个人三者利益，合理掌握职工超额劳动报酬部分的水平，加强监督检查。

1982 年 7 月 29 日，劳动人事部、国家计委、国家经委、财政部发出《关于加强奖金管理，严格控制奖金发放的通知》。《通知》根据国务院有关文件精神，规定从 1982 年起，对各地各部门下达奖金总额的控制数，逐步实行计划管理。奖金控制数，包括企业单位的经常性生产奖、特定原材料和燃料节约奖、劳动竞赛奖等。要进一步整顿奖励制度，贯彻按劳分配原则，坚决克服平均主义，使奖金真正起到奖励超额劳动，促进企业改善经营管理，提高经济效益的作用。

1984年4月16日，国务院发出《关于国营企业发放奖金有关问题的通知》。《通知》规定，发放奖金一定要同企业的经济效益挂钩，企业在全面完成国家计划，增加税利的前提下，发放奖金可以不"封顶"。为了从宏观上控制消费基金的过快增长，在取消奖金"封顶"后，实行奖金征税办法。

2. 决定按超额累进税率开征奖金税

1984年6月28日，国务院颁布《国营企业奖金税暂行规定》，明确指出，凡国营企业使用奖励基金发放的各种奖金，都按本办法缴纳奖金税。奖金税实行超额累进税率，全年发放奖金总额不超过两个半月标准工资的，免税；两个半月至四个月的部分，税率为30%；四个月至六个月的部分，税率100%；超过六个月的部分，税率为300%。发给矿山采掘工人、搬运工人、建筑工人的奖金，以及创造发明奖、合理化建议和技术改进奖，自然科学奖等单项奖金，免缴奖金税。国营企业不据实申报的，税务机关除限期补报外，可酌情处以5000元以下的罚款；不按期缴纳税款的，按日加收5‰的滞纳金；偷税、抗税的，税务机关除限期追缴税款外，可酌情处以应补款一倍以下的罚款；情节严重的，移交司法机关依法处理。

四 改革开放初期国有企业的管理政策

（一）改革开放初期国有企业流动资金的管理政策

1. 提出加强企业流动资金的管理。

1982年12月15日，国务院批转国家经委、国家计委、财政部和中国人民银行《关于加强企业流动资金管理的报告》。《报告》提出以下措施：（1）加强生产的计划管理，搞好产销平衡。（2）严格禁止计划外布点和重复建设，减少流动资金的占用。（3）减少流通环节，疏通流通渠道，扩大商品销售。各级商业部门要会同银行区别不同情况，逐步核定正常合理的周转库存限额。超过限额而又不合理的，银行要加收利息。(4) 限期处理积压物资,1981年1月1日以后发生积压物资和商品,需要报废、削价、改制而发生的损失,一律不准冲减国家资金和银行贷款,应分别列入企业成本(费用)、损益或有关资金中解决。(5) 从 1983 年起,每年由财政部、人民银行提出流动资金周转指标,作为指令性指标,纳入国民经济计划,由国家计委下达给各地区、各部门,层层落实到企业,据以执行和考核。(6) 在资金供应上,根据不同情况,采取区别对待的措施。对于有利于发展生产、搞活经济、扩大产品销售、能够提高经济效益的;对于增产短线产品和改产耗能少、原材料消耗低的产品;以及采用新技术、新工艺、新设备、新材料,生产新产品,引进先进技术的,银行要在流动资金和设备上,积极给予支持。(7) 结合企业整顿,加强企业的资金管理。(8) 加强对流动资金管理工作的组织领导。

2. 确定企业流动资金改由银行统一管理。

1983 年 6 月 25 日,国务院批转《关于国营企业流动资金改由人民银行统一管理的报告》。《报告》提出的办法是:(1) 企业中由国家拨给的流动资金,仍然留给企业。对企业中由国家拨给的流动资金,实行有偿使用,收取一定的占用费,考虑到原来上交财政的流动资金占用费已计入上交收入任务之内,可暂时停收。(2) 改进企业流动资金定额或计划的核定办法。由过去按储备、生产、成品三个过程和主要物资的合理周转需要核定,改为按平均先进的销售收入资金率(或销售成本资金率)核定工业企业的流动资金定额,每年按销售计划调整一次,生产和销售增长了,流动资金定额可相应增加。(3) 考核企业的流动资金使用情况,对超定额(或计划)贷款实行加息或"浮动利率"。(4) 根据国家的经济政策,对不同行业、企业和产品实行差别利率。(5) 建立企业补充自有流动资金制度等。

(二)改革开放初期国有企业固定资金的管理政策

1. 提高试点企业固定资产折旧率。

1980 年 4 月 3 日,财政部发出通知,指出为进一步扩大企业自主权,决定提高这些企业的固定资产折旧率。同时,对有些问题作了明确规定:(1) 凡经国家经委、财政部批准按国务院统一办法进行利润留成试点的工交企业，1980年可以在降低成本、提高盈利的基础上，把机器设备的折旧率提高0.5%，房屋建筑物和管理用具的折旧率不予提高。（2）试点企业固定资产折旧率已超过6%的，不再提高折旧率。（3）有的企业大修理基金的提取比例，过去是按照固定资产基本折旧率的一定比例确定的，这次提高基本折旧率后，大修理基金仍按原比例提取，不能提高。

2. 制定征收固定资金占用费的办法。

为了加强企业使用固定资产的经济责任，提高国有资产使用率，国家决定对国营企业的固定资产实行有偿占用。1980年6月20日，财政部、国家经委公布《关于征收国营工业交通企业固定资金占用费的暂行办法》。对于征收固定资金占用费的比例，《办法》根据各部门各行业资金利润率的高低，分别作出规定：石油开采、石油化工、纺织、轻工和国外引进成套设备等工业企业，月率为5‰—8‰；冶金、化工、机械、电子、电力、城市公用、劳改工业等企业，月率为3‰—5‰；农机、煤炭、矿山开采、建材、森工、铁道、交通建筑等企业，月率为2‰。《办法》规定，固定资金占用费是利润转化形式，属于各级财政收入的一个组成部分，应按隶属关系分别纳入中央财政和地方财政的收入预算，由财税部门负责管理监督，任何单位和部门都不能截留挪用。

3. 制定固定资产折旧基金的试行办法。

1985年4月26日，国务院公布《国营企业固定资产折旧试行条例》。国务院指出，我国国营企业固定资产折旧率偏低，从企业设备陈旧落后的状况看，需要对设备更新速度加快一些，适当提高折旧率。但是，必须根据财力可能，有重点地、分期分批地实施。除1983年和1984年已批准提高折旧率的部分重点企业和上海、天津两市的工业企业外，1985年可再选择少数大型骨干企业和部分沿海开放城市的轻纺出口工业企业，适当调整折旧率，提高折旧额按5亿元掌握。从1986年至1990年的5年内，头两年分批调整其他国营工交企业的折旧率，后3年再分批调整非工交企业的折旧率。《条例》规定，所有实行独立核算的国营企业都必须按照规定，正确计提和合理使用折旧基金，建立固定资产和折旧基金的管理责任制。《条例》对提取折旧的范围，计算、提取折旧的依据和方法，折旧率和单位折旧额，折旧基金的使用、管理和监督等问题作了明确规定。

（三）承包制企业试行的资金分账管理政策

1988年2月27日，国务院发布的《全民所有制工业企业承包经营责任制暂行条例》规定，实行承包经营责任制的企业，试行资金分账制度，划分国家资金和企业资金，分别列账。承包前企业占用的全部固定资产和流动资金，列为国家资金。承包期间的留利，以及用留利投入形成的固定资产和补充的流动资金，列为企业资金。承包期间利用贷款形成的固定资产，用留利还贷的，划入企业资金；税前还贷的，按承包前国家与企业的利润分配比例，折算成国家资金和企业资金。承包期间所提取的固定资产折旧基金，按固定资产中国家资金和企业资金的比例，分别列为国家资金和企业资金。企业资金属全民所有制性质。企业资金作为承包经营企业负亏的风险基金，承包期满后可转入下期承包。企业完不成上交利润，先用企业当年留利抵交。不足时，用企业资金抵交。承包经营企业必须合理核定留利中的生产发展基金、福利基金和奖励基金分配比例，并提取一定比例的福利基金和奖励基金用于住房制度改革。承包后新增的留利应当主要作为生产发展基金。实行承包前的贷款，由国家承担的部分，要在承包经营合同中规定还款额度和期限，分年还清，然后按规定调整承包基数。实行承包后的贷款，原则上要用企业资金偿还。

（四）改革开放初期国有企业的成本管理政策

1. 要求压缩国营企业的管理费。

1981年1月29日，国务院批转财政部《关于压缩国营企业管理费的暂行规定》。为了节约企业开支，降低经营管理成本，该文件作出如下规定：（1）对企业管理费要实行专项核算和管理。所有企业都要按照国家规定的开支范围、标准和明细项目，单独编制企业管理费开支计划，经上级主管部门和财政部批准后执行，并据以检查和考核企业的经营成果。（2）对企业要下达节约公用经费指标，1981年企业公用经费必须在上年实际支出的基础上，压缩20%。（3）节约办公费用，要根据规定的开支标准，实行定额管理。（4）节约差旅费、会议费开支，减少非生产用车。(5) 加强劳保用品的管理，厂区的绿化要注意勤俭节约。(6) 严格控制招待外宾的开支。(7) 已成立的企业性公司要尽量减少人员，压缩开支。(8) 严格按照财务制度办事，加强群众监督。

2. 制定国营企业成本管理条例。

1984年3月5日，国务院颁布《国营企业成本管理条例》。《条例》分为6章，共46条，对国营企业的成本开支范围，成本核算的原则和方法、成本管理责任制、对企业成本管理的监督和成本问题的仲裁，都作了详细规定。《条例》规定了工业企业、交通运输企业、施工企业、农业企业、商业、外贸和物资供销企业的成本开支范围和商品流通费用开支范围。也规定了不得列入成本的各项费用开支，如应在基建资金、各种专项资金和专项经费中开支的费用，应在企业留利中开支的奖金，超出国家规定开支标准的各项费用支出、专项贷款的利息，以及赔偿金、违约金、滞纳金和罚款等，一律不得列入成本开支。对于违反本条例，擅自提高开支标准，随意摊提成本费用、弄虚作假、造成严重损失浪费，以及损公肥私等行为的企业，由审计机关、财政税务机关进行监督检查，构成犯罪的移交司法机关，追究刑事责任。

（五）进一步加强国有企业的财务会计工作

1. 提出加强国营企业财务会计工作。

1982年8月5日，国务院批转财政部《关于加强国营企业财务会计工作的报告》。《报告》针对企业财务会计工作存在的问题，提出以下改进意见：(1) 所有企业必须对财务会计工作进行一次彻底的整顿。(2) 建立和健全经济核算的基础工作和财务会计制度，包括各种原始记录，各种定额，物资检验、领发和盘点制度，财务开支的审批和报领制度，会计财务账簿、凭证和核算办法，成本计算规程，经济活动分析和考核办法，分级核算制及财务收支计划和会计报表等。(3) 企业利润的上交、留用办法，成本开支范围，各项专用基金的提取标准等，都必须统一由国务院批准下达，或者由国务院授权财政部制定。(4) 保护国家财产完整无损，不受侵犯。(5) 加强成本（费用）核算，如实反映企业经营成果。(6) 及时足额地上缴利润，不得截留、挪用或拖欠国家收入。(7) 加强各项专用基金的管理，发挥资金使用效果。(8) 健全财务机构，培训财会人员。(9) 加强群众和专业人员的财务监督。

2. 制定和执行《会计法》。

1985年1月21日，六届全国人大常委会第九次会议通过《中华人民共和国会计法》。《会计法》规定，以下事项，应当办理会计手续，进行会计核算：款项和有价证券的收付，财物的收发、增减和使用，债权债务的发生和结算，财务成果的核算和处理等。会计年度自公历1月1日起至12月31日止。会计记账以人民币为单位，会计凭证、账簿、报表和其他会计资料必须真实、准确、完整，并符合会计制度的规定。各单位的会计科目和会计账簿要按会计制度的规定设置，会计机构根据经过审核的原始凭证和记账凭证，按照记账规则记账。各单位应建立财产清查制度，保证账簿记录与实物、款项相符。会计凭证、账簿、报表和其他会计资料，应建立档案，妥善保管。《会计法》规定，各单位的会计机构，会计人员要对本单位实行会计监督，对违反国家统一的财政制度、财务制度规定的收支，不予办理。各单位必须接受审计机关、财政机关和税务机关依照法律和国家有关规定进行的监督，如实提供会计凭证、账簿、报表和其他会计资料以及有关情况，不得拒绝、隐匿、谎报。《会计法》规定，大中型企事业单位和业务主管部门可以设置总会计师；会计机构内部应建立稽核制度；出纳人员不得兼管稽核、会计档案保管和收入、费用、债权账务账目的登记工作。并规定了会计机构和会计人员的主要职责：进行会计核算，实行会计监督，拟订本单位办理会计事务的具体办法，参与拟订经济计划、业务计划，考核、分析预算、财务计划的执行情况，办理其他会计事务。《会计法》还规定了违反本法应负的法律责任。

第四节　社会主义市场经济时期的国有企业政策

一　社会主义市场经济时期国有企业的产权政策

（一）指明并坚持国有企业产权制度改革的正确方向

1. 实践表明不能把承包制作为国有企业产权制度改革的方向。

我国国有企业产权制度改革，按照两权分离理论，以两权内部分离为起点，逐步把国家所有权与企业经营权分开，通过扩大企业经营自主权到承包制，以放权让利为导向，促使企业逐步增强活力。然而，承包制在实行过程中暴露出重大缺陷：虽然所有权与经营权分离了，但拥有所有权的一方，只能激励而不能约束拥有经营权的一方，导致承包者滥用经营权，为个人或小团体谋利益，使得国有资产大量流失。不言而喻，承包制不是国有企业产权制度改革的方向。

因此，必须把改革的目光，从所有权与经营权的两权内部分离，转向两权外部分离，建立以契约化委托代理关系为基础的现代企业制度。如果按照两权外部分离的思路，把国有企业改造成公司制企业，实际上所有权与经营权将出现两次分离：第一次分离，出资人原始所有权与公司法人所有权的分离；第二次分离，公司法人所有权与经理阶层经营权的分离。可见，国有企业按两权外部分离思路改造成公司制企业，需以公司法人为媒质，实行两次两权分离，先从出资人原始所有权中分离出公司法人所有权，再从公司法人所有权中分离出经理阶层经营权，最终形成原始所有权、法人所有权和经营权既相互联系又彼此制约的三权鼎立格局。[①]

2. 指明国有企业产权制度改革的方向是建立现代企业制度。

1992年10月，党的十四大提出，我国经济体制改革的目标是建立社会主义市场经济体制，并要求围绕社会主义市场经济体制的建立，加快经济改革步伐，转换国有企业特别是大中型企业的经营机制。通过理顺产权关系，实行政企分开，落实企业自主权，使企业真正成为自主经营、自负盈亏、自我发展、自我约束的法人实体和市场竞争的主体，并承担国有资产保值增值的责任。

1993年11月，党的十四届三中全会通过了《关于建立社会主义市场经济体制若干问题的决定》。《决定》第一次明确提出，国有企业产权制度改革的方向，是建立现代企业制度。同时指出，现代企业制度的特征是：（1）产权关系明晰，企业中的国有资产所有权属于国家，企业拥有全部法人财产权，成为享有民事权利、承担民事责任的法人实

---

① 张明龙：《社会主义市场经济导论》，中国经济出版社1999年版，第290页。

体。(2) 企业以其全部法人财产，依法自主经营，自负盈亏，照章纳税，对出资者承担资产保值增值的责任。(3) 出资者按投入企业的资本额享有所有者的权益。企业破产时，出资者只以投入企业的资本额对企业债务负有限责任。(4) 企业按照市场需求组织生产经营，政府不直接干预企业的生产经营活动。(5) 建立科学的企业领导体制和组织管理制度，形成激励和约束相结合的经营机制。

现代企业制度通常是指公司制产权形式。公司制企业出现于19世纪40年代，由于它具有产权组织的明显优势，到19世纪末和20世纪初，取代了业主制、合伙制企业，在产业和商业活动中居于主导地位。[①]

业主制，指全部产权都掌握在单个企业主手中的产权结构模式。合伙制，即全部产权掌握在所有合伙人手中的产权结构模式。公司制，则是建立在契约化委托代理关系基础上的集体产权结构模式。业主制、合伙制的基本特征表现为：所有权与经营权合一，剩余索取权与控制权合一。企业主或合伙人既是经营者，又是所有者；既是利润索取者，又是企业生产过程的监督、控制者。公司制的基本特征表现为：所有权与经营权分离，剩余索取权与控制权分离。剩余索取权掌握在成千上万的分散股东手里，而经营过程的监督、控制、决策权则集中在经营者手里。拥有剩余索取权的成千上万的股东不再直接监督控制企业运行，这个监督控制权由一批职业的支薪经理拥有，并由股东代表组成的董事会来领导。

业主制、合伙制的主要缺陷是筹资面窄、数量有限，难以形成规模经济，无法降低生产成本。同时，个人投资风险大。企业主对企业债务有连带无限清偿责任。如果企业破产而全部资产又不足以抵偿债务时，企业主必须以个人全部财产清偿企业所欠债务。公司制的主要优点恰恰是能够克服业主制、合伙制企业的这些缺点，它能最大限度地利用社会资本，从而实现规模经济和分散风险的目标。同时，可以促成专业经理阶层产生，并由职业支薪经理行使监督控制权，从而有可能使社会各种

---

① 张明龙：《经济学基本理论研究》，中国文史出版社2002年版，第162页。

生产要素实现最佳结合，最大限度地产生经济效益。

3. 决定对国有大中型企业实行规范的公司制改革。

1999年9月22日，党的十五届四中全会通过了《关于国有企业改革和发展若干重大问题的决定》。《决定》指出，推进国有企业改革和发展，建立现代企业制度。实现产权清晰、权责明确、政企分开、管理科学、健全决策、执行和监督体系，使企业成为自主经营、自负盈亏的法人实体和市场主体。同时指出，对国有大中型企业实行规范的公司制改革。要明确股东会、董事会、监事会和经理层的职责，形成各负其责、协调运转、有效制衡的公司法人治理结构。所有者对企业拥有最终控制权。董事会要维护出资人权益，对股东会负责。董事会对公司的发展目标和重大经营活动作出决策，聘任经营者，并对经营者的业绩进行考核和评价。发挥监事会对企业财务和董事、经营者行为的监督作用。《决定》还指出，除极少数必须由国家垄断经营的企业外，要积极发展多元投资主体的公司。

4. 国有企业实行现代企业制度改革取得的初步成效。

国有企业产权在实施承包制改革过程中，由于缺乏有效的约束机制，造成国有资产流失。特别是，一些承包者竭泽而渔，导致固定资产提前报废，流动资金严重紧缺，一些原本好端端的企业被折腾得陷入困境，无法正常运转。有关资料显示，1997年年底，在16874家国有大中型工业企业中，亏损的有6599家，占总数的39.1%。当时，党和政府提出，通过进行现代企业制度试点等办法，帮助这些国有企业摆脱困境。经过3年努力，到2000年年底，亏损企业下降到1800家，减少了72.7%。特别是，列入试点的国有大中型骨干企业，实行公司制改革取得明显进展。据国家统计局的调查资料显示，在接受调查的2473家试点企业中，初步建立公司制的有2016家，占总数的81.5%；它们呈现3种不同的公司制形式，其中国有独资公司700家，占改制企业的34.7%；股份有限公司713家，占35.4%；有限责任公司603家，占29.9%。同时，这些改制企业，公司法人治理结构，也得到进一步完善，其中已成立股东会的企业占82.2%，成立董事会的占95.1%，成立监事会的占84.5%。

5. 确定分类推进国有企业产权制度改革。

2015年8月24日,中共中央、国务院颁发《关于深化国有企业改革的指导意见》,提出分类推进国有企业产权制度改革:把国有企业分为商业类和公益类。通过界定产权功能、划分类别,实行分类改革、分类发展、分类监管、分类定责、分类考核,提高改革的针对性、监管的有效性、考核评价的科学性,推动国有企业同市场经济深入融合,促进国有企业经济效益和社会效益有机统一。按照谁出资谁分类的原则,由履行出资人职责的机构负责制定所出资企业的产权功能界定和分类方案,报本级政府批准。各地区可结合实际,划分并动态调整本地区国有企业功能类别。

2015年12月7日,国资委、财政部、发改委联合发布《关于国有企业功能界定与分类的指导意见》,提出主要根据主营业务和核心业务范围,界定国有企业产权功能并对其进行分类。商业类国有企业以增强国有经济活力、放大国有资本功能、实现国有资产保值增值为主要目标,按照市场化要求实行商业化运作,依法独立自主开展生产经营活动,实现优胜劣汰、有序进退。其中,主业处于关系国家安全、国民经济命脉的重要行业和关键领域,主要承担重大专项任务的商业类国有企业,要以保障国家安全和国民经济运行为目标,重点发展前瞻性、战略性产业,实现经济效益、社会效益与安全效益的有机统一。公益类国有企业以保障民生、服务社会、提供公共产品和服务为主要目标,必要的产品或服务价格可以由政府调控;要积极引入市场机制,不断提高公共服务效率和能力。

2016年8月24日,国资委、财政部印发《关于完善中央企业功能分类考核的实施方案》。《方案》按照国有企业功能界定与分类的有关政策要求,对中央企业分3类实施考核:(1)主业处于充分竞争行业和领域的商业类中央企业。以增强国有经济活力、放大国有资本功能、实现国有资本保值增值为导向,重点考核企业经济效益、资本回报水平和市场竞争能力,引导企业提高资本运营效率,提升价值创造能力。(2)主业处于重要行业和关键领域、主要承担重大专项任务的商业类中央企业。以支持企业可持续发展和服务国家战略为导向,在保证合理回报和国有资本保值增值的基础上,加强对服务国家战略、保障国家安全和国民经济运行、发展前瞻性战略性产业以及完成重大专项任务情况的考核。(3)公益类中央企业。以支持企业更好地保障民生、服务社会、提供公共产品和服务为导向,坚持把社会效益放在首位,重点考核产品服务质量、成本控制、营运效率和保障能力。

6. 确定推进国有企业产权混合所有制改革。

2015年9月23日,国务院发布《关于国有企业发展混合所有制经济的意见》。其主要内容如下:(1)分类推进国有企业产权混合所有制改革。稳妥推进主业处于充分竞争行业和领域的商业类国有企业混合所有制改革,有效探索主业处于重要行业和关键领域的商业类国有企业混合所有制改革,引导公益类国有企业规范开展混合所有制改革。(2)分层推进国有企业产权混合所有制改革。引导在子公司层面有序推进混合所有制改革,探索在集团公司层面推进混合所有制改革,鼓励地方从实际出发推进混合所有制改革。(3)鼓励各类资本参与国有企业产权混合所有制改革。鼓励非公有资本参与国有企业混合所有制改革,支持集体资本参与国有企业混合所有制改革,有序吸收外资参与国有企业混合所有制改革,推广政府和社会资本合作模式,鼓励国有资本以多种方式入股非国有企业,探索完善优先股和国家特殊管理股方式,探索实行混合所有制企业员工持股。(4)建立健全混合所有制企业治理机制。进一步确立和落实企业市场主体地位,健全混合所有制企业法人治理结构,推行混合所有制企业职业经理人制度。(5)建立依法合规的操作规则。严格规范操作流程和审批程序,健全国有资产定价机制,切实加强监管。(6)营造国有企业混合所有制改革的良好环境。加强产权保护,健全多层次资本市场,完善支持国有企业混合所有制改革的政策,加快建立健全法律法规制度。

(二)制定企业国有产权的清理政策

1. 规定国有企业改制必须首先清理资产。

2003年12月15日,国资委发布《关于规范国有企业改制工作的意见》,指出国有企业改制时必须进行清产核资。要对企业各类资产、负债进行全面认真的清查,做到账、卡、物、现金等齐全、准确、一致。要按照"谁投资、谁所有、谁受益"的原则，核实和界定国有资本金及其权益，其中国有企业借贷资金形成的净资产必须界定为国有产权。企业改制中涉及资产损失认定与处理的，必须按有关规定履行批准程序。改制企业法定代表人和财务负责人对清产核资结果的真实性、准确性负责。

2. 要求国有企业改制过程做好清产核资工作。

2005年12月19日，国务院办公厅转发国资委《关于进一步规范国有企业改制工作的实施意见》，提出要认真做好清产核资工作：（1）切实对企业资产进行全面清理、核对和查实，盘点实物、核实账目，核查负债和所有者权益，做好各类应收及预付账款、各项对外投资、账外资产的清查，做好有关抵押、担保等事项的清理工作，按照国家规定调整有关账务。（2）清产核资结果，经国有产权持有单位审核认定，并经国有资产监督管理机构确认后，自清产核资基准日起2年内有效，在有效期内企业实施改制不再另行组织清产核资。（3）企业实施改制仅涉及引入非国有投资者少量投资，且企业已按照国家有关规定规范进行会计核算的，经本级国有资产监督管理机构批准，可不进行清产核资。

3. 要求中央企业认真清理金融衍生产品。

2009年2月3日，国资委发出《关于进一步加强中央企业金融衍生业务监管的通知》，要求中央企业认真组织清理金融衍生产品的工作。《通知》指出，纳入本次清理范围的金融衍生业务，主要包括期货、期权、远期、掉期及其组合产品。（1）经过国家有关部门批准的境外期货业务持证企业，应当对交易品种、持仓规模、持仓时间等进行审核检查，对于超范围经营、持仓规模过大、持仓时间过长等投机业务，应当立即停止，并限期退出。（2）对于未经国家有关部门批准已经开展的业务，企业应及时补办相关审批手续，现阶段应逐步减少仓位或平仓，在未获得批准前不得开展新业务。（3）对风险较高、已经出现较大浮亏的业务，企业应当加强仓位管理，尽力减少损失，不得再进行加仓或挪盘扩大风险。（4）对属于套期保值范围内的，暂未出现浮亏，但规模较大、期限较长、不确定性因素较多、风险敞口较大的业务，企业应当进一步完善实时监测系统，建立逐日盯市制度，适时减仓，防止损失发生。

（三）制定企业国有产权的评估政策

1. 规定国有企业改制必须进行国有产权评估。

早在1991年，国务院就颁布了《国有资产评估管理办法》，对评估对象、评估范围、组织管理、评估程序、评估方法和法律责任等作出规定。2003年，国资委发布的《关于规范国有企业改制工作的意见》，规定国有企业改制，必须依照《国有资产评估管理办法》，聘请具备资格的资产评估事务所，进行资产和土地使用权评估。国有控股企业进行资产评估，要严格履行有关法律法规规定的程序。向非国有投资者转让国有产权的，由直接持有该国有产权的单位决定聘请资产评估事务所。企业的专利权、非专利技术、商标权、商誉等无形资产必须纳入评估范围。评估结果由依照有关规定批准国有企业改制和转让国有产权的单位核准。

2. 制定企业国有资产评估管理办法。

2005年8月25日，国资委公布《企业国有资产评估管理暂行办法》。该文件由总则、资产评估、核准与备案、监督检查、罚则和附则等内容组成。该文件规定，企业有下列行为之一的，应当对相关资产进行评估：（1）整体或者部分改建为有限责任公司或者股份有限公司；（2）以非货币资产对外投资；（3）合并、分立、破产、解散；（4）非上市公司国有股东股权比例变动；（5）产权转让；（6）资产转让、置换；（7）整体资产或者部分资产租赁给非国有单位；（8）以非货币资产偿还债务；（9）资产涉讼；（10）收购非国有单位的资产；（11）接受非国有单位以非货币资产出资；（12）接受非国有单位以非货币资产抵债；（13）法律、行政法规规定的其他需要进行资产评估的事项。该文件规定，企业有下列行为之一的，可以不对相关国有资产进行评估：（1）经各级人民政府或其国有资产监督管理机构批准，对企业整体或者部分资产实施无偿划转；（2）国有独资企业与其下属独资企业（事业单位）之间或其下属独资企业（事业单位）之间的合并、资产（产权）置换和无偿划转。该文件还规定，企业需要进行资产评估，应当由其产权持有单位委托具有相应资质的资产评估机构进行评估。

（四）制定国有企业产权的重组政策

1. 确定国有企业产权优化重组的战略方向。

1999年9月，中共中央发布的《关于国有企业改革和发展若干重大问题的决定》指出要区别不同情况，继续对国有企业产权实施战略性改组：(1) 极少数必须由国家垄断经营的企业，在努力适应市场经济要求的同时，国家给予必要支持，使其更好地发挥应有的功能。(2) 竞争性领域中具有一定实力的企业，要吸引多方投资加快发展。(3) 对产品有市场但负担过重、经营困难的企业，通过兼并、联合等形式进行资产重组和结构调整，盘活存量资产。(4) 产品没有市场、长期亏损、扭亏无望和资源枯竭的企业，以及浪费资源、技术落后、质量低劣、污染严重的小煤矿、小炼油、小水泥、小玻璃、小火电等，要实行破产、关闭。

2. 制定国有控股上市公司股权分置重组政策。

2005年6月7日，国资委公布《关于国有控股上市公司股权分置改革的指导意见》。《意见》指出，国有控股上市公司的控股股东，要根据调整国有经济布局和结构、促进资本市场稳定发展的原则，结合企业实际情况，确定股权分置重组改革后在上市公司中的最低持股比例。分置重组的原则是：(1) 在关系国家安全、国民经济命脉的重要行业和关键领域，以及国民经济基础性和支柱性行业中，要保证国有资本的控制力，确保国有经济在国民经济中的主导地位。(2) 对属于控股股东主业范围，或对控股股东发展具有重要影响的国有控股上市公司，控股股东应根据自身经营发展实际和上市公司发展需要，研究确定在上市公司中的最低持股比例。(3) 对其他行业和领域的国有控股上市公司，控股股东应根据"有进有退、有所为有所不为"的方针，合理确定在上市公司中的最低持股比例，做到进而有为、退而有序。

3. 制定推进国有资本调整和国有企业重组政策。

2006年12月5日，国务院办公厅转发国资委《关于推进国有资本调整和国有企业重组指导意见的通知》。《通知》指出，国有资本调整和国有企业重组的主要目标是：通过进一步推进国有资本向关系国家安全和国民经济命脉的重要行业和关键领域集中,加快形成一批拥有自主知识产权和知名品牌、国际竞争力较强的优势企业;大力发展混合所有制经济,使股份制成为公有制的主要实现形式;放开搞活大多数国有中小企业;在两年内基本完成资不抵债国有企业政策性关闭破产任务。为此,应采取以下主要政策措施:(1)推进国有资本向重要行业和关键领域集中;(2)加快国有企业的股份制改革;(3)大力推进改制上市,提高上市公司质量;(4)积极鼓励引入战略投资者;(5)放开搞活国有中小企业,建立劣势企业退出市场的机制;(6)加快国有大型企业的调整和重组,促进企业资源优化配置;(7)积极推动应用技术研究院所与相关生产企业的重组;(8)加大对亏损企业国有资本的调整力度;(9)围绕突出主业,积极推进企业非主业资产重组;(10)加快国有大型企业内部的重组;(11)加快建立国有资本经营预算制度;(12)促进中央企业和地方企业之间的重组。

4. 制定国有股东进行资产重组应遵循的原则。

2009年6月24日,国资委发出《关于规范国有股东与上市公司进行资产重组有关事项的通知》。《通知》指出,国有股东与上市公司进行资产重组,应遵循以下原则:(1)有利于促进国有资产保值增值,符合国有股东发展战略;(2)有利于提高上市公司质量和核心竞争力;(3)标的资产权属清晰,资产交付或转移不存在法律障碍;(4)标的资产定价应当符合市场化原则,有利于维护各类投资者合法权益。

5. 制定促进企业兼并重组的扶持政策。

2010年8月28日,国务院颁发《关于促进企业兼并重组的意见》。该文件指出,为了切实加快经济发展方式转变和结构调整,提高发展质量和效益,应通过促进企业兼并重组,做强做大优势企业。为此,将以汽车、钢铁、水泥、机械制造、电解铝、稀土等行业为重点,推动优势企业实施强强联合、跨地区兼并重组、境外并购和投资合作,提高产业集中度,促进规模化、集约化经营,加快发展具有自主知识产权和知名品牌的骨干企业,培养一批具有国际竞争力的大型企业集团,推动产业结构优化升级。该文件指出,引导企业兼并重组主要扶持政策是:(1)落实税收优惠政策;(2)加强财政资金投入;(3)加大金融支持力度；(4) 支持企业自主创新和技术进步；(5) 充分发挥资本市场推动企业重组的作用；(6) 完善相关土地管理政策；(7) 妥善解决债权债务和职工安置问题；(8) 深化企业体制改革和管理创新。

6. 确定中央企业国有产权重组的置换原则。

2011年9月7日，国资委发出《关于中央企业国有产权置换有关事项的通知》。《通知》指出，国有产权置换，是指中央企业实施资产重组时，中央企业及其全资、绝对控股企业（以下统称国有单位）相互之间以所持企业产权进行交换，或者国有单位以所持企业产权与中央企业实际控制企业所持产权、资产进行交换，且现金作为补价占整个资产交换金额比例低于25%的行为。《通知》规定，国有产权置换应当遵循以下原则：(1) 符合国家有关法律法规和产业政策的规定；(2) 符合国有经济布局和结构调整的需要；(3) 有利于做强主业和优化资源配置，提高企业核心竞争力；(4) 置换标的权属清晰，标的交付或转移不存在法律障碍。

7. 鼓励国有企业改制重组中积极引入民间投资。

2012年5月23日，国资委发布《关于国有企业改制重组中积极引入民间投资的指导意见》。其主要内容包括：完善国有资本有进有退、合理流动机制；积极引入民间投资参与国有企业改制重组，发展混合所有制经济；国有企业改制重组中引入民间投资应符合国家的相关规定，应通过产权市场、媒体和互联网广泛发布相关信息，应优先引入业绩优秀、信誉良好、目标一致的投资者。民间投资主体可用货币，也可用实物、知识产权、土地使用权等参与国有企业改制重组，其进入方式有出资入股、收购股权、认购可转债、融资租赁等，也可与国有企业共同设立股权投资基金，共同投资战略性新兴产业，开展境外投资。

8. 鼓励上市公司开展兼并重组活动。

2015年8月31日，证监会、财政部、国资委、银监会联合发出《关于鼓励上市公司兼并重组、现金分红及回购股份的通知》。《通知》提出大力推进上市公司兼并重组，具体措施包括：(1) 优化兼并重组市场化定价机制，增强并购交易的灵活性；(2) 进一步简化行政审批程序，优化审核流程；(3) 鼓励上市公司兼并重组支付工具和融资方式创新;(4)鼓励国有控股上市公司依托资本市场加强资源整合,提高发展质量和效益;(5)加大金融对上市公司兼并重组的支持力度;(6)加强对上市公司兼并重组的监管,进一步完善信息披露制度。

(五) 制定企业国有产权转让的管理政策

1. 制定企业国有产权转让管理办法。

2003年12月31日,国资委、财政部公布《企业国有产权转让管理暂行办法》。其内容主要包括:总则、企业国有产权转让的监督管理、企业国有产权转让的程序、企业国有产权转让的批准程序、法律责任和附则,共6章39条,自2004年2月1日起施行。《办法》指出,企业国有产权,是指国家对企业以各种形式投入形成的权益、国有及国有控股企业各种投资所形成的应享有的权益,以及依法认定为国家所有的其他权益。其转让应有利于国有经济布局和结构的战略性调整,促进国有资本优化配置,保护国家和其他各方合法权益。其转让应在依法设立的产权交易机构中公开进行,可采取拍卖、招投标、协议转让以及国家法律、行政法规规定的其他方式。

2. 制定企业国有产权转让监督检查的规定。

2005年11月17日,国资委、财政部、发展改革委、监察部、工商总局、证监会联合发出《关于做好企业国有产权转让监督检查工作的通知》。《通知》要求认真做好企业国有产权转让相关重点环节的审核把关,主要内容为:企业国有产权转让监管制度的贯彻落实情况,企业国有产权转让进场交易情况,产权交易机构的规范操作情况,企业国有产权转让规定程序的执行情况,企业国有产权转让信息的披露情况,职工合法权益的保护情况,相关方面履行职责情况,国家有关政策规定的执行情况,以及对暴露问题的处理情况。指出在监督检查工作中,对于发现的各种问题,要视情节轻重,依据国家有关法律、法规的规定严肃处理。并要求逐步建立企业国有产权转让监督检查总结报告制度。

3. 制定和完善本企业管理层收购国有产权的规定。

2003年12月15日,国资委发布《关于规范国有企业改制工作的意见》,对本企业管理层收购国有产权作出明确规定。《意见》指出,向本企业经营管理者转让国有产权，必须严格执行国家的有关规定，并需履行审批程序。这类转让国有产权方案的制定，由直接持有该企业国有产权的单位负责或其委托中介机构进行，经营管理者不得参与转让国有产权的决策、财务审计、离任审计、清产核资、资产评估、底价确定等重大事项，严禁自卖自买国有产权。经营管理者筹集收购国有产权的资金，要执行《贷款通则》的有关规定，不得向包括本企业在内的国有及国有控股企业借款，不得以这些企业的国有产权或实物资产作标的物为融资提供保证、抵押、质押、贴现等。经营管理者对企业经营业绩下降负有责任的，不得参与收购本企业国有产权。

2005年4月11日，国资委和财政部联合公布的《企业国有产权向管理层转让暂行规定》指出，企业国有产权向管理层转让，应当严格执行《企业国有产权转让管理暂行办法》的有关规定，并应当符合以下要求：（1）国有产权持有单位，应当严格按照国家规定，委托中介机构对转让标的企业进行审计，其中标的企业或者标的企业国有产权持有单位的法定代表人参与受让企业国有产权的，应当对其进行经济责任审计。（2）国有产权转让方案的制定，以及与此相关的清产核资、财务审计、资产评估、底价确定、中介机构委托等重大事项，应当由有管理职权的国有产权持有单位，依照国家有关规定统一组织进行，管理层不得参与。（3）管理层应当与其他拟受让方平等竞买。企业国有产权向管理层转让，必须进入经国有资产监督管理机构选定的产权交易机构公开进行，并在公开国有产权转让信息时对以下事项详尽披露：目前管理层持有标的企业的产权情况、拟参与受让国有产权的管理层名单、拟受让比例、受让国有产权的目的及相关后续计划、是否改变标的企业的主营业务、是否对标的企业进行重大重组等。产权转让公告中的受让条件不得含有为管理层设定的排他性条款，以及其他有利于管理层的安排。（4）企业国有产权持有单位，不得将职工安置费等有关费用从净资产中抵扣，不得以各种名义压低国有产权转让价格。（5）管理层受让企业国有产权时，应当提供其受让资金来源的相关证明，不得向包括标的企业在内的国有及国有控股企业融资，不得以这些企业的国有产权或资产为管理层融资提供保证、抵押、质押、贴现等。

4. 制定外商受让企业国有产权的规定。

2006年12月31日,国资委、财政部发出《关于企业国有产权转让有关事项的通知》。《通知》指出,外商受让企业国有产权,应当按以下规定办理:(1)向外商转让企业国有产权应在产权交易市场中公开进行。特殊情况下,确需采取协议方式转让的,应符合《企业国有产权转让管理暂行办法》及本通知中关于批准协议转让的相关规定。(2)转让方在提出受让条件时,应对照《外商投资产业指导目录》及相关规定,对国家对外商受让标的企业产权有限制性或禁止性规定的,应在产权转让公告中予以提示。(3)通过产权交易市场确定外商为受让主体的,由转让方按照国家有关管理规定报政府相关职能部门审核批准。香港、澳门和台湾的投资者受让企业国有产权,参照以上规定办理。

二 社会主义市场经济时期国有企业的利润与税收政策

(一)社会主义市场经济时期国有企业的利润政策

1. 制定中央企业上交年度净利润的比例。

2007年12月11日,财政部、国资委公布《中央企业国有资本收益收取管理暂行办法》。该文件规定,中央企业上交年度净利润的比例,区别不同行业,将分三类执行:第一类为烟草、石油石化、电力、电信、煤炭等企业,上交比例为10%;第二类为钢铁、运输、电子、贸易、施工等企业,上交比例为5%;第三类为军工企业、转制科研院所企业,由于企业总体利润水平不高,暂缓3年上交。该文件规定,国有控股、参股企业应付国有投资者的股利、股息,按照股东会或者股东大会决议通过的利润分配方案执行。国有控股、参股企业应当依法分配年度净利润。当年不予分配的,应当说明暂不分配的理由和依据,并出具股东会或者股东大会的决议。

此后,2011年中央企业按国有资本收益收取比例具体分为四类:前三类分别上缴税后利润的15%、10%、5%,第四类免缴利润。2012年,中国烟草总公司税后利润征缴比例从15%上升至20%,单独成为一类。

2. 决定进一步提高中央企业上交年度净利润的比例。

2014 年 4 月 17 日，财政部发出《关于进一步提高中央企业国有资本收益收取比例的通知》，决定从 2014 年起，适当提高中央企业上交年度净利润的比例：（1）国有独资企业应交利润收取比例在现有基础上提高 5 个百分点，即：第一类企业为 25%；第二类企业为 20%；第三类企业为 15%；第四类企业为 10%；第五类企业免交当年应交利润。符合小型微型企业规定标准的国有独资企业，应交利润不足 10 万元的，比照第五类企业，免交当年应交利润。（2）国有控股、参股企业国有股股利、股息，国有产权转让收入，企业清算收入和其他国有资本收益，仍按照有关经济行为的财务会计资料执行。（3）事业单位出资企业国有资本收益收取政策，按照《财政部关于中央级事业单位所属国有企业国有资本收益收取有关问题的通知》执行，收益收取比例提高至 10%。

（二）社会主义市场经济时期国有企业的税收政策

1. 制定支持国有企业改制重组的税收政策。

2015 年 3 月 31 日，财政部、国家税务总局发出《关于进一步支持企业事业单位改制重组有关契税政策的通知》，继续支持国有企业、事业单位改制重组，对国有企业改制、事业单位改制、公司合并、公司分立、企业破产、资产划转、债权转股权、划拨用地出让或作价出资、公司股权（股份）转让等过程，可免征契税的情况，作出详细规定。

2. 制定促进固定资产加速折旧的税收政策。

2015 年 9 月 17 日，财政部、国家税务总局发出《关于进一步完善固定资产加速折旧企业所得税政策的通知》，其主要内容如下：（1）对轻工、纺织、机械、汽车等 4 个领域重点行业的企业，2015 年 1 月 1 日后新购进的固定资产，可由企业选择缩短折旧年限或采取加速折旧的方法。（2）对上述行业的小型微利企业，2015 年 1 月 1 日后新购进的研发和生产经营共用的仪器、设备，单位价值不超过 100 万元的，允许一次性计入当期成本费用在计算应纳税所得额时扣除，不再分年度计算折旧；单位价值超过 100 万元的，可由企业选择缩短折旧年限或采取加速折旧的方法。（3）企业按本通知第一条、第二条规定缩短折旧年限的，最低折旧年限不得低于企业所得税法实施条例第 60 条规定折旧年限的 60%；采取加速折旧方法的，可采取双倍余额递减法或者年数总和法。

三 社会主义市场经济时期国有企业的薪酬与激励政策

（一）社会主义市场经济时期国有企业的薪酬政策

1. 提出建立符合现代企业制度的收入分配制度。

1999 年 9 月 22 日，中共中央《关于国有企业改革和发展若干重大问题的决定》提出，建立与现代企业制度相适应的收入分配制度，在国家政策指导下，实行董事会、经理层等成员按照各自职责和贡献取得报酬的办法；企业职工工资水平，由企业根据当地社会平均工资和本企业经济效益决定；企业内部实行按劳分配原则，适当拉开差距，允许和鼓励资本、技术等生产要素参与收益分配。要采取切实措施，解决目前某些垄断行业个人收入过高的问题。

2. 决定实行与社会主义市场经济相适应的企业薪酬制度。

2015 年 8 月 24 日，中共中央、国务院颁发的《关于深化国有企业改革的指导意见》明确规定，实行与社会主义市场经济相适应的企业薪酬分配制度。企业内部的薪酬分配权是企业的法定权利，由企业依法依规自主决定，完善既有激励又有约束、既讲效率又讲公平、既符合企业一般规律又体现国有企业特点的分配机制。建立健全与劳动力市场基本适应、与企业经济效益和劳动生产率挂钩的工资决定和正常增长机制。推进全员绩效考核，以业绩为导向，科学评价不同岗位员工的贡献，合理拉开收入分配差距，切实做到收入能增能减和奖惩分明，充分调动广大职工积极性。对国有企业领导人员实行与选任方式相匹配、与企业功能性质相适应、与经营业绩相挂钩的差异化薪酬分配办法。对国家任命的国有企业领导人员，合理确定基本年薪、绩效年薪和任期激励收入。对市场化选聘的职业经理人实行市场化薪酬分配机制，可以采取多种方式探索完善中长期激励机制。健全与激励机制相对称的经济责任审计、信息披露、延期支付、追索扣回等约束机制。严格规范履职待遇、业务支出，严禁将公款用于个人支出。

（二）社会主义市场经济时期国有企业的激励政策

1. 规范国有控股上市公司股权激励制度。

2008年10月21日，国资委、财政部发出《关于规范国有控股上市公司实施股权激励制度有关问题的通知》。《通知》指出，由于国有控股上市公司外部市场环境和内部运行机制尚不健全，公司治理结构有待完善，股权激励制度尚处于试点阶段，为进一步规范实施股权激励，现就有关问题规定如下：（1）严格股权激励的实施条件，加快完善公司法人治理结构；（2）完善股权激励业绩考核体系，科学设置业绩指标和水平；（3）合理控制股权激励收益水平，实行股权激励收益与业绩指标增长挂钩浮动；（4）进一步强化股权激励计划的管理，科学规范实施股权激励。

2. 决定部分中央企业开展分红权激励试点。

2010年10月11日，国资委发出《关于在部分中央企业开展分红权激励试点工作的通知》。《通知》指出，为加快形成中央企业创新体制机制，进一步提高中央企业自主创新能力，决定在部分中央企业开展分红权激励试点。试点企业实施分红权激励，主要采取岗位分红权和项目收益分红两种方式。岗位分红权激励对象，原则上限于在科技创新和科技成果产业化过程中发挥重要作用的企业核心科研、技术人员和管理骨干。激励对象应当在该岗位上连续工作1年以上。根据企业的行业特点和人才结构，参与岗位分红权激励的激励对象原则上不超过本企业在岗职工总数的30%。项目收益分红激励对象，应为科技成果项目的主要完成人，重大开发项目的负责人，对主导产品或者核心技术、工艺流程作出重大创新或改进的核心技术人员，项目产业化的主要经营管理人员；激励对象个人所获激励原则上不超过激励总额的30%。

3. 制定国有科技型企业股权和分红激励办法。

2016年2月26日，财政部、科技部、国资委联合印发《国有科技型企业股权和分红激励暂行办法》。该文件是在中关村国家自主创新示范区股权和分红激励试点办法的基础上制定的，旨在进一步激发广大技术和管理人员的积极性和创造性，促进国有科技型企业健康可持续发展。该文件规定，激励对象主要包括：（1）关键职务科技成果的主要完成人、重大开发项目的负责人，对主导产品或者核心技术、工艺流程做出重大创新或者改进的主要技术人员。（2）主持企业全面生产经营工作的高级管理人员，负责企业主要产品（服务）生产经营的中、高级经营管理人员。（3）通过省、部级及以上人才计划引进的重要技术人才和经营管理人才。同时规定，这类企业不得面向全体员工实施股权或者分红激励。企业监事、独立董事不得参与企业股权或者分红激励。

4. 确定选择少量企业开展员工持股试点。

2016年8月2日，国资委、财政部、证监委印发《关于国有控股混合所有制企业开展员工持股试点的意见》，确定选择少量企业开展员工持股试点。规定试点企业必须具备以下条件：（1）主业处于充分竞争行业和领域的商业类企业；（2）股权结构合理，非公有资本股东所持股份应达到一定比例，公司董事会中有非公有资本股东推荐的董事；（3）公司治理结构健全，建立市场化的劳动人事分配制度和业绩考核评价体系，形成管理人员能上能下、员工能进能出、收入能增能减的市场化机制；（4）营业收入和利润90%以上来源于所在企业集团外部市场。同时规定，省级区域可分别选择5—10户企业，国资委可从中央企业所属子企业中选择10户企业，开展首批试点。

四 社会主义市场经济时期国有企业的管理政策

（一）制定防止企业国有资产流失的政策

1. 制定防止国有企业改制过程中资产流失的政策。

2005年12月19日，国务院办公厅转发国资委《关于进一步规范国有企业改制工作的实施意见》，提出要防止国有企业改制过程中，实物资产和无形资产流失。明确规定，没有进入企业改制资产范围的实物资产和专利权、非专利技术、商标权、土地使用权、探矿权、采矿权、特许经营权等资产，改制后的企业不得无偿使用；若需使用的，有偿使用费或租赁费计算标准应参考资产评估价或同类资产的市场价确定。

2. 制定中央企业资产损失责任追究办法。

2008年8月18日，国资委公布《中央企业资产损失责任追究暂行办法》。《办法》旨在加强企业国有资产保护，完善中央企业资产管理责任制度，规范中央企业资产损失责任追究行为。其内容包括总则、工作职责、资产损失认定、资产损失责任追究范围、资产损失责任划分、资产损失责任处罚和附则，共7章44条。

《办法》指出，企业及其子企业经营管理人员和其他有关人员，违反国家有关规定以及企业规章制度，未履行或者未正确履行职责，造成企业直接或者间接资产损失的，经调查核实和责任认定，应当追究其责任。

资产损失根据企业实际情况，按照金额大小和影响程度划分为四类：（1）一般资产损失，指企业资产损失金额较小且造成影响较小的；（2）较大资产损失，指企业资产损失金额较大或者在企业造成一定不良影响的；（3）重大资产损失，指企业资产损失金额巨大或者在企业及社会造成严重不良影响的；（4）特别重大资产损失，指企业资产损失巨大并影响企业持续经营和发展能力，或者在国际、国内造成严重不良影响的。《办法》指出，企业发生资产损失，经过查证核实和责任认定后，在依据国家或者企业有关规定要求予以赔偿的基础上，应当根据程度及影响对相关责任人分别给予处罚。

3. 提出通过加强监督防止国有资产流失。

2015年10月31日，国务院办公厅公布《关于加强和改进企业国有资产监督、防止国有资产流失的意见》。其主要内容有：（1）着力强化企业内部监督。完善企业内部监督机制，强化董事会规范运作和对经理层的监督，加强企业内设监事会建设，重视企业职工民主监督，发挥企业党组织保证监督作用。（2）切实加强企业外部监督。完善国有资产监管机构监督，加强和改进外派监事会监督，健全国有企业审计监督体系，进一步增强纪检监察和巡视的监督作用，建立高效顺畅的外部监督协同机制。（3）实施信息公开加强社会监督。（4）强化国有资产损失和监督工作责任追究。（5）加强监督制度和能力建设。

（二）制定保护和增殖国有企业无形资产的政策

1. 制定中央企业商业秘密保护规定。

商业秘密是国有企业无形资产的重要组成部分，它一般指不宜对外公开的企业内部情报。① 2010年3月25日，国资委颁发《中央企业商业秘密保护暂行规定》。该文件指出，中央企业商业秘密的保护范围，主要包括：战略规划、管理方法、商业模式、改制上市、并购重组、产权交易、财务信息、投融资决策、产购销策略、资源储备、客户信息、招投标事项等经营信息；设计程序、产品配方、制作工艺、制作方法、技术诀窍等技术信息。其商业秘密的密级，根据泄露会使企业的经济利益遭受损害的程度，确定为核心商业秘密、普通商业秘密两级。中央企业将自行设定商业秘密的保密期限。可以预见时限的以年、月、日计，不可以预见时限的应当定为"长期"或者"公布前"。商业秘密的密级和保密期限一经确定，应当在秘密载体上作出明显标志。标志由权属（单位规范简称或者标识等）、密级、保密期限三部分组成。该文件还制定了商业秘密的保护措施以及奖励与惩处办法等。

2. 提出加强中央企业品牌建设的指导意见。

2013年12月17日，国资委发布《关于加强中央企业品牌建设的指导意见》。该文件提出，希望到2020年年末，涌现一批品牌战略明晰、品牌管理体系健全、品牌建设成果显著的企业；形成一批产品优质、服务上乘、具有广泛影响力的知名品牌；培育一批拥有自主知识产权和国际竞争力的自主品牌。为此，要求中央企业大力实施品牌战略，准确把握品牌定位，加强自主创新，努力追求高品质，提高精致管理水平，拓展品牌营销传播渠道，严格开展品牌保护，坚持诚信合规经营。该文件还要求中央企业从组织领导、制度建设、资金和人才保障、品牌文化建设以及交流合作与培训等方面采取措施，加强品牌建设。

（三）制定加强国有资产及其交易管理的政策

1. 改革和完善国有资产管理体制。

2015年10月25日，国务院发布《关于改革和完善国有资产管理体制的若干意见》。该文件的主要内容包括：（1）推进国有资产监管机构职能转变。准确把握国有资产监管机构的职责定位，进一步明确国有

---

① 张明龙：《国有企业无形资产的内涵、量化与保护》，《中国社会科学》1996年第6期。

资产监管重点,推进国有资产监管机构职能转变,改进国有资产监管方式和手段。(2)改革国有资本授权经营体制。改组组建国有资本投资、运营公司,明确国有资产监管机构与国有资本投资、运营公司关系,界定国有资本投资、运营公司与所出资企业关系,开展政府直接授权国有资本投资、运营公司履行出资人职责的试点工作。(3)提高国有资本配置和运营效率。建立国有资本布局和结构调整机制,推进国有资本优化重组,建立健全国有资本收益管理制度。(4)协同推进相关配套改革。完善有关法律法规,推进政府职能转变,落实相关配套政策,妥善解决历史遗留问题,稳步推进经营性国有资产集中统一监管。

2. 制定企业国有资产交易监督管理办法。

2016年6月24日,国资委、财政部颁发《企业国有资产交易监督管理办法》,旨在规范企业国有资产交易行为,加强企业国有资产交易监督管理,防止国有资产流失。《办法》规定,企业国有资产交易应当遵守法律和政策规定,有利于国有经济布局和结构调整优化,充分发挥市场配置资源作用,遵循等价有偿和公开公平公正的原则,在依法设立的产权交易机构中公开进行。《办法》对国有及国有控股企业、国有实际控制企业,在国有资产交易中出现的企业产权转让、企业增资、企业资产转让行为的规范,以及国资监管机构的监督管理措施,作出具体而详细的规定。

(四)制定加强国有企业财务管理的政策

1. 要求国有企业改革和发展过程中加强财务管理。

1999年9月,中共中央发布的《关于国有企业改革和发展若干重大问题的决定》,指出国有企业改革和发展过程中,要重点搞好成本管理、资金管理、质量管理。要及时编制资产负债表、损益表和现金流量表,真实反映企业经营状况。切实改进和加强经济核算,堵塞各种漏洞。采用先进标准,搞好全员全过程的质量管理。坚持预防为主,落实安全措施,确保安全生产。重视企业无形资产的管理、保护和合理利用。要把加强管理和反腐倡廉结合起来,加强对企业经济活动的审计和监督,坚决制止和严肃查处做假账、违反财经纪律、营私舞弊、挥霍浪费等行为。

2. 确定国有资本经营预算的收支范围。

2007年9月8日，国务院发布《关于试行国有资本经营预算的意见》。《意见》指出，国有资本经营预算，是国家以所有者身份依法取得国有资本收益，并对所得收益进行分配而发生的各项收支预算，是政府预算的重要组成部分。《意见》确定了国有资本经营预算的收支范围，其中国有资本经营预算的收入主要包括：（1）国有独资企业按规定上交国家的利润；（2）国有控股、参股企业国有股权（股份）获得的股利、股息；（3）企业国有产权（含国有股份）转让收入；（4）国有独资企业清算收入以及国有控股、参股企业国有股权（股份）分享的公司清算收入；（5）其他收入。国有资本经营预算的支出主要包括：（1）资本性支出；（2）费用性支出；（3）其他支出。具体支出范围，依据国家宏观经济政策以及不同时期国有企业改革和发展的任务，统筹安排确定。必要时，可部分用于社会保障等项支出。

3. 确定加强以经济增加值为核心的价值管理。

2014年1月10日，国资委公布《关于以经济增加值为核心加强中央企业价值管理的指导意见》。《意见》指出，经济增加值是指企业可持续的投资收益超过资本成本的盈利能力，即税后净营业利润大于资本成本的净值。经济增加值是全面考核企业经营者有效使用资本和为股东创造价值的重要工具，也是企业价值管理的基础和核心。《意见》要求不断完善价值管理体系，建立经济增加值诊断体系，完善以经济增加值为核心的考核体系，探索建立经济增加值激励约束机制，建立健全经济增加值监控体系。同时，要求不断提升价值创造能力，优化国有资本配置，调整存量资产结构，强化投资并购管理，创新盈利模式，加快资产周转，优化资本结构，强化风险管理。

（五）制定加强国有企业财务审计工作的政策

1. 制定中央企业财务决算审计工作规则。

2004年2月5日，国资委公布《中央企业财务决算审计工作规则》。该文件指出，制定本规则，旨在加强中央企业财务监督，规范企业年度财务决算审计工作，促进提高企业会计信息质量。该文件指出，年度财务决算审计，是指按照有关规定委托具有资质条件的会计师事务所及注册会计师，以国家财务会计制度为依据，对企业编制的年度财务决算报告及经济活动进行审查并发表独立审计意见的监督活动。国资委依法对企业年度财务决算的审计工作进行监督。

2. 提出加强对改制企业的财务审计工作。

2005 年 12 月 19 日，国务院办公厅转发国资委《关于进一步规范国有企业改制工作的实施意见》。《意见》提出，要加强对改制企业的财务审计工作。企业实施改制，必须由审批改制方案单位确定的中介机构进行财务审计和资产评估，财务审计应依据《中国注册会计师独立审计准则》等有关规定实施。其中，依据国家有关规定计提的各项资产减值准备，必须由会计师事务所逐笔逐项审核并出具专项意见，与审计报告一并提交国有产权持有单位作为改制方案依据，其中不合理的减值准备应予调整。

第二章 财税政策演变研究

新中国成立初期，通过创建属于自己的财政体制，在统一全国财政经济工作的基础上，提出统一领导和分级负责的财政管理政策，并通过颁布系列文件构建税收政策体系。进入计划经济时期，财政方面先是采用加强集中统一管理的政策，接着提出中央集权与地方、部门适当分权相结合，以及财政收支包干等政策。税收方面通过合并税种和简化征税方式推行工商税制改革，还试行下放工商税收管理权限等政策。预算方面在初步建立国家预算制度的基础上，规范国家预算决算工作，公布并修订预算会计制度，以及相应的账簿凭证管理办法，探索完善预算会计工作的对策。改革开放初期，财政方面主要采取以划分收支或划分税种为基础的各种分级包干政策。税收方面主要围绕工商税制改革为基础，展开税收的调整、开征、停征，以及税收优惠和加强税收征管等政策。预算政策主要表现为，各相关单位实行预算包干，加强预算外资金管理，颁发国家预算管理法规等。社会主义市场经济时期，财政方面实行和推进分税制改革，相应推进财政部门与地方的管理方式改革，并制定其他相关的管理政策。税收方面通过颁发货物和劳务税、所得税、财产税等方面的法规，施行税收优惠、减少收费和加强征管等措施，形成符合现阶段经济发展要求的税制及政策。预算方面主要是推出规范预算工作、加强预算外资金管理，以及健全财政总预算会计制度等政策法规。

第一节 改革开放前的财税政策

一 改革开放前的财政体制及管理政策

(一)新中国成立初期的财政体制及管理政策

1. 创建新中国财政体制。

1949年9月29日,中国人民政治协商会议第一届全体会议通过的《中国人民政治协商会议共同纲领》,第40条"关于财政"指出,建立国家预算决算制度,划分中央和地方的财政范围,厉行精简节约,逐步平衡财政收支,积累国家生产资金。国家的税收政策,应以保障革命战争的供给、照顾生产的恢复和发展及国家建设的需要为原则,简化税制,实行合理负担。

同时,根据《中华人民共和国中央人民政府组织法》第18条规定,政务院下设财政部,财政部受政务院的领导及政务院财政经济委员会的指导,主管全国财政事宜。在10月1日成立中央人民政府的同时,成立了中央人民政府财政部。

2. 统一全国财政经济工作。

1950年3月3日,政务院公布《关于统一国家财政经济工作的决定》指出,当时全国财经状况具有如下特点:全国军政公教人员实有近900万人;过去国家支出的大部分由中央政府负责和依靠增发通货,现在则公粮与税收大多尚由各区、省、市县人民政府管理,出现财政上的不统一和收支机关之间的脱节现象;全国人民经过的12年战争和通货膨胀后,生活已极困难,需要努力制止通货膨胀。

《决定》指出,对财政收支不平衡和收支机关脱节的现象,如不速求克服,则不但当年财政概算有被突破的危险,而且由此而来的金融物价波动,将大大增加全国人民的困难,为节约支出,整顿收入,统一财政收支的管理,政务院特做出10项决定,具体内容涉及对各级军政机关人员、马匹和车辆等编制、仓库存货的清查、资金周转、公粮征收、税收征收、外贸物资管理、工矿企业管理、人民银行职责、财政部门管理职能,以及惩处财经违法行为等。由此开始,对全国财政经济工作实行统一管理。

3. 设置和施行中央金库管理系统。

1950年3月3日，政务院公布《中央金库条例》，做出如下规定：(1) 中央人民政府为统一国家财政收支，设立中央金库。中央设总金库，各省（市）设分金库，各县（市）设支金库，必要时于适当地点设经收处。(2) 各级金库均由中国人民银行代理，金库主任由各级中国人民银行行长兼任。(3) 凡一切国家财政收入，均须由经收机关照规定期限全部缴纳同级金库，除有特别规定者外，不得坐支抵解及自行保管。(4) 金库款的支配权，统属于财政部。中央总金库除依照财政部支付命令付款外，无权运用库款，分支库非得总金库的命令不得付款给任何机关。(5) 各级金库间存款的运解调度权属于中央总金库。3月25日，财政部颁布了《中央金库条例施行细则（草案）》，通知自即日起试行。

1952年12月22日，财政部公布《中央金库条例施行细则》。其主要内容有：（1）款项入库报解处理程序，其中包括收入系统的划分，款项入库处理办法，收入划分报解处理办法，暂收款、收入退还、出口退税、罚没提奖及更正错误等各项处理办法，报告制度等；（2）库款支拨手续；（3）会计科目；（4）账簿；（5）对账制度。

1953年12月7日，财政部发布修订后的《中央金库条例施行细则》。本次修改的主要内容有：关于支库设置经收处、金库收款时间、报解时间、县（市）支库办理各级预算收入的划分留解工作、中央企业系统收入的缴款办法、对账方法和收入退还方法等。

4. 提出统一领导、分级负责的财政体制及管理政策。

1951年2月，中财委召开财政会议，主要讨论关于划分财政收支系统等问题，提出以下6项纲要：（1）全面了解研究财政税收来源。摸清城市经济、农村经济、城乡物资交流等变化和发展规律，研究货币周转情况，以及保险、储蓄、信贷、公债发行推销等问题。（2）掌握支出重点及其规律。要抓紧主要的、有弹性的和有季节性的开支；要研究各种建设费用的计算标准；要准备逐渐由借给财政向经济建设财政转变。（3）加强对国营企业的财务管理。主要是建立并执行国营企业财务收支计划制度，实行定期的报表制度，预决算制度，实行财政监督，以及逐步实现对公私合营企业的管理。（4）明确各级财政职权范围，加强财政纪律。最重要的是对国家财政实行监督与检查。（5）培养地方财政。（6）培养大批财政干部，健全财政机构。

政务院于3月29日公布《1951年财政收支系统划分的决定》，规定从1951年度起，国家财政的收支系统，采取统一领导、分级负责的方针，实行中央、大区、省（市）三级体制，确定了前述的收支划分范围。这个决定，既有利于国家统一，又有利于因地制宜，对进一步巩固中央财政，调动地方政府在财政工作上的积极性，是十分必要的。

1951年5月24日，政务院公布《关于划分中央与地方在财政经济工作上管理职权的决定》。该文件指出，在继续保证国家财政经济工作统一领导、统一计划和统一管理的原则下，把财政经济工作中一部分适宜于由地方管理的职权交给地方政府，是既利于地方政府的因地制宜，又利于国家财政经济工作的统一领导的方针。为此，政务院决定：（1）中央各财政经济部门按其部门业务在管理上必须集中和应该分散的不同情况，逐渐地、适当地在各该系统内划分中央与地方的管理职责，规定具体办法。（2）中央各财经部门召开重要的专业会议之前，必须将准备在会议中做出决定的重要事项，先期通知地方征求意见。（3）分散在各地的由中央财经部门管理的企业单位，其一切政治工作均归地方领导。（4）分散在各地的由中央各部门直接管理的企业中的工作人员，必须服从地方的监督、指导，并取得他们的协助，不得闹独立性。（5）在管理职权划分以后，地方对于职责以内的管理工作，必须采取谨慎负责和照顾全局的态度。

（二）计划经济时期的财政体制及管理政策

1. 通过改进财政体制加强集中统一管理的财政政策。

1961年1月15日，中共中央批转财政部《关于改进财政体制加强财政管理的报告》。《报告》首先肯定1958年以来财政工作的成绩，同时也指出了存在的问题，这就是：有些地区和单位乱拉乱挤国家资金，财政纪律松弛；有些地区和单位任意占用国家收入，化大公为小公；有的地区和单位化预算内资金为预算外资金，把应当上交国家的收入，安排了计划外开支,造成资金使用分散;在财政管理体制上主要是财权分散,专、县(市)、公社和企业的财权过大。

针对上述种种问题,财政部向中央提出了如下改进意见:

(1) 改进预算管理体制,适当紧缩预算外资金,加强预算管理。国家财权应当基本上集中在中央,大区和省、市、自治区三级。大区是一级财政,专、县(市)、公社的财权应适当缩小,对各省、市、自治区财政,继续实行"收支下放、地区调剂、总额分成、一年一变"的办法。国家财政预算,从中央到地方实行一本账,"全国一盘棋"。各级财政预算的安排都必须坚持收支平衡,不打赤字预算。对各地区、各部门和单位的预算外资金,要采取"纳、减、管"办法进行整顿,对商业部门的饮食和服务收入、综合利用和多种经营收入以及用预算外资金兴办的企业收入,都应纳入国家预算。企业利润留成的比例应按照各地区、各部门的不同情况,减掉一半左右。对预算外资金要加强管理,不准化预算内收入为预算外收入,不准把预算外开支挤入预算内开支。加强财政监督,严格财政纪律。

(2) 加强企业财务管理,重申企业资金管理和成本管理制度,加强经济核算。要明确企业利润留成资金只能用于技术措施费、新产品试制费、零星资产购置费、劳动安全保护费,不准挪作行政开支。严格按成本开支范围的规定办事;严格划清流动资金和基本建设资金的界限,严禁互相挪用。坚决制止违反国家规定,挪用国家资金和物资的行为,企业与企业之间及企业与其他单位之间,停止预付和赊销,不准支付农副产品预购定金。

(3) 改进基本建设财务管理,加强拨款监督工作。凡是经过批准的基本建设投资,不论是用预算内资金还是用预算外资金,都必须由中国人民建设银行进行拨款监督。建设单位竣工结余资金,留归包干单位使用。如将其用于新增建设项目,必须报经国家计委批准。应完未完工程,必须纳入下年度的国家基本建设计划和国家预算。

(4) 改进税收管理体制,加强税收管理工作。凡属工商统一税税目的增减和税率的调整,盐税税额的调整,应当报经中央批准。工商统一税纳税环节的变动,若只牵涉一个大区内两个省(市、自治区)以上的报经中央局批准；牵涉两个大区的，应报经中央批准。凡属开征地区性的税收，地方各税税目税率的变动，必须报经中央局批准。

（5）改进城乡人民公社的财政管理体制，划清国家财政收支同公社财务收支的界限。国家对城乡人民公社中属于国家财政收支部分，实行"收入分项计算，分别上交；支出下拨，包干使用，结余归社"的办法，对收入和支出分别进行管理。人民公社所属企、事业单位，都应当交纳税款。下放给人民公社管理的国营企业，必须按规定向国家上缴利润。国家支援农村人民公社的投资、农村救济款和优抚费，必须做到专款专用。国营企业和人民公社交换固定资产、原材料和产品，必须坚持等价交换的原则。

1961年1月20日，中共中央作出《关于调整管理体制的若干暂行规定》，重点强调集中统一，提出财经管理大权，最近两三年，应当更多地集中到中央和中央局。

1962年4月21日，中共中央、国务院作出《关于严格控制财政管理的决定》（即"财政六条"）。该文件规定：（1）切实扭转企业大量赔钱的状况；（2）坚决制止一切侵占国家资金的错误做法；（3）坚决制止各单位之间相互拖欠贷款；（4）坚决维护应当上交国家的财政收入；（5）严格控制各项财政支出；（6）切实加强财政监督。

2. 提出中央集权与地方、部门适当分权相结合的财政政策。

1964年11月11日至12月7日，财政部在北京召开全国财政会议，着重讨论如何实行财政制度改革问题，准备先做好以下工作：（1）在中央财政和地方财政的关系上，划给地方一部分"固定收入"，一次核定3年不变；地方性的投资和开支，都由地方统一安排，调剂使用，凡征收房地产税的地方，都可作为专项收入，用于市政建设。（2）在国家同企业的关系上，准备用三四年时间，把企业基本折旧基金从财政收入中划出来，专门用于设备更新；建立小型技术措施贷款基金；取消年初给建筑企业下达利润指标的制度；改革超计划利润奖金制度。（3）在税收政策上，新产品投产后，在一定时期内给予免税照顾。机械产品的零配件和协作产品，不在市场销售的一律免税。（4）精简会计报表，基层企业大体要减少一半左右。

1965年7月2日，财政部公布《财政工作纲要（草稿）》，供各级财政部门试行。《纲要》在谈到财政管理体制时指出，国家财政体制应当根据统一领导、分级管理的原则，正确处理集权与分权的关系，既要把主要财权集中到中央，又要给各地方、各部门留有一定的机动。国家财权原则上分为中央、省、县、乡4级，民族自治地区的财政管理权限，应当比一般地区适当大一些。

3. 实施并不断改进财政收支包干政策。

1971年3月1日，财政部发出《关于实行财政收支包干的通知》，决定从1971年起，对各省、自治区、直辖市实行"定收定支，收支包干，保证上缴或差额补贴，结余留用，一年一定"的办法，具体规定：(1) 国家财政收入和支出，除了中央部门直接管理的企业收入、关税收入和中央部门直接管理的基本建设、文教行政、国防战备、对外援助、国家物资储备等支出外，其余都划归地方财政，由地方负责管理。(2) 地方预算收支指标，由各省、自治区、直辖市提出建议数，经中央综合平衡，核定下达。中央核定的省、自治区、直辖市预算收支总额，收大于支的，包干上缴中央财政；支大于收的，由中央财政按差额数包干给予贴补。在执行中，收入超收和支出结余，都归地方支配使用。如果发生短收或超支由地方自求平衡。(3) 预备费的设置，中央按预算支出总额的5%计算，各省、直辖市按预算支出总额的3%计算，各民族自治区除了按预算支出总额的5%设置预备费外，另按中央分配的行政事业经费的5%增列机动金，作为特殊照顾。

1972年3月31日，财政部发出《关于改进财政收支包干办法的通知》。《通知》指出，1971年以来，实行了财政收支包干的管理体制，扩大了地方财政收支的范围和管理权限，总的说效果是好的。但也出现了一些新的问题，一是年初分配给各地区的财政收入指标，难以做到完全符合实际，以至地区之间的机动财力过于悬殊；二是超收全部归地方支配，中央没有机动的收入来源，难以地区之间进行必要的调剂；三是有些地区把财政包干指标层层包到地、县，地方机动财力过于分散，更加扩大了前面两个矛盾。为了解决上述问题，财政部对财政收支包干办法做了以下改进：(1) 中央对各省、自治区、直辖市仍然实行"定收定支，收支包干，保证上缴或差额补贴，结余留用，一年一定"的办法，但各省对地、县不宜层层包干。（2）地方财政支出的年终结余部分，仍全部归地方使用，收入的超收部分，凡不满1亿元的，仍全部归地方使用，超收1亿元以上的部分，上交中央财政50%。（3）地方财政收支的安排和执行，要坚持收支平衡的原则，预算不要层层加码。地方财政的超收和支出结余，应当主要用于发展工农业生产，对于企业流动资金和行政事业费不足部分，也要适当加以补充，不要全部用于基本建设。（4）财政资金和信贷资金、基本建设资金和企业流动资金，必须坚持分口管理，严格划清界限，不得挪用。

1973年11月26日，财政部公布《关于改进财政管理体制的意见》。该文件指出，为了改进原来财政收支包干办法的不足之处，1973年在华北、东北地区和江苏省试行了"收入按固定比例留成，超收另定分成比例，支出按指标包干"的办法，效果较好。许多地方都赞成试行这个办法。为此，财政部决定，从1974年起，在全国普遍试行。具体办法是：（1）财政收入固定比例给地方留成。（2）对收入超收的部分，另定分成比例，考虑到中央需要有相当的机动财力，地方超收分成比例，应控制在30%的幅度以内。（3）地方机动财力大体上应有70%用于发展农业生产、老企业的技术改造和补充流动资金，30%用于解决城市建设、各项事业费和行政费，以及其他方面的一些急需开支。（4）对少数民族地区在财政上的照顾，仍按过去的规定执行。

1975年8月，财政部起草《关于整顿财政金融的意见》（即"财政十条"）。主要内容为：努力促进工农业生产的发展，整顿财政收入，节约财政支出，迅速扭转企业亏损，加强基本建设拨款的管理，管好用好更新改造资金，加强信贷管理，控制货币发行，改进财政和信贷管理体制，严格财经纪律。"财政十条"要求进一步改进财政信贷管理体制。针对生产遭到破坏、资金偏于分散的情况，提出财政资金需要适当集中。国家财政管理体制继续实行"统一领导、分级管理"的原则，管理权限主要应集中于中央和省、自治区、直辖市两级。国家财政的方针、政策，国家预算、税法、税率，全国性的开支标准，企业专用基金的提取比例，生产成本和商品流通费用的开支范围等，都由中央统一规定。"财政十条"提出,为了加强省、自治区、直辖市财政收支的权力和责任,从1976年起,除了给各省、自治区、直辖市核定一定数额的机动财力以外,实行"定收定支,收支挂钩,总额分成,一年一定"的办法。也就是,每年由中央分别核定各省、自治区、直辖市的收入任务和支出总额,按照支出占收入的比例,作为地方分成的比例。在执行中,超收可以按分成比例相应地多分收入;短收了就要相应减少支出,自求平衡。

二 改革开放前的税收政策

(一)新中国成立初期的税收政策

1. 召开全国税务会议研究制定税收政策。

1949年11月24日,财政部召开首届全国税务会议。会议根据《中国人民政治协商会议共同纲领》第40条规定的国家税收政策总的精神,讨论研究了以下问题:(1)统一全国税收。拟定《全国税政实施要则》,作为整理与统一全国税政的基本准则。(2)制定统一税法。规定了税法立法权限,凡有关全国性条例法令,统一由中央制定。废除和整理了国民党反动统治时期的苛捐杂税,确定新中国范围的税收种类,并确定专卖事业的范围和经营方针。(3)确定税务机构、编制和工作职责,制定城市税收工作统一管理的组织原则,制定《全国各级税务机关暂行组织规程》,建立起由中央到地方的各级税务机构,并对各项重要制度做了统一规定,以加强税务工作。(4)制订了第一个全国性的税收计划。

2. 通过颁布系列文件构建税收政策体系。

1950年1月31日,政务院发布《关于统一全国税政的决定》的通令,颁布《全国税政实施要则》《全国各级税务机关暂行组织规程》《工商业税暂行条例》《货物税暂行条例》。

《全国税政实施要则》共12条:(1)建立统一的税收制度;(2)根据合理负担的原则,适当地平衡城乡负担;(3)统一全国的税政、税种、税目和税率;(4)中央及地方的税收为14种:货物税(包括烟、酒、矿产、棉花、皮毛、水产税在内)、工商业税、盐税、关税、薪给报酬所得税、存款利息所得税、印花税、遗产税、交易税、屠宰税、房产税、地产税、特种消费行为税（包括娱乐税、筵席税、旅店税、冷食税）、使用牌照税；（5）确定税收立法的规定；（6）着重做好城市税收工作，按时归库，保证及时；（7）纳税是人民的光荣义务，税务工作者要坚持优良作风；（8）公营、合作社企业一律照章纳税；（9）外侨经营的企业照章纳税；（10）违犯税法税政的案件依章惩处；（11）税收机构受上级局与同级政府的双重领导；（12）规定各项重要工作制度。

《全国各级税务机关暂行组织规程》共26条。规定了各级税务机关的设置、职掌事宜、隶属关系、税务章则等。

《工商业税暂行条例》规定，凡本国境内的工商营利事业，除另有规定者外，均依章于营业行为所在地交纳工商业税。营业额部分交纳营业税，所得额部分交纳所得税（公营企业所得额部分另定办法，提取利润，不交所得税）。国家专卖专制事业、贫苦艺匠及家庭副业免纳工商业税。营业税的税率按不同行业分别规定，依营业收入额计算的，税率为1%—3%；依收益额计算的，税率为1.5%—6%；所得税的税率，按所得额全额累进计算，税率为5%—30%；对需奖励的，分别行业减税10%—40%。

《货物税暂行条例》规定，凡所列货物，均依章交纳货物税。减免权在中央财政部，地方不得以任何方式减税或免税。凡已税货物，行销全国不得重征，货物税是按不含税价格从价计征，计算公式为：市场平均批价÷（1+税率）=完税价格。征收方法是驻厂征收、查定征收、起运征收等三种。进口货物由进口商在交纳关税时，由海关一并代征货物税。

（二）计划经济时期的税收政策

1. 通过合并税种和简化征税办法改革工商税制。

1958年3月22日，中共中央同意财政部的报告，决定对中国的工商税制进行重大改革：（1）减少税收的种类，把原来的商品流通税、货物税、营业税和印花税等四种税合并成一种税，称为"工商统一税"。（2）简化征税办法，把原来的多次征税改为工业品在工厂一般只征一道税。

为了取得经验,财政部于4月18日发出《关于对棉纺织印染、日用化学、制笔、热水瓶四类工业产品试行改革工商税制的规定》。这个规定的主要内容是:(1)凡一切在国内生产和从国外进口的试办产品,都按照这个规定纳税,原来应当交纳的商品流通税、货物税、营业税、印花税,即行停征。(2)试办产品以生产企业为纳税人,于产品销售以后,按照工厂的销售价格计算纳税。(3)工业企业如用自己生产的棉纱作为原料,制成另一种产品,应当在移送加工时,依照同品种棉纱销售价格计算纳税。(4)企业间相互协作生产的,协作一方将自己生产的产品不含税供给对方,作为制造试办产品的原材料或者零配件使用,可以报税务机关批准免税。(5)委托加工比照自制产品征税。(6)国外进口试办产品,由海关代征税款。

2. 公布改进税收管理体制的规定。

1958年6月9日,国务院公布《关于改进税收管理体制的规定》,具体内容如下:(1)印花税、利息所得税、屠宰税、牲畜交易税、城市房地产税、文化娱乐税、车船使用牌照税等7种税收,按照改进财政管理体制的规定,已经划为地方固定收入,省、市、自治区在中央统一的征税条例的基础上,根据当地实际情况,有权采取减税、免税或者加税的措施,有权对这些税的税目和税率作必要的调整。(2)商品流通税、货物税、营业税、所得税等4种税收,按照改进财政管理体制的规定,已经划为调剂分成收入,按一定的比例,由中央和地方实行分成,税收管理权限基本上归中央集中掌握,但允许省、市、自治区在规定范围内实行减税或者免税,也可以实行加税。(3)在农业税方面,省、市、自治区应根据农业税条例并结合实际情况,对所属地区、粮食作物和经济作物、农业生产合作社和个体农民之间的负担,作必要调整。(4)在盐税方面,允许省、市、自治区在原有征税办法的基础上,根据实际情况,对盐税税额作必要调整,并报国务院备案。(5)省、市、自治区为了调节生产者的收入、平衡税负、开辟财源;或者为了有计划安排生产,限制盲目的生产经营,必要时,可以把某些利润较大的土特产品和副业产品列入货物征税范围,作一个新增的税目,征收货物税;

或者另外制定税收办法,开征地区性的税收,并报国务院备案。(6) 对于自治区在税收管理上,应当给予更大的管理权限,自治区如认为全国统一的税法与本自治区实际情况不相适应,可以制定本自治区的税收办法,报国务院备案。(7) 省、市、自治区人民委员会根据发展生产、繁荣经济和增加国家积累的原则,对于工商税的征收环节和起征点的规定,可以机动处理,并报财政部备案。(8) 省、市、自治区在执行本规定时要注意以下各点:一是采取减税、免税措施,既照顾生产发展需要,又照顾国家资金的积累;二是采取调整税率或增加税收的措施,不要影响生产的发展和物价的稳定;三是在采取措施时,凡与邻近地区有关的,应事先共同协商,取得相互配合;四是采取的措施,对统一计划和全国平衡有较大影响的或涉及外交关系的,应报经国务院批准。

3. 试行下放工商税收管理权限的工作。

1969 年 5 月 23 日,财政部军管会发出《关于在八省、市进行下放工商税收管理权限试点的通知》。《通知》指出,根据国务院先进行试点的指示,经与黑龙江、安徽、陕西、河北、湖南、贵州、上海、天津等 8 省、市商量并征得他们同意,从 6 月开始,先在这几个地区进行下放工商税收管理权限的试点工作。

1970 年 4 月 13 日,国务院批准财政部军管会《关于下放工商税收管理权的报告》。《报告》对下放工商税收管理权提出了以下具体意见:(1) 扩大地方减税、免税的批准权。国营企业、手工业生产合作社因生产、经营、价格发生较大变化和国营企业试制新产品,使整个企业发生亏损,按照国家规定纳税确有困难的,经各省、自治区、直辖市革委会批准,可以给予定期的减税、免税照顾,不再报财政部审批。(2) 下放对农村人民公社征税的管理权。各省、自治区、直辖市革委会可以在全国统一税法的基础上,确定工商统一税的征税范围,采取减税、免税措施,制定简便易行的收税办法。(3) 对投机倒把罚款和对个体经济加成征税的办法,由各省、自治区、直辖市革委会结合具体情况掌握处理。(4) 下放城市房地产税、屠宰税、车船使用牌照税、牲畜交易税和集市交易税的管理权。上述 5 种税收,各省、自治区、直辖市革委会有权确定征税范围，调整税率和采取减税、免税措施。但是，停征国家规定的税种、税目要报告国务院批准。财政部军管会于4月21日发出《关于下放工商税收管理权限扩大试点的通知》，决定1970年在辽宁、山东、浙江、广东、湖北、四川、甘肃、北京等8个省市扩大试点。

1972年3月30日，国务院批转财政部《关于扩大改革工商税制试点的报告》和《中华人民共和国工商税收条例（草案）》。这次确定扩大试行的工商税制主要作了如下改革：（1）合并税种。把工商统一税及其附加、城市房地产税、车船使用牌照税、盐税、屠宰税合并为工商税（盐税暂按原办法征收）；合并以后，对国营企业只征收工商税，对集体企业只征收工商税和所得税。（2）简化税目、税率。税率由过去的141个减为82个，实际上不相同的税率只有16个，多数企业可以简化到只用1个税率征收。（3）把一部分管理权限下放给地方。地方有权对当地的新兴工业、"五小"企业、社队企业、综合利用、协作生产等，确定征税或者减免税。（4）对少数税率作了调整。按新的税制收税，国家的工商税收入比例按原税制征税的征收额约减少0.5%，多数地区的税收没有增加或者略有减少。

4. 提出从体制上加强税收管理的主要措施。

1977年11月13日，国务院批转财政部《关于税收管理体制的请求报告》。国务院同意财政部的报告，并指出，税收是国家积累建设资金的重要来源，各级党委要加强税收工作的领导，支持财税部门做好工作。财政部提出从体制上加强税收管理的主要措施是：（1）税收政策的改变，税法的颁布和实施，税种的开征和停征，税目的增减和税率的调整，一律由国务院统一规定。（2）凡是在一个省、自治区、直辖市范围内对某一应税产品、某一个行业减税免税以及对烟、酒、糖、手表4种产品减税免税，都须报经财政部批准。（3）个别纳税单位生产的产品或经营业务，因生产、经营、价格等发生较大变化，需要减税免税照顾的；为农业生产服务的县办"五小"企业纳税有困难，需要给予照顾的；因自然灾害必须在税收上给予照顾的；对于从事违法经营的单位和个人，需要运用税收进行打击的，都由省、自治区、直辖市革委会批准，以利于支持工农业生产的发展。（4）关于民族自治区的税收管理权限。自治区革委会对于少数民族聚居地区的税收，可以根据全国统一税法规定的原则，制定税收办法，并且报国务院备案。（5）重申除税收管理体制规定的权限以外，任何地方、部门和单位，都无权自行决定减税、免税，无权下达同税法相抵触的文件。

三 改革开放前的预算政策

（一）新中国成立初期的预算工作

1. 初步建立国家预算制度。

1950年12月1日，政务院发布《关于决算制度、预算审核、投资的施工计划和货币管理的决定》，其中有关决算、预算内容有：（1）实行决算制度。所有的军队、政府、公立学校及受国家经费补助的团体，均须每年分四季向中央或各级人民政府的财政部门作决算报告，每年3月31日做上年度全年决算报告，决算之后，凡在预算中所余的款额，均须缴回国库。（2）实行预算审核。各部队、机关、学校、团体在中央人民政府批准的总预算范围内，向财政部门提出经费预算或国营企业的投资预算时，必须先经本单位首长亲自审核；财政部门有对此预算再加审查和核算的责任。

1950年12月12日，财政部颁发《各级人民政府暂行总预算会计制度》。财政部对各级人民政府关于财政收支、调拨及资产负债增减的一切会计事项包括会计科目、会计凭证及簿记、会计事务处理程序、决算、会计交代等内容作了具体规定。13日，又颁发《各级人民政府暂行单位预算会计制度》，对各机关的会计事项，做了详尽规定。

2. 进一步规范国家预算决算工作。

1951年8月9日，政务院公布《国家预算决算暂行条例》。《条例》对概算、预算、决算的定义，预算决算的分类（总预算、总决算、单位预算、单位决算、附属单位预算、附属单位决算）组成体系，预算的编制、核定、执行，以及决算的编造和审定等，都做了明确的具体规定。

《人民日报》为条例的公布发表社论《把国家预算决算工作提高一

步》，社论说，《国家预算决算暂行条例》规定了各级人民政府及其所属机关的编造审核预算决算的程序、范围和职权，规定了人民政府及其所属机关如不按时编造预算决算，财政机关得拒绝拨款或停发其下期经费。这个《条例》不仅在加强财政统一管理和分级负责方面有重大作用，而且在促进国家经济文化建设上也将产生积极的效果。这是我们国家财政管理制度进一步的发展，也是一项重大行政措施。

1953年11月9日，财政部公布《各级财政统一预算科目》。该文件指出，统一预算科目分为中央财政收支预算科目和地方财政收支预算科目2种。其中，本年收入科目分为6大类：各项税收类、企业收入类、信贷保险收入类、其他收入类、支出收回及上年结余类、各级预算调拨收入类。地方预算科目无信贷保险收入类，其他相同。本年支出科目分为8大类：经济建设费类、社会文教费类、国防费类、行政管理费类、信贷保险支出类、收入退还及其他支出类、总预备费类、各级预算调拨支出类。地方预算科目无国防费类、信贷保险支出2类，其他相同。统一预算科目还对收入、支出款项的调整作了详细说明。

（二）计划经济时期的预算工作

1. 公布并修订预算会计制度。

1955年12月9日，财政部公布《各级机关单位预算会计制度》和《地方财政机关总预算会计制度》。这两个会计制度分别规定了单位预算会计和地方各级总预算会计的基本任务。单位预算会计的基本任务是：根据核定支出单位预算办理核准经费和支出的会计，以及根据核定收入单位预算办理收入会计；根据预算制度监督预算资金的正确、节约使用，保证现金、材料和固定资产的安全；按照财政部的规定编送会计期报和年报。地方各级总预算的基本任务是：办理地方预算收入和地方预算支出，以及地方预算拨款和货币资金等会计事务；检查人民银行对于各级预算收入的划分是否准确；监督地方单位预算机关存款的开户是否符合规定，是否按预算所规定的用途正确地使用预算资金，并对其预算会计工作给予指导；及时编送执行地方总预算的会计报表。这两个会计制度，还分别对国家机关单位预算会计和地方财政机关的总预算会计的会计科目、会计凭证、会计账簿、会计事务处理以及会计报表等作了明确细致的规定。

1959年12月7日和12日，财政部分别公布修订的《各级机关单位预算会计制度》和《地方财政机关总预算会计制度》。1958年以来，各地区、各部门对预算会计制度进行了大规模的改革，提高了会计报表的质量，加快了报表报送的时间。为了正确地反映国家预算执行情况，保证合理地、节约地使用预算资金，促进国民经济的高速度发展，财政部根据1959年3月预算工作经验交流会和7月中央单位会计座谈会上各地区各部门代表的要求，本着统一领导、分级管理和简便易行原则，对各级机关单位预算会计制度和地方总预算会计制度提出了修订草案，先后交由9月预算会计、金库制度会计和10月中央机关预算会计制度会议讨论，会后又根据讨论意见作了修改，发布执行。

2. 公布预算会计账簿凭证报表保管销毁办法。

1956年11月21日，财政部、国家档案局公布《预算会计账簿凭证报表保管销毁暂行办法》，其适用范围包括：各级财政机关的总预算会计；各级国家机关（包括各民主党派、各人民团体）的单位预算会计；各级税收机关的总预算会计；各级财政金库会计。

各种预算会计档案，由各级经办机关，按照它的性质和效用，分别永久保管或者定期保管。年度终了，决算批准以后，会计部门应即编造清册移交本机关档案部门保管。在保管期满应进行销毁的时候，由经办机关的档案部门会同会计部门，组织鉴定小组，严格审查并经过一定的批准程序才能销毁。销毁前要编造清册分别报财政机关和档案机关备案，销毁时要有专人监销。

3. 提出完善预算会计工作的改革措施。

1965年9月18日，财政部公布《预算会计工作改革要点》。该文件指出，预算会计是国家管理财政经济的一个重要工具，它通过核算、反映和监督为社会主义革命和建设服务。新中国成立以来，预算会计工作在党的正确领导下，取得了显著成绩。贯彻执行了党的方针政策，加强了会计核算和会计监督，正确反映了预算执行情况，保护了社会主义财产，促进了各项生产建设事业的发展。但是，预算会计中也存在不少缺点和问题，主要是制度规定千篇一律，核算手续烦琐复杂；在制度规定和执行方面还有不少漏洞等,这些问题在一定程度上削弱了预算会计工作的作用。因此,要对预算会计工作做出以下改革:(1)要积极地、有步骤地改革预算会计制度,力求从实际出发,科学实用。加强会计基础工作,反对"无账会计"。(2)要按照不同的情况和不同的需要,分别设计预算会计制度。各级财政部门的总会计制度,由财政部统一制定。各单位的会计制度,可在财政部制定的三种制度中选用,它们是:《行政事业单位会计制度》《行政事业单位简易会计制度》和《报销单位财务收支处理办法》。各种差额预算管理单位,自收自支单位等适用的会计制度,由中央各部门和各省、自治区、直辖市,以及财政厅、局自行制定,并报财政部备查。(3)根据要加强管理,又要简化手续的原则,设计会计账簿。(4)继续执行银行支出数,加强"支取未报数"的管理。(5)严格控制以拨作支、以领代报,尽量简化核算手续。此外,还有改革记账方法;简化会计凭证审批手续,加强收据管理;进一步精简预算会计报表和会计科目;严格会计交代,改进档案保管方法;整顿和健全单位预算会计机构等。

第二节 改革开放初期的财税政策

一 改革开放初期的财政体制及管理政策

(一)试行增收分成、收支挂钩的财政体制及管理政策

1978年2月17日,财政部发出《关于试行"增收分成,收支挂钩"财政体制的通知》。《通知》指出,为了更好地发挥中央和地方两个积极性,经国务院批准,1978年先在陕西、浙江、湖南、北京等10个省、市试行"增收分成,收支挂钩"的财政管理体制。其他省、自治区、直辖市仍实行原定办法。

"增收分成,收支挂钩"的具体做法是:(1)"增收分成",是对省、市当年的实际收入比上年增长的部分,实行比例分成。实行这一办法,有利于促进地方挖掘增产节约的潜力,为国家和地方积累建设资金,支持社会主义建设。(2)"增收分成"比例是根据下列基数确定的:一是原来每年分配给地方的固定数额的机动财力;二是原来规定县

办"五小"工业企业的利润留成。在确定分成比例时，一般要提高一点，以便使地方得到的机动财力比原来多一些。(3)"收支挂钩"，是按照财政部核定各省、市的年度财政收支指标总额，确定当年收支挂钩的比例。这个比例就是地方收入留成比例。地方完成了收入指标，即可按核定的支出指标开支，完不成收入指标，就要相应紧缩开支，自求平衡。(4)按照"增收分成"比例取得的机动财力，原则上是年终提取，下年使用。主要用于弥补上年的收支差额，用于支援工农业生产，不准用于搞楼堂馆所，增加人员编制和提高福利标准。

(二) 推行划分收支、分级包干的财政体制及管理政策

1. 部分地方实行划分收支、分级包干的财政体制及管理政策。

1979年11月20日，国务院召开全国计划会议。会议讨论了1980年国民经济计划，并讨论了财政管理体制的改革。为了确保计划完成，会议提出，要广开生产门路，多方开辟财源，要降低消耗，减少积压，节约开支，要抓工业改组、技术改造和工业内部的调整等。会议还确定：全国财政管理体制，除了北京、天津和上海3市外，广东、福建实行特殊照顾办法，江苏按原定办法实行，广西、云南、内蒙古、新疆、宁夏、青海、西藏和贵州8个省区实行民族自治地方财政体制，其余省份实行"划分收支，分级包干"的办法，实行中央、地方"分灶吃饭"。

2. 全面推行划分收支、分级包干的财政体制及管理政策。

1980年2月1日，国务院发出《关于实行"划分收支，分级包干"财政管理体制的通知》，并附发了《关于实行"划分收支，分级包干"财政管理体制的暂行规定》。国务院指出，为了充分发挥中央和地方两个积极性，决定从1980年起，实行"划分收支，分级包干"的财政管理体制。

(1) 按照经济管理体制规定的隶属关系，明确划分中央和地方财政的收支范围。在收入方面：中央所属企业的收入、关税收入和中央其他收入归中央财政，作为中央财政的固定收入。地方所属企业的收入、盐税、农牧业税、工商所得税、地方税和地方其他收入归地方财政，作为地方财政的固定收入。经国务院批准，上划给中央部门直接管理的企

业，其收入作为固定比例分成收入，80%归中央财政，20%归地方财政。工商税作为中央和地方的调剂收入。在支出方面：中央的基本建设投资、中央企业的流动资金、挖潜改造资金和新产品试制费、地质勘探费、国防战略费、对外援助支出、国家物资储备支出，以及中央级的文教卫生科学事业费、农业水利气象等事业费、工业交通商业部门的事业费和行政管理费等归中央财政支出。地方的基本建设投资、地方企业的流动资金、挖潜改造资金和新产品试制费、支援农村人民公社支出、农业水利气象等事业费、工业交通商业部门事业费、城市维护费、人防经费、城镇人口下乡经费、文教卫生科学事业费、抚恤和社会救济费、行政管理费等归地方财政支出。

少数专项支出，如特大自然灾害救济费、特大抗旱防汛补助费、支援经济不发达地区发展资金等，由中央专案拨款，不列入地方财政包干范围。

（2）地方财政收支的包干基数，以1979年财政收支执行数为基础，经过适当调整，计算确定。凡是地方收入大于支出的地区，多余部分按一定的比例上缴；支出大于收入的地区，不足部分从工商税中按一定的比例留给地方，作为调剂收入；有些地区，工商税全部留给地方，收入仍然小于支出的，不足部分由中央财政给予定额补助。分成比例或补助数额确定以后，原则上5年不变，地方多收了可以多支出。

（3）为了帮助边远地区、少数民族自治地区、老革命根据地和经济基础比较差的地区加快发展生产，中央设立支援经济不发达地区的发展基金。此项资金财政部掌握分配，重点使用。

（4）对民族自治地区的财政管理体制，仍保留原来的特殊规定，但中央对民族自治地区的补助数额，按每年递增10%计算。

《通知》规定，凡涉及全国性的重大问题，如税收制度、物价政策、公债发行、工资奖金标准、企业成本开支范围和专项基金提取比例，以及重要的开支标准等，各地区、各部门都必须执行全国统一的规定，未经批准，不得变动。要严格执行财经纪律，严禁超越国家规定权限随意减免税收，或者挤占国家财政收入。

3. 适当改进划分收支、分级包干的财政体制及管理政策。

1982年12月4日，国务院发出《关于改进"划分收支，分级包干"财政管理体制的通知》。《通知》指出，从1980年开始，为改变财权集中过多、统得过死的状况，实行了"划分收支，分级包干"财政管理体制。经过两年多的实践，说明这个财政体制较好地体现了地方一级财政责、权、利相结合的原则，加强了各级党委和政府理财的责任心，调动了地方增收节支的积极性，改革的方向是正确的，效果是显著的，但还存在一些缺陷。为了集中必要的资金以保证国家重点建设，并进一步处理好中央财政和地方财政的关系，国务院决定对现行财政体制作一些改进。

国务院规定，从1983年起，除广东、福建两省外，对其他省、自治区一律实行收入按固定比例总额分成的包干办法。将中央向地方的借款改为调减地方支出包干基数，即以1982年中央向地方的借款数额为基础，进行合理调整，按照调整后的数额调减地方支出包干基数，并相应地调整各省、自治区、直辖市的收入分成比例或补助数额。

国务院指出，从1983年起，将卷烟、酒两种产品的工商税划为中央财政收入，以限制其盲目发展。但1982年以前的税收基数仍全部返还给地方，1983年以后每年烟酒税收增长的部分，实行中央财政和地方财政分成。

对由中央投资兴建的大中型企业的收入，包括试车期间的收入、投产后的利润等，划归中央财政收入（可以按规定留给地方一定的比例分成）；中央与地方共同投资兴建的大中型企业的收入，按投资比例分成。

国务院在通知中还决定改进县办工业企业亏损负担办法。从1979年起，国家对县办工业实行盈利企业利润对半留成，亏损企业的亏损二八负担（县财政负担20%）的办法。从1983年起，将亏损企业的负担比例改为同盈利企业的留成比例相一致，即由县财政承担一半。

（三）实行以划分税种为基础的财政包干政策

1. 提出以划分税种为基础的财政包干政策新设想。

1984年11月22日至12月12日，在北京召开全国财政工作会议。

会议的主要议题是，拟订和分配1985年的财政收支计划、讨论财政管理体制改革方案，研究利改税第二步改革的贯彻情况，建立乡财政和安排1985年财政工作等问题。这次会议决定：从1985年开始，实行"划分税种、核定收支、分级包干"的新财政体制。提出主要抓好以下几点：（1）继续端正业务指导思想，学会新的理财之道。（2）抓紧增收节支工作，确保财政收支基本平衡。（3）坚持宽严结合的方针，进一步搞好财政税收改革。（4）加强财政队伍建设，提高干部素质。（5）加强调查研究，改进领导作风和工作方法。

2. 全面实行以划分税种为基础的财政包干政策。

1985年3月21日，国务院发出《关于实行"划分税种、核定收支、分级包干"的财政管理体制的通知》。《通知》指出，从1980年起，国家对各省、自治区实行了"划分收支，分级包干"的财政管理体制，5年来取得了很好的效果。现期限快到，加之实行利改税第二步改革后，原体制中若干规定需要作相应的改进。根据党的十二届三中全会《关于经济体制改革的决定》精神，国务院决定，从1985年起，对各省、自治区、直辖市一律实行"划分税种、核定收支、分级包干"的财政管理体制。

新的财政管理体制的主要内容，基本上是按照利改税第二步改革以后的税种设置，划分各级财政收入。按不同税种将收入划分为中央财政固定收入、地方财政固定收入、中央和地方共享收入；中央财政支出和地方财政支出，仍按隶属关系划分，对不宜实行包干的专项支出，由中央财政专案拨款，不列入地方财政支出包干范围。各省、自治区、直辖市都要按照本规定划分的财政收支范围，根据收支情况，确定定额上解、定额补助的数额和确定共享税收入分成比例。

3. 根据各地特点分别实行不同形式的财政包干政策。

1988年7月28日，国务院颁发《关于地方实行财政包干办法的决定》，指出从1988年到1990年期间，对1985年起实施的财政包干办法作如下改进：（1）全国39个省、自治区、直辖市和计划单列市，除广州、西安两市财政关系仍分别与广东、陕西两省联系外，对其余37个地区分别实行不同形式的包干办法，具体形式主要有：收入递增包干、总额分成、总额分成加增长分成、上解额递增包干、定额上解、定额补助等。(2) 财政包干办法确定之后,各地区应当按照国家政策和计划的要求,努力发展经济、挖掘潜力、开辟财源、增加收入,壮大地方的财力。(3) 要认真执行现行的预决算制度。(4) 要严格执行财政、财务制度,加强审计监督。

二 改革开放初期的税收政策

(一) 改革开放初期工商税制及其政策的演变

1. 在少数企业试点的基础上提出改革工商税制初步设想。

1980年4月至5月,财政部税务总局组织各省、自治区、直辖市税务干部30多人,在广西柳州市进行税制改革的调查研究,拟订了增值税、资源税和利改税的方案。柳州市将企业上交利润改为征税的具体办法是:对销售利润率在15%以上的企业,先征收调节税,再按50%的比例税率征收所得税,征税后的利润还要提取一定比例的资金分红(即资金占用费)。随后,财政部批准,从1980年1月1日起,在柳州市工业企业全面进行增值税和利改税的试点。

1980年8月26日,中央财经领导小组听取财政部关于税制改革问题的汇报。汇报的主要内容,是关于改革工商税的初步设想:(1) 调整部分产品的税率和纳税环节;(2) 把工商税改为工业增值税、特种产品税、营业税;(3) 将国营企业上交的利润改为征税;(4) 开征资源税;(5) 恢复和开征一些地方税;(6) 制定涉外税法。按照上述设想,改革以后的工商税制,全国共有18种税。同时,准备按照财政管理体制划分为中央税、地方税、中央和地方共享税三大类。

中央财经领导小组在听取汇报时指出,税制改革的目的,就是要有利于把企业的潜力挖出来,消灭浪费,改善管理。税制改革的中心是把上交利润改为交所得税,这是经济改革中必须解决的问题,不能拖太久。税制改革不能把企业既得利益用税收拿回来,它们的积极性起来了,经营管理搞好了,企业就能多得,国家也能多得。

2. 在扩大试点范围的基础上提出改革工商税制建议。

1981年7月11日,财政部发出《关于对工业公司试行增值税和改进工商税征税办法的通知》。为了促进按专业化协作的原则改组工业，财政部经过在上海、柳州等地对少数企业进行试点，决定在机器机械、农业机具、日用机械三个行业试行增值税。对其他行业的工业公司，将工商税的征收办法进行改进：实行统一核算的公司，只按公司对外的销售额计征工商税；非统一核算的工业公司，仍按照现行规定纳税；工业公司及所属单位扩散的产品和建立的工艺协作中心，可给予两年免征工商税的照顾。随《通知》下发的《增值税暂行办法》，规定增值税的税率：农业机具及零配件为6%，机器机械、日用机械及零配件为10%，对手表、电风扇、自行车、缝纫机等原税率较高的产品，在征收增值税后，还要征收工商税。

1981年9月5日，国务院批转财政部《关于改革工商税制的设想》。国务院原则同意财政部的设想，建议在具体办法没有正式颁布之前，由财政部选择一些地方、行业，有计划地组织试点。《设想》提出，现在对国营企业只征收一种工商税，对集体企业只征收工商税和所得税两种税，有些产品的税率长期未作调整，影响税收杠杆作用的充分发挥。此次税制改革的方案主要是：（1）把现行工商税按性质划分为产品税、增值税、营业税和盐税4种；（2）开征资源税和利润调节税；（3）将国营企业交纳的固定资产占用费以为固定资产税，分行业规定税率，按固定资产原值计征；（4）对国营企业征收所得税；（5）健全涉外税种，还要陆续制定外资企业所得税法等法规；（6）恢复征收和开征一些地方税，对企业恢复征收城市房地产税和车船使用牌照税，恢复印花税和特种消费行为税，恢复集市交易税，新开征土地使用税和城市建设税。按照上述设想，改革以后全国共开征20种税。

3. 通过制定和改进所得税法规积累改革工商税制经验。

1980年9月10日，五届人大三次会议通过《中华人民共和国个人所得税法》，并公布施行。该法共15条，其规定，在中华人民共和国境内居住满1年的个人，从中国境内和境外取得的所得，按本法交纳个人所得税。应纳个人所得税的各项所得，包括：工资、薪金所得、劳务报酬所得、特许权使用所得，以及利息、股息、红利所得、财产租赁所得，经财政部门确定征税的其他所得。个人所得税税率分为：工资、薪金所得适用超额累进税率，税率为5%—45%，劳务报酬所得、特许权使用所得，以及利息、股息、红利所得、财产租赁所得和其他所得适用比例税率，税率为20%。12月4日，财政部公布了《中华人民共和国个人所得税法施行细则》。

1980年9月10日，五届人大三次会议通过《中华人民共和国中外合资经营企业所得税法》，并公布施行。该法共18条，其规定，在中华人民共和国境内的中外合资经营企业，从事生产、经营所得和其他所得，按本法规定交纳所得税，合资经营企业的分支机构，由总机构汇总交纳所得税。合资经营企业应纳税的所得额，按每一纳税年度的收入总额，减除成本、费用以及损失后的余额。所得税的税率为30%，另按应纳所得税额附征10%的地方所得税。开发石油、天然气和其他资源的合资经营企业的所得税率，另行规定。

1980年10月9日，财政部发出《关于改进合作商店和个体经济交纳工商所得税问题的通知》。《通知》指出，国家奖励发展集体经济，允许个体经济适当发展，以利于搞活经济，繁荣市场，安置城镇待业青年就业。为了适当减轻合作商店和个体经济的所得税负担，经国务院批准，暂采取以下照顾措施：对合作商店，不分城镇和农村，从1980年10月1日起，改按集体手工业8级超额累进税率计征所得税。对合作商店经营饮食、服务、修理行业征收所得税有困难的，由省、自治区、直辖市确定给予适当减税照顾。对个体经济可暂不执行14级全额累进税率和现行加成征税办法。所得税的负担水平，可在相当于手工业8级超累进税率负担的原则下，由省、自治区、直辖市结合具体情况自行确定。

1982年9月21日，国务院发出《关于中外合资、合作项目征税问题的通知》。国务院指出，在《中外合资经营企业所得税法》《个人所得税法》和《外国企业所得税法》公布之前，一些地方、部门和企业经国家主管机关批准，同外商、港商签订了合资、合作项目合同，有的包含了税负条款，但仍存在一些争议，为正确贯彻政策，特作出以下规定：（1）凡在合同中列有企业所得税负优惠条款，列明对项目建设过程中所需进口物资给予税负优惠待遇条款的，均按合同原订条款执行。

(2) 在合同中，列有对外商、港商取得的专利、版权等特许权使用费收入给予税负优惠待遇条款的，也按合同原订条款执行。(3)《个人所得税法》公布之前，经国家主管机关批准，在合同中，对个人所得列有给予税负优惠待遇条款的，按照合同原订条款执行。上述合同期满之后，继续延长合同期限的，则要统一按《中外合资经营企业所得税法》《外国企业所得税法》和《个人所得税法》规定纳税。

4. 通过国营企业利改税措施奠定改革工商税制基础。

1981年3月10日，财政部作出《关于国营工业企业试行以税代利的几项规定》，其中有关内容指出，试点企业原来向国家交纳的利润，改为征收资源税、所得税、收入调节税、固定资金占用费和流动资金占用费。纳税缴费的税率、费率，按下列规定核定：(1) 资源税。对资源条件较好，产品销售利润较高的石油、天然气和稀有金属等开采企业征收。具体办法由财政部另定。(2) 所得税。按课税所得额50%的比例税率计征。课税所得额按企业交纳资源税后的利润计算。(3) 收入调节税。按企业利润总额扣除资源税、所得税、企业留用利润和流动资金占用费、固定资金占用费后的余额，占产品销售收入的比例核定收入调节税税率。(4) 流动资金占用费。按国家拨给企业的自有流动资金总额计算，每月征收2.1‰。(5) 固定资金占用费。根据国家有关规定，按不同行业每月征收2‰—8‰。前述税率、费率由财税机关核定，一定3年不变。

1983年2月28日，国务院批转财政部《关于国营企业利改税试行办法（草案）的报告》。国务院指出，对国营企业实行利改税，是经济管理体制改革的一个重要方面，在处理国家与企业之间的分配关系上，实行利改税是改革的方向。较之其他改进办法具有更多的优越性。这次进行利改税，既要有利于促进企业建立与健全经营责任制，进一步搞活经济，促进经济效益的提高，又要有利于正确处理国家、企业和职工三者的利益，国家得大头，企业得中头，个人得小头，保证国家财政收入的稳定增长，为争取国家财政状况的根本好转创造条件。

1983年4月24日，国务院批转财政部关于全国利改税工作会议的报告，以及经过修改的《关于国营工业企业利改税试行办法》。

1984年9月18日，国务院批转财政部《关于在国营企业推行利改税第二步改革的报告》和《国营企业第二步利改税试行办法》。国务院指出，利改税第二步改革，把国家与企业的分配关系用税的形式固定下来，较好地解决企业吃国家"大锅饭"的问题，为落实企业自主权提供了必要条件，使企业逐步做到"独立经营，自负盈亏"，调动企业和职工的积极性。同日，国务院发布《国营企业所得税条例》，规定大中型企业的所得税税率为55%的固定比例税率；小型企业、饮食服务企业和营业性的宾馆、饭店、招待所等，适用8级超额累进税率。还发布《国营企业调节税征收办法》，规定凡国营大中型企业从事生产经营和其他所得，除另有规定者外，都应依照本办法缴纳调节税，税率由财税部门与企业主管部门协商核定。

5. 通过制定直接相关税收条例推进工商税制改革。

1984年9月18日，国务院发布了5个与改革工商税制直接相关的税收条例，这些税收条例的名称及其主要规定如下：

(1)《中华人民共和国产品税条例（草案）》规定，在我国境内从事生产和进口本条例规定的应税产品的单位和个人，为产品税的纳税义务人，都应依照本条例的规定缴纳产品税，并公布了产品税税目税率表。

(2)《增值税条例》规定，应纳增值税的甲类产品是：机器机械及零配件、汽车、机动船舶、轴承、农业机具及零配件。甲类产品按"扣额法"计算应纳税额，也就是：应纳税额＝（产品销售收入－扣除金额）×税率，扣除金额，是指规定扣除项目中为生产应税产品外购部分的金额。应纳增值税的乙类产品是：钢坯、钢材、自行车、缝纫机、电风扇、印染绸缎及其他印染机织丝织品、西药。乙类产品按照"扣税法"计算应纳税额。也就是：应纳税额＝产品销售收入×税率－扣除税额。扣除税额是指规定扣除项目中为生产应税产品外购部分的已纳税额。

(3)《盐税条例》规定，在我国境内从事生产经营和进口盐的单位，都应按照本条例的规定缴纳盐税，用已经纳过税的盐加工、精制后销售，不再缴纳盐税。盐税税额按吨计征，根据产区和盐种不同，征收的税额也有所不同。

(4)《营业税条例》规定,在我国境内从事商业、物资供销、交通运输、建筑安装、金融保险、邮政电信、公共事业、出版业、娱乐业、加工修理业及其他各种服务业的单位和个人,都应缴纳营业税,并附发了营业税的税目税率表。

(5)《资源税条例》规定,在我国境内从事原油、天然气、煤炭、金属矿产品和其他非金属矿产品资源开发的单位和个人,都应缴纳资源税。资源税根据应税产品的销售收入利润率,按超率累进税率征收:销售利润率为 12% 和 12% 以下的,不缴纳资源税;销售利润率超过 12%—20% 的部分,按销售利润率每增加 1%,税率增加 0.5% 累进计算;销售利润率超过 20%—25% 的部分,按销售利润率每增加 1%,税率增加 0.6% 累进计算;销售利润率超过 25% 的部分,按销售利润率每增加 1%,税率增加 0.7% 累进计算。1986 年 6 月 30 日 财政部发出《关于对原油、天然气实行从量定额征收资源税和调整原油产品税税率的通知》。该通知对原油、天然气实行从量定额征收资源税的征税范围、计税依据、定额标准、税额计算、缴纳办法、缴款期限、纳税地点等都作了明确具体的规定。《通知》决定将原油的产品税税率统一调整为 12% 征收。

6. 通过制定财产税拓展工商税制适用范围。

(1) 通过制定房产税或契税拓展工商税制适用范围。1986 年 9 月 15 日,国务院发布《中华人民共和国房产税暂行条例》《中华人民共和国车船使用税暂行条例》。9 月 25 日,财政部发出《关于对煤炭实行从量定额征收资源税的通知》。1991 年 1 月 23 日,财政部发出《关于对外国企业、外国人及华侨、港、澳、台同胞征收契税的通知》。《通知》规定:凡取得房屋所有权的外国企业和外国人,应依法交纳契税;华侨、港、澳、台同胞用侨汇(或外汇)购买房屋,给予减半征收契税的优惠。1992 年 6 月 11 日,财政部经与国务院住房制度改革领导小组、国家税务局共同研究后发布《住房制度改革中财政税收政策的若干规定》。

(2) 通过制定用地税收法规拓展工商税制适用范围。1987 年 4 月

1日，国务院发布《中华人民共和国耕地占用税暂行条例》，共16条，对于占用耕地建房或者从事其他非农业建设的单位和个人交纳耕地点占用税作了规定。1988年9月27日，国务院公布施行《中华人民共和国城镇土地使用税暂行条例》。规定凡在城市、县城、建制镇、工矿区范围内使用土地的单位和个人，应依本条例的规定缴纳土地使用税。1989年2月21日，国务院发布《关于切实作好耕地占用税征收工作的通知》。1990年5月22日，国家税务局颁发《关于外商投资企业从事土地开发和使用权有偿转让征收工商统一税和企业所得税问题的通知》。1990年7月28日，财政部、最高人民法院、最高人民检察院、公安部、司法部发出《关于加强耕地占用税征收管理工作的联合通知》。

7. 通过制定个人收入调节税增强工商税制调控功能。

1986年9月25日，国务院发布《个人收入调节税暂行条例》。1990年2月21日，国家税务局颁发《关于个人收入调节税有关政策问题的通知》，对《个人收入调节税暂行条例》中"劳务报酬收入"和"投稿、翻译收入"的范围问题给予了进一步的明确。

1987年2月17日，财政部发布《关于征收奖金税、工资调节税有关问题的通知》。

1988年6月25日国务院公布《关于征收私营企业投资者个人收入调节税的规定》。《规定》要求，从1988年起，对私营企业投资者将私营企业税后利润用于个人消费的部分，依法征收40%的个人收入调节税；税后利润用于生产的部分，免征个人收入调节税；以任何方式撤回生产发展基金或转让企业资产用于个人消费的，应补征40%的个人收入调节税。1991年2月23日，《关于征收私营企业投资者个人收入调节税的规定》发布施行后，国家税务局对需要明确的问题作了规定。

8. 通过制定特别消费税确保工商税制精准调节。

1989年4月1日，国家税务局发布《关于对小轿车征收特别消费税有关问题的规定》。它规定了特别消费税的纳税义务人，是在我国境内从事生产和进口小轿车的单位和个人。小轿车特别消费税由税务机关征收；进口小轿车的特别消费税由海关代征。征收的小轿车特别消费税上交中央财政。

1990年7月27日，根据国务院决定，国家税务局发出通知，调整国产小轿车特别消费税额。调整的国产小轿车为：上海桑塔纳、广州标致（505）、一汽奥迪（100，四缸），税额由原每辆2万元，调减为1.5万元；北京切诺基由原税额每辆1.5万元调减为1万元；天津夏利由原税额每辆1万元调减为2000元。这项决定从1990年6月1日起执行。

9. 通过完善外贸税收法规促进工商税制建设。

1985年2月28日，国务院发布《中华人民共和国进出口关税条例》和《中华人民共和国海关进出口税则》。这次修订的《进出口关税条例》和《海关进出口税则》，贯彻了对外开放政策，体现了鼓励出口扩大必需品进口，保护与促进国民经济发展以及保证国家财政收入的原则。《进出口关税条例》的主要内容是：（1）我国准许进口和出口的货物，除国家另有规定的外，都应当由海关按照《海关进出口税则》征收进口税或出口税。《海关进出口税则》是《进出口关税条例》的组成部分。（2）进口税设普遍税率和最低税率。对产自与我国未订有关税互惠条款的贸易条约或协定的国家的进口货物，按照普遍税率征税；对产自与我国订有关税互惠条款的贸易条约或协定的国家的进口货物，按照最低税率征税。（3）进口货物应以海关审查确定的货物在采购地的正常批发价格，加上运抵我国输入地点起卸前的包装费、运费、保险费、手续费等一切费用的到岸价格，作为完税价格，进出口货物的到、离岸价格或租金以外币计价的，应按"人民币外汇牌价表"的买卖中间价，折合人民币。（4）进出口货物的收、发货人或他们的代理人，应在海关签发税款缴纳证的次日起7天内，向银行交纳税款。逾期不交的，除限期追缴外，自第8日起按日征收1%的滞纳金。

1985年3月22日，国务院批转财政部《关于对进出口产品征、退产品税或增值税的报告》和《关于对进出口产品征、退产品税或增值税的规定》。财政部的文件，对进出口产品的征税、出口产品免征产品税或增值税、出口产品退（免）税等作出具体规定。

1985年6月26日，国务院在《关于对若干商品开征进口调节税的通知》中指出，最近一个时期，有些地区和单位耗用大量外汇，盲目进口某些国内外差价大的商品和成套散件，对国民经济的进一步发展产生了不利的影响，对上述问题，除用行政手段干预外，必须进一步运用经济手段加以调节。因此，决定对若干商品在征收关税和进口环节产品税（或增值税）的同时，开征进口调节税。（1）征税品种为：小轿车、旅行车、工具车、越野车和其他机动小客车，8吨以下载重车、摩托车、录像机、复印机、彩色投影电视机、电视显像管、电子计算器、微型计算机及其外围设备、涤纶加工丝、化纤织物。（2）进口调节税由海关在征收（或者补征）进口关税时一并征收。（3）进口调节税的完成价格为货物的到岸价格。（4）国务院或海关总署、财政部制定的减免税办法中规定予以减免关税的商品，其调节税也相应地予以减免。（5）对应征进口调节税的商品，如需减免，由国家经委审定。海关凭国家经委的证明文件予以减免。（6）征收调节税的其他有关事项，可参照《中华人民共和国进出口关税条例》的规定办理。征收调节税的税目、税率和开征日期，由海关总署对外公布。（7）各经济特区和海南行政区也按上述规定办理。

1987年6月25日，国务院关税税则委员会最近开会决定，调整12种进口商品的关税税率。同年9月12日，国务院修订发布《中华人民共和国进出口关税条例》，共8章38条。1991年10月31日，国务院批准新的《海关进出口税则》，从1992年1月1日起实行。

（二）制定促进企业和生产发展的税收优惠政策

1. 制定鼓励进出口贸易的税收优惠政策。

1981年12月30日，国务院批转财政部《关于进出口商品免征工商税收的规定》。为了有利于保护国内生产和发展出口贸易，有利于引进外资和先进技术、设备，财政部规定：（1）国家准予出口的商品，换汇成本高于当年贸易外汇内部结算价格的，免征工商税；低于该价格的，可酌情减征工商税。（2）进口商品中，经国家批准引进的先进技术和样机、中外合资企业作为外方投资进口的机器设备、零部件和原材料，以及直接用于科研、教学方面的仪器和设备等，可免征工商税。（3）接受来料加工、来件装配的企业，外商来料、来件部分占产品的原材料、零部件总值20%以上的，对其产品3年内免征工商税；（4）企业用外汇贷款引进的建设项目，可用贷款项目新增加的产品利润、固定资金折旧基金和应缴的固定资金占用费归还贷款本息,如果不足,报经税务机关审查同意,可用贷款项目新增产品应纳的工商税归还。

1985年3月22日,国务院批转财政部《关于对进出口产品征、退产品税或增值税的规定》。该文件规定可免征产品税或增值税的进口产品:(1) 经国家批准进口的粮食、原糖、化学肥料、农药;(2) 直接用于科学研究、科学实验和教学的仪器、设备;(3) 外国政府、国际组织无偿援助的物资和设备;(4) 来料加工、来件装配和补偿贸易所需进口的设备、原材料、零部件;(5) 经国务院和财政部特案批准免税的产品;(6) 专为制造出口产品而进口的原材料、零部件,分别不同产品按85%或95%的比例免税。

1992年3月13日,国务院关税税则委员会决定,从1992年4月1日起,全部取消进口调节税,同时调整一般摄像机和小汽车的进口关税税率。取消进口调节税后,16种商品的实际关税税负降低28.6%至61.5%。

2. 制定促进乡镇企业发展的税收优惠政策。

1984年3月29日,财政部发布《关于对乡镇企业进一步减免工商所得税的通知》,作出如下规定:(1) 对不与大工业争原料、缴纳工商所得税确有困难、需要给予减税照顾的乡镇企业,省、自治区、直辖市人民政府可以确定具体的减税原则,由县、市税务局审查核实,报县、市人民政府批准,给予定期减税照顾。(2) 为了促进边境地区和少数民族地区的农村经济发展,在1984年和1985年期间,对边境县、民族自治县(旗)的乡镇企业,全年所得额不满3000元的,免征工商所得税;全年所得额超过3000元的,全额按8级超额累进率计征工商所得税。(3) 乡镇企业利用本企业的"三废"作为主要原料生产产品的所得利润,从投产之日起给予免征工商所得税5年的照顾。(4) 鼓励兴办农村商品流通基础设施,促进农村商品生产的发展,对乡镇企业、农村社队、农民个人在1984年1月1日以后新建的、独立核算的冷库、仓库的所得收入,从投入使用之日起,给予免征工商所得税2—3年的照顾。

第二章 财税政策演变研究

3. 制定加快特区和开放城市发展的税收优惠政策。

1984年11月15日，国务院发布《关于经济特区和沿海14个港口城市减征、免征企业所得税和工商统一税的暂行规定》。其主要内容有：（1）在经济特区和经济技术开发区内开办的中外合资经营、中外合作经营、客商独立经营企业，从事生产、经营所得和其他所得，减按15%的税率征收企业所得税；合资经营企业的客商将所得的利润汇出境外，免征所得税；特区或开发区企业生产的出口产品，除国家限制出口的以外，免征工商统一税；（2）在沿海14个港口城市的老市区和汕头、珠海、厦门市市区内开办中外合资经营、中外合作经营、客商独立经营的生产性企业，凡属技术密集、知识密集的项目，或者客商投资在3000万美元以上、加收投资时间长的项目，或者属于能源、交通、港口建设的项目，经财政部批准，减按15%的税率征收企业所得税。属于机械制造、电子工业、冶金、化学、建材工业、轻工、纺织、包装工业、医疗器械、制药工业、农业、林业、牧业、养殖业以及这些行业的加工工业、建筑业，经财政部批准，可以按照税法规定的企业所得税税率打八折计算征税。老市区企业生产的出口产品，除国家限制出口的以外，免征工商统一税。（3）本规定有关所得税的减征、免征，自1984年起施行，有关工商统一税的减征、免征，自1984年12月1日起施行。

4. 制定促进民族贸易企业发展的税收优惠政策。

1991年7月8日，国家税务局发出《关于民族贸易企业免征营业税、所得税问题的通知》。《通知》指出，对民族贸易县的县及县以下民族贸易企业，可给予减免营业税、所得税的照顾，具体办法由省（区）税务局提出，报省（区）人民政府批准执行。对省（区）、地（州、盟）民贸公司、现有的民族用品商店，按规定纳税确有困难的，各地可按税收管理体制的规定，适当给予照顾。

（三）通过完善法规制度加强税收征收管理工作

1986年4月21日，国务院发布《中华人民共和国税收征收管理暂行条例》，并为此发出通知。《条例》分9章44条，对税务登记、纳税鉴定、纳税申报、税款征收、账务、票证管理、税务检查、违章处理等方面都作了明确规定。8月19日，为了加强对发票的统一管理，适应改革和经济发展的要求，根据《中华人民共和国税收征管暂行条例》的规定，财政部制定并颁发《全国发票管理暂行办法》。

1989年11月22日，国家税务局转发最高人民法院《关于人民法院大力支持税收征管工作的通知》。《通知》是司法机关支持税收征管工作的一项重要措施，对严肃税收法纪，维护税收秩序具有促进作用。

1992年2月23日，国务院办公厅发出《关于严格执行欠税交纳滞纳金制度的通知》，规定凡纳税人未交的应纳税收必须按照《中华人民共和国税收征收管理暂行条例》和《中华人民共和国进出口关税条例》的规定，按日课以滞纳金。自1992年1月1日起，滞纳金实行按月征收。

1992年9月4日，七届人大常务委员会第二十七次会议通过《中华人民共和国税收征收管理法》，旨在通过法律规定加强税收征收管理，规范税收征收和缴纳行为，保障国家税收收入，保护纳税人的合法权益，促进经济和社会发展。

三　改革开放初期的预算政策

（一）事业与行政单位实行预算包干政策

1. 部分事业单位与行政机关实行预算包干政策。

1979年11月23日，财政部发出《关于文教科学卫生事业单位、行政机关"预算包干"试行办法》，具体措施如下：（1）凡是在预算管理上实行全额管理的单位，由现在国家核定预算，年终结余收回的办法，改为"预算包干，结余留用"的办法。（2）凡是以自己的收入抵拨一部分支出，差额由国家补助，在预算管理上实行差额管理的单位，可实行"定收入、定支出、定补助、结余留用"的办法。（3）各部门、各单位的预算，应根据事业计划、人员编制、各项定额，以及为保证完成各项任务所必需的资金，结合上年执行情况，由各级财政部门和主管部门予以核定。（4）实行"预算包干"办法以后，各单位的经费支出，财政上按银行支出数列入决算。决算结余部分，可结转下年度继续使用。（5）为了兼顾国家、单位、个人三者的利益，在实行"预算包干"后，各单位可以从增收节支中提取一部分作为奖励。

2. 高等学校实行预算包干政策。

1980年5月9日，财政部发出《关于高等学校实行"预算包干"的函》。其主要内容是，为发挥各主管部门和高等学校管理财务的积极性，提高教育资金的使用效果，更好地促进教育事业的发展，教育部发出《教育部部属高等学校"预算包干"试行办法》，财政部认为，实行"预算包干"是单位预算管理制度的一项重大改革，要求各地区、各部门结合所属高等学校实际情况，尽快拟订"预算包干"的具体实施办法，与财政部协商同意后试行。高等学校实行"预算包干"后，其定员定额经费，年终考核确有节约的，可从实际节省下来的定员定额经费中，在10%的额度内提取奖励基金，纳入学校基金计划，按规定统一使用。

3. 中央级农业事业单位试行预算包干政策。

1980年9月3日，财政部公布《中央级农业事业单位试行预算包干若干规定》。其主要内容是，为调动农业事业单位干部、职工的积极性，提高事业费资金使用效果，财政部决定对中央级农业事业单位试行预算包干。实行预算包干的范围包括农业、农垦、畜牧、林业、农机、水利、水产、气象等农口各部门举办的属国家预算内管理的中央级农业事业单位。原实行全额预算管理的农业事业单位试行预算包干后，可改按"支出包干、节余留用"的办法管理。有些单位实行支出预算全额包干有困难的，可对单位预算中的一项或几项支出实行预算包干。不宜包干的专项支出或其他一次性临时支出，不实行预算包干。实行差额预算管理的农业事业单位，试行预算包干后，可改按"定收定支，定额补助或定额上交，增收节支留用，短收超支不补"的办法管理。试行预算包干办法后，财政上对各单位的经费支出按银行支出数列入决算。属于包干节余归本单位支配；没有完成事业计划而结余的开支，不能算作包干节余，其资金应结转下年度继续专项使用。

4. 中央级工业、交通、商业部门事业单位试行预算包干政策。

1980年9月30日，财政部公布《中央级工业、交通、商业部门事

· 111 ·

业单位预算包干和收入超收分成试行办法》。为充分发挥主管部门和事业单位的积极性,挖掘内部潜力,组织收入,财政部规定从1980年起,对中央级工业、交通、商业部门的事业单位试行预算包干和收入超收分成试行办法。其主要内容如下:(1)财政部对工业、交通、商业各主管部、委、总局(以下简称各部门)试行"总额包干"办法,超支、短收不补,节支、超收留用。(2)未实行"总额包干"的各部门,对所属事业单位可区别不同情况,试行以下几种支出包干、收入分成方法。一是实行全额预算管理单位,可实行"支出包干,超支不补,节支留用和收入分成"办法,收入部分20%上交财政,80%留给主管部门。二是实行差额预算管理的单位,以收抵支,支大于收的可实行"定收入、定支出、定补助,节支留用、超收分成"的办法,收入超收的部分全部留给主管部门。三是以收抵支、收大于支的差额预算管理单位,可实行"定收定支,定额上交,减收减支,节支留用和收入超收分成"的办法。收入超收部分20%上交财政,80%留给主管部门。(3)预算包干结余和收入留成的使用范围:主管部门和事业单位设立"事业发展基金"和"福利、奖励基金",其比例为:事业发展基金占60%—70%,福利奖励基金占30%—40%。事业发展基金主要用于弥补事业费和周转金的不足。福利、奖励基金主要用于集体福利设施,奖励先进集体和个人。主管部门的这两项基金,主要用于事业单位之间的调剂。

(二)加强预算外资金管理的政策

1. 发布加强预算外资金管理的规定。

1986年4月13日,国务院发出《关于加强预算外资金管理的通知》。《通知》指出,为了切实加强对预算外资金的管理,搞好社会财力的综合平衡,更好地发挥其在国民经济建设中的作用,特作如下规定:(1)预算外资金是由各地区、各部门、各单位根据国家有关规定,自行提取、自行使用的不纳入国家预算的资金。(2)各种预算外资金的收费标准、提留比例、开支范围和标准,都必须按照国务院及财政部规定的制度执行。(3)预算外资金用于基本建设要严格控制,并按规定程序报批。(4)基本折旧基金应用于企业固定资产更新改造,专款专用，不得挪用于基本建设。（5）不得用发展生产和发展事业的预算外资金发放奖金、实物和补贴。（6）对预算外资金的管理，可在资金所有权不变的前提下，采取不同的方式。（7）各地区、各部门、各单位应编制年度预算外资金收支计划和决算，并按季报送收支执行情况，由财政部门逐级汇总后，上报财政部。（8）各级预算外资金收支计划，都要纳入综合财政信贷计划，进行综合平衡，以便加强对社会财力的引导。（9）各级财政部门和银行要经常掌握预算外资金收支计划的执行情况，检查收入是否正当，支出是否合理，发现问题加以纠正，及时向上反映。（10）各级财政部门应建立健全预算外资金管理机构，充实和配备必要的人员，负责汇编预算外资金收支计划和决算，加强制度建设和调查研究工作。

2. 发布做好预算外资金管理工作的新要求。

1987年9月10日，财政部发出《关于对当前预算外资金管理工作的几点要求的通知》，其主要内容是：（1）进一步开展事业行政单位预算外资金的"专户储存"工作。（2）做好国营企业预算外资金的计划管理工作。（3）加强自筹基本建设资金的审批工作。（4）控制消费基金的过快增长，坚决制止滥发奖金、津贴、实物的做法。（5）节约资金、反对铺张浪费。（6）充实机构，明确职责，加强预算外资金管理的队伍和制度建设。

3. 通过征集国家预算调节基金加强预算外资金管理。

1989年2月17日，国务院公布《国家预算调节基金征集办法》。该文件规定国家预算调节基金的征集范围：地方财政的预算外资金；事业行政单位的预算外资金；国营企业及主管部门提取的各项专项基金；其他没有纳入预算管理的资金；集体企业、私营企业以及个体工商户缴纳所得税后的利润。

国家预算调节基金的计征比例，按所列各个项目当年收入的10%计征。国家预算调节基金采用按月或按季缴纳，年终根据有关决算资料，汇算清缴多退少补的办法。国家预算调节基金的征集，由税务机关负责；由各级国库和专业银行办理收纳、报解和入库。国家预算调节基金中属于中央单位缴纳的部分，全部归中央财政；属于地方单位缴纳的部分，50%上缴中央财政，50%留归地方财政，可供各级财政统筹安排使用。

（三）进一步完善国家预算管理法规

1991年10月21日 国务院发布《国家预算管理条例》，旨在加强国家预算管理，强化国家预算的分配、调控和监督职能，促进经济和社会的稳定发展。《条例》共9章78条。《条例》强调了收支平衡的原则，许多规定反映了改革开放的新要求。

《条例》指出国家预算管理，实行统一领导、分级管理、权责结合的原则。强调国家预算应当做到收支平衡。规定国家设立中央、省（自治区、直辖市）、设区的市（自治州）、县（自治县、不设区的市、市辖区、旗）、乡（民族乡、镇）五级预算。预算年度自公历1月1日起，至12月31日止。预算收入和预算支出以人民币元为计算单位。

《条例》由财政部负责解释。实施细则由财政部制定。《条例》自1992年1月1日起施行。1951年8月9日，中央人民政府政务院公布的《预算决算暂行条例》同时废止。

第三节　社会主义市场经济时期的财税政策

一　社会主义市场经济时期的财政体制及管理政策

（一）实行和推进分税制的财政体制及管理政策

1. 决定实行分税制的财政管理体制。

1993年12月15日，国务院发布《关于实行分税制财政管理体制的决定》。《决定》指出，在以往经济发展中起过积极作用的财政包干体制，随着市场经济的发展，其弊端日益明显，主要表现在：税收调节功能弱化，影响统一市场的形成和产业结构优化；国家财力偏于分散，制约财政收入合理增长，特别是中央财政收入比重不断下降，弱化了中央政府的宏观调控能力；财政分配体制类型过多，不够规范。因此，必须进行分税制改革。

分税制改革的原则和主要内容是：按照中央与地方政府的事权划分，合理确定各级财政的支出范围；根据事权与财权相结合原则，把税种统一划分为中央税、地方税和中央地方共享税，并建立中央税收和地方税收体系，分设中央与地方两套税务机构分别征管；科学核定地方收支数额，逐步实行比较规范的中央财政对地方的税收返还和转移支付制度；建立和健全分级预算制度，硬化各级预算约束。

（1）中央与地方支出的划分。中央支出主要包括：国防费，武警经费，外交和援外支出，中央级行政管理费，中央统管的基本建设投资，中央直属企业的技术改造和新产品试制费，地质勘探费，由中央财政安排的支农支出，由中央负担的国内外债务的还本付息支出，以及中央本级负担的公检法支出和文化、教育、卫生、科学等各项事业费支出。地方支出主要包括：地方行政管理费，公检法支出，部分武警经费，民兵事业费，地方统筹的基本建设投资，地方企业的技术改造和新产品试制经费，支农支出，城市维护和建设经费，地方文化、教育、卫生等各项事业费，价格补贴支出以及其他支出。

（2）中央与地方收入的划分。中央固定收入主要包括：关税，海关代征消费税和增值税，消费税，中央企业所得税，地方银行和外资银行及非银行金融企业所得税，铁道部门、各银行总行、各保险总公司等集中交纳的收入（包括营业税、所得税、利润和城市维护建设税），中央企业上交利润等。地方固定收入主要包括：除铁道部门、各银行总行、各保险总公司等税款以外的营业税，地方企业所得税，地方企业上交利润，个人所得税，城镇土地使用税，固定资产投资方向调节税，城市维护建设税，房产税，车船使用税，印花税，屠宰税，农牧业税，农业特产税，耕地占用税，契税，遗产和赠予税，土地增值税，国有土地有偿使用收入等。中央与地方共享收入包括：增值税、资源税、证券交易税。增值税中央分享75%，地方分享25%。资源税按不同的资源品种划分，大部分资源税作为地方收入，海洋石油资源税作为中央收入。证券交易税，中央与地方各分享50%。

（3）配套改革和其他政策措施：改革国有企业利润分配制度，同步进行税收管理体制改革，改进预算编制办法并硬化预算约束，建立适应分税制需要的国库体系和税收返还制度，建立并规范国债市场，妥善处理原由省级政府批准的减免税政策问题,各地区要进行分税制配套改革。

2. 制定所得税收入分享改革方案。

2001年12月31日,国务院印发《所得税收入分享改革方案的通知》。《通知》指出,为了进一步规范中央和地方政府之间的分配关系,建立合理的分配机制,防止重复建设,减缓地区间财力差距的扩大,支持西部大开发,逐步实现共同富裕,国务院决定从2002年1月1日起实施所得税收入分享改革。

改革的主要内容:除少数特殊行业或企业外,对其他企业所得税和个人所得税收入实行中央与地方按比例分享。中央保证各地区2001年地方实际的所得税收入基数,实施增量分成。

(1) 分享范围。除铁路运输、国家邮政、中国工商银行、中国农业银行、中国银行、中国建设银行、国家开发银行、中国农业发展银行、中国进出口银行以及海洋石油天然气企业缴纳的所得税继续作为中央收入外,其他企业所得税和个人所得税收入由中央与地方按比例分享。

(2) 分享比例。2002年所得税收入中央分享50%,地方分享50%;2003年所得税收入中央分享60%,地方分享40%;2003年以后年份的分享比例根据实际收入情况再行考虑。

(3) 基数计算。以2001年为基期,按改革方案确定的分享范围和比例计算,地方分享的所得税收入,如果小于地方实际所得税收入,差额部分由中央作为基数返还地方;如果大于地方实际所得税收入,差额部分由地方作为基数上解中央。

(4) 跨地区经营、集中缴库的中央企业所得税等收入,按相关因素在有关地区之间进行分配。

3. 推进中央与地方财政事权和支出责任划分改革。

2016年8月16日,国务院发布《关于推进中央与地方财政事权和支出责任划分改革的指导意见》,指出合理划分中央与地方财政事权和支出责任是政府有效提供基本公共服务的前提和保障,是建立现代财政制度的重要内容,是推进国家治理体系和治理能力现代化的客观需要。

这项改革的主要内容：

（1）推进中央与地方财政事权划分。适度加强中央的财政事权：要逐步把国防、外交、国家安全、出入境管理、国防公路、国界河湖治理、全国性重大传染病防治、全国性大通道、全国性战略性自然资源使用和保护等基本公共服务确定或上划为中央的财政事权。保障地方履行财政事权：要逐步把社会治安、市政交通、农村公路、城乡社区事务等受益范围地域性强、信息较为复杂且主要与当地居民密切相关的基本公共服务确定为地方的财政事权。减少并规范中央与地方共同财政事权：要逐步把义务教育，高等教育，科技研发，公共文化，基本养老保险，基本医疗和公共卫生，城乡居民基本医疗保险，就业，粮食安全，跨省（区、市）重大基础设施项目建设和环境保护与治理等体现中央战略意图、跨省（区、市）且具有地域管理信息优势的基本公共服务确定为中央与地方共同财政事权，并明确各承担主体的职责。建立财政事权划分动态调整机制：如在条件成熟时，把全国范围内环境质量监测和对全国生态具有基础性、战略性作用的生态环境保护等基本公共服务，逐步上划为中央的财政事权。对新增及尚未明确划分的基本公共服务，要根据客观条件变化进行动态调整。

（2）完善中央与地方支出责任划分。属于中央的财政事权，应当由中央财政安排经费，中央各职能部门和直属机构不得要求地方安排配套资金。中央的财政事权如委托地方行使，要通过中央专项转移支付安排相应经费。属于地方的财政事权，原则上由地方通过自有财力安排。对地方政府履行财政事权、落实支出责任存在的收支缺口，除部分资本性支出通过依法发行政府性债券等方式安排外，主要通过上级政府给予的一般性转移支付弥补。地方的财政事权如委托中央机构行使，地方政府应负担相应经费。属于中央与地方共同的财政事权，须区分情况划分支出责任，中央与地方各自承担相应的支出经费。

（3）加快省以下财政事权和支出责任划分。省级政府要参照中央做法，结合当地实际，按照财政事权划分原则，把部分适宜由更高一级政府承担的基本公共服务职能上移，把适宜由基层政府发挥信息、管理优势的基本公共服务职能下移。

(二) 按照分税制要求推进财政部门与地方的管理方式改革

1. 依据分税制要求确定和调整财政部的管理职能。

1998年7月4日，国务院批准了财政部依据分税制要求制定的管理职能调整方案，确定财政部为国务院主管财政收支、财税政策、国有资本金基础工作的宏观调控部门。根据这个方案，财政部的管理职能准备作如下调整：

(1) 划出的职能：把税政（含关税）调查研究的职能，以及税法起草和税法执行过程中的一般性解释工作，交给国家税务总局、海关总署承担。把国有企业所得税征管的职能，交给国家税务总局承担。把世界银行贷款的转贷业务，交给国家开发银行承担。把原国家国有资产管理局组织实施国有企业财产监管的职能，交给国家经济贸易委员会承担。把原国家国有资产管理局承担的中央行政事业单位国有资产（中央政府公共财产）产权界定、清查登记等项工作，交给国务院机关事务管理局承担。把原国家国有资产管理局承担的国有资源实行资产化管理的有关职能，交给国土资源部、国家林业局承担。

(2) 划入的职能：把原国家计委承担的外国政府贷款对外谈判与磋商职能划入财政部。把外经贸部承担的编制国债发行计划的职能划入财政部。把人民银行承担的亚洲开发银行贷款对外谈判与磋商职能划入财政部。把中国银行承担的日本输出入银行贷款对外谈判与磋商职能划入财政部。把审计署承担的指导和管理社会审计的职能划入财政部。国务院关税税则委员会的具体工作，由财政部承担。把原国家国有资产管理局承担的企业国有资产（国有资本金）的基础管理职能划入财政部。把原国家国有资产管理局承担的制定政府公共财产管理规章制度的职能划入财政部。

(3) 转变的职能：改进预算制度、强化预算约束，逐步建立起政府公共预算、国有资本金预算和社会保障预算制度。根据建立现代企业制度的要求，财政部不再承担审批国有企业具体财务事项、下达财务计划和考核指标的职能，扩大企业理财自主权。改革国有事业单位财务管理制度，减少具体审批事务，扩大事业单位财务管理自主权。实行规范的转移支付制度，减少对地方财政的专项补贴。取消中央财政周转金制度，不再审批与之相关的生产经营项目。在强化预算约束的基础上，改进对社会集团消费的控制管理办法，不再审批对中央部门社会集团消费的专项控制商品。取消每年一次的财政税收财务大检查，相应取消财政部财政税收财务大检查办公室的名义。

2. 依据分税制实施现状推进乡镇财政管理方式改革。

2006年7月28日，财政部发出《关于进一步推进乡财县管工作的通知》。《通知》指出，近年来，随着分税制的实施和农村税费改革的深化，乡镇财政收入规模大幅下降，乡镇财政支出范围明显缩小，不少乡镇存在财政供养人员较多、债务负担过重、管理水平低下等问题。为推动建立县乡公共财政体制框架，规范乡镇收支行为，防范和化解乡镇债务风险，维护农村基层政权和社会稳定，迫切需要改革乡镇财政管理方式，实行乡财县管。

这项改革的主要内容包括：（1）预算共编：县级财政部门提出乡镇财政预算安排的指导意见；乡镇政府根据县级财政部门的指导意见，编制本级预算草案并按程序报批。（2）账户统设：取消乡镇财政总预算会计，由县级财政部门代理乡镇财政总会计账务，核算乡镇各项会计业务。（3）集中收付：乡镇财政预算内外收入全部纳入县级财政管理。乡镇支出以乡镇年度预算为依据，优先保障人员工资，逐步实行工资统发。（4）采购统办：凡纳入政府集中采购目录的乡镇各项采购支出，由乡镇提出申请和计划，经县级财政部门审核后，交县政府采购中心集中统一办理，采购资金由县级财政部门直接拨付供应商。（5）票据统管：县级财政部门管理乡镇行政事业性收费票据，票款同行，以票管收。严禁乡镇坐收坐支，转移和隐匿收入。（6）县乡联网：乡镇财政要与县级财政联网，财政支出实行网上申请、审核、支付和查询，提高财政管理水平和工作效率。

3. 按照分税制要求建立和完善县级基本财力保障机制。

2010年9月21日，财政部发布《关于建立和完善县级基本财力保障机制的意见》。《意见》指出，在实行分税制的现行体制下，县级基本财力保障机制，以县乡政府实现"保工资、保运转、保民生"为目标，保障基层政府实施公共管理、提供基本公共服务以及落实党中央、国务院各项民生政策的基本财力需要。

这项工作的主要内容包括：（1）中央财政制定县级基本财力保障范围和保障标准。保障范围主要包括人员经费、公用经费、民生支出以及其他必要支出等。保障标准根据基本保障范围内各项目的筹资责任和支出标准，以及与财政支出相关的保障对象和支出成本差异，综合考虑各地区财力状况后分县测算。（2）地方财政采取措施弥补县级基本财力缺口。县级财政要努力提高自我保障能力，尚有不足时，省、市级财政要加大转移支付力度等措施充实县级财力，帮助其弥补基本财力缺口。对县级基本财力存在缺口的地方，省级财政要制定保障缺口弥补方案和工作计划，报财政部备案后组织实施。（3）中央财政根据工作实绩实施奖励，一是对县级财力保障较好的地区给予激励性奖励；二是对地方消化县级基本财力缺口给予保障性奖励；三是对地方工作绩效给予考核奖励。

（三）依据分税制要求制定的其他主要财政管理政策

1. 提出加强财政支出管理的政策。

2000年7月25日，全国财政工作会议在北京召开。会议讨论了分税制改革取得的明显成效及存在的问题。认为近年出现收支矛盾的重要原因，是财政支出管理改革明显滞后，支出管理手段和方式，依然沿袭过去计划经济时期的传统做法，管理松弛，监督乏力，损失浪费严重，降低了财政资金的使用效益。为此，要加快支出管理改革，主要措施是：（1）要按照公共财政的要求，加大支出结构调整力度。（2）要改革财政资金缴拨方式，实施国库集中收付制度。（3）要强化预算管理，实行部门预算。

2. 制定规范政府采购行为的法规和政策

2002年6月29日，我国公布《政府采购法》，旨在规范政府采购行为，提高政府采购资金的使用效益，维护国家利益和社会公共利益，保护政府采购当事人的合法权益，促进廉政建设制定。该法自2003年1月1日起施行。

2004年7月23日，财政部颁布《中央单位政府采购管理实施办法》，标志着中央单位政府采购管理工作在科学化、规范化方面又上了一个新台阶。8月11日，财政部发布《政府采购货物和服务招标投管理办法》《政府采购信息公告管理办法》和《政府采购供应商投诉处理办法》，进一步完善政府采购管理工作。

2007年12月27日，财政部印发《自主创新产品政府首购和订购管理办法》，旨在有效发挥政府采购政策功能，鼓励、扶持自主创新产品的研究和应用，规范政府首购和订购活动。政府首购，是指对于国内生产或开发的，暂不具有市场竞争力，但符合国民经济发展要求、代表先进技术发展方向的首次投向市场的产品，通过政府采购方式由采购人或政府首先采购的行为。政府订购，是指对于国家需要研究开发的重大创新产品、技术、软科学研究课题等，通过政府采购方式面向全社会确定订购产品供应商的行为。

2014年12月31日，财政部发布《政府采购竞争性磋商采购方式管理暂行办法》，旨在深化政府采购制度改革，适应推进政府购买服务、推广政府和社会资本合作模式等工作需要。《办法》指出，竞争性磋商采购方式，是指采购人、政府采购代理机构通过组建竞争性磋商小组与符合条件的供应商就采购货物、工程和服务事宜进行磋商，供应商按照磋商文件的要求提交响应文件和报价，采购人从磋商小组评审后提出的候选供应商名单中确定成交供应商的采购方式。

2015年1月30日，国务院颁发《中华人民共和国政府采购法实施条例》。《条例》通过制定操作层面的规则细则，使《政府采购法》的原则规定进一步细化，更加详细、明确和清晰。《条例》强化信息公开，提高政府采购的透明度，加强社会监督，同时强化政府采购的源头管理和结果管理，有利于构建规范透明、公平竞争、监督到位、严格问责的政府采购工作机制。

3. 制定加强政府非税收入管理的政策。

2003年5月9日，财政部、国家发展和改革委员会、监察部、审计署联合下发《关于加强中央部门和单位行政事业性收费等收入"收支两条线"管理的通知》。《通知》的重点是：明确提出政府非税收入的概念、取消原有的一些过渡性政策措施、加快政府非税收入收缴改革的步伐，严禁未经批准将行政事业性收费转为经营服务性收费管理，以及要求中央部门和单位建立健全内部财务会计核算制度。

2004年7月23日，财政部发出《关于加强政府非税收入管理的通知》，该通知明确了政府非税收入管理的具体范围，强调要加强管理，推进政府非税收入管理工作规范化、法制化。

2016年3月15日，财政部印发《政府非税收入管理办法》，确定非税收入的具体内容主要包括：行政事业性收费收入、政府性基金收入、罚没收入、国有资源（资产）有偿使用收入、国有资本收益、彩票公益金收入、特许经营收入、中央银行收入、以政府名义接受的捐赠收入、主管部门集中收入、政府收入的利息收入、其他非税收入。并规定，非税收入不包括社会保险费、住房公积金（指计入缴存人个人账户部分）。同时，该法对规范非税收入的设立、征收、缴纳和管理行为，作出具体规定。

4. 制定促进革命老区发展的财政转移支付政策。

财政部在2003年发出《关于革命老区转移支付有关问题的通知》，在2005年关于下达一般性转移支付数额的通知中，附有《革命老区转移支付资金管理办法（试行）》。

到2006年4月29日，财政部印发《革命老区专项转移支付资金管理办法》，指出革命老区专项转移支付资金，是由中央财政设立，主要用于改善革命老区人民生产生活条件和促进革命老区各项社会事业发展的专项资金。主要用于革命遗址保护、革命纪念场馆的建设和改造、烈士陵园的维护和改造、老红军和军烈属活动场所的建设和维护等革命老区专门事务，村容村貌及环境整治、农村义务教育学校建设及设备更新、农村医疗卫生机构建设及设备更新、农村文化站所建设及设备更新、农村敬老院建设及设备更新等公益事业，人畜安全饮水设施建设及维护、群众安居工程、乡村道路建设及维护等基础设施建设。

此后，为了进一步完善这项工作，财政部在2012年、2015年又分别印发经过修订的《革命老区转移支付资金管理办法》。

5. 制定改革和完善中央对地方转移支付的政策。

2014年12月27日，国务院印发《关于改革和完善中央对地方转移支付制度的意见》,针对中央和地方转移支付制度存在的问题和不足,提出了改革和完善转移支付制度的指导思想、基本原则和主要措施。《意见》指出,改革和完善转移支付制度,应围绕建立现代财政制度,以推进地区间基本公共服务均等化为主要目标,加强转移支付管理,充分发挥中央和地方两个积极性,促进经济社会持续健康发展,并遵循加强顶层设计、合理划分事权、清理整合规范、市场调节为主、规范资金管理等5条基本原则。《意见》提出改革和完善转移支付制度的具体措施是:优化转移支付结构,完善一般性转移支付制度,从严控制专项转移支付,规范专项转移支付分配和使用,逐步取消竞争性领域专项转移支付,强化转移支付预算管理,调整优化中央基建投资专项,完善省以下转移支付制度,加快转移支付立法和制度建设等。

2015年9月29日,财政部发布《中央对地方专项转移支付绩效目标管理暂行办法》,旨在进一步规范中央对地方专项转移支付绩效目标管理,提高财政资金使用效益。《办法》分总则,绩效目标的设定,绩效目标的审核,绩效目标的下达、调整与应用,附则5章31条,由财政部负责解释,自印发之日起施行。

二 社会主义市场经济时期的税收政策

(一)社会主义市场经济时期税收政策法规的演变

1. 制定和完善货物和劳务税方面的法规条例。

1993年12月13日,国务院颁发《中华人民共和国增值税暂行条例》。《条例》的征收对象,是在我国境内销售货物或者提供加工、修理修配劳务以及进口货物的单位和个人。2008年11月10日对《条例》进行了修改。1993年12月25日,财政部以其为依据,制定《中华人民共和国增值税暂行条例实施细则》,《实施细则》分别于2008年12月18日和2011年10月28日进行了修改。

1993年12月13日,国务院发布《中华人民共和国消费税暂行条例》。《条例》的征收对象,是在我国境内生产、委托加工和进口本条例规定的消费品的单位和个人,以及国务院确定的销售本条例规定的消费品的其他单位和个人。2008年11月10日对《条例》进行了修订。

1993年12月25日,财政部以其为依据,制定《中华人民共和国消费税暂行条例实施细则》。2008年12月15日,财政部、国家税务总局对《实施细则》进行了修订。

1993年12月13日,国务院颁发《中华人民共和国营业税暂行条例》。该《条例》的征收对象,是在我国境内提供本条例规定的劳务、转让无形资产或者销售不动产的单位和个人。2008年11月10日对《条例》进行了修订。1993年12月25日,财政部以其为依据,制定《中华人民共和国营业税暂行条例实施细则》,从中可以看出,其征收范围涉及交通运输业、建筑业、金融保险业、邮电通信业、文化体育业、娱乐业、服务业等行业,值得注意的是加工修理、修配等行业不在这个范围之内。2008年12月18日和2011年10月28日,分别对《实施细则》进行了修改。2011年11月16日,经国务院批准,财政部、国家税务总局发布《营业税改征增值税试点方案》。2013年12月12日,财政部、国家税务总局发出《关于将铁路运输和邮政业纳入营业税改征增值税试点的通知》。2014年4月29日,财政部、国家税务总局发出《关于将电信业纳入营业税改征增值税试点的通知》。2016年3月23日,财政部、国家税务总局发出《关于全面推开营业税改征增值税试点的通知》。《通知》指出,经国务院批准,自2016年5月1日起,在全国范围内全面推开营业税改征增值税试点,建筑业、房地产业、金融业、生活服务业等全部营业税纳税人,纳入试点范围,由缴纳营业税改为缴纳增值税。同时发布《营业税改征增值税试点实施办法》《营业税改征增值税试点有关事项的规定》《营业税改征增值税试点过渡政策的规定》和《跨境应税行为适用增值税零税率和免税政策的规定》。

2000年10月22日,国务院发布《中华人民共和国车辆购置税暂行条例》。该《条例》的征收对象,是在我国境内购置本条例规定的车辆的单位和个人。这里所称购置,包括购买、进口、自产、受赠、获奖或者以其他方式取得并自用应税车辆的行为。车辆购置税的征收范围包括汽车、摩托车、电车、挂车、农用运输车。具体征收范围依照本条例所附《车辆购置税征收范围表》执行。

第二章 财税政策演变研究

这一时期，为贯彻对外开放政策，对关税法规进行了多次修订。1992年12月4日，国务院关税税则委员会决定，从1992年12月31日起降低3371个税目商品的进口关税税率，占我国《海关进出口税则》税目总数的53.6%。此举将使我国关税总水平下降7.3%，是历次调税范围最广、幅度最大的一次。2002年1月1日，经国务院关税税则委员会第四次全体会议审议通过，并报国务院批准，决定自此开始，履行我国加入世界贸易组织承诺的2002年关税减让义务，以及我国加入曼谷协定承诺的关税减让义务，同时对暂定税率和行邮物品税率进行调整。2003年11月23日，国务院发布《中华人民共和国进出口关税条例》。同时，国务院还制定《中华人民共和国进出口税则》《中华人民共和国进境物品进口税税率表》，规定关税的税目、税则号列和税率，作为该《条例》的组成部分。2004年3月23日，为配合《中华人民共和国进出口关税条例》的实施，进一步规范进口环节海关代征税（包括进口环节增值税和消费税）的税收政策，财政部、海关总署、国家税务总局联合下发《关于进口货物进口环节海关代征税税收政策问题的规定》。《规定》的发布实施，对进一步规范进口环节海关代征税的减免行为具有重要意义。

2. 制定和完善所得税方面的法规条例。

1993年12月13日，国务院发布《中华人民共和国企业所得税暂行条例》。在执行《条例》的基础上，到2007年3月16日，十届人大五次会议通过并公布《中华人民共和国企业所得税法》。该税法的征收对象，是在我国境内的企业和其他取得收入的组织，不包括个人独资企业、合伙企业。企业分为居民企业和非居民企业。居民企业，是指依法在我国境内成立，或者依照外国（地区）法律成立但实际管理机构在我国境内的企业。非居民企业，是指依照外国（地区）法律成立且实际管理机构不在我国境内，但在我国境内设立机构、场所的，或者在我国境内未设立机构、场所，但有来源于我国境内所得的企业。2007年12月6日，国务院以其为依据，制定《中华人民共和国企业所得税法实施条例》。2008年3月6日，为加强和规范企业所得税核定征收工作，国家税务总局制定《企业所得税核定征收办法（试行）》。2010年

2月20日，为规范非居民企业所得税核定征收工作，国家税务总局制定《非居民企业所得税核定征收管理办法》。

1993年12月13日，国务院发布《中华人民共和国土地增值税暂行条例》。1995年1月27日，财政部以其为依据，制定《中华人民共和国土地增值税暂行条例实施细则》。土地增值税是指转让国有土地使用权、地上的建筑物及其附着物并取得收入的单位和个人，以转让所取得的收入包括货币收入、实物收入和其他收入为计税依据向国家缴纳的一种税赋，不包括以继承、赠与方式无偿转让房地产的行为。2011年1月8日，《中华人民共和国土地增值税暂行条例》进行了修改。

1997年3月26日，国家税务总局发布《个体工商户个人所得税计税办法（试行）》。2014年12月19日，国家税务总局局务会议审议通过并公布《个体工商户个人所得税计税办法》。该《办法》分总则、计税基本规定、扣除项目及标准、附则4章43条，自2015年1月1日起施行。该《办法》根据个人所得税法等有关税收法律、法规和政策规定，旨在规范和加强个体工商户个人所得税的征收管理。

1999年9月30日，国务院发布《对储蓄存款利息所得征收个人所得税的实施办法》。《办法》规定，从我国境内的储蓄机构取得人民币、外币储蓄存款利息所得的个人，应当缴纳个人所得税。对储蓄存款利息所得征收个人所得税的计税依据，为纳税人取得的人民币、外币储蓄存款利息所得。2007年7月20日，对《办法》进行了修改。

2000年6月20日，国务院发出《关于个人独资企业和合伙企业征收所得税问题的通知》。2000年9月19日，财政部、国家税务总局以《通知》为依据，制定《关于个人独资企业和合伙企业投资者征收个人所得税的规定》，用来规范个人独资企业和合伙企业投资者个人所得税的征管工作。《规定》指出，对个人独资企业和合伙企业停征企业所得税，只对其投资者的经营所得征收个人所得税，是我国鼓励个人投资、公平税负和完善所得税制度的一次重大政策调整，既为个人独资企业和合伙企业的发展创造了条件，有利于国民经济持续、稳定、健康地发展，又是规范所得税制度的一项重要措施，有利于进一步加强所得税的征收管理。2011年7月29日，财政部、国家税务总局对《规定》进行了修改。

2011年6月30日,11届人大常务委员会第21次会议,通过并公布了经过最新修改的《中华人民共和国个人所得税法》。该法自产生以来,已经进行了6次修改。该法规定下列各项个人所得,应纳个人所得税:工资、薪金所得;个体工商户的生产、经营所得;对企事业单位的承包经营、承租经营所得;劳务报酬所得;稿酬所得;特许权使用费所得;利息、股息、红利所得;财产租赁所得;财产转让所得;偶然所得;经国务院财政部门确定征税的其他所得。在我国,《个人所得税法》《个人所得税法实施条例》《税收征管法》,以及由国内各级税务机关发布的有关个人所得税征管的规定,构成现行我国个人所得税法的主体法律基础。2011年7月19日,国务院以该法为依据,公布经过最新修改的《中华人民共和国个人所得税法实施条例》。

3. 制定和完善财产税方面的法规条例。

1993年12月25日,国务院公布《中华人民共和国资源税暂行条例》。《条例》规定,在我国境内开采本条例规定的矿产品或者生产盐的单位和个人,为资源税的纳税义务人,应当依照本条例缴纳资源税。1993年12月30日,财政部以其为依据,制定《中华人民共和国资源税暂行条例实施细则》。2011年9月30日,国务院对《条例》进行了修改。2011年10月28日,财政部也对《实施细则》进行了修改。

1997年7月7日,国务院发布《中华人民共和国契税暂行条例》。《条例》规定,在我国境内转移土地、房屋权属,承受的单位和个人为契税的纳税人,应当依照本条例的规定缴纳契税。1997年10月28日,财政部以其为依据,制定《中华人民共和国契税暂行条例细则》。

2007年12月1日,国务院公布《中华人民共和国耕地占用税暂行条例》。2008年2月26日,财政部、国家税务总局以该《条例》为依据,制定并公布《中华人民共和国耕地占用税暂行条例实施细则》。2013年12月7日,国务院对1988年开始实施的《中华人民共和国城镇土地使用税暂行条例》,进行第三次修改后再公布。

2011年1月8日,国务院对1986年开始实施的《中华人民共和国房产税暂行条例》,进行修改并公布。根据《条例》规定,房产税是以房屋为征税对象，以房屋的计税余值或租金收入为计税依据，向房屋产权所有人征收的一种财产税。

2011年2月25日，十一届人大常委会第十九次会议通过并公布《中华人民共和国车船税法》。《税法》规定，在我国境内属于本法所附《车船税税目税额表》规定的车辆、船舶的所有人或者管理人，为车船税的纳税人，应当依照本法缴纳车船税。2011年12月5日，国务院以其为依据，制定《中华人民共和国车船税法实施条例》。

2011年12月5日，国务院颁发《中华人民共和国船舶吨税暂行条例》。《条例》规定，自我国境外港口进入境内港口的船舶，应当依照本条例缴纳船舶吨税。吨税的税目、税率依照本条例所附的《吨税税目税率表》执行。《吨税税目税率表》的调整，由国务院决定。吨税的应纳税额按照船舶净吨位乘以适用税率计算。吨税由海关负责征收。海关征收吨税应当制发缴款凭证。

2014年10月9日，财政部、国家税务总局发布《关于实施煤炭资源税改革的通知》。《通知》指出，为促进资源节约集约利用和环境保护，推动转变经济发展方式，规范资源税费制度，经国务院批准，自2014年12月1日起在全国范围内实施煤炭资源税从价计征改革，同时清理相关收费基金。煤炭资源税实行从价定率计征。煤炭应税产品，包括原煤和以未税原煤加工的洗选煤。应纳税额的计算公式如下：应纳税额 = 应税煤炭销售额 × 适用税率。

2014年10月9日，财政部、国家税务总局发出《关于调整原油天然气资源税有关政策的通知》。《通知》指出，根据国务院常务会议精神，作出如下规定：（1）关于原油、天然气资源税适用税率：原油、天然气矿产资源补偿费费率降为零，相应将资源税适用税率由5%提高至6%。（2）关于原油、天然气资源税优惠政策实施：为便于征管，对开采稠油、高凝油、高含硫天然气、低丰度油气资源及三次采油的陆上油气田企业，根据以前年度符合上述减税规定的原油、天然气销售额占其原油、天然气总销售额的比例，确定资源税综合减征率和实际征收率，计算资源税应纳税额。

2015年4月30日，财政部、国家税务总局发布《关于实施稀土、钨、钼资源税从价计征改革的通知》。《通知》指出，经国务院批准，自2015年5月1日起，实施稀土、钨、钼资源税清费立税、从价计征改革。为此，作出如下规定，稀土、钨、钼资源税由从量定额计征改为从价定率计征。稀土、钨、钼应税产品包括原矿和以自采原矿加工的精矿。纳税人将其开采的原矿加工为精矿销售的，按精矿销售额（不含增值税）和适用税率计算缴纳资源税。纳税人开采并销售原矿的，将原矿销售额（不含增值税）换算为精矿销售额计算缴纳资源税。应纳税额的计算公式为：应纳税额＝精矿销售额×适用税率。

4. 制定和完善其他税收方面的法规条例。

2006年4月28日，国务院公布《中华人民共和国烟叶税暂行条例》。这项法规是为避免因废止《农业税条例》而出现无法征收农业特产农业税的情况而制定的。《烟叶税暂行条例》规定，在我国境内收购烟叶的单位为烟叶税的纳税人。纳税人应当依照本条例规定缴纳烟叶税。2006年5月18日，财政部、国家税务总局以其为依据，制定《关于烟叶税若干具体问题的规定》。

2011年1月8日，国务院对1988年开始实施的《中华人民共和国印花税暂行条例》进行修改并公布。《条例》规定，在我国境内书立、领受本条例所列举凭证的单位和个人，都是印花税的纳税义务人，应当按照本条例规定缴纳印花税。应纳税凭证包括：购销、加工承揽、建设工程承包、财产租赁、货物运输、仓储保管、借款、财产保险、技术合同或者具有合同性质的凭证；产权转移书据；营业账簿；权利、许可证照；经财政部确定征税的其他凭证。

2011年1月8日，国务院对1985年开始实施的《中华人民共和国城市维护建设税暂行条例》，进行修改并公布。制定这项法规，旨在加强城市的维护建设，扩大和稳定城市维护建设资金的来源。《条例》规定，凡缴纳消费税、增值税、营业税的单位和个人，都是城市维护建设税的纳税义务人，都应当缴纳城市维护建设税。

（二）制定促进社会经济发展的税收优惠和减少收费政策

1. 制定促进经济技术发展的税收优惠政策。

（1）制定促进企业技术进步的税收优惠政策。1996年4月7日，财政部、国家税务总局发出《关于促进企业技术进步有关财务税收问题的通知》。《通知》指出，为鼓励企业加大技术开发费用的投入，企业研究开发新产品、新技术、新工艺所发生的各项费用，可不受比例限制，计入管理费用；企业为开发新技术、研究新产品所购置的试制用关键设备、测试仪器，单台价值在10万元以下的，可一次或分次摊入管理费用，其中达到固定资产标准的应单独管理，不再提取折旧。《通知》指出，为推进产、学、研的合作，促进联合发展，企业科研机构，包括研究所、技术中心等，直接用于科学研究、科学试验的进口仪器、设备、化学试剂和技术资料，在新的免税办法下达以前，可按国家有关规定免征增值税，并享受减免关税的优惠政策。《通知》还指出，为加速企业技术成果的产业化和商品化，企业进行技术转让，以及在技术转让过程中发生的与技术转让有关的技术咨询、技术服务、技术培训所得，年净收入在30万元以下的，暂免征收所得税，超过30万元的部分，依法缴纳所得税。企业为解决产业化、商品化规模生产关键技术而进行中间试验，中试设备的折旧年限可在国家规定的基础上加速30%—50%。

（2）制定支持青藏铁路建设的税收优惠政策。2003年6月12日，为支持青藏铁路建设，财政部、国家税务总局发出《关于青藏铁路建设期间有关税收政策问题的通知》，决定在青藏铁路建设期间，对相关单位在营业税、增值税、印花税、资源税、城镇土地使用税、耕地占用税和企业所得税7个税种上给予税收优惠。

（3）制定促进资本市场发展的税收优惠政策。2005年6月13日，为促进资本市场发展和股市全流通，推动股权分置改革试点的顺利实施，经国务院批准，财政部和国家税务总局就股权分置试点改革中有关税收政策问题，发出如下通知：①股权分置改革过程中因非流通股股东向流通股股东支付对价而发生的股权转让，暂免征收印花税。②股权分置改革中非流通股股东通过对价方式向流通股股东支付的股份、现金等收入，暂免征收流通股股东应缴纳的企业所得税和个人所得税。

（4）制定支持小型微利企业发展的税收优惠政策。小型微利企业的健康发展需要突破体制障碍,在政策上得到支持。① 2014年4月8日,财政部、国家税务总局发出《关于小型微利企业所得税优惠政策有关问题的通知》,主要内容如下:①自2014年1月1日至2016年12月31日,对年应纳税所得额低于10万元(含10万元)的小型微利企业,其所得减按50%计入应纳税所得额,按20%的税率缴纳企业所得税。②本通知所称小型微利企业,是指符合《中华人民共和国企业所得税法》及其实施条例以及相关税收政策规定的小型微利企业。

2. 制定降低行政事业性收费的政策。

近几年,国家制定的降低行政事业性收费政策的主要文件有:

2013年,财政部、国家发展改革委发出《关于公布取消和免征一批行政事业性收费的通知》《关于公布取消314项行政事业性收费的通知》。国家发展改革委、财政部发布《关于降低部分行政事业性收费标准的通知》。

2014年,国务院办公厅公布《关于进一步加强涉企收费管理减轻企业负担的通知》。财政部、国家发展改革委发出《关于全面清理涉及煤炭原油天然气收费基金有关问题的通知》《关于减免养老和医疗机构行政事业性收费有关问题的通知》《关于取消、停征和免征一批行政事业性收费的通知》。财政部、国家税务总局发布《关于对小微企业免征有关政府性基金的通知》。

2015年,财政部、国家发展改革委发出《关于取消有关水运涉企行政事业性收费项目的通知》《关于取消和暂停征收一批行政事业性收费有关问题的通知》。国家发展改革委、财政部公布《关于降低住房转让手续费受理商标注册费等部分行政事业性收费标准的通知》。

2016年,财政部发出《关于取消、停征和整合部分政府性基金项目等有关问题的通知》。财政部、国家税务总局公布《关于扩大有关政府性基金免征范围的通知》。财政部、国家发展改革委发布《关于扩大18项行政事业性收费免征范围的通知》。

---

① 封卫强:《地方政府视角下的小微企业政策支持体系构建》,《全球科技经济瞭望》2013年第12期。

(三) 制定加强税收征收管理及其制度建设的政策法规

1. 制定加强税收征收管理工作的法规。

1992年9月4日,七届人大会常委会第二十七次会议通过并公布《中华人民共和国税收征收管理法》。这是为加强税收征收管理,规范税收征收和缴纳行为,保障国家税收收入,保护纳税人的合法权益,促进经济和社会发展而制定的法律。该法规定,税收的开征、停征以及减税、免税、退税、补税,依照法律的规定执行;法律授权国务院规定的,依照国务院制定的行政法规的规定执行。任何机关、单位和个人不得违反法律、行政法规的规定,擅自作出税收开征、停征以及减税、免税、退税、补税和其他同税收法律、行政法规相抵触的决定。2001年4月28日和2015年4月24日,分别对这项法规进行了修改。

1993年8月4日,国务院以上述法规为依据,制定《中华人民共和国税收征收管理法实施细则》,共9章86条,对税务登记、账簿、凭证管理、纳税申报、税款征收、税务检查、法律责任、文书送达等作了规定和解释。《实施细则》分别在2002年9月7日和2013年7月18日,进行了修改。

2003年12月17日,国家税务总局令发布《税务登记管理办法》,旨在规范税务登记管理,加强税源监控。该《办法》分总则,设立登记,变更登记,停业、复业登记,注销登记,外出经营报验登记,证照管理,非正常户处理,法律责任,附则共10章49条,由国家税务总局负责解释,自2004年2月1日起施行。2014年12月27日,国家税务总局对其进行了修改。

2. 制定完善工商税制的政策法规。

(1) 进一步完善国内工商税制的政策法规。2006年8月30日,国家税务总局发布《个体工商户税收定期定额征收管理办法》。2010年2月20日,国家税务总局颁发《外国企业常驻代表机构税收管理暂行办法》。2010年2月10日,国家税务总局公布《税务行政复议规则》;2015年12月28日,国家税务总局对其进行修改。2011年2月12日,国家税务总局发布《税收违法行为检举管理办法》。2013年5月10日,国家税务总局公布《委托代征管理办法》。2015年6月8日,国家税务总局发布《税收减免管理办法》。

（2）进一步完善对外贸易税制的政策法规。2014年3月13日，海关总署对2005年开始实施的《中华人民共和国海关进出口货物征税管理办法》，进行修改并公布。2015年7月1日，十二届人大常委会第十五次会议通过并公布《关于批准多边税收征管互助公约的决定》。

3. 制定加强税收发票管理的政策法规。

1993年12月12日，国务院批准实施《中华人民共和国发票管理办法》；2010年12月20日，国务院对其进行了修改。2011年2月14日，国家税务总局以该《办法》为依据，制定《中华人民共和国发票管理办法实施细则》；2014年12月27日，国家税务总局对《实施细则》进行了修改。

1994年6月5日，国家税务总局发布《关于增值税专用发票换版的公告》。经国务院批准，从1994年7月1日起，全国统一使用新版增值税专用发票。1995年10月30日，八届人大常委会第十六次会议，通过并公布《关于惩治虚开伪造和非法出售增值税专用发票犯罪的决定》。2006年10月17日，国家税务总局发布《增值税专用发票使用规定》，对加强增值税征收管理，以及规范增值税专用发票使用行为，作出了具体规定。

2013年2月25日，国家税务总局发布《网络发票管理办法》，用来规范网络发票的开具和使用。该《办法》的适用范围是，在我国境内使用网络发票管理系统开具发票的单位和个人，办理网络发票管理系统的开户登记、网上领取发票手续、在线开具、传输、查验和缴销等事项。网络发票是指符合国家税务总局统一标准并通过国家税务总局及省、自治区、直辖市国家税务局、地方税务局公布的网络发票管理系统开具的发票。国家积极推广使用网络发票管理系统开具发票。

4. 制定加强收费票据管理的政策法规。

1998年4月24日，财政部发出《关于加强中央单位行政事业性收费和政府性基金票据管理的通知》。《通知》规定，在北京的中央单位依据国家法律、法规和国家规定的审批程序批准实施行政事业性收费或征收政府性基金，除财政部另有规定外，一律使用财政部统一监（印）

制的行政事业性收费或政府性基金票据。票据实行定期限量发行制度、登记制度和检查制度。

1998年9月21日,财政部发布《关于行政事业性收费和政府性基金票据管理规定》。《规定》明确,财政部和省级财政部门负责收费票据的印制、发放、核销、稽查及其他监督管理工作。未经省级以上财政部门委托,任何单位和个人不得自行印制、发放、出售、销毁和承印收费票据。收费单位凡不按本规定使用票据的,被收费单位或个人有权拒绝付款,财务部门不得作为报销凭证。《规定》指出,收费票据由各级财政部门或其委托的票据管理机构负责发放和核销,并实行分次限量购领制度。收费单位首次购领收费票据时,必须向同级财政部门或其委托的票据管理机构提出申请并提交有关文件复本,经审查符合规定后,获得"票据购领证",凭此证购领收费票据。对擅自伪造、转让、买卖、涂改收费票据等违规行为,财政部门可给予没收违法所得、警告或罚款等处罚。对已构成犯罪的违规行为,需移交司法机关依法追究有关责任人员的刑事责任。

三 社会主义市场经济时期的预算会计政策

(一) 制定进一步加强预算制度建设的政策法规

1. 制定进一步规范预算工作的法规。

1994年3月22日,八届人大第二次会议审议通过并公布了《中华人民共和国预算法》,自1995年1月1日起施行。《预算法》共11章79条,包括预算管理职权、预算收支范围、预算编制、预算执行、监督、法律责任等内容。《预算法》的发布施行,对强化预算的分配和监督职能,健全国家对预算的管理,加强国家宏观调控,保障经济和社会的健康发展,都具有重大而深远的意义。

1994年3月25日,财政部发出《关于行政性收费纳入预算管理有关问题的通知》。《通知》指出,行政性收费应按照执收单位的财务隶属关系和各项收费的不同情况,分批逐步纳入同级财政预算管理。对纳入预算管理的行政性收费收入,在财政部门应实行归口管理。

1995年11月22日,国务院发布《中华人民共和国预算法实施条例》。该条例自发布之日起施行。《预算法实施条例》是根据《中华人民共和国预算法》的有关规定,以及在总结预算法施行以来实践经验基础上制定的。《条例》共 8 章 79 条,对预算收支范围、预算编制、预算执行、预算调整、决算以及对预算执行情况和决算的审计监督等问题作了具体规定。

2011 年 4 月 2 日,财政部发布《财政支出绩效评价管理暂行办法》,旨在积极推进预算绩效管理工作,规范财政支出绩效评价行为,建立科学、合理的绩效评价管理体系,提高财政资金使用效益。

2. 制定进一步加强预算外资金管理的政策法规。

1996 年 7 月 6 日,国务院发出《关于加强预算外资金管理的决定》。《决定》规定:(1)严格执行《中华人民共和国预算法》,禁止将预算资金转移到预算外;(2)将部分预算外资金纳入财政预算管理;(3)规定预算外资金管理的范围;(4)加强收费、基金管理,严格控制预算外资金规模;(5)预算外资金要上缴财政专户,实行收、支两条线管理;(6)加强预算外资金收支计划管理;(7)严格预算外资金支出管理,严禁违反规定乱支挪用;(8)建立健全监督检查与处罚制度;(9)各级政府必须重视和加强预算外资金的管理。

1996 年 11 月 18 日,财政部发布《预算外资金管理实施办法》。《办法》对预算外资金的范围,财政专户管理,对用预算外资金发放工资、奖金、津贴以及福利开支、安排基本建设投资、购买专控商品等作出了相应规定。

1996 年 12 月 13 日,财政部发布《中央预算外资金财政专户管理暂行办法》。《暂行办法》规定,中央预算外资金财政专户,是财政部在有关银行开设的预算外资金专用账户,用于对中央部门和单位预算外资金实行收、支两条线管理。《暂行办法》规定,中央部门和单位经财政部批准,可以按照国家有关规定,在银行开设专门用于预算外资金收支管理的收入过渡性账户(过渡户)和支出账户(支出户)。过渡户只能发生上缴中央财政专户的资金款项。基层管理单位不得开设收入过渡户,应上缴的预算外资金直接缴入中央财政专户或上级管理单位的过渡户。支出户是指中央部门和单位为接受财政部从中央财政专户下拨的预算外资金而在银行开设的账户,支出户只能发生预算外资金支出款项。《暂行办法》还规定,财政部对中央部门和单位的预算外资金支出,一律凭财政部统一印制的《预算外资金(经费)用款申请书》和《预算外资金(专项)用款申请书》并填制银行制发的《进账单》,通过银行转账支票从中央财政专户中统一拨付。

(二)制定进一步完善预算会计制度的政策法规

1. 制定健全规范会计基础工作的政策法规。

1994年5月4日,财政部发布《贯彻〈会计法〉、加强会计核算制度管理的规定》。《规定》指出,各地区、各部门应建立和健全会计管理机构,配备必要的人员,认真贯彻国家统一的会计核算制度。要加强对本地区、本部门企业会计基础工作规范化的管理,加强会计核算制度的培训工作,不断提高会计人员的业务素质。

1996年4月29日,国务院发出《关于整顿会计工作秩序进一步提高会计工作质量的通知》。《通知》指出,整顿会计工作秩序的内容,是在全面检查执行国家财政、税收、财务、会计等法规情况的基础上,重点整顿以下问题:(1)按照国家规定应当建账而没有建账,或者账目严重混乱的;(2)账外设账,或者假造会计凭证、会计账簿、会计报表,隐瞒真实的财务状况和经营成果的;(3)违反财务会计制度,乱挤乱摊成本、随意核销费用,任意减少利润或者增加亏损,擅自冲减国家资本金的;(4)截留、转移国家和单位的收入,私设"小金库"的;(5)各地区、各部门认为需要重点整顿的其他问题。《通知》还强调指出,对查出的各种违反财经纪律的问题,要严格按照国家有关财经法规进行处理。

1996年6月17日,财政部发布《会计基础工作规范》。旨在加强会计基础工作,建立规范的会计工作秩序,提高会计工作水平。《工作规范》共6章101条,对会计机构和会计人员、会计核算、会计监督、内部会计管理制度等作了明确的规定。要求各单位依据有关法律、法规和本规范的规定,加强会计基础工作,严格执行会计法规制度,保证会计工作依法有序地进行。

1999年10月31日,九届人大常委会第十二次会议通过了修订的

《中华人民共和国会计法》，自2000年7月1日起施行。修改后的新版《会计法》突出了规范会计行为、保证会计资料质量的立法宗旨，明确了单位负责人的会计责任，完善了会计记账规则和会计监督机制，加大了对违法行为的惩治力度。

2. 制定加强事业单位财务管理的政策法规。

1992年11月2日，财政部发布《社会文教事业全额预算管理单位财务管理暂行办法》《社会文教事业差额预算管理单位财务管理暂行办法》，均自1993年度起施行。

1992年12月30日，财政部、文化部发布《文化事业单位财务管理办法》，自1993年1月1日起执行。

1997年3月25日，财政部、国家科委联合发布了《科学事业单位财务制度》，于1997年1月1日起施行。《制度》主要在以下几个方面进行了改革：（1）改革科学事业单位预算形式，实行新的预算管理办法。（2）建立全面反映科学事业单位各项收支和财务活动的新型科学事业单位财务管理体系，并突出体现了以技术性收入为主的事业收入体系。（3）规范科学事业单位的支出管理。将科学事业单位的支出按资金使用性质划分为事业支出、经营支出、自筹基建支出、对附属单位补助支出和上缴上级支出。

1997年6月17日，财政部发布《农业事业单位财务制度》，旨在规范农业事业单位的财务行为，加强农业事业单位财务管理，提高资金使用效益，保障农业事业单位健康发展。《制度》共13章62条。对预算管理、收入管理、支出管理、成本管理、结余及其分配、专用基金管理、资产管理、负债管理、农业事业单位清算、财务报告和财务分析及财务监督等都作了明确规定。

3. 制定加强企业会计与财务管理的政策法规。

1992年11月30日，财政部发布《企业财务通则》《企业会计准则》。12月29日，财政部发布《商品流通企业财务制度》。12月31日，财政部发布《工业企业财务制度》《运输企业财务制度》《邮电通信企业财务制度》《农业企业财务制度》和《农业企业会计制度》。

1993年1月15日，财政部发布《对外经济合作企业会计制度》。2

月1日,财政部发布《金融保险企业财务制度》。2月6日,财政部发布《对外经济合作企业财务制度》。3月17日,财政部、中国人民银行联合发布《金融企业会计制度》。6月7日,财政部就国有外贸企业执行《商品流通企业财务制度》的若干问题发出通知,对国有外贸企业在新旧财务制度转换过程中的若干政策衔接问题作出统一规定。6月15日,财政部发出通知,就实施《企业财务通则》和《企业会计准则》后,能源交通重点建设基金和预算调节基金如何征集问题作出规定。

2001年12月12日,为进一步规范外商投资企业的会计核算,统一企业的会计标准,财政部发布《外商投资企业执行〈企业会计制度〉有关问题的规定》。

4. 制定改革财政总预算会计制度的政策法规。

1997年6月25日,财政部发布《财政总预算会计制度》《事业单位会计准则(试行)》和《事业单位会计制度》,全面推开财政总预算会计制度的改革。这项改革的主要内容有:重新划分预算会计体系,即在原预算会计体系的基础上,将单位预算会计分解为事业单位会计和行政单位会计,将原财政总预算会计覆盖范围延伸到乡级预算;把原来的三个会计要素改为五个会计要素;把资金收付记账法统一改为借贷记账法;对事业、行政单位的预算内、外资金,实行统一管理,统一核算;取消事业、行政单位原按预算管理形式分设的三套会计科目,改按行政单位会计、事业单位会计各分设一套会计科目;财政总预算会计对包干经费支出的列报标准,由银行支出数改为财政拨款数;规范财政周转金的会计核算;调整、改进、规范会计报表体系。

2015年10月10日,财政部颁发修订后的《财政总预算会计制度》,旨在规范各级政府财政总预算会计(总会计)核算,保证会计信息质量,充分发挥总会计的职能作用。该文件规定,总会计是各级政府财政核算、反映、监督政府一般公共预算资金、政府性基金预算资金、国有资本经营预算资金、社会保险基金预算资金以及财政专户管理资金、专用基金和代管资金等资金活动的专业会计。其工作任务主要包括:(1)进行会计核算。办理政府财政各项收支、资产负债的会计核算工作,反映政府财政预算执行情况和财务状况。(2)严格财政资金收付调度管理。组织办理财政资金的收付、调拨，在确保资金安全性、规范性、流动性前提下，合理调度管理资金，提高资金使用效益。（3）规范账户管理。加强对国库单一账户、财政专户、零余额账户和预算单位银行账户等的管理。（4）实行会计监督，参与预算管理。通过会计核算和反映，进行预算执行情况分析，并对总预算、部门预算和单位预算执行实行会计监督。（5）协调预算收入征收部门、国家金库、国库集中收付代理银行、财政专户开户银行和其他有关部门之间的业务关系。（6）组织本地区财政总决算、部门决算编审和汇总工作。（7）组织和指导下级政府总会计工作。

第三章 金融政策演变研究

　　新中国成立初期，通过创建中国人民银行，逐步建立起整个国家的银行体系，以及集中统一的全国金融系统。在此基础上，形成适合计划经济调节要求的金融体制，并由此开始实施统一管理和调度货币现金流通的政策，集中统一管理信贷资金的政策，集中统一管理基本建设资金的政策。改革开放初期，采用重塑金融微观基础的政策，设立独立经营的四大国有专业银行，建立不同类型的商业银行和非银行金融机构；采用加快金融市场培育和发展的政策，加强利率机制对金融市场的调节作用，通过多种途径扩大金融市场容量；采用改革金融宏观调控体系的政策，确立中央银行的独立地位和固有职能，加强货币、资金、贷款以及银行税收和利润的宏观管理。社会主义市场经济时期，金融政策的重点演变为：通过颁发改革金融体制、改革外汇管理体制和改革农村金融体制三个文件，确定推进金融体制改革的基本方针；通过推进优化金融微观基础的政策，建立政策性银行，形成不同类型金融机构竞争发展的格局；通过进一步加强金融法律体系建设，制定基础性金融法律，并制定有关中央银行、银行业监管、证券期货和保险业等方面的法规。

第三章　金融政策演变研究

第一节　改革开放前的金融政策

一　统一组织和调节货币流通的政策

（一）建立统一的国家金融体系

1. 创建中国人民银行。

新中国的国家金融体系，是在创设和发展中国人民银行基础上逐步建立起来的。人民银行的源头，可以追溯到1931年在江西瑞金成立的"苏维埃国家银行"。后来，不同的革命根据地，建立起属于自己的银行，它们采取相对独立和分散管理的形式，各自发行在本根据地内流通的货币。

1948年12月1日，华北人民政府发出布告，决定以华北银行为基础，合并北海银行、西北农民银行，在河北石家庄组建中国人民银行。同时，发行人民币，在华北、华东、西北三区统一流通，所有公私款项收付及一切交易，均以人民币为本位货币。1949年2月，中国人民银行由石家庄迁入北平。

2. 建立以中国人民银行为基础的统一金融体系。

1949年9月，中国人民政治协商会议通过的《中国人民政治协商会议共同纲领》第39条"关于金融"指出，金融事业应受国家严格管理。货币发行权属于国家。禁止外币在国内流通。外汇、外币和金银的买卖，应由国家银行经理。依法营业的私人金融事业，应受国家的监督和指导。凡进行金融投机、破坏国家金融事业者，应受严厉制裁。同时公布的《中华人民共和国中央人民政府组织法》，把中国人民银行纳入中央人民政府政务院的直属单位系列，接受中央财政经济委员会指导，与财政部保持密切联系，赋予其国家银行的职能：发行国家货币，经理国家金库，管理国家金融，稳定金融市场，支持经济恢复和国家重建。

接着，在中央人民政府的统一领导下，中国人民银行建立以人民币为本位币的统一货币体系，建立对各类金融活动实施统一管理的运营体系，建立分支机构遍布全国各地垂直领导的组织机构体系。进而，逐步建立起整个国家的银行体系，以及集中统一的全国金融体系。

(二) 实施统一管理和调度货币现金流通的政策

1. 通过严格货币管理稳定金融秩序。

1949年5月中旬，刚解放的上海，由银圆投机开始，引发涨价风潮。在短短半个月时间内，黄金上涨2.11倍，银圆上涨1.98倍。人民币的通货地位，几被黄金、银圆所排挤。针对这种情况，人民政府先是采取大量抛售银圆的办法，平抑银价。6月5日，政府向上海市场集中抛售银圆10万枚，但是并没有收到预期效果，银圆价格继续上涨。6月10日，政府查封了金银投机大本营证券大楼，有力地打击了猖狂的金融投机活动。同时，发布《华东金银和外币管理办法》，禁止金银、外币自由流通和私自买卖，或以金银、外币计价。人民银行开始挂牌收兑金银外币。6月14日起，人民银行举办折实储蓄存款，金融危机的乌云迅速消散。继上海市打击金融投机活动后，全国许多大城市纷纷效仿，取得明显效果，金融秩序渐趋稳定。

2. 加强货币发行调度与管理工作。

1949年9月《中央人民政府组织法》确定中国人民银行具有发行国家货币的职能之后，不到半年，1950年3月3日政务院公布《关于统一国家财政经济工作的决定》，又指定人民银行为国家现金调度的总机构。同时决定国家银行增设分支机构，代理国库；外汇牌价与外汇调度，由人民银行统一管理。

1962年3月10日，中共中央、国务院作出《关于切实加强银行工作的集中统一，严格控制货币发行的决定》。当时，由于国民经济比例失调，也由于许多地方违反财经纪律，随意向银行增加贷款，擅自挪用银行贷款作为财政性开支，致使国家发行了过量的货币。针对这种现象，中央强调，必须采取断然措施，实行银行工作的高度集中统一，把货币发行权真正集中于中央，把国家的票子管紧，而且在一个时期内，要比1950年统一财经时管得更紧更严，以利于国民经济的调整和发展。为此，中央作出6条决定：（1）收回几年来银行工作下放的一切权力，对银行业务实行完全彻底的垂直领导。经国家批准由中国人民银行总行下达的信贷计划、现金计划、贷款办法、结算办法和其他重要规章制度，非经总行同意，地方不得自行变更。（2）严格信贷管理，加强信贷的计划性。(3) 严格划清银行信贷资金和财政资金的界限，不许用银行贷款作财政性支出。(4) 加强现金管理，严格结算纪律。(5) 各级人民银行必须定期向当地党委和人民政府报告货币投放、回笼和流通、工商贷款、工资支付、企业亏损及弥补等情况，并报告违反制度把银行贷款挪作财政性开支的情况和其他重要情况。(6) 在加强银行工作的同时，必须严格财政管理。

3. 建立各单位现金往来与结算的统一管理机制。

1950年4月7日，政务院发布《关于实行国家机关现金管理的决定》，指定中国人民银行为现金管理的执行机关，负责管理及检查现金管理事宜。一切公营企业、机关、部队及合作社等所有现金及票据，除准予保留规定的限额外，其余必须存入中国人民银行，不得存入私营行庄。它们之间的转账往来，必须使用转账支票，经过中国人民银行转账。

1952年8月5日，财政部和中国人民银行总行发出的联合通知，要求国营企业在人民银行设立专户存款，便于各种基金专款专用。

1953年9月13日，中财委发出《关于加强现金出纳计划工作的指示》，电示各大区、省（市）财委把现金出纳计划工作统一管理起来。12月12日，财政部、中国人民银行发出《关于贯彻中财委〈关于加强现金出纳计划工作的指示〉的联合指示》，要求财政、税收部门和各级银行，密切配合，认真贯彻执行《现金出纳计划编制办法（草案）》中各项规定，编好单位的现金出纳计划与银行的综合现金出纳计划，并分别掌握计划的执行，经常联系，交流情况，采取积极措施，以保证国家收购任务的完成和市场的稳定。

1954年8月7日，中财委发出《关于统一规定人民银行办理各单位结算业务计息、收费办法的指示》。其主要内容有：（1）各单位在人民银行开立的结算户、往来户的存款，银行一律计付利息，但财政金库及预算拨款单位、大修理基金等账户的存款，一律不计付利息。(2) 人民银行办理各单位的结算，一律不收取手续费、汇费，所需邮费由人民银行负担，不向各单位收取。但办理结算所发生的电报费，除财政金库外，均由申请结算单位负担。(3) 各单位在银行办理结算所需用的各种支票、结算凭证，暂由银行代印，并按成本收取印制费。(4) 授权人民银行因地制宜规定办理私营企业和未参加现金管理的公私合营企业结算业务的计息、收费问题。

1959年11月30日，财政部和中国人民银行总行公布《各机关、团体和地方各级财政机关人民银行存款开户的几项规定》。为了划清预算内、外资金，全面正确地反映各机关、团体和各级财政机关在中国人民银行存款的情况，进一步研究财政性存款的内容，有利于综合财政计划的编制，财政部和人民银行总行制定了此项规定，主要内容有：(1) 中央和地方机关、团体存款的开户，属于限额拨款，按照《中央级限额拨款办法》及有关规定办理，地方由地方财政部门和人民银行商洽办理，属于划拨资金，应分别在人民银行"中央（或地方）机关、团体预算存款"科目下开户。其他如：所属报销单位的经费、差额补助、业务收入、特种资金等，应分别在"中央（或地方）机关、团体其他存款"科目下开户。(2) 地方各级财政机关存款的开户："地方预算存款"和"地方预算周转金存款"，应在同级人民银行"地方金库款"科目下开户。地方各级财政机关经管的预算外资金，应在人民银行"地方财政预算外存款"科目下单独开户。规定还包括基本建设资金、各党派、群众团体所收的党费、团费、会费等，军事系统、地方公安部门和人民武装警察等单位的预算拨款，单位食堂和职工互助金等的开户办法。

二 集中统一管理信贷资金的政策

（一）制定集中统一管理工业企业流动资金的政策

1. 确定企业流动资金由银行进行结算。

1952年8月5日，财政部和中国人民银行总行发出的联合通知规定：国营企业应以流动资金的收支为范围，在人民银行建立结算户。

2. 规定企业部分流动资金来自银行贷款。

1958年3月3日，中国人民银行总行、财政部公布有关文件规定，自1958年起，把中央各工业部门的定额流动资金，改为70%由财政拨款，30%由银行贷款。这是当时试行改革企业财务制度，加重企业经营权限和责任的重要措施之一。为此，人民银行总行和财政部拟定了《关于国营企业和中央公私合营企业实行定额信贷和有关编审财务收支计划的几项规定》《关于国营企业和中央公私合营企业实行定额放款的几项原则规定》和《关于企业多余流动资金转移银行的几项具体规定》。这些规定，对定额信贷的范围、流动资金的核定办法和贷款内容、定额放款、特准储备放款和新厂开工备料放款的原则，以及经财政部核定的企业多余流动资金转给人民银行等的具体手续，都作了详细规定。

3. 确定企业流动资金全部来自银行贷款。

1958年12月9日，财政部和中国人民银行商定，从1959年开始，国营、地方国营和公私合营的企业所需的流动资金，全部改由银行贷款解决。当时的设想是让企业发挥更大的主动性，更快地促进生产。12月22日，国务院公布《关于人民公社信用部工作中的几个问题和国营企业流动资金问题的规定》。该文件指出，国营企业的流动资金，一律改由人民银行统一管理。过去国家财政拨给企业的自有流动资金，全部转作银行贷款，统一计算利息。国家下放给人民公社的各企业单位的流动资金也照此办理，由公社信用部统一贷款。

4. 提出加强流动资金的定额管理。

1959年6月17日，财政部和中国人民银行总行发出《关于认真核定流动资金定额加强流动资金管理的联合通知》。《通知》要求：（1）各级财政部门应协同人民银行，把国营企业的定额流动资金，迅速在7月底以前核定完毕，并将核定的数字通知有关银行。没有核定通知，银行不发放定额资金贷款。（2）各级人民银行应当对企业的定额资金贷款和超定额资金贷款分别管理。（3）核定流动资金定额，应当实事求是，力求避免过宽过紧的现象。

1959年6月25日，财政部和中国人民银行总行就加强企业流动资金管理问题，联合召开由各省、市、自治区财政厅（局）、人民银行分行和中央、地方、各企业主管部门财务机构负责人参加的电话会议。会议指出，加强流动资金的定额管理，就是要有计划地使用资金；核定流动资金定额的目的是为了保证生产计划和财务计划的完成。因此要求：

(1) 各级财政部门必须会同同级人民银行，共同核定各企业主管部门的流动资金定额。(2) 在核定流动资金定额的同时，企业必须加强定额管理。(3) 财政部门和银行应当协同计划部门和各企业主管部门在流动资金定额下达后，迅速领导企业进行一次清仓工作。(4) 建立必要的规章制度。

1959年7月31日，中共中央作出《关于当前财政金融工作方面的几项决定》。这个文件主要针对许多地区和部门擅自挪用银行贷款和流动资金的混乱情况，强调要划清基建投资和流动资金的界限，并要求对过去的账目进行一次清算。

5. 进一步加强企业流动资金管理的信贷政策。

1961年5月17日，公布《关于改进国营企业流动资金供应办法的报告及有关规定》，提出企业所需的定额流动资金，80%由财政部门通过企业主管部门拨给企业，作为企业的自有流动资金，其余20%由财政部门统一拨给人民银行，由银行向企业发放定额流动资金贷款。1962年1月6日，发出《关于取消国营工业、交通企业流动资金银行贷款的通知》，决定取消定额流动资金的银行贷款方式，银行不再参与20%的定额贷款。1963年12月19日，公布《关于加强国营工业、交通企业流动资金银行工作的几项措施》，提出要大力压缩流动资金定额，减少不合理的超定额贷款。1966年3月30日，财政部和中国人民银行总行发出《关于核算企业流动资金和调剂资金余缺问题的座谈会纪要》，在谈到关于核定流动资金问题时，指出核定资金的原则：要有利于企业加强管理和节省物资、资金；要有利于财政、银行共同面向企业，帮助企业加强流动资金管理。同时，核定财政定额应改为核定企业生产所需的流动资金占用总额计划。这样可使资金与物资相衔接，有利于企业挖掘物资潜力，减少物资和资金的占用。

(二) 制定集中统一管理工业企业其他资金的政策

1. 规定企业在人民银行设立专户储存和使用不同款项。

1952年8月5日，财政部和中国人民银行总行发出的联合通知规定：国营企业除了以流动资金在人民银行建立结算户外，还应设立以下存款专户，大修理基金、企业奖励基金、福利基金、产权未定资产基本折旧基金及其他存款、零星基本建设资金等存款专户，便于各种基金专款专用。企业如需要增加专户，可以按照有关规定办理。

2. 规定大修理基金等专用基金不能用作流动资金。

1952年2月29日，中财委公布的《国营企业提缴折旧基金办法》，提出折旧基金分为两种：一是基本折旧基金，按照核定的折旧率提取，按月解缴金库。二是大修理基金，按照核定的折旧率提取，按月交由人民银行专户保存备用。

1961年1月28日，财政部和中国人民银行总行发出《关于企业的各项专用基金不参加流动资金周转的通知》，决定自1961年1月1日起，将企业利润留成资金、大修理基金、附加工资等一律专户存储，不参加流动资金周转。上述基金退出流动资金周转后，各企业因此引起资金周转困难时，可向人民银行申请贷款，银行应酌情予以解决。

（三）制定集中统一管理农业贷款的政策

1. 制定发放长期农业贷款的办法。

1963年3月28日，农业部、财政部、中国人民银行总行颁发《发放长期农业贷款暂行办法》。该文件规定：长期农业贷款，由国家财政委托中国人民银行发放，其所需资金，由国家财政拨给人民银行，作为专项贷款基金，周转使用，其指标不许超过。发放的对象限于农村人民公社确有困难的生产队，对社员个人和单干户，一律不予发放。

长期农业贷款必须有重点地贷放给商品粮、棉主要产区，用于耕畜、大中型农具、农业机械和其他生产性设备的购置，适当照顾一般农业地区的生产性设备和排灌设备的购置，并以适当的比例用于发展多种经营的生产性设备的购置。长期农业贷款不能平均分配，不许用于非生产性开支，更不许当作收益分配给社员。

发放长期农业贷款时，必须遵守"确有物资、物资适用和群众欢迎"的原则，必须坚持有借有还、按期归还的原则。长期农业贷款不计利息，不得把长期农业贷款和短期农业贷款混为一谈，互相调剂使用。

2. 制定支援穷队投资的贷款规定。

1963年3月28日，农业部、财政部、中国人民银行总行发布《关于支援穷队投资的分配、使用和管理的暂行规定》。这个文件指出：支援穷队投资的对象，是农村人民公社中那些生产资金特殊困难、又无偿还贷款能力的生产队。贷款发放面一般控制在生产队总数的5%左右，经济条件差的地区，最高不得超过10%。

投资贷款的使用范围：用于生产性设备的购置、基本建设的费用、购买化肥、农药和其他农业生产费用的开支、支付机耕费和排灌费以及农林渔业生产、土特产品和副业生产短期周转资金的需要，该项资金必须保证专款专用，任何部门、任何单位不许截留和挪用。

（四）制定集中统一管理商业资金的政策

1963年5月23日，财政部、中国人民银行总行、商业部联合发布《商业部系统资金管理试行办法》。《办法》规定，商业部系统的资金，由商业部集中统一控制。各级商业行政部门和企业单位，在统一核定的资金范围内，有权自行调度使用。

商业资金，必须用于商品流通，不得挪用。商业资金中的流动资金，只能用于商业。饮食业的各项业务需要，不能用于基本建设、财政性开支或其他用途。商业流动资金的使用，必须坚持"钱出去、货进来，货出去、钱进来，钱货两清"的原则，不准赊销商品。必须坚持按计划办事，超计划流动资金必须经过批准才能动用。

必须严格划清商业资金中的固定资金与流动资金的界限，两者不得互相调用。《办法》规定，商业企业的资金来源，流动资金中自有资金由国家财政拨给，借入资金由人民银行贷给，固定资金主要是国家拨给的基本建设投资，其次是企业的自筹资金。《办法》还对商业企业的流动资金及固定资金的管理，作出了具体规定。

三 集中统一管理基本建设资金的政策

（一）制定集中统一管理基本建设拨款的政策

1. 中财委公布基本建设拨款文件。

1952年8月14日，中财委公布有关基本建设拨款的文件。该文件规定，凡中央、大行政区及省（市）预算的基本建设拨款，由财政机关授权交通银行依照规定的办法办理。

中央、大行政区及省（市）财政经济委员会，应将年度基本建设概算，送同级财政机关转交交通银行。主管基本建设的部门，应将核定的该部门的基本建设财务支出计划，及所属建设单位年度基本建设计划送同级交通银行，并根据基本建设财务支出计划的实际需要，编制基本建设季度分月拨款计划，于季度开始25天前送同级财政机关转送交通银行。交通银行应根据批准的季度分月拨款计划填发许可通知，分别下达所属经办行，经办行还应转知建设单位。

财政机关根据核准的季度分月拨款计划，分次将款项拨交交通银行，交通银行根据该核准的季度分月拨款计划及实际需要，分次将财政机关拨到款项拨交经办行，供建设单位支用。建设单位用款时，应签发交通银行支票，连同合同等其他有关凭证送经办行，经审核在拨款限额及工程预算范围内，予以拨款。

该文件，还对基本建设中其他一些领款拨款关系，做了详细的规定。

2. 交通银行公布基本建设拨款暂行办法。

1953年4月7日，为了加强对基本建设资金的管理，交通银行公布《基本建设拨款暂行办法》，共9章48条。

该文件第一章《总则》规定：（1）凡中央及省（市）的基本建设支出，由财政部和省（市）财政厅（局）指定交通银行省（市）分行按规定办理拨款，并监督使用。（2）中央及省（市）财经委员会应将核定的各主管部门的年度基建控制数和年度基建综合计划，送同级财政机关，转给交通银行，据以掌握计划年度建设情况。（3）主管部门应将所属建设单位年度基建计划送同级交通银行，经与年度基本建设综合计划核对无误后，转发经办建设单位拨款的分行或办事处。（4）建设单位应予拨款开始前，将技术设计所附工程预算或各工程项目的预算、年度工程项目一览表、基本建设流动资金定额计划表和基本建设劳动计划送经办行。（5）前列各文件未按规定程序批准者，经办行不得拨款。（6）建设单位于基建控制数字颁发后，如因工程紧急而工程预算及各项计划尚未批准时，须编制临时用款计划，列明主要工程项目，呈报主管财委批准，由财政机关转同级交通银行据以拨款，但工程预算及各项计划仍应按照规定程序批准后补送。

该文件第二章对出包建筑安装工程的拨款，第三章对自营安装工程的拨款，第四章对机械设备及其他基本建设的拨款，第五章对零星用款及外埠用款，第六章对拨付交通银行基本建设资金程序，第七章对短期贷款，第八章对检查和奖惩等各项都作了较详细的规定。

3. 国务院公布基本建设拨款暂行条例草案。

1956年2月3日，国务院公布《基本建设拨款暂行条例草案》，要求各基本建设部门试行。国务院指出，为了正确供应基本建设资金并监督资金的节约使用，促使各基本建设部门按照国家规定的计划完成基本建设任务。同时，要求基本建设部门推行经济核算，降低工程成本为国家节约建设资金。

《条例草案》的总则规定：一切列入国民经济计划的基本建设，都由中国人民建设银行根据本条例的规定办理拨款。建设单位、建筑安装企业及其所属材料供销企业、勘查设计机构和地质勘探机构的一切财务收支，都由中国人民建设银行办理结算。中国人民建设银行根据本条例规定对建设单位、建筑安装企业及其所属材料供销企业办理放款。

《条例草案》的具体内容有：（1）拨款的依据；（2）对出包建筑安装工程的拨款办法；（3）对自营安装工程的拨款办法；（4）对设备、器具、工具、材料、工资、行政管理费和其他基本建设的拨款办法；（5）对勘查设计、地质勘探的拨款办法；（6）基本建设资金拨交中国人民建设银行的程序；（7）放款办法；（8）检查、奖励和制裁的办法；（9）附则。

4. 财政部公布基本建设财务拨款管理暂行办法草案。

1962年1月10日，财政部公布《基本建设财务拨款管理暂行办法草案》，旨在加强对基本建设资金的管理，促进建设单位、建筑安装企业建立责任制，降低成本，提高投资效果。该文件规定，一切列入国民经济计划的基本建设项目，无论是使用国家预算资金或使用预算外资金，都由建设银行进行拨款监督。

（二）制定基本建设拨款限额或控制管理的政策

1. 制定基本建设拨款限额管理的规定。

1959年4月28日，财政部公布《关于基本建设拨款限额管理的几项规定》，主要内容有：各主管部门应在年度预算范围内，根据季度基本建设计划进度，编制基本建设季度拨款计划，并在此范围内，对建设单位分配拨款限额。建设银行应在拨款限额范围内，根据用款计划和实际需要，对建设单位拨款，不能事前按月、按季把下达的拨款限额一次拨给建设单位或建筑企业。建设单位的拨款限额如有多余，主管部门可通知该单位退回或调给其他建设单位使用。为了防止建设资金与生产资金互相挪用，基建资金的开户和拨付应由各地建设银行直接办理。另外，预算内与预算外的资金必须分别立户。

2. 提出控制基本建设拨款的措施。

1961年6月19日，财政部发出《关于控制基本建设拨款的紧急通知》。《通知》要求各地区、各部门必须坚决执行国家基本建设计划，凡是没有列入国家计划的项目，一律不得拨款。《通知》还规定：(1) 建设单位的内部资源，必须按照规定抵充拨款，不准自行扩大工作量；(2) 严格按照实际完成的工作量拨款，提出的工程款必须符合实际完成的工程进度；(3) 加强对备料款的监督，实行专款专用，不准挪作其他用途；(4) 坚持货到付款的原则。《通知》还要求各地区督促建设单位、建筑企业改善经营管理，加强经济核算，合理节约地使用资金，克服损失浪费。

3. 制定中央级基本建设拨款限额管理办法。

1971年11月20日，财政部公布《中央级基本建设拨款限额管理办法》。《办法》规定：(1) 凡是国家预算内的中央级基本建设资金，除另有规定者外，都应按照本办法的规定，实行限额管理。(2) 基本建设拨款限额，是建设单位向银行支用国家预算拨款的最高额度。(3) 中央各主管部门在国家批准的年度基本建设支出预算范围内，根据建设进度和实际需要，分次向财政部申请拨款，在财政部核定的范围内，对所属管理机构、建设单位分配拨款限额。(4) 建设单位根据基本建设拨款限额通知，在银行开立账户，对于异地工程的用款，应当转拨限额，不得汇拨资金，以拨作支。(5) 对于边远地区、交通不便或者急需用款的单位，可用电报下达拨款限额。

(三）制定集中统一管理基本建设资金的其他政策

1. 制定用专项资金安排基本建设投资的管理办法。

1963年11月18日，国家计委和财政部公布《关于使用各种专项资金安排基本建设投资的几项规定》。其主要内容是：（1）各地方、各部门的各种专项资金，必须按照专款专用的原则，首先保证国家原规定用途的正常需要，然后如果资金确有多余，才能安排一些急需的小型基本建设项目。（2）各地方、各部门使用专项资金安排基本建设投资的计划管理，分别由财政部门和计划部门进行审查。对基本建设投资的增加部分，由财政部门审查资金来源是否可靠，有无不符合规定的情况。由计划部门审查工程项目是否急需，施工力量和材料是否具备。基本建设投资计划经批准后，必须将所需资金存入建设银行，专户存储，先存后用。

2. 制定促进基本建设的短期放款办法。

1973年6月29日，财政部公布《中国人民建设银行短期放款办法》，旨在解决建设过程中资金周转的临时需要，促进经济核算，更好地完成基本建设计划。《办法》规定：放款对象为在建行开户的国营施工企业，专门供应基建物资的供销企业，地质部门的物资供销机构和附属修配厂，以及按国家规定实行包工包料的县以上视同国营企业管理的集体所有制建筑企业。放款种类包括超定额储备材料放款、大修理放款。前者放款期限不得超过6个月，后者放款期限不得超过1年，放款利息一律按月息4.2‰计算，按季收取。

（四）建立和发展管理基本建设资金的金融机构

1. 先由交通银行承担管理基本建设资金的任务。

1952年，中财委授权交通银行办理基本建设拨款。1953年1月24日，中共中央转发财政部关于交通银行会议的报告。报告说，会议认为，1953年是国家开始大规模建设的第一年，交通银行的基本任务是及时供应基本建设资金与监督资金的合理使用。为完成上述任务，需要解决以下问题：（1）加强重点管理；（2）深入现场检查；（3）改进拨款办法；（4）管理国营包工企业自有流动资金，举办短期信贷。会议还提出要加强交通银行的组织机构问题，并明确交通银行领导关系为分行支行受上级行和当地省（市）级财政部门的双重领导，分支行以下分支机构，受上级行和当地人民政府的双重领导。

1953年2月18日，财政部发出《关于对交通银行工作加强领导的指示》。该文件表明，财政部决定交通银行成为办理基本建设拨款的专业银行。并从1953年起由其负责执行企业利润折旧抵拨基本建设资金的工作。各级财政部门必须加强对各级交通银行的具体领导与帮助，使其成为财政部门监督执行预算的有力机构。

1954年3月23日，财政部发出《关于交通银行方针与任务的指示》。规定其方针是，保证资金及时供应，监督资金合理使用，促使基本建设按照计划完成，从而使社会主义经济成分比重不断增长。规定其任务：（1）继续加强资金调拨，保证资金的及时供应；（2）加强重点管理，集中主要力量，管好重点工程；（3）贯彻按工程进度结算付款，正确掌握预付款的拨付与扣回，促使基本建设按计划完成；（4）有条件有重点地审核器材供应计划，并督促调剂处理积压器材，以防止浪费，减少积压；（5）重点审查工程预算及合同造价，促使逐步降低工程成本；（6）加强对包工企业的财务监督，作好短期放款工作，促进经济核算。

2. 在交通银行基础上创建中国人民建设银行。

1954年5月10日，财政部向中财委写了《关于在交通银行原有机构和干部基础上正式建立办理基本建设投资拨款监督工作的专业银行的报告》。报告说，国家第一个五年经济建设计划开始后，基本建设已提到首要地位。为使国家巨额投资能发挥最大效能，根据苏联经验，必须建立专业银行按照国家预算办理基本建设拨款工作，以促使基本建设计划完成，推进经济核算，降低成本，从而达到积累建设资金，加速社会主义工业化进程的目的。报告指出，随着国家经济建设和国家资本主义的发展，交通银行办理基本建设投资拨款监督工作，又兼办公私合营企业的公股股权清理与财务管理工作，机构与任务已不适应。中财委同意财政部的报告，将专业银行的名称，定为"中国人民建设银行"，由财政部领导。中财委为此向中共中央写了报告，建议成立中国人民建设银行。6月18日，中共中央批准了中财委的建议。

1954年9月9日，政务院第224次政务会议通过并发布了《关于设立中国人民建设银行的决定》。主要内容是：（1）在财政部系统内设立中国人民建设银行。（2）凡国家用于基本建设的预算拨款以及企业机关等用于基建的自筹资金均集中由建设银行监督拨付。（3）建设银行应根据国家批准的信贷计划，对国营及地方国营包工企业办理短期放款。（4）建设银行应负责办理基本建设拨款的结算业务。（5）建设银行应监督基本建设资金专款专用，并对建设单位和包工企业的资金运用、财务管理、成本核算以及投资计划完成情况等进行检查监督。（6）建设银行根据业务需要在全国各地设立分支机构；未设立机构地区的业务，可委托人民银行代理，或派员驻人民银行办事。（7）建设银行的创设事宜，责成财政部办理。10月1日，中国人民建设银行总行正式成立。

1954年12月下旬，财政部召开第一次建设银行分行行长会议。会议研究总结了1954年基本建设拨款监督工作，并对1955年工作任务作了部署。其任务的主要内容是：（1）根据国家批准的计划和预算，按照制度规定，及时而正确地供应基本建设资金，充分组织和运用各种预算外闲散资金。（2）根据设计预算定额，加强对设计预算的审查，对各项费用支出的监督，对计划执行的检查。（3）根据完成多少工程给多少钱的原则，及时而正确在结算工程价款，对于计划外工程的费用以及虚报工程进度的价款，应予以剔除。（4）必须加强对基本建设流动资金的监督。

3. 把建设银行改为财政部的基本建设财务司。

1958年7月5日，财政部就部内各单位组织机构变动情况发出通知，以适应当时"简政放权"的精神。其中规定：中国人民建设银行改为基本建设财务司，对外仍继续保留中国人民建设银行名义。交通银行经办的企业财务工作并入基建财务司，原交通银行工作经批准移交中国人民银行。

1958年12月15日，国务院批准财政部《关于建设银行、交通银行的机构性质和管理分工问题的报告》。《报告》指出：（1）根据这两个单位的情况，虽有一定的业务收入，但就其性质和任务来看应明确为行政性质的专业机构。（2）在业务方针政策方面，应在中央集中统一领导下，注意因地制宜发挥地方的积极性，凡属全国性的业务方针政策和重要法令制度，均仍由各该总行、管理处负责拟定，并报中央有关部门批准执行。属地区性的问题，由地方自行掌握，重要问题抄送各该上级行政管理处。（3）各地建设银行、交通银行系统的人员编制，纳入地方行政人员总编制内。有关机构设立、裁撤、改组等，也由地方考虑决定。（4）自1958年起，建设银行和交通银行的经费，统一列入行政管理人员经费支出款下开支。

4. 恢复建设银行机构及其组织体系。

1962年3月28日，财政部发出《关于恢复建设银行机构加强领导的通知》，为了加强基本建设财务拨款监督工作，严格执行国家计划和预算，财政部对建设银行的领导关系问题，作出规定。（1）机构建制：恢复建设银行的建制，建设银行与各级财政部门分别设置。各省、市、自治区设分行。各专区、市、县根据建设任务设支行或办事处。建设任务较多的省辖市和重大建设单位所在地应设置分行。（2）领导关系：建设银行实行垂直领导。（3）干部编制：省自治区、直辖市的编制，由总行管理。支行、办事处的干部编制，由省、自治区、直辖市分行统一管理。各级建设银行干部由地方配备。（4）放款基金：财政上拨给建行的放款基金，一律由总行统一管理。分配给各分、支行处的放款指标，只能用于对建筑企业的临时放款。放款的利息收入除去业务费开支外，一律上交总行，转作放款基金。

5. 决定把建设银行并入人民银行。

1970年6月11日，国务院同意财政部军管会和人民银行军代表《关于加强基建拨款工作，改革建设银行机构的报告》，决定把建设银行并入人民银行，以后基建拨款由财政部门确定计划指标，其他业务由人民银行办理。建设银行并入人民银行后，财政资金、信贷资金、流动资金和基建资金要分别管理，不准互相挪用。

6. 再次恢复建设银行的独立建制。

1972年4月18日，国务院批转了财政部《关于恢复建设银行的报告》。《报告》指出，建设银行并入人民银行以后，对于基建财务和拨款监督工作放松了,有的地方甚至连一些基本情况和拨款数字也反映不上来。为了加强基本建设财务的管理和监督,更有力地控制基本建设规模,决定恢复中国人民建设银行总行,各省、自治区、直辖市恢复建设银行分行,省以下建设任务比较集中的地点、大中型建设工程所在地,分别设立分行、支行或办事处,国防军工和跨省、跨地区施工的大型建设工程所在地,设立专业分行或支行。各地建设银行都实行上级业务部门和地方的双重领导,以地方领导为主。建设银行的基层单位,办理现金出纳业务。建设银行的机构应当贯彻"精兵简政"的原则,所需经费从工交商事业费中开支。各地可结合本地实际情况,自行确定是否恢复建设银行,不强求在全国统一。

第二节 改革开放初期的金融政策

一 实施重塑金融微观基础的政策

（一）设立独立经营的四大国有专业银行

1. 中国建设银行成为独立经营的专业银行。

1978年4月14日,财政部向中共中央报送《关于基本建设投资效果问题的报告》,建议加强建设银行的工作,要求建设银行把基本建设和挖潜改造工程的拨款全部管起来。4月24日,国务院批转财政部《关于加强基本建设拨款管理工作的报告》,建议健全建设银行机构,充实干部力量,在业务上恢复过去以总行领导为主的做法。自此开始,建设银行除了领导关系还挂在财政部基本建设财务司,业务拓展有了很大的独立性。

1979年8月28日,国务院批转国家计委、国家建委和财政部《关于基本建设投资试行贷款办法的报告》及《基本建设贷款试行条例》。报告中建议,中国人民建设银行改为国务院直属单位,由国家建委、财政部代管,以财政部为主。这样,建设银行就从财政部正式分离出来了。

1980年10月27日开始,在北京召开全国建设银行工作会议。这次会议的主要议题之一是:全面实行基建拨款改贷款的制度,以及进一步发挥建设银行的银行职能的问题。

1980年11月18日，国务院批转国家计委、国家建委、财政部和中国人民建设银行《关于基本建设拨款改贷款的报告》，从而使建设银行成为管理基建投资的专业银行。《报告》指出：（1）从1981年起，凡是实行独立核算、有还款能力的企业，进行基本建设所需的投资，除尽量利用企业自有资金外，一律改为银行贷款。确定无法实行贷款的企业，应由部门和企业提出申请，建设银行签证，计委、建委审查同意，才能给予财政拨款。对于继续实行财政拨款的行政、事业单位要迅速建立经济责任制，实行投资包干。（2）扩大贷款单位的自主权，保障其经济利益。贷款单位在不减少新增生产能力、不突破批准的总投资、不推迟交工日期、不降低工程质量的前提下，有权调整建设内容，安排施工顺序，选择设计单位和施工企业，选购设备材料。对于上级确定的不符合实际情况、经济效果差的建设方案，有权提出意见，以至拒绝执行。（3）必须建立明确的经济责任制。为了做到贷款资金借、用、还统一，建设银行只能同将来负责生产的企业或筹建机构签订贷款合同（特殊项目除外）。如果负责生产的企业或筹建单位不负责建设，在签订经济合同时，还应由负责建设的单位联合签署。（4）合理确定贷款利率，从1981年起，对煤矿、建材、邮电行业实行优惠，按照年利2.4%计息；机械、轻工、纺织、原油加工、石油加工等行业按照年利3.6%计息；其他行业仍按年利3%计息。（5）发挥建设银行经济杠杆的作用。银行要加强对建设项目的审查，检查资金使用情况和及时收回贷款，要大力吸收存款，把固定资产再生产领域里的闲散资金集中起来，灵活调度，按照国家要求的投资方向，发放基本建设贷款和挖潜、革新、改造贷款。

1983年9月，国务院发布的有关文件规定，建设银行在财政业务方面仍受财政部领导，有关信贷方针、政策、计划要服从人民银行或人民银行理事会的决定。

2. 决定恢复中国农业银行。

中国农业银行前身为农业合作银行，成立于1951年，是新中国成立的第一家国有商业银行。在计划经济时期，由于农业银行的业务范围萎缩而被取消。1979年2月23日，为了加强对支农资金的管理，国务院决定恢复农业银行，并对农业银行的任务和工作范围等问题作了具体规定。其中规定的主要任务是，统一管理支农资金，集中办理农村信贷，领导农村信用合作社，发展农村金融事业。

3. 分设独立经营的中国银行。

1983年9月，国务院决定中国人民银行专门行使中央银行职能，于是将其经营外汇的业务部门分离出来。这样，中国银行与国家外汇管理总局分设，各行其职，中国银行仍然拥有统一经营国家外汇的职能。到这一时期，中国银行成为中国人民银行监管下的国家外汇外贸专业银行。中国银行的身份发生了根本性变化，由原中国人民银行一个分支部门转变为一个独立的金融机构，由原国家金融管理机关转变为以营利为目标的企业。1987—1992年，中国银行取得港币澳门币的发行权，对于港澳经济的繁荣稳定发挥了重点作用。此后，随着外汇管理体制改革，国家外汇由外汇管理局经营，中国银行又从外汇外贸专业银行，转变为国有商业银行。

4. 成立中国工商银行。

1983年9月，国务院决定中国人民银行专门行使中央银行职能时，打算成立中国工商银行，承担原来由人民银行办理的工商信贷和储蓄业务。1984年1月1日，中国工商银行宣告正式成立。工商银行的成立标志着"大一统"的银行体制，进入了专业银行体制阶段。此后，工商银行积极参与经济体制改革，大力支持国民经济发展，充分发挥融资主渠道的作用。同时，随着我国经济的快速发展，工商银行的服务网点不断增多，服务网络体系不断完善，业务范围迅速扩展，形成了覆盖全国、重点服务城市工商企业和城市居民的金融机构，并在存款、贷款、汇贷等基础业务领域确立了国内金融业的优势地位。

（二）建立不同类型的商业银行

1. 批准成立中国投资银行。

1980年5月15日，世界银行集团执行董事会通过决议，恢复我国政府在国际复兴开发银行、国际开发协会和国际金融公司三个组织中的代表权。6月10日，我国政府决定将中国在国际复兴开发银行的股份增加4500股,达到1.2万股;建议把执行董事会现有的执行董事的名额,从20名增加到21名,其中由一国单独派出的董事从5名增加到6名,按次序中国位居第6名。6月17日至26日,财政部代表团一行5人前往美国,就中国政府增加在世界银行的股份、竞选执行董事和中国政府向世界银行贷款等问题,同世界银行进行业务会谈。

按照世界银行的习惯做法,对大型项目的贷款由它们直接管理;对一般中小型项目的贷款,采取将贷款交由中间金融机构,转贷给国内中小型项目。世界银行认为,中国地域广大,中小型贷款项目甚多,十分需要有这样的机构,为了承担世界银行中小型项目贷款的转贷业务,经与有关部门反复研究,于1981年12月报经国务院批准,成立了中国投资银行。中国投资银行是财政部领导下的金融机构,对外作为独立法人,经济上独立核算,并按国际惯例设立董事会。到1983年年底止,中国投资银行已用世界银行给予的第一批贷款,批准了31个贷款项目,贷款金额为5000万美元。中国投资银行作为利用外资的一个新渠道,对发展国民经济、加快工业技术改造发挥了积极作用。同时,从外国筹集资金转贷给国内企业,必须依据国际上规定的利率偿还,因此,这家银行的成立与运行,还把国际金融市场规则,引入到国内金融领域,有利于促进金融体制改革。

2. 重新组建交通银行。

1986年7月24日,为适应我国经济体制改革和发展的需要,作为金融改革的试点,国务院批准重新组建交通银行。1987年4月1日,重新组建后的交通银行正式对外营业,成为我国第一家全国性的国有股份制商业银行,总行设在上海。财政部、香港上海汇丰银行、社保基金理事会是交通银行前三大股东,共持有交通银行59.44%的股份。目前,交通银行业务范围涵盖商业银行、投资银行、证券、信托、金融租赁、基金管理、保险、离岸金融服务等诸多领域,已成为一家以商业银行为主体,跨市场、国际化的大型银行集团。

3. 成立中信银行等商业银行。

1985年4月,中国国际信托投资公司,经国务院和中国人民银行同意,在原来公司财务部基础上成立银行部,进一步拓展对外融资、外汇交易、发放贷款、国际结算、融资租赁和吸收存款等多种银行业务。1987年年初，中信银行正式成立。1987年4月，中国人民银行批准中信银行为中信公司所属的国营综合性银行，是中信公司的子公司，独立法人。实行自主经营、独立核算、自负盈亏。在国内外可设立分支机构，经营已批准的银行业务。

此外，在这一阶段，还相继成立了招商银行、中国光大银行、广东发展银行、深圳发展银行、福建兴业银行、华夏银行、上海浦东发展银行等一批全国性或区域性的商业银行。

（三）创办非银行金融机构

1979年4月，经国务院批准建立中国人民保险公司，此后又相继成立中国平安保险公司、中国太平洋保险公司等。同年10月，创办中国国际信托投资公司，率先对外发行债券，开辟了多种融资方式，最早开展融资租赁、海外投资、国际经济咨询等业务。1987年9月，经中国人民银行批准，深圳市12家金融机构出资成立深圳经济特区证券公司，这是新中国第一家证券公司。接着，国内又陆续成立了上海申银证券公司、万国证券公司、海通证券公司、华夏证券公司等多家证券公司。1990年11月，上海证券交易所挂牌营业；1991年7月深圳证券交易所正式成立。此外，租赁公司、金融典当业等非银行金融机构也纷纷涌现。

经过这一阶段的改革和发展，我国实现了金融微观基础的初步重塑，呈现以中国人民银行为领导、四大国有专业银行为主体，其他银行和非银行金融机构并存和分工协作的多形式、多功能、多层次而又颇具中国特色的金融企业组织结构。

二 实施加快金融市场培育和发展的政策

（一）加强利率机制对金融市场的调节作用

1. 决定提高储蓄利率。

1979年3月10日，国务院同意中国人民银行的报告，决定从4月1日起，提高城乡居民和华侨人民币储蓄的存款利率，并增加储蓄和利率档次，以及开办半年的定期储蓄、五年的长期储蓄存款，定期存款平均利息为 5 厘，比 1978 年增加 1.4 厘。提高储蓄利率以后，银行每年要多付 1/3 左右的利息，但有利于把更多的城乡居民和华侨手中的闲散资金，通过金融市场转化为投资资金。

2. 调整部分存款与贷款利率。

1985 年 3 月 14 日，国务院批转中国人民银行《关于调整部分存款、贷款利率的报告》。其具体内容如下：

（1）适当提高定期储蓄利率。一年期的储蓄利率由现行的年息 5.76% 调到 6.84%，三年期的调整为年息 7.92%，五年期的调整为年息 8.28%，八年期的不动，仍为年息 9%，活期储蓄利率不动。

（2）提高企事业单位定期存款利率。为了扩大中长期贷款资金来源，拟将单位一年期定期存款利率由现行的年息 3.6% 调整为 4.32%，二年期的利率调整为年息 5.04%，三年期的利率调整为 5.76%。

（3）提高流动资金贷款利率。为使银行存款与贷款保持合理的利差，同时也有利于促使企业建立利息观念、资金周转观念、投入产出观念，进一步改善经营管理，提高经济效益。拟将流动资金贷款利率由现行的年息 7.2% 调高为 7.92%。利率调高后，企业要增加一些开支，但在成本费用中所占比例很小。对个体工商户的贷款利率，由现行的年息 8.64% 提高为 9.36% 到 11.52%，专业银行可在此幅度内具体确定不同行业的个体户贷款利率。

（4）提高基本建设贷款利率。属于"拨改贷"贷款的利率，1985 年暂按国家计委等部门规定执行不变；以后改按统一的基建贷款利率执行。属于用银行信贷资金发放的国家基本建设贷款，原则上比照技术改造贷款利率执行；基建贷款中的能源交通等国家重点建设项目的贷款，利率上可给予优惠照顾。

（5）加强低息优惠利率的管理。目前存在的主要问题是，优惠面宽，而且要求优惠的项目越来越多，形成大范围地降低利率水平。为了有效地发挥优惠利率的作用，今后，企业单位要求享受优惠利率的，除由财政贴息的以外，必须事先经人民银行同意，并要逐步实行"先收后退"的办法，即贷款时，先按原利率档次收利息，贷款项目完成后达到预定经济效益的，再按优惠利率退息。

(6)为了灵活运用利率杠杆进行宏观调节,今后人民银行可根据国民经济发展的需要和社会银根松紧情况,随时调整对各专业银行的存、贷款利率。

(二)通过多种途径扩大金融市场容量

1. 通过筹措轻纺工业技术改造贷款增加金融市场容量。

1980年1月14日,国务院同意国家经委、中国人民银行等单位的报告。为了加速轻工业生产的发展,决定在国家安排的基本建设投资和技术措施费以外,每年由中国人民银行、中国银行发放20亿元轻工、纺织工业中短期专项贷款和3亿美元的买方外汇贷款。1980年实际累计发放轻纺专项贷款16.3亿元,加上一般设备贷款中用于轻纺工业的9.9亿元,共计26.2亿元。这些贷款重点支持轻纺工业重点行业的技术改造,提高市场紧缺日用消费品的生产能力。1980年安排"三大件"专项贷款2.2亿元,当年增产自行车69万辆,缝纫机44万架,手表73万只,全部建成后可使"三大件"生产能力提高50%—60%。

2. 通过基建拨款改贷款形式增加金融市场容量。

1980年10月,国务院决定全面实行基建拨款改贷款制度。1982年5月1日,国家建委、国家计委、财政部和中国人民建设银行联合发出《关于进一步实行基本建设拨款改贷款的通知》。《通知》规定:(1)进一步扩大贷款范围。从1982年起,凡实行独立核算有还款能力的企事业单位,进行基本建设所需投资,除尽量利用企业自有资金外,一律改为银行贷款。(2)改进贷款项目的计划安排。除已在国家计划中列明在大中型项目外,小型贷款项目,按照投资管理体制,分别由国务院各部门会同建设银行或各省、自治区、直辖市计委、建委、建设银行共同商定,列入计划。"拨改贷"项目的当年投资,由财政部门按国家计划拨给同级建设银行,作为贷款基金。(3)加强设计概算和贷款合同的工作。(4)改进提前还清贷款本息的奖励办法。(5)进一步完善贷款办法。凡是确定实行贷款,已列入基本建设计划的项目,应严格按计划执行;凡计划安排财政拨款的项目,通过调查有还款能力的,应将当年拨款改为贷款。实行贷款项目建成投产后新增利润,应先归还贷款,建设银行收回贷款后,按照谁给贷款基金还给谁的原则办事,中央财政拿钱的上交中央财政，地方财政拿钱的交给地方财政。

1984年12月14日，国家计委、财政部、中国建设银行联合发布《关于国家预算内基本建设投资全部由拨款改为贷款的暂行规定》。根据六届人大二次会议的精神，为了有偿使用国家财政资金，提高经济效益，决定从1985年起，凡是由国家预算安排的基本建设投资全部改为银行贷款。文件规定："拨改贷"投资由各级计划部门根据国家批准的计划进行安排；"拨改贷"实行差别利率，根据不同的行业，年利率由2.4%至12%不等。借款单位偿还贷款本息，要尽量先用企业自有资金，再按国家规定用缴纳所得税以前的利润。国防科研项目，各级各类学校、医院、科学研究、行政机关和物资储备项目，防洪、排涝工程，市政工程和国防边防公路、边境县以下邮电通信项目，以及其他非经济部门所属非营业性的、无偿还能力的项目，不计利息，免于归还全部本金。

3. 通过由银行统一管理企业流动资金形式增加金融市场容量。

1983年6月25日，国务院批转《关于国营企业流动资金改由人民银行统一管理的报告》。国务院指出，为了加强流动资金管理，决定国营企业流动资金，改由中国人民银行统一管理。人民银行有权制定流动资金管理制度，管理企业的国拨流动资金，核定企业的流动资金定额和计划，考核企业使用流动资金的效益。国务院要求各有关部门搞好协作配合，保证这项改革顺利进行。

该《报告》提出银行统一管理流动资金的办法是：（1）企业的国拨流动资金仍然留给企业。对企业的国拨流动资金，应该实行有偿使用，收取一定的占用费。考虑到原来上交财政的流动资金占用费已计入上交收入任务之内，可暂时停收。（2）改进企业流动资金定额或计划的核定办法。由过去按储备、生产、成品三个过程和主要物资的合理周转需要核定，改为按平均先进的销售收入资金率（或销售成本资金率）核定工业企业的流动资金定额，每年按销售计划调整一次，生产和销售增长了，流动资金定额可相应增加。（3）考核企业的流动资金使用情况，对超定额（或计划）贷款实行加息或"浮动利率"。（4）根据国家的经济政策，对不同行业、企业和产品实行差别利率。（5）建立企业补充自有流动资金制度等。

8月26日,中国人民银行、国家经委、财政部联合发出《关于贯彻国务院"关于国营企业流动资金改由人民银行统一管理"有关问题的通知》。《通知》规定,从1983年7月1日起,国营企业的流动资金改由人民银行统一管理,所需增加的流动资金,由银行按照信贷政策供应,财政不再增拨流动资金。

4. 通过引进世界银行贷款增加国内金融市场容量。

为了争取使用世界银行开发协会的无息贷款,我国邀请世界银行代表前来考察。1980年10月12日至12月13日,世界银行派出一个由27人组成的经济代表团,其成员有经济专家、学者、高级工程技术人员,分综合、农业、工业、交通、能源、教育等6个组,对我国经济状况和发展形势进行全面的了解和考察,写出了关于我国的经济报告,据以制定对中国的贷款规划,确定中国是否符合使用开发协会无息贷款的条件。代表团在京期间与国务院所属主管经济工作的各部、委进行了接触、会谈。访问了一些经济科学研究单位,与我国一些知名的经济学家进行了座谈讨论。代表团成员还分别到19个省市进行了考察,参观了一些工厂、建设工程和人民公社。到1983年,世界银行给予的第一批贷款,已经进入我国的投资领域。

三 实施改革金融宏观调控体系的政策

(一)确立中央银行的独立地位和固有职能

1. 计划体制致使金融宏观调控体系存在严重缺陷。

在高度集中的计划经济体制下,中国人民银行拥有全国信贷中心、现金中心和结算中心的地位,但难以独立发挥也无须独立发挥中央银行的职能。

那个时期,中国银行划归中国人民银行领导,在国内没有任何分支机构,而中国农业银行已经被取消,不存在了。另外,以交通银行为基础创建的中国人民建设银行,是以财政部基本建设财务司为母体,主要管理国家基本建设资金,几乎不参与其他金融活动。这样,中国人民银行一枝独秀,统揽所有金融业务。由于金融领域里没有不同性质和功能的银行，也没有非银行的其他金融机构，因此，中央银行失去了调控和管理的对象，其独立地位渐渐丧失，职能也随之不断弱化。

那个时期，中国人民银行总行还没有完全从财政部独立出来，主要扮演政府总会计和总出纳的角色，其主要任务是根据国务院的指示，实施财政资金的分配，以及国营企业资金的管理。当时，中国人民银行整个组织系统，类似于政府的一个部门，干部职工与政府机关工作人员几乎没有什么差别。

计划经济条件下的金融组织体系，由于没有独立发挥作用的中央银行，没有中央银行与专业银行的功能区分，没有银行与非银行金融机构的共同存在，致使金融宏观调控体系存在严重缺陷，金融企业难以按照经济规律要求实现正常运行，所以改革势在必行。

2. 决定人民银行总行与财政部分设。

1977年12月31日，财政部、中国人民银行总行发出《关于人民银行总行与财政部分设的通知》。《通知》说，为贯彻执行国务院关于人民银行总行作为国务院部委一级的单位，与财政部分设的决定，部、行于1978年1月1日起开始分开办公。今后有关业务和参加会议等事项，应分别与财政部和人民银行联系，有关公文、电报、简报、资料等，亦应分别送财政部、中国人民银行。

3. 决定中国人民银行专门行使中央银行职能。

1983年9月17日，国务院发布《关于中国人民银行专门行使中央银行职能的决定》。国务院指出，为了充分发挥银行的经济杠杆作用，集中社会资金，支持经济建设，改变资金管理多头，使用分散的状况，必须强化中央银行的职能，为此决定：

（1）中国人民银行是国务院领导和管理的全国金融事业的国家机关，不对企业和个人办理信贷业务，集中力量研究和作好全国金融的宏观决策，加强信贷资金管理，保持货币稳定。其主要职责：一是研究和拟订金融工作的方针、政策、法令、基本制度，经批准后组织执行；二是掌握货币发行，调节市场货币流通；三是统一管理人民币存贷利率和汇价；四是编制国家信贷计划，集中管理信贷资金；五是管理国家外汇、金银和国家外汇储备，黄金储备；六是代理国家财政金库；七是审批金融机构的设置或撤并；八是协调和稽核各金融机构的业务工作；九是管理金融市场；十是代表我国政府从事有关的国际金融活动。

（2）中国人民银行成立有权威的理事会，作为决策机构。国家外汇管理局及其分局，在人民银行的领导下，统一管理国家外汇。中国银行统一经营国家外汇的职责不变。成立中国工商银行，承担原来由人民银行办理的工商信贷和储蓄业务。

（3）人民银行对专业银行和其他金融机构（包括保险公司），主要采取经济办法进行管理。国际信托公司的业务活动，也要接受人民银行的管理和监督。

（4）为了加强信贷资金的集中管理，人民银行必须掌握40%—50%的信贷资金，用于调节平衡国家信贷收支。

（二）加强货币发行和流通的宏观管理

1. 从加强信贷管理入手严格控制货币发行。

1981年1月29日，国务院作出《关于切实加强信贷管理严格控制货币发行的决定》。该文件指出，当前，全国经济形势很好，但潜伏着危险。财政连续发生赤字，银行增发大量货币，市场票子过多，物价上涨，对发展国民经济和安定人民生活极为不利。国务院认为，必须采取坚决措施，控制货币发行，稳定市场物价。为此，决定如下：（1）严格信贷管理，坚持信贷收支平衡，切实保证货币发行权集中于中央。国家批准的信贷计划和货币发行计划，必须严格执行。（2）要坚持财政资金和信贷资金分口管理的原则，严格禁止把银行信贷资金移作财政性支出。（3）管紧用好贷款，促进企业调整。（4）压缩物资库存和商品库存，减少流动资金占用。（5）坚持信用集中于银行的原则。（6）实行利率统一管理、区别对待的政策。（7）加强现金管理，严格结算纪律。

2. 要求在抓紧货币回笼的同时严控货币投放。

1982年5月6日，国务院发出《关于抓紧做好货币回笼工作和严格控制货币投放的通知》。《通知》要求做好以下工作：（1）积极扩大商品回笼。要根据城乡购买力增长和人民群众对消费品需要的变化情况，多增产一些符合社会需要的日用消费品和农业生产资料，增加商品供应，进一步疏通城乡商品流通渠道，大力组织农村货币回笼；对一些出口高亏而国内市场又紧缺的商品，要适当压缩或停止出口，以增加国内市场供应，增加货币回笼。（2）严格控制信贷投放。各级银行要有控制地发放各项流动资金贷款和中短期设备贷款。各种贷款都要讲求经济效益。要压缩和减少滞销商品的生产和收购，对生产无销路的产品不能给予贷款，销路不好的产品要减少贷款，减少收购。（3）加强对收购农副产品的信贷、结算监督。对按照国家计划实行收购、派购的，要根据实际需要供应资金；对于不按国家规定，随意扩大农副产品议价范围，或自行降低农副产品统购基数、减少派购任务而加价收购的，银行可以不予贷款。（4）进一步办好城乡储蓄。（5）切实加强奖金管理。

3. 制定加强外汇管理的决定。

1985年3月13日，国务院发布《关于加强外汇管理的决定》。具体内容有：（1）1985年中央各部门和各省、自治区、直辖市留成外汇的使用（包括非贸易外汇的用汇在内），由国家下达用汇控制指标。（2）国家外汇必须坚持实行额度管理。各种外汇额度，未经国家外汇管理部门批准，不得调拨，不得买成现汇。（3）加强贸易外汇的管理。外汇管理部门要检查出口单位逾期未收回外汇的原因，如发现有应当调回而存放在境外的，要限期调回；对拒不调回的单位，扣其相应的外汇额度并处以罚款，直至通知发证单位停发出口许可证。（4）各单位使用国家拨给的外汇额度购买外汇所需的人民币资金，除国家有专门规定的以外，原则上要用自己的资金，确有困难，可向银行申请一定比例的贷款。凡不符合规定用途，银行拒绝贷款。（5）严禁非法倒卖外汇活动。（6）严禁外币流通。禁止任何外币在市场流通。要取缔炒买炒卖外币、外汇券的黑市。（7）为保证以上各项规定的执行，国务院责成中国人民银行及其所属国家外汇管理局认真行使管理外汇的职权，严格查处违反外汇管理的行为。

（三）加强资金和贷款的宏观管理

1. 制定基建资金供应和清算办法。

1980年11月14日，中国人民银行、中国人民建设银行发出《关于改革人民银行与建设银行之间基建资金供应和清算办法的联合通知》。《通知》指出，为适应人民银行和建设银行实行企业化管理和严格经济核算的需要，经两总行研究决定，人民银行与建设银行之间的基建资金供应和清算，自1981年1月1日起，取消现行的"上存下支"办法，改为由建设银行根据基建资金用款需要，逐级调拨资金。

2. 规范专项贷款的实施办法。

1984年12月18日，中国人民建设银行发布《关于更新改造措施贷款办法》。为了支持大型技术改造项目、专项措施项目以及建筑安装企业、地质勘探单位更新改造的资金需要，《办法》规定：凡是列入国家计划的上述项目，均可向建设银行申请更新改造措施贷款。出口工业品生产专项贷款，可由外贸部门提出计划，由建设银行同外贸部门共同审查项目，择优发放，贷款项目要符合国家的投资政策和投资方向，具备经过批准的项目建议书和设计文件；自有资金已经落实，并能按期存入贷款银行；所需设备、材料、施工力量已有安排；生产工艺成熟，技术过关，所需原材料、燃料、动力有可靠来源，借款单位申请借款时，须向经办行提送借款申请书，批准后，应按规定签订借款合同。

3. 制定控制贷款规模的规定。

1985年4月4日，国务院批转中国人民银行《关于控制贷款规模的若干规定》。其具体内容是：（1）严格控制贷款总规模。人民银行总行在贷款总规模之内，分别核定各专业银行总行和人民银行各分行的信贷计划和信贷差额，各专业银行总行和人民银行各分行要严格执行人民银行总行核定的计划，不得突破。（2）实行新的信贷资金管理办法。1985年开始实行"统一计划，划分资金，实贷实存，相互融通"的信贷资金管理办法，以解决信贷资金使用"吃大锅饭"的问题。（3）改变敞口供应流动资金贷款的办法。集体企业及按集体企业管理的国营企业和实行利润包干的企业等一般要有30%—50%的自有资金，银行在信贷资金可能的范围内，择优发放一定比例的贷款，不能全包下来。企业的消费基金，要在银行开立账户管理。（4）认真执行农村信贷政策。农业银行的农村存款和农业贷款的增加额，要在全国范围内做到当年平衡。（5）加强固定资产贷款管理。各专业银行的基建贷款，按项目进行控制，不得突破国家下达的计划。（6）加强金融工作的统一管理。

建设银行的信贷收支,要分别纳入国家信贷计划统一管理。鉴于建设银行吸收的存款大于贷款的数额较多,除财政性存款全部划归人民银行支配外,其他存款 1985 年按 30%的比例交存人民银行,并按人民银行批准的计划逐步多承担一些固定资金贷款。

（四）完善银行税收和利润的宏观管理

1. 制定对银行征收工商税的规定。

1982 年 6 月 30 日,国务院批准财政部的报告,决定对银行征税,促使银行按照企业化要求来经营。本次纳入征收工商税范围的银行,包括中国人民银行、中国银行、农业银行、建设银行、投资银行,以及一切从事经营金融业务的单位,如信托公司、投资公司等。对银行征收工商税的计算,应以各单位包括一切经营在内的各项业务收入,减去各项利息支出和与业务收入项目相对应的业务支出之后的差额为计税依据,与业务收入不相对应的支出项目,不论是否列入业务支出账户,均不得从业务收入中抵减。银行是从事金融业务的单位,其各项业务收入和应抵减的各项利息支出及业务支出,按照现行会计制度规定,应记入 1982 年 7 月 1 日及以后各该账户的,均应依照规定计算交纳工商税。对于记入 7 月 1 日前各该账户的,则不予计算,其利息支出大于业务收入的部分,也不得在 7 月 1 日以后的业务收入中抵减。

1982 年 8 月 6 日,财政部发出《对银行征收工商税有关事项的通知》。《通知》说,为了简化征税手续,作出如下规定:对银行征收工商税,以营业收入额为计税依据,不再减除支出额,税率确定为 5%。对纳税环节,规定中国人民银行、农业银行、中国银行、建设银行和中国投资银行由各总行汇总纳税;其他经营金融业务的单位,如投资公司、信托公司等,在核算单位所在地纳税。

2. 制定专业银行利润留成的管理办法。

1984 年 1 月 16 日,财政部发出《关于中央银行成立后各专业银行、保险公司单独立户问题的通知》,同意中国工商银行、中国农业银行、中国银行、中国人民保险公司从 1984 年起,在财政部单独立户。各专业银行缴纳所得税后的利润,由中国人民银行在财政部核定的总比例范围内,分别核定各专业银行上交财政的比例和利润留成比例。

1984年4月16日，财政部又发出《关于中国人民建设银行实行利润留成办法的通知》。同意建设银行从1984年起实行全额利润留成办法。利润留成比例核定为16%，暂定两年不变。建设银行应该按实现利润交纳55%的所得税，提取16%的利润留成，其余29%转作信贷基金。在核定的利润留成比例中，用于业务发展方面的为11.81%，用于职工福利的为1.54%，用于奖励的为1.14%，机动的为1.51%。

第三节 社会主义市场经济时期的金融政策

一 制定金融体制改革的方针政策

1993年12月25日，国务院同时颁发《关于金融体制改革的决定》《关于进一步改革外汇管理体制的通知》两个文件；1996年8月22日，国务院又颁发《关于农村金融体制改革的决定》，这3个文件，确定了我国依据社会主义市场经济要求推进金融体制改革的基本方针。

（一）颁布关于金融体制改革的决定

1. 确定金融体制改革的目标。

《关于金融体制改革的决定》指出，金融体制改革的目标是：建立在国务院领导下，独立执行货币政策的中央银行宏观调控体系；建立政策性金融与商业性金融分离，以国有商业银行为主体、多种金融机构并存的金融组织体系；建立统一开放、有序竞争、严格管理的金融市场体系。

2. 制定金融体制改革的实施办法。

该文件提出，实施金融体制改革的主要措施是：（1）把中国人民银行办成真正的中央银行。明确人民银行各级机构的职责，转换人民银行职能；改革和完善货币政策体系；健全金融法规，强化金融监督管理；改革人民银行财务制度。（2）建立政策性银行。组建国家开发银行，管辖中国人民建设银行和国家投资机构，把现在的中国投资银行并入中国人民建设银行国际业务部。组建中国农业发展银行，承担国家粮棉油储备和农副产品合同收购、农业开发等业务中的政策性贷款，代理财政支农资金的拨付及监督使用。组建中国进出口信贷银行。（3）把国家专业银行办成真正的国有商业银行。要求中国工商银行、中国农业银行、中国银行和中国人民建设银行等四家国有专业银行,在政策性业务分离出去之后,尽快转变为国有商业银行,按现代商业银行经营机制运行。要求所有商业银行都按国家有关金融的法律法规完善和发展。同时,积极稳妥地发展合作银行体系,有计划、有步骤地引进外资金融机构。(4)建立统一开放、有序竞争、严格管理的金融市场。(5)改革外汇管理体制,协调外汇政策与货币政策。(6)正确引导非银行金融机构稳健发展。(7)加强金融业的基础建设,建立现代化的金融管理体系。

(二)发布关于进一步改革外汇管理体制的通知

1. 提出现阶段外汇管理体制改革的总体要求。

《关于进一步改革外汇管理体制的通知》阐明的总体要求:实现汇率并轨,实行以市场供求为基础的、单一的、有管理的浮动汇率制;实行银行结汇和售汇制,取消外汇留成和上缴;建立银行间外汇交易市场,改进汇率形成机制;禁止外币在境内计价、结算和流通;改进和完善收、付汇核销管理;实现经常项目下人民币可兑换;取消外汇收支指令性计划,国家主要运用经济、法律手段实现对外汇和国际收支的宏观调控。

2. 确定推进外汇管理体制改革的具体措施。

《关于进一步改革外汇管理体制的通知》提出的实施办法:(1)实行外汇收入结汇制,取消外汇分成。境内所有企事业单位、机关和社会团体的各类外汇收入必须及时调回境内。属于规定范围内的外汇收入,均须按银行挂牌汇率,全部结售给外汇指定银行。符合有关规定的外汇收入,允许在指定银行开立现汇账户。取消现行的各类外汇留成、上缴和额度管理制度。(2)实行银行售汇制,实现经常项目下人民币有条件可兑换。在实行结汇制的基础上,取消经常项目正常对外支付用汇的计划审批。境内企事业单位、机关和社会团体的对外支付用汇,应在持有规定有效凭证的条件下,用人民币到外汇指定银行办理兑付。(3)建立银行间外汇市场,改进汇率形成机制,保持合理及相对稳定的人民币汇率。(4)外汇指定银行要依法经营并强化服务职能。

(5)严格外债管理,建立偿债基金,确保国家对外信誉。(6)外商投资企业外汇管理体制的过渡。(7)取消境内外币计价结算,禁止外币在境内流通。(8)加强国际收支的宏观管理。

(三)颁布关于农村金融体制改革的决定

1. 确定农村金融体制改革的指导思想。

《关于农村金融体制改革的决定》阐明这项改革的指导思想是:建立和完善以合作金融为基础,商业性金融、政策性金融分工协作的农村金融体系;进一步提高农村金融服务水平,增加对农业的投入。改革的重点是恢复农村信用社的合作性质,进一步增强政策性金融的服务功能,充分发挥国有商业银行的主导作用。这项改革是现有农村金融体制的自我完善,要坚持稳健过渡,分步实施,保持农村金融整体上的稳定性。在改革中,要不误农时地做好各项金融服务工作。

2. 制定农村金融体制改革的实施方案。

该文件提出这项改革的具体内容是:(1)改革农村信用社管理体制。这是农村金融体制改革的重点。改革的核心是把农村信用社逐步改为由农民入股、社员民主管理,主要为入股社员服务的合作性金融组织。为此,要加强农村信用社县联社的建设,强化中国人民银行对农村信用社的监管,中国农业银行不再领导管理农村信用社,按合作制原则重新规范农村信用社,县以上不再专设农村信用社的经营机构,注意维护农村信用社的合法权益。(2)办好国有商业银行,建立农村合作银行。(3)增设中国农业发展银行的分支机构,加强农产品收购资金管理。(4)逐步建立各类农业保险机构。(5)清理整顿农村合作基金会。该文件还详细阐明了农村金融体制改革的组织领导。

二 推进优化金融微观基础的政策

(一)建立位于不同领域的三家政策性银行

1. 创建国家开发银行。

1994年3月17日,国务院批准组建国家开发银行,确定它为直属国务院领导的政策性金融机构。2008年12月,通过股份制改造,它成为国家开发银行股份有限公司。2015年3月,国务院把它定位为开发性金融机构。国家开发银行有注册资本 4212.48 亿元，股东持股比例分别为：财政部 36.54%、中央汇金投资有限责任公司 34.68%、梧桐树投资平台有限公司 27.19%，以及全国社会保障基金理事会 1.59%。该行在国内设有 37 家一级分行和 3 家二级分行，境外设有香港分行和开罗、莫斯科、里约热内卢、加拉加斯、伦敦、万象等 6 家代表处。

国家开发银行主要通过开展中长期信贷与投资等金融业务，为国民经济重大中长期发展战略服务。目前，该行旗下拥有国开金融、国开证券、国银租赁和中非基金等子公司。它是全球最大的开发性金融机构，中国最大的对外投融资合作银行、中长期信贷银行和债券银行。

2. 创建中国农业发展银行。

1994 年 4 月 19 日，国务院批准组建中国农业发展银行，确定它是直属国务院领导的国内唯一一家农业政策性银行。其主要职责是承担国家规定的农业政策性金融业务，代理财政支农资金的拨付，为农业和农村经济发展服务。至 2013 年，形成以支持国家粮棉购销储业务为主体、以支持农业产业化经营和农业农村基础设施建设为两翼的业务发展格局，初步建立现代银行框架，经营业绩实现重大跨越，有效发挥了在农村金融中的骨干和支柱作用。

中国农业发展银行全系统共有 31 个省级分行、300 多个二级分行和 1800 多个营业机构，服务网络遍布国内各地。

3. 创建中国进出口银行。

1994 年 4 月 26 日，国务院批准组建中国进出口银行，确定它是直属国务院领导的政府全资拥有的政策性银行。其主要职责是为扩大中国机电产品、成套设备和高新技术产品出口，推动有比较优势的企业开展对外承包工程和境外投资，促进对外关系发展和国际经贸合作，提供政策性金融支持。

目前，中国进出口银行在国内设有 22 家营业性分支机构；在境外设有巴黎分行、东南非代表处和圣彼得堡代表处；与 1000 多家银行的总分支机构建立了代理行关系。它是我国外经贸支持体系的重要力量和金融体系的重要组成部分。

(二) 形成不同类型金融机构竞争发展的格局

1. 促使四大国有专业银行转化为商业银行。

在建立政策性银行之前,四大国有专业银行或多或少承担着一些政策性贷款业务,经营行为上受到政府指令性任务的控制或限制,很难自主依据市场规律独立地开展业务活动。建立政策性银行之后,国家开发银行可以承担基本建设或投资领域的政策性贷款业务,中国农业发展银行可以承担农业领域的政策性贷款业务,中国进出口银行可以承担对外贸易领域的政策性贷款业务。这样,可使四大国有专业银行,从基本建设或投资、农业、对外贸易等重要领域的政策性贷款业务中摆脱出来,全力以赴从事商业性金融项目的经营,有利于它们快速地转化为商业银行。

四大国有专业银行自从不再承担政策性贷款业务后,它们依据国家法律和法规,实现由专业银行向现代商业银行的历史性转变,资金实力显著增强,业务领域不断拓宽,经营结构逐年优化,财务收益大幅跃升,管理水平不断提高,在支持国民经济发展、为客户提供优质服务的同时,自身不断成长壮大。2016年7月20日,《财富》发布最新的世界500强排行榜,中国工商银行名列第15位,中国建设银行名列第22名,中国农业银行名列第29名,中国银行名列第35名。

2. 在城市信用社基础上组建城市商业银行。

20世纪80年代,随着个体、民营经济的快速发展,城市信用社迅猛发展起来。由于体制约束、管理水平低下、人员素质参差不齐等原因,城市信用社在快速发展的同时也积累了大量风险。为了化解风险,国务院在1995年9月7日发出《关于组建城市合作银行的通知》,决定在城市信用社清产核资的基础上,组建城市合作银行。1997年6月20日,中国人民银行发布《城市合作银行管理规定》,指出城市合作银行是股份有限公司形式的商业银行,在合并所在城市已经商业化的城市信用合作社的基础上,吸收地方财政和当地企业共同发起设立。城市合作银行主要为本市中小企业和居民提供金融服务,以促进地方经济的发展。1998年3月13日,经国务院同意,中国人民银行与国家工商行政管理总局联名发出通知,把城市合作银行统一更名为城市商业银行。

2002年，中国人民银行鼓励城市商业银行实施增资扩股，逐步规范城市商业银行的股权结构。2004年年初，银监会提出审慎重组和改造城市商业银行的基本思路与原则，鼓励民间资本和外资入股，以提高其经营管理水平。2006年4月，我国城市商业银行的首家跨省市分行——上海银行宁波分行正式开业。2009年4月，中国银监会办公厅印发《关于中小商业银行分支机构市场准入政策的调整意见（试行）》，允许符合条件的中小商业银行在相关地域设置分支机构，不再受数量指标控制，同时放松对分支机构运营资金的要求。目前，经营业绩良好、资产质量优良的城市商业银行通过开设异地分支机构、合并重组等方式转型为区域性经营的银行，已经成为行业发展的趋势。近几年，我国城市商业银行稳定发展，资产规模迅速增长，各项指标逐步改善。2009—2013年，全国城市商业银行总资产从56800亿元增至151778亿元。

3. 建立由民间资本组成的全国性商业银行。

1996年2月7日，中华全国工商联负责，广州益通集团公司、中国乡镇企业投资开发有限公司、中国煤炭工业进出口总公司、中国船东互保协会、山东泛海集团公司等59家单位作为发起人，成立中国民生银行。它是按照商业银行法和公司法设立的股份制商业银行，也是中国大陆第一家由民间资本设立的全国性商业银行。

当时，构成我国金融微观基础的，除了少数外资金融机构在中国设立常驻代表机构外，主要是国有独资商业银行或国有控股商业银行。这些商业银行的资产属于国有性质，是由政府代表出任股东。而中国民生银行的资本来自民间，成为银行主要股东的是企业家，不再是政府代表。从这个角度来看，民生银行是民间银行，它以民间银行的性质，首次从政府手中得到经营的许可。因此，可以说，设立民生银行，是我国金融体制改革进程的一个重要里程碑。

4. 批准设立外资金融机构。

1983年2月1日，中国人民银行公布《关于侨资外资金融机构在中国设立常驻代表机构的管理办法》，对改革开放初期侨资外资金融机构进入国内市场作出规定。1991年1月1日，中国人民银行颁布《关于外资金融机构在中国设立常驻代表机构的管理办法》，对外国资本的银行、证券公司、投资公司、保险公司、财务公司、信用卡公司、金融性租赁公司等,在中国境内开放城市设立常驻代表机构作出规定。

1997年,中国人民银行批准在国内设立的外资金融机构有:法国的巴黎国民银行、新加坡发展银行、加拿大的丰业银行、澳大利亚和新西兰银行集团有限公司、美国的花旗银行和美洲银行、泰国的盘谷银行、日本的三和银行和住友银行、意大利商业银行、英国的香港上海汇丰银行有限公司、韩国中小企业银行。此外,批准设立的还有恒生银行有限公司、东亚银行、华一银行、华商银行等港资和合资金融机构。

2001年12月12日,国务院颁发的《中华人民共和国外资金融机构管理条例》,对经批准在中国境内设立和营业的金融机构对象作出说明:是指总行在中国境内的外国资本的银行、外国银行在中国境内的分行、外国的金融机构同中国的公司和企业在中国境内合资经营的银行、总公司在中国境内的外国资本的财务公司、外国的金融机构同中国的公司和企业在中国境内合资经营的财务公司。不难看出,外资金融机构呈现多种不同类型,不同外资金融机构进入国内金融市场,可使我国金融微观基础的构成成分更加多样性,金融机构之间的竞争也将更加复杂而充分。

三 进一步加强金融法律体系建设

(一)制定一系列基础性金融法律

1. 制定银行方面的基础性金融法律。

1995年3月18日,第八届全国人民代表大会第三次会议,通过《中华人民共和国中国人民银行法》,确立中国人民银行的地位和职责,保证国家货币政策的正确制定和执行,建立和完善中央银行宏观调控体系,加强对金融业的监督管理。

1995年5月10日,第八届全国人民代表大会常务委员会第十三次会议,通过《中华人民共和国商业银行法》,用来保护商业银行、存款人和其他客户的合法权益,规范商业银行的行为,提高信贷资产质量,加强监督管理,保障商业银行的稳健运行,维护金融秩序,促进社会主义市场经济的发展。

2003年12月27日，第十届全国人民代表大会常务委员会第六次会议通过《中华人民共和国银行业监督管理法》，以便加强对银行业的监督管理，规范监督管理行为，防范和化解银行业风险，保护存款人和其他客户的合法权益，促进银行业健康发展。

2. 制定外汇和证券管理方面的基础性金融法律。

1996年1月29日，国务院颁发《中华人民共和国外汇管理条例》，对经常项目外汇管理、资本项目外汇管理、金融机构外汇业务管理、人民币汇率和外汇市场管理等作出具体规定，有利于加强外汇管理，促进国际收支平衡，促进国民经济健康发展。该条例在1997年、2008年作过两次修改。

1998年12月29日，第九届全国人民代表大会常务委员会第六次会议通过《中华人民共和国证券法》，用来规范证券发行和交易行为，保护投资者的合法权益，维护社会经济秩序和社会公共利益。该法在2004年和2005年进行过两次修订。

2003年10月28日，十届全国人大常委会第五次会议，通过《中华人民共和国证券投资基金法》，旨在规范证券投资基金活动，保护投资人及相关当事人的合法权益，促进证券投资基金和资本市场健康发展。该法在2012年和2015年进行过两次修订。

3. 制定其他方面的基础性金融法律。

1995年6月30日，第八届全国人民代表大会常务委员会第十四次会议，通过《中华人民共和国保险法》，用以规范保险活动，保护保险活动当事人的合法权益，加强对保险业的监督管理，维护社会经济秩序和社会公共利益，促进保险事业的健康发展。该法在2002年、2009年、2014年和2015年进行过4次修订。

2006年10月31日，第十届全国人民代表大会常务委员会第二十四次会议，通过《中华人民共和国反洗钱法》，目的是为了预防洗钱活动，维护金融秩序，遏制洗钱犯罪及相关犯罪活动。

(二) 制定完善中央银行履职的法律

1. 国务院颁布完善中央银行履职的法律。

2000年2月3日，国务院发布《中华人民共和国人民币管理条例》，对从事人民币设计、印制、发行、流通和回收等活动的行为规范作出具体规定，有利于加强对人民币的管理，维护人民币的信誉，稳定金融秩序。

2000年3月20日，国务院颁发《个人存款账户实名制规定》，目的是保证个人存款账户真实性，维护存款人合法权益。

2013年1月21日，国务院发布《征信业管理条例》，旨在规范征信活动，保护当事人合法权益，引导、促进征信业健康发展，推进社会信用体系建设。

2015年2月17日，国务院发布《存款保险条例》，目的是为了更好地保护存款人利益，维护金融市场和公众对我国银行体系的信心，进一步理顺政府和市场的关系，维护金融稳定。

2. 央行制定确保自己更好履职的规范性文件。

1997年10月7日，中国人民银行公布《银团贷款暂行办法》，用来规范银团贷款业务，充分发挥金融整体功能，更好地为企业特别是国有大中型企业和重点项目服务，促进企业集团壮大和规模经济的发展，分散和防范贷款风险。

2002年8月21日，公布《人民币银行结算账户管理办法》，以便规范人民币银行结算账户的开立和使用，加强银行结算账户管理。

2002年12月3日，公布《中国人民银行假币收缴、鉴定管理办法》，用来规范对假币的收缴、鉴定行为，保护货币持有人的合法权益。

制定2004年2月1日起施行的《中国人民银行残缺污损人民币兑换办法》，旨在维护人民币信誉，保护国家财产安全和人民币持有人的合法权益，确保人民币正常流通。

2005年6月16日，发布《个人信用信息基础数据库管理暂行办法》，目的是为了维护金融稳定，防范和降低商业银行的信用风险，促进个人信贷业务的发展，保障个人信用信息的安全和合法使用。

2007年6月8日，公布《同业拆借管理办法》，旨在进一步发展货币市场、规范同业拆借交易、防范同业拆借风险、维护同业拆借各方当事人的合法权益。

第三章　金融政策演变研究

3. 央行制定提高金融机构反洗钱能力的管理规定。

2002年9月17日，中国人民银行公布《金融机构大额和可疑外汇资金交易报告管理办法》，要求境内经营外汇业务的金融机构向国家外汇管理部门报告大额和可疑外汇交易情况，有利于监测大额和可疑外汇资金交易，规范外汇资金交易报告行为。

2006年11月14日发布，2007年1月1日起施行的《金融机构反洗钱规定》，旨在预防洗钱活动，规范反洗钱监督管理行为和金融机构的反洗钱工作，维护金融秩序。

2016年12月28日发布，2007年3月1日起施行的《金融机构大额交易和可疑交易报告管理办法》，用来防止利用金融机构进行洗钱活动，规范金融机构大额交易和可疑交易报告行为。

2007年6月21日，公布《金融机构客户身份识别和客户身份资料及交易记录保存管理办法》，旨在预防洗钱和恐怖融资活动，规范金融机构客户身份识别、客户身份资料和交易记录保存行为。

2014年1月10日，中国人民银行、公安部、国家安全部联合制定《涉及恐怖活动资产冻结管理办法》，目的是为了规范涉及恐怖活动资产冻结的程序和行为，维护国家安全和社会公共利益。实践表明，通过建立金融机构大额交易和可疑交易报告、客户身份识别、洗钱风险评估、涉恐资产可疑交易报告和冻结等一系列法律制度，有效地遏制和打击了洗钱及涉恐融资等违法犯罪活动。

（三）制定加强银行业监管工作的法规

2006年11月8日，国务院公布由银行业监督管理机构推动修订的《中华人民共和国外资银行管理条例》，放宽外资银行准入和经营人民币业务的条件，有利于更好发挥外资银行的积极作用，提高金融资源配置效率。

2012年5月26日，中国银监会推出《关于鼓励和引导民间资本进入银行业的实施意见》，对鼓励和引导民间资本进入银行业，加强对民间投资的融资支持提出具体措施。

2012年6月7日，中国银监会公布《商业银行资本管理办法（试行）》，完善银行业监管规定，加强商业银行资本监管，维护银行体系稳健运行。

2013年11月14日，中国银监会公布《消费金融公司试点管理办法》，扩大并规范消费金融公司试点。对中资银行、外资银行、农村中小金融机构行政许可事项进行规范完善。

（四）制定健全证券期货业相关的法规

2012年10月24日，国务院公布由证券监督管理机构推动修订的《期货交易管理条例》，明确了期货交易相关定义，删去了有关变相期货交易的内容，明确未经批准不得设立期货交易场所或组织期货交易活动。这些修订，有利于进一步明确清理整顿非法期货交易活动的法律依据，依法加强对期货交易活动的监管，促进期货业的进一步创新与发展。

2015年4月24日，公布经过修订的《中华人民共和国证券投资基金法》，把非公开募集基金纳入法律调整范围，加强了对基金管理人、股东、从业人员的监管。此举有利于强化对非公开募集基金的监管，规范证券投资基金业务，保护投资人利益，促进证券投资基金健康发展。针对证券公司、基金公司、期货公司，证券监督管理机构出台了关于机构监管和上市公司管理、证券发行交易、基金销售管理、资产管理、信息披露等监管规定，加强证券期货业机构管理和资本市场制度建设。

（五）制定推动保险业健康发展的相关法规

2006年7月1日开始实施的《机动车交通事故责任强制保险条例》，允许从事机动车交通事故责任强制保险业务的，只限于"中资保险公司"，表明外资保险公司不得经营这项业务。2012年3月30日，这项法规在保险监督管理机构推动下经过修改后，去掉"中资"两个字，意味着中国正式向外资保险公司开放交强险市场，中国保险业进入全面开放阶段。

2012年11月12日，国务院发布《农业保险条例》，明确指出对符合规定的农业保险给予保险费补贴、税费优惠、财政支持建立大灾风险分散机制等多项政策支持，对农业保险合同、农业保险业务经营规则、防范农业保险经营风险作出了诸多具体规定，其目的是为了规范农业保险活动，提高农业生产抗风险能力，保护农民权益，促进农业保险事业健康发展。

2013年5月30日，发布经过修订的《中华人民共和国外资保险公司管理条例》，允许外国保险公司以人民币形式出资设立合资保险公司、独资保险公司，这项规定有利于深化我国保险业对外开放。另外，保险监督管理机构还运用法律手段，在保险公司资本管理、保险品种和业务、保险资金运用、保险公司资产管理业务、保险销售经纪等方面完善有关制度，促进保险业的健康发展。

第四章 就业政策演变研究

我国的就业政策，是社会主义经济政策体系的重要构成内容。就业的具体形式，是由社会主义经济模式的总体框架决定的。传统的计划经济体制，在建立和形成过程中出台了一系列就业政策，逐步形成了与之相适应的传统就业制度。自20世纪70年代末期以来，随着计划经济体制向社会主义市场经济体制的转变，我国的就业政策和就业制度已经发生了深刻的变化，企业、事业单位与劳动者相互选择的市场机制正在逐步形成。我国就业政策和就业制度的变迁，是整个国民经济体制变迁的必然产物。市场化的就业政策和就业制度的形成，也是社会主义市场经济顺利运行的重要保证。[1]

第一节 改革开放前的就业政策

一 改革开放前就业政策的演进

(一) 新中国成立初期的就业政策

新中国成立初期，旧社会遗留的是一个半殖民地和半封建的烂摊子，工矿企业倒闭，市场萎缩，民不聊生，城镇里流动和散布着大量失业人员。能否妥善解决失业问题，不仅是一个经济问题，而且是一个直接关系到能否稳定社会秩序、能否巩固人民政权的政治问题。党和政府对就业工作高度重视。主要采取了以下对策。

---

[1] 张明龙：《走向市场经济的思索》，企业管理出版社2014年版，第289—290页。

1. 政府统一安排旧有公职人员。新中国成立以前，人民政权已经开始在解放区接收和安置原为国民党旧政权服务的公职人员。到 1949 年 9 月，中共中央下发《中央关于旧人员处理问题的指示》。文件指出，经过分析可知，这些旧有公职人员，把自己生存的希望寄托在新政府身上，他们的基本要求是解决吃饭问题，因此必须给予重视。对他们的处理原则是，一般地不能用裁撤遣散方法解决，必须给予工作和生活的出路。同时提出，要求三个人的饭五个人匀着吃，房子挤着住。①

1949 年 9 月 16 日，毛泽东在发表的《唯心历史观的破产》一文中宣布："中共中央已命令全国各地的共产党组织和人民解放军，对于国民党的旧工作人员，只要有一技之长而不是反动有据或劣迹昭著的分子，一概予以维持，不要裁减。"②

根据上述文件精神和领导指示，各地民政部门积极行动起来，按照各自原来的接管系统，确定相关单位进行分类处理，逐步解决旧有公职人员的就业问题。

这一期间，除了已经编入相关单位的旧有公职人员外，对于其他编余待业者，主要的处理方法是机关留用、培训学习、遣返原籍和转业安置。例如，根据南京市档案馆编写的《南京解放》资料显示，到 1949 年 12 月 10 日，对于已登记编余旧有公职人员的安置情况如下：机关留用 369 人，送华大南京分校等学校学习 2332 人，送公安学校 119 人，工人训练队 166 人，苏南公学 64 人，邮政学校 226 人，机关组织研究组 17 人，送清洁队工作 344 人，送生产救养院 21 人，送房管处分配工作（看房屋）810 人，尚待处理 174 人，回原籍 161 人，转业、自谋生计 967 人，发退休金 171 人，救济 173 户，发粮食 9508 斤。③ 这样，旧有公职人员基本上做到适当安置，产生了较好的社会效果和政治影响。

2. 政府统一安排官僚资本主义企业和外资企业职工。到 1949 年年底，国家共没收官僚资本主义工业企业 2858 个，职工 129 万多人，其

---

① 中央档案馆编：《中共中央文件选集》第 18 册，中共中央党校出版社 1992 年版，第 193 页。
② 《毛泽东选集》（第 4 卷），人民出版社 1991 年版，第 1512 页。
③ 南京市档案馆编：《南京解放》，中国档案出版社 2009 年版，第 336 页。

中生产工人约75万人。1950年12月28日,政务院发布《关于管制美国在华财产冻结美国在华存款的命令》。《命令》说:鉴于美国政府已宣告管制我国在美国的公私财产,加剧对我国的敌视破坏活动,决定管制美国政府和美国企业在华的一切财产,冻结一切美国在华公私存款。此后,对其他国家的在华企业,人民政府也根据不同情况,分别采取管制、征购、征用、代管等措施,把1000多家外国资本企业陆续转化为国有企业,成为社会主义国有经济的一部分。这些企业的职员和工人,大部分都安排在原有企业工作,其中少量科技人员被抽调到新成立的科研机构,还有一些管理人员和技术骨干,由政府统一调配去组建新成立的国有企业。

3. 努力解决城镇其他失业人员的就业问题。对于上述两类人员以外的其他待业者,主要采取两项措施:一是通过介绍就业和自行就业的方式,促使部分有就业意向的人员找到合适的岗位。二是对部分一时难以找到合适工作的待业者,政府让其参与以工代赈和生产自救等活动,使他们在继续找工作的过程中能有基本生活费来源,可解决日常生活问题。

这一阶段,从就业政策整体情况来看,国家允许国有企业、私营企业和事业单位自行招工。1952年,政务院已提出逐步实施统一调配劳动力,但在具体招工用人过程中,仍允许各单位自主选择录用。

(二)"一五"时期的就业政策

1953年6月14日开始,中共中央召开长达两个月的全国财经工作会议。会议着重讨论贯彻执行过渡时期总路线问题,提出了我国第一个五年建设计划。该计划草案自1951年开始编制,经过多次修改,提交这次会议讨论。第一个五年计划的基本任务,是围绕苏联帮助我国设计的156个重点项目为中心,集中主要力量完成一系列重大基本建设项目,从而建立我国社会主义工业化的初步基础。同时,发展部分集体所有制的农业生产合作社,并发展手工业生产合作社,建立对于农业和手工业的社会主义改造的初步基础;基本把资本主义工商业纳入各种形式的国家资本主义轨道,建立对于私营工商业的社会主义改造的基础。

1953年8月,由劳动就业委员会、内务部和劳动部联合起草的

《关于劳动就业的报告》，经中央批准下发。该文件规定，各单位招聘的工人、职员数量较大时，应向劳动部门申请，并由劳动部门负责介绍、选择和录用；招工数量较少时，可自行在当地失业人员中选用或另行招聘。此间，固定工制度仅在一部分职工中推行，企业有权自行决定使用临时工。由于临时工、合同工所占比重较大，政府又没有完全禁止辞退职工，各企事业单位的用人，基本上仍保持能进能出的劳动力运行机制。

1953年11月至12月，中共中央发出《关于分期分批调配工业干部的通知》《关于统一调配干部，团结、改造原有技术人员及大量培养训练干部的决定》等文件，政府对国有企业和重点建设工程的管理干部和技术人员，开始采用统一培养和统一调配的方法，进行集中管理。文件提出，根据统一调整、重点配备和大胆提拔的原则，在党政机关和各厂矿企业中，抽调一批条件适合的人员转入厂矿企业任职。据不完全统计，自1952年至1954年的三年中，抽调到工业部门工作的干部共有16万多名，其中为156项重点工程选调的领导干部就有3000多名。同时，还大胆地从先进技术工人和青年知识分子中，提拔了一批有培养前途的工矿企业管理干部。

1955年之后，就业政策发生了较大变化，企事业单位的用人自主权渐趋削弱，并逐步建立起由各级劳动部门统一管理劳动力的运行机制。1955年，劳动部颁布的有关文件指出，依据对劳动力调配实行统一管理和分工负责的原则，各企业招工必须由劳动部门统一进行。与此同时，企事业单位中固定工数量增多，政府又颁布了禁止辞退职工的规定，各单位用人便往往只能进不能出了。

1957年，由于上年新增职工大大超过国家计划，国务院发出通知，规定使用临时工的指标也需经中央主管部门或省、市和自治区政府批准。这样，用人招工权被进一步集中到政府的劳动部门。国务院在《关于劳动力调剂工作中的几个问题的通知》中还进一步规定：各单位对于多余的正式职工和学员、学徒，应该积极设法安置，如果没有做好安置工作，不得裁减。企业事业单位如不按规定私招或随便辞退人员时，应视情节轻重由其上级主管部门或国家监察部门予以适当处理。这一时期，对手工业和私营工商业的社会主义改造基本完成，城镇工商企业的所有制结构趋于单一化，产业结构也日益向重工业方向倾斜，使就业门路变得越来越窄。上述有关政策的出台，实际上是把城镇待业人员的就业，以及在职职工的工作安排统统包揽起来。

这一时期，政府负责安排的人员范围不断扩大，从大中专毕业生和部分复员转业军人开始，渐渐发展到城镇中需要就业的全部人员，最终形成了以政府统包统配和固定工制度为主要特征的就业政策。

这种就业政策的执行结果，使企事业单位的职工全部变成了固定工，同时，企业用人机制转变为只能进不能出，不再存在劳动力市场，劳动者不能自由流动。不过，该就业政策，对稳定社会秩序，促进经济建设，也起过一定的积极作用。到1957年，我国不仅安置了旧社会遗留的400万失业人员，而且职工人数发展到3205万人，其中"一五"期间的五年，就净增了1673万人。

（三）"大跃进"至"文革"期间的就业政策

1．"大跃进"至"文革"开始前的就业政策。

"一五"期间，由于城镇原有失业者和新增待业者的就业问题得到较好解决，本来已为下一阶段的劳动就业奠定了稳实基础。然而，紧接着出现的"大跃进"运动，打乱了刚刚建立起来的就业运行机制，无法正常实施就业政策，使就业工作出现严重失误，原本一片大好的就业形势骤然变得"乌云密布"。

1958—1960年三年中，在"大跃进"和"反右倾"的影响下，各项社会经济建设事业盲目发展，全国净增职工2868万人，其中2000万人来自农村，占同期农村新成长劳动力的72%。这些来自农村的劳动力75%在工业部门就业，其中64%集中于重工业部门。职工人数的迅猛增加，促使工资总额支出和商品粮供应，远远超出国家负担能力。同时，由于过量抽取农村劳动力，极大地干扰了农业生产的发展，商品粮和农副产品的供应变得更加紧张了。

1961年，全国进入三年经济调整时期，各地全面贯彻"调整、巩固、充实、提高"的八字方针，工业特别是重工业发展速度显著放慢，不得不在全国范围内进行大规模精减职工、压缩城镇人口的工作。经过一个十分艰难的过程,1961—1963年期间,共精减职工2000多万人,扣除这几年必须安排和增加的职工,三年净减1751万人,他们大部分被动员回乡从事农业生产。

基本建设投资大幅度回落,同时又关闭和停办了一些企业,致使工矿企业提供的就业岗位减少,影响了吸纳劳动力的能力。据1963年年末的统计数据可知,全国城镇尚未落实工作岗位的待业人员还有200万人,其中青壮年劳力占很高比例,达85%以上。

面对这种严峻的就业形势,政府对城镇待业者,在继续推进统包统配就业政策的过程中,也运用了较多的灵活方法进行安置。例如,劳动部门根据当地生产和生活发展的需要,在商业、服务业和手工业领域组建新的集体企业,通过它们增加就业岗位,使实施统一配置劳动力的政策,有更多的回旋余地。与此同时,政府推出一些鼓励性政策,促使部分人员自谋职业或开办家庭副业,还有计划地动员部分城镇青壮年到农村或农场参加生产。另外,通过开办文化补习班或职业培训班等形式,招收未升学的青年继续学习有关知识,尽量减轻当前的就业压力。这样,经过多方努力,城镇待业人员基本上得到了妥善安置。1965年与1962年相比,城镇就业人口增加了600万人。

2."文革"期间的就业政策。

1966年开始的"文化大革命"十年动乱,致使国民经济濒于崩溃的边缘,极大地干扰了正常就业政策的实施,再也无力维持原有的就业制度。问题最突出的是头三年,由于企事业单位停止招聘人员,高等学校和中等专业学校也停止招生,致使初高中毕业生大量滞留在城镇等待安排,最多时达400万人。于是,动员城镇知识青年上山下乡,成了当时解决就业问题的主要措施和对策。

"文革"期间,曾经再次出现不顾发展实际,乱上建设项目、盲目扩大生产规模的现象。与此同时,出现了突破正常就业政策,随便增加职工数量的现象。1970—1972年三年净增职工1275万人,平均每年增加420多万人,超出以往每年平均增加职工人数的一倍左右。由于大幅度突破职工人数、工资总额和商品粮销量等指标,不得不大量动用备荒粮仓的库存粮食来救急。于是,1973年和1974年两年再次精减职工,共减少170万人,他们主要是来自农村的人员。

特别是,"文革"期间,试图通过不适当的就业办法缩小城乡差别,造成了严重的后遗症。对城镇新成长劳动力的安置,原先已经摸索出一套行之有效的办法,包括四个去向:继续升学、进入工商企业、去农场或农村、支援边疆。自从"文革"动乱打破了正常的就业渠道,城镇新成长劳动力被统统实行送到乡下,"接受贫下中农再教育"。这时,原有工矿企业扩大再生产,以及新办工矿企业需要招聘职工,则大量从农民中选用。据有关资料统计,"文革"十年累计城镇知识青年上山下乡共1500万人,而城镇企业从农村中招聘的正式职工有1300万人,形成了人为的城乡劳动力大对流。实践证明,这种就业方法,弊病很多,效果不好。党的十一届三中全会以后,调整知识青年上山下乡政策是完全必要的、完全正确的。

二 改革开放前就业政策的主要特征

我国改革开放前实施计划经济模式,就业政策与计划经济制度相适应。它萌生于20世纪50年代中期,此后10多年,经过不断充实、调整和发展,到60年代中后期形成基本定型的政策体系,并一直沿用到70年代末。这个政策体系,由劳动、就业和用工三个互相衔接的政策系统共同组成。其主要特征表现如下。[①]

（一）劳动政策以指令性劳动计划为基石

这一时期,劳动政策主要表现为,国家通过制订统一的指令性计划,对劳动力主要是城镇失业和待业人员进行调节。少量农村劳动力进入企事业单位,也是根据国家指令性计划指标来选拔的。由于劳动力资源配置在缺乏市场调节的条件下进行,竞争规律难以发挥优胜劣汰的作用,其结果往往背离价值规律的要求。

同时,企事业单位招聘人员的权力集中在国家手中,只能按照政府部门下达的指标完成招工计划,用人者没有选人的自主权。企事业单位要增加职工,必须先拿到指令性劳动计划确定的招工指标,否则,是不

---

① 张明龙:《改革前我国就业政策的主要特征》,《新华文摘》2010年第2期。

可能从外部招聘新人员的。

于是，以指令性劳动计划为基础，构建起符合计划经济要求的劳动政策基本框架和整个系统。

（二）就业政策以统包统配为基本特征

当时，就业政策的基本特征表现为，国家通过手中掌握和控制的就业岗位，包揽劳动者的就业。它起始于对大中专毕业生的调节，由于当时专业人才奇缺，通过统包统配的方式，有利于优先满足国家重点建设领域的人才需求，有利于及时补充边远地区的人才需求，也有利于较好满足艰苦行业的人才需求，对促进社会经济发展发挥过一定的积极作用。

但是，这种就业政策系统的缺陷，也是十分明显的：劳动力资源在企事业单位之间的配置，不是通过市场机制而是运用行政手段来进行的。劳动者没有选择职业的权利，也没有选择工作岗位的权利。特别是，劳动者就业后获得的劳动报酬，是由国家制定标准发放，并由国家负担全部支出，与企事业单位的业绩和收益毫无关系，同时，国家还为在职人员提供终身就业保障，使他们再也不用承担失业的风险与压力。

这样，以统包统配为标志，构建起与劳动政策紧密连接，为计划经济运行服务的就业政策系统和管理制度。

（三）用工政策以国家固定工为主体

改革前，用工政策的主要特征，表现为企事业单位职工的主体部分具有固定工身份。固定工也称作固定职工或长期职工，他们由政府劳动管理部门负责招聘或调配到用人单位，与用人单位保持着长期不变的劳动就业关系。

固定工制度的主要特点是，劳动者一旦被某个单位招聘录用，他便与这个单位建立并保持终身固定的劳动法律关系，获得无限制的工作期限。除了某些非常特殊的情况以外，一个单位内的在职职工不得无故离职，单位也不得无故辞退职工。企业中的固定工，通常由工人和职员两类组成，工人是直接从事生产活动的体力劳动者，职员大多属于脑力劳动者，以从事任行政管理、技术研发和财务管理等工作为主。

这种以国家固定工为主体构建企事业单位人员组织框架的用工政

策，是与指令性劳动计划和统包统配就业模式相适应的，它是传统劳动就业政策体系的一个重要子系统。

三　改革开放前就业政策的成效与弊端

（一）改革开放前就业政策产生的积极效应

改革开放前传统的就业政策体系，是在全国解放以后逐步建立起来的。就其整体来说，它在促进社会主义建设事业发展，提高职工生活水平等方面，发挥过相当重要的作用。其中比较突出的，表现在以下几个方面。

1. 完成规模巨大的劳动就业组织工作。

我国人口众多，劳动力资源非常丰富。要把大量分散各地的劳动力组织起来，使其在国民经济各部门之间合理分配，同时，使劳动者能够各尽所能，各得其所，并不断提高自身的文化素质和技术水平，是一项繁重而艰苦的任务。

全国解放初期，党和政府在积极恢复和发展生产的基础上，通过采用介绍就业、转业训练、以工代赈、组织生产自救和回乡生产、发放救济金等多种政策，帮助失业人员就业，并解决其就业前的生活困难，同时鼓励失业人员自谋职业。由于生产建设发展得比较快，就业政策又切合实际，很快就解决了旧社会遗留的失业问题。此后，就业政策的重点，逐步转移到城镇新成长劳动力的安排方面。到20世纪70年代末，先后安排了5000多万城镇新成长劳动力就业。

2. 提高职工队伍的文化和业务技术素质。

解放初，旧中国留下的技工学校只有3所，在校学生2700人。当时，企业职工队伍中文盲半文盲占有很高比重，具有中专以上学历的工程技术人员犹如凤毛麟角，数量很少。新中国的就业政策，一直把提高职工素质作为基本内容和主要任务。除了大量举办工人夜校、职工补习学校、业余培训班等以外，还创建了大量技工学校。到20世纪80年代初，我国有技工学校3000所，在校学生近70万人，其毕业生累计达到143万人。

同时，企业根据当时就业政策的有关规定，普遍建立学徒培训制度，对进厂从事技术工作的新工人，通常需要经过两年至三年的学徒培训，在其掌握一定技能以后才转为正式工人。据有关资料统计，国有企业拥有中专以上学历工程技术人员的比重，1952年为2.7%；随着高等院校和中等专业教育的发展，1980年提升到6.6%。至此，我们基本上依靠自己的工程技术人员，建立起门类比较齐全的工业体系和科学研究体系。

3. 逐步提高职工的工资和福利水平。

改革开放前，我国在全国范围内进行了两次工资改革，初步建立起体现按劳分配原则的工资制度。另外，随着生产发展和劳动生产率的提高，还多次提高了职工的工资。

当时，职工的保险福利事业获得迅猛发展。解放前，只有极少数企业有一些保险和福利待遇，大多数职工遇到生育、疾病、伤残、年老和死亡等情况，得不到任何物质帮助，生活没有保障。职工日常生活中遇见的大量问题，如工间就餐、上下班交通，以及家庭发生意外灾害等，企业很少承担责任，甚至完全甩手不管。新中国成立后，马上把这些当作重要问题努力加以解决。1951年，中央人民政府颁布了劳动保险条例，在企业中推行项目相当齐全、费用全由企业负担的劳动保险制度。接着，国家机关和事业单位也实行了类似制度。据有关部门统计，到20世纪70年代末，根据国家规定，直接用于国有企业职工的保险、福利费用，相当于工资总额的20%左右。

4. 不断改善工人生产中的安全和卫生条件。

旧社会，工人群众大都在十分简陋和恶劣的环境中干活，生命安全和身体健康没有保障，职业病成为常见现象，伤亡事故层出不穷。职工一旦患上职业病或发生工伤，不仅得不到救治，反而会因此丢掉饭碗。解放后，政府制定的就业政策，其中一项重要内容，就是保护职工劳动，改善作业环境和劳动条件，减轻工人的劳动强度。

根据就业政策的要求，政府主管部门制定了安全生产方针，颁布了工厂安全卫生规程、建筑安装安全技术规程、锅炉和压力容器安全监察规程，以及伤亡事故报告规程等一系列劳动保护法规制度。同时，企业也按照就业政策规定，普遍建立起职工个人防护用品和保健食品制度，根据不同岗位生产劳动的特点，免费发给职工个人防护用品、清洁卫生用品和保健食品。企业普遍实行8小时工作日、6日工作周制度，没有特殊需要并经批准，不得擅自延长工作时间，不得随意加班加点。

(二) 改革开放前就业政策的主要弊端

随着社会主义建设事业的发展，以统包统配为特征的传统就业政策，其弊端暴露得越来越明显了。它主要表现为劳动调控机制呆板，计划指标因脱离劳动力市场供求而严重失实，政府统得过死，包得过多，能进不能出，一次分配定终身，严重影响了企业和劳动者的积极性，束缚了生产力的发展。

1. 传统就业政策在配置劳动力方面表现出来的弊端。

改革开放前，传统就业政策体系对劳动力配置的变化过程表现为：从多种就业途径和比较灵活的用工方式，逐步演变为，对城镇劳动力由国家统包统配和单一的固定工模式，城镇就业渠道大都被堵塞，只剩下政府分配一条通道。对于企业来说，劳动者是有进无出的，一经录用，不论企业生产任务和岗位有无变动，也不管职工是否称职、是否遵守劳动纪律，都不能及时处理。这样，企业之间劳动力的合理流动，变得十分困难。

实际上，传统就业政策在其形成过程中，就暴露出一些弊病：不少单位富余人员越来越多，既很难调剂，又无法辞退，严重影响了劳动生产率的提高。还有一些职工成为固定工，有了铁饭碗，不再勤奋工作，劳动纪律松弛。针对这些情况，1958年上半年，劳动部提出，今后企业招收新工人时，应广泛使用长期合同工和短期合同工。除了部分掌握复杂技术的生产骨干外，尽力少用固定工。然而，这种改革设想，刚刚提出不久，便被"大跃进"的狂热淹没了。

2. 传统就业政策在工资分配方面表现出来的弊端。

传统就业政策体系对工资分配调节的变化过程表现为：从比较注意贯彻按劳分配原则，并随着生产的发展及时提高工资水平，逐步演变成与企业的生产、劳动生产率以及职工个人的劳动贡献渐渐脱钩，甚至毫无关系。在相当长一段时间内，职工工资该加的却没有指标加不上去，该减的也减不下来。即使职工进步迅速，贡献巨大，工资还是由于没有指标而无法增加；同时，表现很不好，给企业生产造成损失的也不会对其少付工资。

特别是在保险福利待遇方面，按照传统就业政策的操作结果，使职工获得的各种福利，与企业经营业绩和自身实际表现没有一丝联系。任何劳动者，只要取得国家职工身份，并具有一定工作年限，就可以享受相当优越的各种待遇。

3. 传统就业政策在企业管理方面表现出来的弊端。

传统就业政策把企业职工变成固定工，致使工资福利与经营业绩脱钩，并偏离按劳分配原则，对企业管理带来了严重的负面效应。改革前，包括大集体企业在内的全民所有制企业内部，形成了一整套能进不能出、能增不能减、能上不能下的劳动用工模式。同时，产生了由国家统一安排、由政府统一管理的劳动力资源配置体制，使企业生产经营陷入十分被动的局面。在此基础上，企业在劳动用工和工资分配方面表现出来的典型现象，就是通常所称的"大锅饭"和"铁饭碗"。

这样，传统就业政策把本来应该由社会相关机构承担的社会责任，以及原本应该由职工自身承担的个人责任，一股脑儿推给国家和企业，把社会主义初级阶段实际生活中存在的客观差别，通过人为方法将其勉强拉平。于是，企业生产过程中，由于经营者和广大职工既缺乏内在动力，又没有外部压力，进取心日益销蚀，依赖性和惰性不断增强，严重影响劳动者聪明才智的发挥，严重影响企业经营管理的改善，也严重影响科学技术和社会竞争力的提升。

20世纪70年代末，我国开始对传统计划经济体制进行反思，认真对待其出现的各种弊端。就业政策，作为传统计划经济体制的重要组成部分，理所当然地列入反思的范围。1979年，我国开始调整知识青年上山下乡政策。此时，不再把城镇新增待业人员推向农村，而历年下乡的知识青年正在陆续返回城镇。这一年，等待政府安置的城镇人员，包括按政策留城而未就业人员、因病回城知青、自行返回者，以及其他待业人员等，数量高得惊人，劳动就业局面出现新中国成立以来前所未有的严峻形势，显然已经难以继续推进统包统配的就业政策，必须对计划管理的就业制度实行改革。

第二节　改革开放初期就业政策的演进

回望就业政策的运行轨迹，尽管荆棘丛生，险滩暗礁密布，但由于采用了循序渐进和步步为营的正确方法，从整体上来说，就业政策体系的改革与创新，是相当成功的。改革开放初期，我国就业政策从妥善安置"文革"郁积下来的待业人口入手，由表及里地推进创新，逐步以广开门路形成多元化就业格局，在新增劳动力中确立双向选择关系，全面促使劳动力合理流动，直至剥离企业富余人员。就业政策的这一演进历程，大体包括以下主要步骤。

一　外围层次改革阶段的就业政策

（一）外围层次改革阶段就业政策的含义与具体内容

外围层次改革阶段的就业政策，是指从外围层次改革劳动就业制度时形成的政策，其操作结果表现为，通过广开门路形成多渠道、多元化的就业格局。其具体内容，主要体现在以下两个文件上。

1. 发布《进一步做好城镇劳动就业工作》。

1980年8月7日，中共中央转发的全国劳动就业工作会议文件《进一步做好城镇劳动就业工作》率先提出："在国家统筹规划和指导下，实行劳动部门介绍就业、自愿组织起来就业和自谋职业相结合"的方针。这个"三结合"方针的提出，突破了政府统包统配政策单渠道安置劳动力的就业制度，开辟了国有、集体和个体多条就业渠道，逐步形成了多元化的就业政策新景象，开始从外围层次的社会劳动力管理入手改革劳动就业制度。

该文件指出，就业政策创新的方向是逐步推行公开招工，择优录用的办法；使企业有可能根据生产的需要增加或减少劳动力，劳动者也有可能把国家需要和个人的专长、志向结合起来，选择工作岗位。就业形式应该多样化，可以在国营、集体企业，以及合作社或合作小组中工作，也可以从事个体工商业和服务业劳动。同时，该文件对促进就业制度外围层次改革，提出以下新对策：

(1) 大力扶持兴办各种类型自负盈亏的合作社和合作小组。这类经济组织,适合于商业和服务行业,也适合于工业建筑业和其他行业。它们都要自负盈亏。其创办资金除自筹外,可从当年城乡统筹知青安置经费中借给一部分,也可由银行给予低息贷款,并准许单立户头。生产中所需三类物资可以自行采购,一、二类物资以及劳动保护所需物资应尽可能给予保证;大厂的边角余料给予适当照顾;国家对商业和饮食业的合作经济组织,实行和国营商业同样的批零差价和货源分配。

(2) 要求有条件的国有企业积极支持待业青年办合作社。认为国有企业利用自己的条件,采取"全民办集体"的方式形成合作社,解决职工子女就业问题,是个好办法。它们借助于企业的技术和领导力量,利用了工厂的物质基础,挖掘了企业闲置设备和边角余料的潜力,促进了企业生产,增加了商品供应,改进了生活服务。这类合作社,一定要独立核算,自负盈亏,不能吃"大锅饭"。创办资金提倡由群众自己筹集。由国有企业提供的资金以及厂房、设备和其他生产资料,应当采取作价分期归还的办法,或者作价入股,把合作社办成合营企业。

(3) 发展以知青为主的集体所有制场(厂)队和农工商联合企业。城镇郊区发展集体所有制的知青场(厂)队和农工商联合企业,可以绿化荒山,改善环境,增加副食品供应,改变城镇郊区面貌,安排知青劳动和就业,有的还可以发展为卫星城镇或小城镇。这种以知青为主的集体企业,可由城乡有关单位集资兴办。要实行城乡互助、工农两利的政策。要以一业为主,多种经营;独立核算,自负盈亏。搞得好的,工资福利应允许他们自己做主,可以高于全民所有制企业。其城市户口及粮食关系可以不变。

(4) 鼓励和扶植发展城镇个体经济。个体经济是社会主义公有制经济的不可缺少的补充,在今后一个相当长的历史时期内都将发挥积极作用,应当适当发展。有关部门对个体经济要积极予以支持,不得刁难、歧视。一切守法的个体劳动者,应当受到社会的尊重。

(5) 通过改革用工制度和工时制度来增加工作岗位。某些行业或工种,可以根据实际情况采取灵活轮班制度,如纺织行业正在实行"四班三运转"的办法。化工、矿山井下等行业的有毒有害工种,可以减少劳动时间或定期轮换。建筑、冶炼、地质勘探、森林采伐、装卸搬运等繁重体力劳动行业,可以根据本行业的特点设置合理轮班制度,吸引人们前去就业。有的还可以实行半日工作制,工资按稍高于日工资的半数支付。

该文件还对发展职业技术教育、建立劳动服务公司,以及解决插队知青安置就业经费等问题,提出了对策措施。

2. 发布《关于广开门路,搞活经济,解决城镇就业问题的若干决定》。

1981年10月17日,中共中央和国务院颁布了《关于广开门路,搞活经济,解决城镇就业问题的若干决定》,指出要通过进一步调整产业结构和所有制结构,在发展经济和各项建设事业的基础上,有计划、有步骤地解决就业问题。

该文件指出,长期以来,我国在产业结构方面,过分偏重于发展工业,特别是重工业,致使增加的新职工中,50%以上集中在工业部门,在工业部门中,70%又集中于重工业。许多企业人浮于事,劳动生产率很低;而与人民生活息息相关的许多服务性行业和一部分消费品生产行业,却又人员不足,甚至没有人干。为此,今后要大力发展与人民生活关系密切的商业、服务性行业和消费品生产行业,充分发挥它们解决城镇劳动就业的巨大潜力。

该文件指出,过去,我国在所有制方面,限制集体,打击、取缔个体,城镇集体企业急于向单一的全民所有制过渡,既阻碍了经济建设的发展,又堵塞了劳动就业的多种渠道。今后在调整产业结构的同时,必须着重开辟在集体经济和个体经济中的就业渠道。该文件强调,要努力办好城镇集体所有制经济,大力提倡和指导待业青年组织起来,在集体经济单位就业。特别是近年出现的集资经营的各种经济组织形式,正在冲破部门、地区和所有制的限制,值得提倡,要给予政策支持。该文件还强调,要适当发展城镇劳动者个体经济,增加自谋职业的渠道。同时规定,对个体工商户,应当允许经营者请2个以内的帮手;有特殊技艺的可以带5个以内的学徒。对于个体劳动者的税收,要规定合理的税率。只要不从事违法活动,就不要从收入水平上卡他们。

(二) 外围层次改革阶段就业政策取得的主要成效

20世纪70年代末，我国城镇出现了大批"待业青年"，致使就业压力达到极限。面对这种情况，政府采取了大力发展集体企业，加快消费品生产，扩大服务性行业经营范围，广泛组织劳动服务公司，开展多种形式的就业技术培训等有效措施，努力拓宽就业的门路。到了80年代初，提出劳动部门介绍就业、自愿组织就业和自谋职业的"三结合"方针，开始突破传统的劳动就业制度。接着，提出通过调整经济结构，大力引导、鼓励、促进、扶持集体和个体经济发展，充分挖掘各种就业潜力。

这些促进就业制度外围层次改革的新政策，由于贴近广大群众的实际要求，又有相关部门的大力支持，取得了预期的良好效果。1977—1981年，全国城镇共安置3700多万人就业，绝大多数地区已将以往郁积的待业人员基本安置完毕，从而卸下了空前沉重的就业包袱，就业结构呈现出多样化，劳动力资源的配置，也显得更加合理了。

二 内圈层次改革阶段的就业政策

(一) 内圈层次改革阶段就业政策的含义

内圈层次改革阶段的就业政策，是指从内圈层次改革劳动就业制度时形成的政策，其操作结果主要表现为，通过公开招工在新增劳动力中确立双向选择关系。

20世纪80年代初，随着经济体制改革，多种经济成分的出现和发展，特别是在"三结合"就业方针的指导下，敞开了就业门路，拓宽了就业渠道，就业结构呈现出多样化。此时，全民企事业单位的用工制度开始发生变化，用人单位有了一定招工自主权。这样，制定新的就业政策，从内圈层次推进劳动就业制度改革，已经有了良好基础。

(二) 内圈层次改革阶段就业政策的具体内容

1. 发布《国营企业招用工人暂行规定》。

1986年7月12日，国务院发布《国营企业招用工人暂行规定》，旨在改革国营企业招工制度，保证招工质量，提高工人队伍素质，适应社会主义现代化建设事业发展的需要。该文件提出，企业招用工人，应贯彻执行先培训后就业的原则，面向社会，公开招收，全面考核，择优录用。这一规定，把竞争机制引入就业领域，还赋予企业在招工中拥有选择权，为形成劳动者与企业的双向选择关系打下了基础。

该文件规定，企业招用工人的范围，包括符合报考条件的城镇待业人员和国家规定允许从农村招用的人员。同时明确规定，废止两种招工办法：一是企业不得以任何形式进行内部招工；二是不再实行退休工人子女顶替，使企业选择新职工有更大的回旋余地。

该文件规定，企业对招聘人员要进行德智体全面考核，择优录用。其考核内容和标准，可以根据生产、工作需要有所侧重。招用学徒工人，侧重文化考核；直接招用技术工人，侧重专业知识技能考核；招用繁重体力劳动工人，侧重身体条件考核。并规定，凡适合妇女从事劳动的工种，应当招用女工。同时强调，企业招用工人，应当规定试用期。在试用期内发现不符合招工条件的，企业可以解除劳动合同，由原户口所在地负责接收。

2. 发布《国营企业实行劳动合同制暂行规定》。

国务院在颁发上述文件的同一天，还发布了《国营企业实行劳动合同制暂行规定》，其目的是为了改革国营企业的劳动制度，增强企业活力，充分发挥劳动者的积极性和创造性，保障劳动者的合法权益，促进社会主义现代化建设。

该文件提出，对新招职工统一实行劳动合同制。用工形式，由企业根据生产、工作的特点和需要确定，可以招用五年以上的长期工、一年至五年的短期工和定期轮换工。不论采取哪一种用工形式，都应当按照本规定签订劳动合同。企业招用一年以内的临时工、季节工，也应当签订劳动合同。这项规定，首先在新增职工中打破了固定工制度。劳动合同制的推行，改变了原有的用工模式，把劳动就业制度改革，从外围层次的社会劳动力管理，进一步推向内圈层次的企业新增劳动力管理。

该文件规定，劳动合同的内容应当包括：在生产上应当达到的数量指标、质量指标，或应当完成的任务；试用期限、合同期限；生产、工作条件；劳动报酬和保险、福利待遇；劳动纪律；违反劳动合同者应当承担的责任；以及双方认为需要规定的其他事项。

该文件规定企业可以解除劳动合同的条件：劳动合同制工人在试用期内，经发现不符合录用条件的；劳动合同制工人患病或非因工负伤，医疗期满后不能从事原工作的；按照《国务院关于国营企业辞退违纪职工暂行规定》，属于应予辞退的；企业宣告破产，或者濒临破产处于法定整顿期间的。另外，劳动合同制工人被除名、开除、劳动教养，以及被判刑的，劳动合同自行解除。并规定企业不得解除劳动合同的限制条件：劳动合同期限未满，又不符合企业可以解除劳动合同的；患有职业病或因工负伤并经劳动鉴定委员会确认的；患病或非因工负伤，在规定的医疗期内的；女工在孕期、产假和哺乳期间的；符合国家规定条件的。

该文件规定劳动合同制工人可以解除劳动合同的条件：经国家有关部门确认，劳动安全、卫生条件恶劣，严重危害工人身体健康的；企业不能按照劳动合同规定支付劳动报酬的；经企业同意，自费考入中等专业以上学校学习的；企业不履行劳动合同，或者违反国家政策、法规，侵害工人合法权益的。

该文件第三条规定，劳动合同制工人与所在企业原固定工人享有同等的劳动、工作、学习、参加企业的民主管理、获得政治荣誉和物质鼓励等权利。从这里可以看出，这次就业政策创新和用工制度改革，仅仅局限于就业增量部分，尚未触及城镇就业存量部分，企业原有职工仍然保持着固定工制度。

三 核心层次改革阶段的就业政策

（一）核心层次改革阶段就业政策的含义

核心层次改革阶段的就业政策，是指从核心层次改革劳动就业制度时形成的政策，其操作结果主要表现为，通过全员劳动合同制促使劳动力合理流动。

20世纪50年代，我国曾实行过劳动合同制。1951年5月15日，劳动部公布的《关于各地招聘职工的暂行规定》载明："招聘职工时，雇用者与被雇用者，双方应直接订立劳动契约，须将工资、待遇、工时、试用期以及招往远地者来往路费、安家费等加以规定，并向当地劳动行政机关备案。"后来，随着统包统配政策的形成，逐渐放弃了劳动合同制。

1980年，劳动合同制在三资企业中恢复。1986年把它全面推行到全民所有制的新增职工范围。接着，从1987年的劳动"优化组合"，到1991年出现的"破三铁"，通过劳动合同制大范围地推动企业原有的固定工制度改革。

（二）核心层次改革阶段就业政策的演进过程

1. 开展优化劳动组合的企业内部劳动制度改革。

从1987年开始，我国许多企业实施一项企业内部劳动制度改革：优化劳动组合。它表现为企业按照择优上岗的原则，通过层层招聘而产生的一种新型劳动组织形式。其具体做法是：从企业领导班子到科室、车间、班组，根据满负荷原则，合理确定劳动力的需要量，进行科学的定额、定员、定编、定岗，公布上岗条件，招聘招标，平等竞争，双向选择，允许流动，层层承包，订立合同，编外富余人员实行厂内待业。

优化劳动组合的主要特点是，在企业内部，可以实现干部与职工的上下岗位流动，可以实现不同工种员工之间的互换流动，可以实现同岗位员工在不同责任范围内流动，还可以根据劳动结构的变化，做好各类人员的重新搭配和组合。但是，这种流动仅限于本企业内部，干部职工不能流动到企业外面去，企业也不能解除与任何员工的劳动关系。同时，要求对由于优化劳动组合而下岗的富余人员，企业应采取多种方法和渠道妥善安置，包括集中培训、举办第三产业或送劳务市场等。

实行优化劳动组合，对于推进劳动就业制度改革来说，具有重要意义：有利于缓解企业原有固定工与新招聘合同工之间的矛盾与冲突，并为推行全员劳动合同制提供了演练的舞台；有利于精简机构和人员，使企业内部劳动力资源配置更加合理；有利于突破传统的企业干部管理模式，促使干部能上能下；有利于调动职工积极性，促进职工树立"通过竞争获得岗位、依靠贡献增加收入"的新观念；有利于加强企业基础管理工作，提高企业的整体管理水平。

2. 掀起以"破三铁"为中心的企业就业制度改革热潮。

1992年2月，《经济日报》刊登《破三铁，看徐州》的稿件，报道江苏省徐州市在最近一年时间里,针对"企业办不好,厂长照样当;工厂亏损了,职工钱照拿;生产任务少,谁也减不了"的现状,通过"破三铁"让企业恢复了活力。所谓"三铁",是对铁饭碗、铁交椅和铁工资三者的合称,实际上是指国有企业的劳动用工、人事管理和分配制度改革,它们在计划经济时代是国有企业特有的优越性,到了改革开放阶段则成为企业内部机制僵化的症结所在。

所谓"破三铁",就意味着企业可以辞退工人,从而彻底破除固定工的用工模式。同时,以往被称为"干部"的企业管理人员,也不再保持终身制的特有权利;员工工作也不再是固化的,铁板一块的,而是可以根据效益和绩效随时变动的。《经济日报》发现了"破三铁"的诸多好处之后,在不到一个月的时间里,连续发表同类稿件36篇,它坚决地认为,"破三铁"是国有企业改革的一次"攻坚战"。新华社也发表述评,称"破除三铁,是今年企业改革的主旋律"。到3月底,全国列入"破三铁"的试点企业,已有1000多家。

但是,由于当时尚未建立失业保险制度,也没有健全的社会保障机制,工人一旦在"破三铁"中下岗,就会变成无依无靠的社会弃儿,这会引发严重的社会危机。在5月召开的中国经济体制改革研究会上,有专家明确提出,转换企业经营体制不能简单地归结为"破三铁"。《半月谈》也发表权威人士谈话,认为"破三铁,要谨慎"。到6月底,原本声势浩大的"破三铁"运动就悄然收场了。"破三铁"运动虽然存在时间很短,然而,它触及劳动就业制度改革的核心层次,要求解除企业与工人的"终身劳动契约",动摇了固定工存在的基础,为企业推行全员劳动合同制铺平了道路。

3. 发布《全民所有制工业企业转换经营机制条例》。

1992年7月23日,国务院颁布《全民所有制工业企业转换经营机制条例》。该文件由7章54条组成,除了首尾的总则和附则外,中间5章内容分别是企业经营权、企业自负盈亏的责任、企业的变更和终止、企业和政府的关系、法律责任。有关劳动就业政策,主要体现在第2章第17—20条内。

该文件对企业招工对象作出如下规定:依据法律和国务院规定,录用退役军人、少数民族人员、妇女和残疾人。原企业负责安排定向或者委托学校培养的毕业生就业；在同等条件下，优先招收大专院校和中专、技工学校毕业生。刑满释放人员，同其他社会待业人员一样，经企业考核合格，可以录用。在服刑期间保留职工身份的刑满释放人员，原企业应予以安置。

该文件对企业用工形式作出如下规定：企业有权决定用工形式。企业可以实行合同化管理或者全员劳动合同制。企业可以与职工签订有固定期限、无固定期限或者以完成特定生产工作任务为期限的劳动合同。企业和职工按照劳动合同规定，享有权利和承担义务。这里明确指出，企业可以实行全员劳动合同制。这样，合同化管理范围，由新增职工扩大到包括原有职工在内的全体就业人员。

自此开始，就业政策创新和就业制度改革，又向前跨上了一级大台阶，从内圈层次的企业新增劳动力管理，直接深入到核心层次的国家固定工制度。实行全员劳动合同制，消除了企业原有职工与新增职工的用工差别，避免了两种不同用工制度并存带来的弊端，有利于广泛开展劳动者竞争上岗，可以促进劳动者合理流动，优化劳动组合和生产要素资源配置。

四 硬核层次改革阶段的就业政策

（一）硬核层次改革阶段就业政策的含义

硬核层次改革阶段的就业政策，是指从硬核层次改革劳动就业制度时形成的政策，其操作结果主要表现为，通过劳动计划体制改革剥离企业富余人员。

传统劳动就业制度，由指令性计划管理的劳动制度、统包统配的就业制度和固定工模式的用工制度三个链环共同构成，劳动计划体制则把三个链环固化为一体。所以，构成传统劳动就业制度的硬核部分是计划体制。如果说，触及国家固定工制度，已经到达传统劳动就业制度的核心层次，那么在这个核心层次中起硬核作用的便是劳动计划。[①]

劳动、就业和用工政策必须协同创新，劳动、就业和用工制度必须

---

① 张明龙：《走向市场经济的思索》，企业管理出版社 2014 年版，第 295 页。

协同改革，才能彻底冲破计划经济的束缚，全面巩固和扩大劳动就业制度的改革成果。在保留原有劳动计划体制的条件下，单方面的就业改革，或单方面的用工改革，都将收效甚微。如《国营企业招用工人暂行规定》，尽管赋予企业一定的招工自主权，但它同时规定，企业招用工人"必须在国家劳动工资计划指标之内"。这样，企业既不能自主决定招工的数量，也不能自主决定招工的时间、地点、条件和方式，招工自主权，仅仅表现为在劳动部门分配来的人员中作有限的选择。又如优化劳动组合和"破三铁"，由于没有劳动计划体制改革相配套，不是流于形式，就是半途而废。因此，全面创新就业政策和改革就业制度，要以彻底抛弃传统的计划体制为前提。

（二）硬核层次改革阶段就业政策的进展与成效

1. 提出从根本上动摇计划经济体制的新目标。

1992年，党的十四大报告认为，改革开放以来，市场范围逐步扩大，大多数商品的价格已经放开，计划直接管理的领域显著缩小，市场对经济活动调节的作用大大增强。实践表明，市场作用发挥比较充分的地方，经济活力就比较强，发展态势也比较好。我国要加快经济发展，提高国际竞争力，就必须继续强化市场机制的作用。实践的发展和认识的深化，要求我们明确提出，我国经济体制改革的目标是建立社会主义市场经济体制，以利于进一步解放和发展生产力。

党的十四大报告，把建立社会主义市场经济体制，作为经济体制改革的目标，从根本上动摇了计划经济体制。

2. 硬核层次改革阶段就业政策的主要成效。

1993年11月14日，党的十四届三中全会通过的《中共中央关于建立社会主义市场经济体制若干问题的决定》指出，培育市场体系的重点，是金融市场、劳动力市场、房地产市场、技术市场和信息市场。同时强调，要改革劳动制度，逐步形成劳动力市场，要把开发利用和合理配置人力资源作为发展劳动力市场的出发点。广开就业门路，更多地吸纳城镇劳动力就业。鼓励和引导农村剩余劳动力逐步向非农产业转移和地区间的有序流动。发展多种就业形式，运用经济手段调节就业结构，形成用人单位和劳动者双向选择、合理流动的就业机制。

自此以来，劳动制度改革取得了突破性进展，缩小了劳动工资指令性计划的调节范围，先后在许多领域放弃了计划管理，使其迅速赶上就业制度和用工制度的改革步伐。这样，就业政策创新和劳动就业制度改革，终于跃过最后一级台阶，由核心层次的改变固定工身份，继续深入到硬核层次的剥离企业富余人员。

第三节 社会主义市场经济条件下就业政策的变动趋势

一 实施下岗和失业职工的再就业工程

（一）再就业工程的政策内涵

考察改革开放初期就业政策的变迁轨迹，不难看出，就业政策正在朝着适应社会主义市场经济的方向演变。它的创新目标，就是通过劳动、就业和用工政策的全面创新，推进劳动管理制度、就业管理制度和用工管理制度的同步改革，形成政府宏观调控的市场竞争就业机制和体制，从而使就业政策和就业管理制度符合社会主义市场经济的要求。[1]

在新旧就业政策转换初期，下岗和失业职工的再就业，成为政府在就业工作领域面临的主要压力。就业是长期的问题，下岗职工再就业是迫在眉睫的问题。[2] 为了缓解和摆脱这种压力，政府提出实施再就业工程计划。实施再就业工程，实际上是在推行一项特殊的就业政策。它要求通过充分调动政府、企业、劳动者和社会各方面的积极性，综合运用政策扶持和各种就业服务措施，采取企业安置、个人自谋职业，以及社会帮助择业等办法，促使下岗职工、失业人员和企业富余人员再次找到合适的工作岗位。

（二）再就业工程的重大意义

1. 有利于培育和发展劳动力市场体系。

在社会主义市场经济体制下，劳动力作为生产要素，是通过市场

---

[1] 张明龙：《我国就业政策的六十年变迁》，《经济理论与经济管理》2009年第10期。
[2] 杨宜勇：《从战略高度制定促进就业政策措施》，《中国经贸导刊》2002年第19期。

机制进行配置的，这要求建立统一、竞争、开放和有序的劳动力市场。

然而，由于长期受计划经济统包统配就业政策的影响，致使劳动力市场发育严重滞后，待业者不是主动通过市场而是希望政府对其安排工作，市场在劳动力资源配置过程中很难发挥作用。

再就业工程适应经济体制转换时期的需要，它既不同于计划经济体制下统包统配的就业方式，也不同于市场经济体制下劳动力市场的自主调节机制，它属于一种应急性和过渡性的就业政策。它为失业及下岗人员提供就业指导、就业咨询和职业培训，它促使待业人员主动进入劳动力市场，它通过广泛交流供求信息，降低交易成本，促进劳动力合理流动，为形成政府宏观调控的市场竞争就业机制奠定基础。

2. 有利于促进经济结构调整和产业结构升级。

不管是经济结构调整，还是产业结构升级，都要求劳动力资源能够在不同部门和不同行业之间流动，以便实现优化配置。

随着产品创新和技术创新的推进，特别是新兴产业的迅猛发展，对劳动者拥有的专有技术提出了越来越高的要求，这使职业培训成为劳动者就业和岗位转换的基本环节。

政府实施再就业工程的一项重要内容，就是投入一定资金开展职业培训。它针对结构性失业和下岗人员，举办各种形式的就业培训、创业培训，它通过职业介绍、职业指导和职业技能教育，加强劳动者掌握的专有技术，提高转岗适应能力。这样，有利于消除劳动力跨部门、跨行业流动的障碍，可为优化经济结构和提升产业结构，储备足够的人力资源。

3. 有利于深化国有企业改革。

计划经济体制下形成的统包统配就业政策，致使企业内部积累了数量庞大的冗员，严重地影响到生产效率的提高和企业活力的发挥。

建立现代企业制度，必须落实企业用工自主权，使企业能够分流和释放内部的富余人员，真正做到轻装上阵，并能大胆扮演市场主体的角色。

在社会保障制度尚未健全和完善之时，通过实施再就业工程，组建各种类型的再就业服务中心及其类似机构，形成能够暂时容纳大量富余人员的特殊场所，有利于实现隐性失业的社会化和显性化，也有利于避免大量失业和下岗人员对社会造成的直接冲击。

（三）促进再就业的具体政策

1995年1月19日，劳动部发布了《关于全面实施再就业工程的通知》。文件阐明，为做好失业职工的再就业和企业富余职工的分流安置工作，促进企业深化改革，保持社会稳定，在总结部分试点城市经验的基础上，自此开始将在全国推行《再就业工程》。该文件提出了以下具体政策和措施：

1. 鼓励再就业对象提高劳动技能。

文件指出，对于积极参加转业训练和转岗培训的失业职工、富余职工，要给予鼓励和支持。培训所需费用以自筹为主，但不足部分，可用失业保险金的转业训练费予以补贴。同时，支持企业为再就业对象开展培训活动，并动员社会力量利用多种形式，提高失业职工的职业技能和就业能力。

2. 鼓励企业和社会创造更多就业机会。

文件指出，对于能够拓宽就业渠道，以开发性方式安置再就业对象的企业单位和社会机构，要给予政策鼓励和扶持。文件规定，凡兴办第三产业安置失业职工和富余职工达到一定比例的，可享受与劳动服务企业同样的优惠政策；确需扶持的，经劳动部门核准可借给一定数量的失业保险金，作为启动资金或流动资金，必要时可运用适量失业保险金作为企业向银行贷款的贴息。

3. 鼓励用人单位招聘再就业对象。

文件规定，对于招聘失业职工和富余职工的用人单位，要给予政策鼓励。凡招用失业职工并签订1年以上劳动合同的，可将其应享受的失业救济金作为工资性补贴，一次性付给用人单位。凡招用富余职工并签订1年以上劳动合同的，可由富余职工的原单位按规定支付给用人单位安置费。支持企业组织富余职工到乡镇企业或其他联营企业从事生产经营活动。

4. 支持再就业对象自行解决就业问题。

文件规定，大力支持失业职工和富余职工自行组织起来就业和自谋职业。对于自行解决就业所需的场地、摊位、设施和能源等，应与有关部门协调，统筹规划，作好安排。对自行解决就业问题的失业职工，可将其失业救济金一次付给本人，作为开办资金。对自谋职业的富余职工，由企业按规定支付安置费，并解除劳动关系。

5. 支持通过调剂安置富余职工。

文件指出，对企业主管部门在行业之间或企业之间调剂安置富余职工，有关部门要给予支持，协助其办理有关手续，并提供相应的就业指导、信息和咨询等方面的服务。用人单位招用富余职工时，可先进行试工，试用期一般为3—6个月。试工期内，原单位保留这些富余职工的劳动关系。试用合格者，重新签订劳动合同，不合格者可以退回原单位。

6. 积极创办能吸纳较多富余职工的产业机构。

文件表明，鼓励各地大力兴办能够容纳较多再就业对象的劳服企业，以及失业和富余职工的生产自救基地。对于这类新办产业机构，在安置富余职工达到一定比例时，可以让其享受国家的有关优惠政策。创建和发展生产自救基地所需资金，采取多方筹集和劳动积累相结合，必要时可用失业保险金中的生产自救费适当补助。

（四）实施再就业工程的主要步骤

1. 准备阶段（1993—1995年）。

劳动部在1993年年底提出再就业工程计划。次年，选择就业服务工作基础较好、失业人员较多的城市搞试点。

1995年3月27日，劳动部在《关于实施再就业工程的报告》中陈述道，在进行产业结构和企业组织结构调整的过程中，失业职工逐年增多，到1994年已有180万人，相当于前7年失业职工人数的总和，平均失业周期由前几年的4个月增加到半年。同时，企业富余职工也大量增加，其中约有300万人待岗放长假。这是企业在深化改革中遇到的一大难题，必须高度重视，抓紧研究和妥善处理，否则，会影响企业的改革、发展和社会的稳定。一年前在上海、沈阳、青岛、成都、杭州等

30个城市,试行的再就业工程,已取得初步成果。

该报告不仅分析了当前的有关情况,还阐明了下一步实施再就业工程的意见。1995年4月16日,国务院办公厅转发了劳动部这个报告,从此开始,再就业工程在全国全面推开。再就业工程的实施对象,是失业6个月以上并有求职要求的失业职工,以及6个月以上无基本生活收入的企业富余职工。

2. 全面实施阶段(1996—1998年)。

1996年,劳动部在全国200个重点城市加大再就业工程力度。这一时期,劳动力市场建设速度明显加快,管理制度也在逐步完善之中。有关资料显示,到1996年年底,我国已建立各类职业介绍机构3.1万个,市场机制配置劳动力资源的作用力不断增大。

1997年3月2日,国务院发布《关于在若干城市试行国有企业兼并破产和职工再就业有关问题的补充通知》。该文件,把实施再就业工程,与经济结构调整和深化国有企业改革密切联系起来。该文件指出,由国家经贸委负责全国国有企业兼并破产和职工再就业的组织协调工作,并决定成立全国企业兼并破产和职工再就业工作领导小组。

1997年9月,党的十五大从政治高度确立了再就业工程的地位。这使再就业工程,从过去仅仅着眼于促进下岗职工和失业职工再就业,转变为推进经济体制改革和发展的一项根本性措施。党的十五大报告,把实施再就业工程作为一项重点工作提出了明确要求:党和政府要采取积极措施,依靠社会各方面的力量,关心和安排好下岗职工的生活,搞好职业培训,拓宽就业门路,推进再就业工程。

有关资料显示,截至1997年,全国国有企业分流及下岗职工人数共计1274万人,其中640万人实现分流,占50.2%,已实现再就业的433.5万人,占分流职工的67.8%。在未得到分流的634万名下岗职工中,434.8万人得到妥善安置,或者进入再就业服务中心,或者已领取基本生活费,占下岗职工总数的51.2%。

1998年5月14日至16日,中共中央、国务院在北京召开国有企业下岗职工基本生活保障和再就业工作会议。会议指出,下岗职工的基本生活保障和再就业工作,事关职工群众切身利益,事关坚持党的全心全意依靠工人阶级的方针，事关经济发展、社会稳定和国家长治久安的大局。全党同志和各级干部必须从这样的高度来认识这个问题，增强紧迫感和自觉性，满腔热忱和极端负责地切实做好这项工作。搞好企业下岗职工基本生活保障和再就业工程，关键是要坚定信心、组织有力、措施得当。会议强调，对国有企业职工的下岗分流和再就业工作，要把握好宏观调控力度，要确定一些基本的程序和制度，要把下岗职工组织起来保障他们的基本生活。

1998年6月9日，中共中央、国务院发布《关于切实做好国有企业下岗职工基本生活保障和再就业工作的通知》。该文件强调，要确保党的十五大提出的国有企业改革目标的实现，完成国有经济布局的战略性调整，必须进一步采取强有力的措施，切实做好国有企业下岗职工基本生活保障和再就业工作。该文件提出，力争每年实现再就业的人数，大于当年新增下岗职工人数。1998年，使已下岗职工和当年新增下岗职工的50%以上实现再就业。争取用5年左右的时间，初步建立起适应社会主义市场经济体制要求的社会保障体系和就业机制。该文件指出，解决就业问题的根本途径，是加快国民经济发展。要求各地积极培育经济增长点，因地制宜地发展劳动密集型产业，特别是把发展第三产业作为下岗职工再就业的主要方向。要求努力建立全方位、多渠道、多领域的再就业体系。

3. 总结完善阶段（1999年）。

1999年3月5日，九届人大二次会议的《政府工作报告》，针对如何解决下岗职工的基本生活问题，提出了著名的"三条保障线"概念：下岗职工基本生活保障、失业保险、城镇居民最低生活保障制度。这是现阶段有中国特色社会保障制度的重要组成部分，也是促使就业政策和就业机制走向创新目标的重要保证。

1999年4月29日，劳动保障部、民政部和财政部联合下发《关于做好国有企业下岗职工基本生活保障失业保险和城市居民最低生活保障制度衔接工作的通知》，对做好"三条保障线"的衔接工作，作出了详细而具体的规定：要结合当地实际，按照互相衔接、拉开距离、分清层次、整体配套的原则，科学制定国有企业下岗职工基本生活保障标准、失业保险金标准和城市居民最低生活保障标准。失业保险金标准要低于基本生活保障标准，城市居民最低生活保障标准要低于失业保险金标准。该文件还规定，下岗职工、失业人员、企业离退休人员和在职职工，在领取基本生活费、失业保险金、养老金、职工工资期间，家庭人均收入低于当地最低生活保障标准的，可以申请城市居民最低生活保障金。

二　制定规范劳动力市场运行的新政策

（一）制定规范职业介绍行为的新政策

1. 发布《职业介绍暂行规定》。

1990年1月16日，劳动部颁布《职业介绍暂行规定》。它根据有关劳动法规制定，目的是充分发挥职业介绍在劳动就业服务工作中的作用，有利于规范职业介绍行为，促进劳动者和用人单位的相互选择。

该文件规定，职业介绍工作必须遵循国家有关法规，执行国家劳动就业的方针、政策，坚持为劳动力供求双方服务的方向，保障劳动者就业和单位用工的合法权益。该文件对职业介绍工作机构的名称、性质和职责作出规定，将它们统一叫作"职业介绍所"，确定为事业单位。同时规定其具体职责，是执行国家劳动就业政策，提供劳动力供求信息，进行职业介绍，开展就业指导与咨询，组织劳务交流活动。

该文件阐明了职业介绍所必须拥有的服务场所、工作人员、工作制度，以及工作设施和设备。特别是，对职业介绍所的工作内容和经费使用范围，作出了具体而详细的规定。

2. 发布《职业介绍规定》。

1995年11月9日，劳动部颁布《职业介绍规定》，对规范职业介绍行为，作出了更加详细、更加明确的规定，促使就业机制稳定地朝市场化方向推进。

该文件显示，职业介绍机构可以由劳动部门开办，可以由劳动部门以外的其他政府部门、企事业单位、社会团体开办，也可以由公民个人开办。它可以是公益性的事业单位，也可以是营利性的单位。它必须有固定的交流场所和设施，有必要的开办资金，有相应的机构章程，有明确的业务范围，有一定数量的专职工作人员，还要有法律、法规规定的其他条件。

该文件在第三章"职责"中，用12项内容，对职业介绍机构的服务对象、服务内容、服务方法、工作范围、社会责任，以及工作人员的素质和行为，作出了明确而详细的规定。同时，该文件在第四章"管理"中，用6项内容，对如何管理职业介绍机构，作出具体规定。

（二）制定规范职业指导行为的新政策

1994年10月27日，劳动部印发《职业指导办法》，1995年1月1日起施行。该文件依据《中华人民共和国劳动法》制定，目的是为了促进劳动者就业，规范和推动职业介绍工作。它指出，职业指导的主要任务，是向劳动者和用人单位提供咨询和服务，促其实现双向选择。该文件对职业指导工作的内容、职业指导工作人员应具备的条件及其职责范围等作出了规定。这个文件，对促进劳动者与用人单位的双向选择，发挥了一定作用。

该文件规定，职业指导工作的内容主要包括：调查分析职业变动趋势和劳动力市场供求状况，测试和评价劳动者个人素质、特点和职业能力，帮助劳动者增强择业能力，为劳动者提出培训建议，并负责推荐参加培训活动，对妇女、残疾人、少数民族人员及退役军人等特殊群体提供专门的职业指导服务，同时为用人单位、个体户、私营业主、就业训练机构和在校学生等提供指导或咨询服务。

该文件对职业指导工作人员应具备的条件，作出具体规定：除了有事业心和责任感，热爱这项工作外，要懂得劳动就业的法规与政策，掌握和了解劳动力市场供求信息，以及职业分类和职业特征，并具有与业务相关的心理、教育和社会学等知识。同时，还要求在劳动部门工作两年以上，具有大专以上文化水平，并持有"职业指导资格证书"。

同时，该文件对职业指导工作人员的职责范围，也作出了具体规定。

（三）制定规范就业登记行为的新政策

1995年9月12日，劳动部颁布《就业登记规定》，旨在进一步规范就业登记行为，保证市场化就业服务工作的实施。该文件明确规定，就业登记包括失业登记、求职登记和对用人单位用人需要的登记。同时指出，城镇劳动者失业、求职和城镇用人单位招聘应按规定进行登记。

该文件阐明了就业登记工作的管理系统，规定县级以上劳动部门所属劳动就业服务机构，负责本区域内的就业登记工作。规定其职责主要是协调、指导和规范就业登记工作，指导基层就业服务和职业介绍机构的就业登记工作，定期上报就业登记数据，建立相应的信息数据库等。

接着，该文件分别阐明失业人员失业或求职登记、农村劳动者求职登记、城镇用人单位招聘登记，各自需要提供的有关证件和具体材料、办理登记手续的基本流程，以及登记工作的操作规范等。

（四）制定进一步规范劳动力市场行为的新政策

1. 颁布《劳动力市场管理规定》。

2000年12月8日，劳动和社会保障部发布《劳动力市场管理规定》。这是一份同时取代《职业介绍规定》和《就业登记规定》的文件，它以《劳动法》和有关法律法规为依据，旨在保护劳动力供给者和需求者的合法权益，促使劳动力市场规范运行和稳定发展，加快建立符合市场经济要求的就业管理制度。

这份文件规定，用人单位可以通过多种途径自主招用人员，如委托职业介绍机构，参加劳动力交流洽谈活动，通过大众传播媒介刊播招用信息，利用互联网进行网上招聘，以及法律、法规规定的其他途径。并阐明用人单位招用人员时应提供的材料、禁止用人单位招用人员出现的行为、用人单位招聘录用后的归档要求等。

同时，对规范职业介绍行为作出详细规定，内容涉及职业介绍机构应具备的条件、可从事的业务及禁止出现的行为，还要求公共职业介绍机构免费提供服务。这份文件，对规范劳动力市场行为，促进市场竞争就业机制的形成，发挥了重要作用。

2. 颁布《就业服务与就业管理规定》。

2007年11月5日，劳动保障部颁布《就业服务与就业管理规定》。这份文件自2008年1月1日起施行，同时废止了《职业指导办法》和《劳动力市场管理规定》。该文件共9章77条，明确规定劳动者、用人单位和政府管理部门在参与劳动力市场活动中的权利、义务和责任，使参与劳动力市场活动的个人或单位有统一的行为准则,也使各级政府部门管理和指导劳动力市场活动有统一的行为规范。该文件主要用来规范劳动者求职与就业、用人单位招用人员、公共就业服务机构和职业中介机构从事就业服务活动等方面的行为。

该文件规定,劳动者就业不得由于民族、种族、性别、宗教信仰等不同而受到歧视,不得对农村劳动者进城就业设置歧视性限制,劳动者年满16周岁才可就业,劳动者求职时必须向中介机构和用人单位提供规定的材料和证件,同时指出,国家鼓励劳动者接受职业教育或职业培训,鼓励劳动者自主创业和自谋职业。

该文件规定,用人单位招用人员,应当向劳动者提供平等的就业机会和公平的就业条件。用人单位可通过就业服务中介机构、招聘洽谈会,以及各种传播媒体发布招聘信息自主招人。用人单位招人时,应当提供招人简章,出示规定的证件和材料;应当依法如实告知劳动者有关工作要求,并及时反馈是否录用信息;要求对劳动者的个人资料给予保密。同时,规定用人单位招人时不得出现的若干行为,还进一步规范了女职工、少数民族劳动者、残疾人和乙肝病原携带者的招聘行为,并明确了招用特殊工种劳动者、台港澳人员和外国人的行为规范。

该文件规定,劳动保障行政部门举办的公共就业服务机构,应当为劳动者免费提供就业政策法规咨询、职业供求信息、工资和培训信息、职业指导和介绍、就业登记和失业登记,还要免费为就业困难人员实施就业援助。同时,应当积极拓展服务功能,根据用人单位需求提供必要的服务。该文件还阐明公共就业服务机构的人员配置、工作内容和管理方式等规定,并明确指出,它不得从事经营性活动。同时,该文件规定,公共就业服务机构应当制订专门的就业援助计划,对就业援助对象实施优先扶持和重点帮助。

该文件规定,职业中介机构可由法人、其他组织和公民个人举办,实行行政许可制度,其活动应当遵循合法、诚实信用、公平、公开的原则。同时,该文件对设立职业中介机构的必备条件、需提交的文件、申报程序和办理手续等作出规定,还阐明了职业中介机构的业务范围、运作方式,以及禁止出现的行为。

该文件指出，劳动保障行政部门应当建立健全就业登记制度和失业登记制度，完善就业管理和失业管理。劳动者被用人单位招用的，由用人单位为劳动者办理就业登记。在法定劳动年龄内、有劳动能力、有就业要求、处于无业状态的城镇常住人员，可以到公共就业服务机构进行失业登记。同时，阐明失业登记需提供的证件和材料，失业登记或注销失业登记涉及的人员范围。

3. 颁布《人力资源社会保障部关于修改〈就业服务与就业管理规定〉的决定》。

2014年12月23日，公布《人力资源社会保障部关于修改〈就业服务与就业管理规定〉的决定》，修改内容主要集中在失业登记方面，分别对失业登记的含义和范围，以及注销失业登记等作出新的规定。修改后的《就业服务与就业管理规定》自2015年2月1日起施行。

该文件改进了失业登记管理，使就业失业登记开始突破户籍限制。它要求各地放宽失业登记条件，允许法定劳动年龄内、有劳动能力、有就业要求、处于无业状态的城镇常住人员，在常住地的公共就业和人才服务机构进行失业登记。对符合失业登记条件的人员，不得以人户分离、户籍不在本地或没有档案等为由不予受理。

该文件明确规定，失业登记范围主要包括6类失业人员，分别是：年满16周岁，从各类学校毕业、肄业的；从企业、机关、事业单位等各类用人单位失业的；个体工商户业主或私营企业业主停业、破产停止经营的；承包土地被征用，符合当地规定条件的；军人退出现役且未纳入国家统一安置的；刑满释放、假释、监外执行的。

人社部同时发布《关于进一步完善就业失业登记管理办法的通知》，提出各地要建立健全公共就业服务提供机制，保障城镇常住人员享有与本地户籍人员同等的劳动就业权利，并有针对性地为其免费提供就业政策法规咨询、职业指导、职业介绍等基本公共就业服务。对进行失业登记的城镇常住人员，要按规定落实职业培训补贴和职业技能鉴定补贴政策。在此基础上，各地要统筹考虑本地区综合承载能力和发展潜力，以连续居住年限和参加社会保险年限等为条件，保障其逐步享受与本地户籍人员同等的就业扶持政策。《通知》还提出，今后《就业失业登记证》将更名为《就业创业证》。各地将新印制一批《就业创业证》，先向有需求的毕业年度内高校毕业生发放。已发放的《就业失业登记证》继续有效，不再统一更换。

新修改的《就业服务与就业管理规定》强调，用人单位录用女职工，不得在劳动合同中规定限制女职工结婚、生育的内容；不得歧视残疾人；不得以是传染病病原携带者为由拒绝录用，但相关法规禁止从事的易使传染病扩散的工作除外。

三 进一步完善适应社会主义市场经济的就业政策

（一）继续做好就业和再就业工作

1. 发布《关于进一步做好下岗失业人员再就业工作的通知》。

2002年9月30日，中共中央、国务院颁发《关于进一步做好下岗失业人员再就业工作的通知》，指出要努力开辟新的就业门路，积极创造新的就业岗位；加强促进再就业的扶持政策；完善社会保障体系。此后，连续3年召开全国性会议，重点解决国有企业下岗失业人员的再就业问题。

该文件确定，可享受再就业扶持政策的对象，主要有4类人员：国有企业的下岗职工；国有企业的失业人员；国有企业关闭破产需要安置的人员；享受最低生活保障并且失业一年以上的城镇其他失业人员。并明确指出，不包括以下对象：已按规定办理企业内部退养的人员；《通知》下发前已领取营业执照从事个体经营、被用人单位招收以及通过其他途径实现再就业已有稳定收入的人员。该文件推出以下促进再就业的主要扶持政策：

（1）下岗失业人员从事个体经营活动可享受的扶持政策。该文件规定，各地要为下岗失业人员再就业适当安排经营场所；要加强指导，明示办事程序，提供相关政策咨询和创业培训服务；按《财政部、国家税务总局关于下岗失业人员再就业有关税收政策的通知》给予税收减免；可向商业银行或其分支机构申请小额担保贷款，从事微利项目的可享受中央财政据实全额贴息。同时，全面落实下岗失业人员从事个体经营的各项免收费政策。

（2）企业吸纳下岗失业人员和安置富余人员可享受的扶持政策。企业新招用并与其签订3年以上劳动合同的下岗失业人员，国有大中型企业兴办用来安置下岗失业和富余人员的经济实体，按《税收政策通知》《税收政策实施意见》享受减免税收政策。各类服务型企业新增岗位新招用国有企业下岗失业人员，可向当地劳动保障部门申请享受社会保险补贴，社会保险补贴实行"先缴后补"办法。

（3）大龄就业困难对象可享受的再就业援助政策。该政策涉及对象为男性年满50周岁，女性年满40周岁的就业困难者，他们可以申请领取《再就业优惠证》。各级政府投资开发的公益性岗位，要优先安排适合岗位要求的这些困难人员。对安排大龄就业困难对象就业的公益性岗位，各地可提供适当比例的岗位补贴。

2. 发布《关于进一步加强就业再就业工作的通知》。

2005年11月4日，国务院颁发《关于进一步加强就业再就业工作的通知》，指出必须把下岗失业人员和破产企业职工，以及高校毕业生、进城务工农村劳动者和被征地农民等，作为就业和再就业工作的重点。

该文件阐明当前就业再就业工作的主要任务是：基本解决体制转轨遗留的下岗失业问题，重点做好国有和集体企业下岗失业人员、破产企业职工的再就业工作，巩固再就业工作成果，增强就业稳定性；努力做好城镇新增劳动力的就业工作，积极推动高校毕业生就业工作，在开发就业岗位的同时，大力提升劳动者职业技能和创业能力；改善农村劳动者进城就业环境，积极推进城乡统筹就业；加强失业调控，把城镇登记失业人数控制在合理范围内，减少长期失业人员数量。同时，逐步建立就业与社会保障工作的联动机制。

该文件提出的主要对策是：围绕经济发展多渠道开发就业岗位，千方百计扩大就业；进一步完善和落实再就业政策，促进下岗失业人员再就业；促进城乡统筹就业，改进就业服务，强化职业培训；开展失业调控，加强就业管理；进一步完善社会保障制度，建立与促进就业的联动机制；继续加强组织领导，动员全社会力量广泛参与就业再就业工作。

3. 发布《关于全面推进零就业家庭就业援助工作的通知》。

2007年6月28日,劳动和社会保障部发布《关于全面推进零就业家庭就业援助工作的通知》,旨在进一步加强再就业扶持和援助工作,着力帮助零就业家庭和就业困难人员就业。

该文件阐明,零就业家庭是指城镇家庭中所有法定劳动年龄内、具有劳动能力和就业愿望的家庭成员均处于失业状态,且无经营性、投资性收入的家庭。符合上述条件的家庭,可按照自愿原则,向户籍所在地的劳动部门申请零就业家庭登记认定。

该文件指出,做好这项工作的具体措施是:建立零就业家庭申报认定制度,及时调整更新,实施动态管理。针对零就业家庭特点,通过开发公益性就业岗位和实行相关补贴,安置零就业家庭成员;通过鼓励各类用人单位、开发适用性强的创业项目、扶持兴办劳动密集型小企业,以及组织劳务输出项目等,帮扶零就业家庭成员实现就业。把再就业政策扶持范围扩大到零就业家庭成员,完善政策措施,确保政策能够落到扶持对象身上。依托基层平台,摸清需要就业援助者的底数,建立目标责任制度,把援助任务直接落实到人。建立最低生活保障、失业保险与就业联动机制;建立零就业家庭就业援助长效机制;加强组织领导,建立调度制度。

4. 发布《关于进一步加强和改进最低生活保障工作的意见》。

2012年9月1日,国务院印发《关于进一步加强和改进最低生活保障工作的意见》,要求进一步完善法规政策,健全工作机制,巩固最低生活保障制度,切实维护困难群众的基本生活权益。

该文件指出,做好最低生活保障工作的政策措施主要是:把户籍状况、家庭收入和家庭财产,作为认定最低生活保障对象的三个基本条件。要规范最低生活保障的申请、审核、民主评议、审批、公示和发放等各道操作程序。在强化入户调查、邻里访问、信函索证等调查手段基础上,加快建立跨部门、多层次、信息共享的救助申请家庭经济状况核对机制,健全完善工作机构和信息核对平台,确保准确、高效和公正地认定救助对象。形成最低生活保障对象有进有出、补助水平有升有降的动态管理机制。同时,健全最低生活保障工作监管机制,建立健全投诉举报核查制度,加强最低生活保障与其他社会救助制度的有效衔接。

该文件强调,政府要切实加强最低生活保障工作能力建设,统筹研究制定按照保障对象数量等因素配备相应工作人员的具体办法和措施。要优化和调整财政支出结构,切实加大最低生活保障资金投入。深入开展最低生活保障政策宣传,着重宣传对最低生活保障工作的有关要求,以及认定条件、审核审批、补差发放、动态管理等政策规定。同时,要加强组织领导,进一步落实管理责任。

5. 发布《关于进一步做好新形势下就业创业工作的意见》。

2015年4月27日,国务院颁发《关于进一步做好新形势下就业创业工作的意见》。该文件强调,就业事关经济发展和民生改善大局。大众创业、万众创新是富民之道、强国之举,有利于产业、企业、分配等多方面结构优化。面对就业压力加大形势,必须着力培育大众创业、万众创新的新引擎,实施更加积极的就业政策,把创业和就业结合起来,以创业创新带动就业,催生经济社会发展新动力。为此,提出以下具体措施:

(1) 深入实施就业优先战略。坚持扩大就业发展战略,发展吸纳就业能力强的产业,发挥小微企业就业主渠道作用,积极预防和有效调控失业风险。

(2) 积极推进创业带动就业。营造宽松便捷的准入环境,培育创业创新公共平台,拓宽创业投融资渠道,支持创业担保贷款发展,加大减税降费力度,调动科研人员创业积极性,鼓励农村劳动力创业,营造大众创业良好氛围。

(3) 统筹推进高校毕业生等重点群体就业。鼓励高校毕业生多渠道就业,加强对困难人员的就业援助,推进农村劳动力转移就业,促进退役军人就业。

(4) 加强就业创业服务和职业培训。强化公共就业创业服务,加快公共就业服务信息化,加强人力资源市场建设,加强职业培训和创业培训,建立健全失业保险、社会救助与就业的联动机制,完善失业登记办法。

(5) 强化组织领导。健全协调机制,落实目标责任制,保障资金投入，建立健全就业创业统计监测体系，注重舆论引导。

（二）大力加强高校毕业生的就业工作

1. 发布《关于引导和鼓励高校毕业生面向基层就业的意见》。

2005年6月25日，中共中央办公厅和国务院办公厅颁发《关于引导和鼓励高校毕业生面向基层就业的意见》，指出积极引导和鼓励高校毕业生面向基层就业，有利于其自身健康成长，也有利于社会经济持续发展。

该文件指出，当前，高校毕业生就业面临着一些困难和问题，但同时广大基层却存在人才匮乏的状况。积极引导和鼓励高校毕业生面向基层就业，有利于青年人才的健康成长和改善基层人才队伍的结构，有利于促进城乡和区域经济的协调发展，有利于构建社会主义和谐社会和巩固党的执政地位。因此，要统一思想，提高认识，切实做好引导和鼓励高校毕业生面向基层就业工作。

该文件强调，要通过报刊、广播、电视、网络等媒体，深入宣传党和政府有关高校毕业生到基层就业的政策，大力宣传高校毕业生在基层创业成才的先进典型，唱响到基层、到西部、到祖国最需要的地方建功立业的主旋律，在全社会形成良好的舆论导向，积极引导高校毕业生树立正确的成才观和就业观。

该文件强调，完善鼓励高校毕业生到西部地区、艰苦边远地区就业的优惠政策，积极鼓励和支持高校毕业生到基层自主创业及灵活就业，大力支持各类中小企业和非公有制单位聘用高校毕业生。为帮助回到原籍、尚未就业的高校毕业生提升职业技能和促进供需见面，地方政府要创造条件，探索建立高校毕业生见习制度。省级以上党政机关，逐步实行从具有2年以上基层工作经历的高校毕业生中考录公务员的办法。加大选调应届优秀高校毕业生到基层锻炼的工作力度，实施高校毕业生到农村服务计划，大力推广高校毕业生进村、进社区工作。加大财政支持高校毕业生面向基层就业的力度，为西部地区和艰苦边远地区基层单位适当增加周转编制，实行面向基层就业的定向招生制度，认真做好高校毕业生就业信息服务工作。依据面向基层经济社会发展要求进一步深化高等教育改革，加强对高校毕业生面向基层就业工作的领导。

2. 发布《关于建立高校毕业生就业见习制度的通知》。

2006年2月27日，发布《关于建立高校毕业生就业见习制度的通知》，旨在帮助回到原籍、尚未就业的高校毕业生尽快找到工作。自此开始，我国连续三年发出通知，要求切实加强高校毕业生的就业工作。

《通知》就建立高校毕业生就业见习制度有关问题，提出以下意见：积极做好见习单位和见习基地建设工作，有计划地组织未就业高校毕业生参加就业见习，认真做好见习期间的各项管理工作，切实解决未就业高校毕业生见习的基本生活补助，不断改进和完善毕业生见习期间的各项服务工作，各地应吸纳非本地生源毕业生参加就业见习，加强对高校毕业生就业见习工作的领导。

3. 发布《关于加强普通高等学校毕业生就业工作的通知》。

2009年1月19日，国务院办公厅发布《关于加强普通高等学校毕业生就业工作的通知》，指出当前受国际金融危机影响，我国就业形势十分严峻，高校毕业生就业压力加大。各地区、各有关部门要把高校毕业生就业摆在当前就业工作的首位，采取切实有效措施，拓宽就业门路，进一步加强高校毕业生就业工作。为此，提出以下对策：

（1）鼓励和引导高校毕业生到城乡基层就业。鼓励高校毕业生积极参加新农村建设、城市社区建设和应征入伍。围绕基层面向群众的社会管理、公共服务、生产服务、生活服务、救助服务等领域，大力开发适合高校毕业生就业的基层社会管理和公共服务岗位，引导高校毕业生到基层就业。继续实施和完善面向基层就业的专门项目，如"选聘高校毕业生到村任职""大学生志愿服务西部计划""农村义务教育阶段学校教师特设岗位计划"等，并扩大项目范围。

（2）鼓励高校毕业生到中小企业和非公有制企业就业。要进一步清理影响高校毕业生就业的制度性障碍和限制，形成有利于高校毕业生到企业就业的社会环境。对企业招用非本地户籍的普通高校专科以上毕业生，各地城市应取消落户限制。企业招用符合条件的高校毕业生，可按规定享受相关就业扶持政策。劳动密集型小企业招用登记失业的高校毕业生，可按规定享受小额担保贷款扶持。

（3）鼓励骨干企业和科研项目单位积极吸纳和稳定高校毕业生就业。

鼓励国有大中型企业特别是创新型企业创造条件，更多地吸纳有技术专长的高校毕业生就业。充分发挥高新技术开发区、经济技术开发区和高科技企业集中吸纳高校毕业生就业的作用，加强人才培养使用和储备。承担国家和地方重大科研项目的单位要积极聘用优秀高校毕业生参与研究，其劳务性费用和有关社会保险费补助按规定从项目经费中列支。

（4）鼓励和支持高校毕业生自主创业。对高校毕业生从事个体经营符合条件的，免收行政事业性收费，并落实相关税收优惠政策和创业经营场所安排等扶持政策。有创业意愿的高校毕业生参加创业培训的，按规定给予职业培训补贴。强化高校毕业生创业指导服务，推进大学生创业园和创业孵化基地建设。

同时，该《通知》还强调，要强化高校毕业生就业服务和就业指导，要提升高校毕业生的就业能力，要强化对困难高校毕业生的就业援助，要加强对高校毕业生就业工作的组织领导。

4. 发布《关于进一步做好普通高等学校毕业生就业工作的通知》。

2011年5月31日，国务院发出《关于进一步做好普通高等学校毕业生就业工作的通知》。该文件认为，普通高等学校毕业生是国家宝贵的人才资源，是现代化建设的重要生力军。做好高校毕业生就业工作，是促进经济发展和社会和谐的重要举措。近年来，各级政府部门做了大量工作，取得明显成效，高校毕业生就业形势总体保持稳定。预计"十二五"时期，高校毕业生数量仍将持续增长，促进高校毕业生就业任务依然十分繁重。要求继续把高校毕业生就业放在就业工作首位，千方百计促进高校毕业生就业。

该文件提出的主要办法是：适应加快转变经济发展方式和调整经济结构的进程，积极拓展高校毕业生就业领域；鼓励引导高校毕业生面向城乡基层、中西部地区以及民族地区、贫困地区和艰苦边远地区就业；鼓励支持高校毕业生自主创业，稳定灵活就业；支持高校毕业生参加就业见习和技能培训，鼓励科研项目单位吸纳高校毕业生就业；大力加强就业指导、就业服务和就业援助。

5. 发布《关于深化高等学校创新创业教育改革的实施意见》。

2015年5月4日，国务院办公厅颁发《关于深化高等学校创新创业教育改革的实施意见》，强调要以推进素质教育为主题，以提高人才培养质量为核心，以创新人才培养机制为重点，以完善条件和政策保障为支撑，促进高等教育与科技、经济、社会紧密结合，加快培养创新创业人才队伍，为建设创新型国家提供强大的人才智力支撑。

为了做好这项工作，该文件确定的基本原则是：坚持育人为本，提高培养质量；坚持问题导向，补齐培养短板；坚持协同推进，汇聚培养合力。确定的总体目标是：2015年起全面深化高校创新创业教育改革，2017年取得重要进展，形成一批可复制、可推广的制度成果，实现新一轮大学生创业引领计划预期目标。到2020年建立健全高校创新创业教育体系，投身创业实践的学生显著增加。

该文件确定的主要任务和措施是：完善人才培养质量标准，创新人才培养机制，健全创新创业教育课程体系，改革教学方法和考核方式，强化创新创业实践，改革教学和学籍管理制度，加强教师创新创业教育教学能力建设，改进学生创业指导服务，完善创新创业资金支持和政策保障体系。同时强调，要健全体制机制，细化实施方案，强化督导落实，加强宣传引导。

（三）解决进城务工人员的有关问题

1. 发布《关于解决农民工问题的若干意见》。

2006年1月31日，国务院颁布《关于解决农民工问题的若干意见》。该文件指出：要逐步建立城乡统一的劳动力市场和公平竞争的就业制度，建立保障农民工合法权益的政策体系和执法监督机制，建立惠及农民工的城乡公共服务机制和体制。

该文件阐明，农民工是我国改革开放和工业化、城镇化进程中，涌现出来的一支新型劳动大军。他们户籍仍在农村，主要从事非农产业，有的在农闲季节外出务工、亦工亦农，流动性强，有的长期在城镇就业，已成为产业工人的重要组成部分。农民工分布在国民经济各个行业，在加工制造业、建筑业、采掘业及环卫、家政、餐饮等服务业中已占从业人员半数以上。

该文件指出，解决农民工问题是建设中国特色社会主义的战略任务。近年来，党和政府高度重视农民工问题，制定了一系列保障农民工权益和改善农民工就业环境的政策措施,做了大量工作,取得了明显成效。但农民工面临的问题仍十分突出,主要是工资偏低、被拖欠现象严重;劳动时间长,安全条件差;缺乏社会保障,职业病和工伤事故多;培训就业、子女上学、生活居住等方面也存在诸多困难。为此,必须从我国国情出发,顺应工业化、城镇化的客观规律,引导农村富余劳动力向非农产业和城镇有序转移,充分认识解决好农民工问题的重要性、紧迫性和长期性。该文件强调必须做好以下工作:

(1)根本上解决拖欠克扣农民工工资问题。我国将建立农民工工资支付监控制度和工资保证金制度,从根本上解决拖欠、克扣农民工工资问题。要求严格规范用人单位工资支付行为,确保农民工工资按时足额发放给本人,做到工资发放月清月结或按劳动合同约定执行。劳动保障部门要重点监控农民工集中的用人单位工资发放情况。对发生过拖欠工资的用人单位,强制在开户银行按期预存工资保证金,实行专户管理。要求切实解决政府投资项目拖欠工程款问题。所有建设单位都要按照合同约定及时拨付工程款项,建设资金不落实的,有关部门不得发放施工许可证,不得批准开工报告。同时,还将规范农民工工资管理,切实改变农民工工资偏低、同工不同酬的状况。

(2)用人单位招农民工须依法订立劳动合同。要求从严格执行劳动合同制度、保障农民工职业安全卫生权益等方面,依法规范农民工劳动管理。要求所有用人单位招用农民工都必须依法订立并履行劳动合同,建立权责明确的劳动关系。要求严格执行国家职业安全和劳动保护规程及标准,依法保障农民工职业安全卫生权益。还要求切实保护女工和未成年工权益,严格禁止使用童工。

(3)形成全社会关心农民工的良好氛围。社会各方面都要树立理解、尊重、保护农民工的意识,开展多种形式的关心帮助农民工的公益活动。必须把全面提高农民工素质摆在重要地位,要引导和组织农民工自觉接受就业和创业培训,接受职业技术教育,提高科学技术文化水平,提高就业、创业能力。要在农民工中开展普法宣传教育,引导他们增强法制观念,知法守法,学会利用法律、通过合法渠道维护自身权益。要求发挥社区管理服务的重要作用,构建以社区为依托的农民工服务和管理平台。同时,加强和改进农民工统计管理工作,推进农民工信息网络建设,实现信息共享,为加强农民工管理和服务提供准确、及时的信息。

(4) 政府要把解决农民工问题摆在重要位置。明确指出,解决好涉及农民工利益的问题,是各级政府的重要职责。各级政府要切实把妥善解决农民工问题作为一项重要任务,把统筹城乡就业和促进农村劳动力转移,纳入国民经济和社会发展中长期规划和年度计划。要求各级地方政府建立农民工管理和服务工作的经费保障机制,把涉及农民工的劳动就业、计划生育、子女教育、治安管理等有关经费,纳入正常的财政预算支出范围。同时,将进一步完善农民工的工作协调机制。

2. 发布《关于做好进城务工人员随迁子女接受义务教育后在当地参加升学考试工作的意见》。

2012 年 8 月 30 日,国务院办公厅转发《关于做好进城务工人员随迁子女接受义务教育后在当地参加升学考试工作的意见》。该文件阐明,做好随迁子女升学考试工作的主要原则是:坚持有利于保障进城务工人员随迁子女公平受教育权利和升学机会,坚持有利于促进人口合理有序流动,统筹考虑进城务工人员随迁子女升学考试需求和人口流入地教育资源承载能力等现实可能,积极稳妥地推进随迁子女升学考试工作。

该文件强调,要因地制宜制定随迁子女升学考试具体政策。各地政府要根据城市功能定位、产业结构布局和城市资源承载能力,根据进城务工人员在当地的合法稳定职业、合法稳定住所和按照国家规定参加社会保险年限,以及随迁子女在当地连续就学年限等情况,确定随迁子女在当地参加升学考试的具体条件,制定具体办法。

3. 发布《关于进一步做好为农民工服务工作的意见》。

2014 年 9 月 12 日,国务院颁发《关于进一步做好为农民工服务工作的意见》,旨在按照工业化、信息化、新型城镇化、农业现代化同步发展的要求,积极探索中国特色农业劳动力转移道路,有序推进、逐步实现有条件有意愿的农民工市民化。

(1) 着力稳定和扩大农民工就业创业。实施农民工职业技能提升计划，加快发展农村新成长劳动力职业教育，完善和落实促进农民工就业创业的政策。

（2）着力维护农民工的劳动保障权益。规范使用农民工的劳动用工管理，保障农民工工资报酬权益，扩大农民工参加城镇社会保险覆盖面，加强农民工安全生产和职业健康保护，畅通农民工维权渠道，加强对农民工的法律援助和法律服务工作。

（3）着力推动农民工逐步实现平等享受城镇基本公共服务和在城镇落户。逐步推动农民工平等享受城镇基本公共服务，保障农民工随迁子女平等接受教育的权利，加强农民工医疗卫生和计划生育服务工作，逐步改善农民工居住条件，有序推进农民工在城镇落户，保障农民工土地承包经营权、宅基地使用权和集体经济收益分配权。

（4）着力促进农民工社会融合。保障农民工依法享有民主政治权利，丰富农民工精神文化生活，加强对农民工的人文关怀，建立健全农村留守儿童、留守妇女和留守老人关爱服务体系。

（5）进一步加强对农民工工作的领导。完善农民工工作协调机制，加大农民工公共服务等经费投入，创新和加强工青妇组织对农民工的服务，发挥社会组织服务农民工的积极作用，夯实做好农民工工作的基础性工作，进一步营造关心关爱农民工的社会氛围。

（四）制定残疾人就业政策

2007年5月1日开始，我国施行《残疾人就业条例》。残疾人就业是保障残疾人平等参与社会生活、共享社会物质文化成果的基础。该文件规定，国家对残疾人就业实行集中就业与分散就业相结合的方针，促进残疾人就业。[1]

该文件阐明，政府在保障和促进残疾人就业中的主要职责是：各级政府以及残疾人联合会，在促进残疾人就业中具有主导作用，负有重要职责。县级以上政府应当把残疾人就业纳入国民经济和社会发展规划，并制定优惠政策和具体扶持保护措施，为残疾人就业创造条件；县级以

---

[1] 陈玲：《论残疾人劳动权特殊保护的法律对策——兼论〈残疾人就业条例〉的新举措》，《法制与社会》2008年第8期。

上政府负责残疾人工作的机构，负责组织、协调、指导、督促有关部门做好残疾人就业工作；县级以上政府劳动保障、民政等有关部门在各自的职责范围内，做好残疾人就业工作。中国残疾人联合会及其地方组织依照法律、法规或者接受政府委托，负责残疾人就业工作的具体组织实施与监督。

该文件阐明，用人单位在吸纳残疾人就业方面的主要责任是：安排残疾人就业的比例不得低于本单位在职职工总数的1.5%，具体比例由省级政府根据本地区的实际情况确定。集中使用残疾人的用人单位中从事全日制工作的残疾人职工，应当占本单位在职职工总数的25%以上。应当依法与残疾人职工签订劳动合同或者服务协议，并为残疾人职工提供适合其身体状况的劳动条件、劳动保护和符合其实际情况的职业培训，不得在晋职、晋级、报酬、社会保险等方面歧视残疾人职工。安排残疾人就业达不到其所在地省级政府规定比例的，应当缴纳残疾人就业保障金。

该文件阐明，保障和促进残疾人就业的主要措施是：政府应当开发适合残疾人就业的公益性岗位；发展社区服务事业时，应当优先考虑残疾人就业。对集中使用残疾人的用人单位给予税收优惠，并给予一定物质支持；政府应当确定适合残疾人生产、经营的产品和项目，优先安排集中使用残疾人的用人单位生产或者经营；在同等条件下，政府应优先购买其产品或服务。对残疾人从事个体经营的，应当依法给予税收优惠、免收有关费用；对自主择业、自主创业的残疾人在一定期限内给予小额信贷等扶持。政府应组织和扶持农村残疾人从事生产活动。残疾人就业保障金应当纳入财政预算，专项用于残疾人职业培训以及为残疾人提供就业服务和就业援助，任何组织或者个人不得贪污、挪用、截留或者私分。

第五章　工资政策演变研究

　　工资政策是收入分配政策的核心内容，是社会主义经济政策的重要组成部分。它涉及国家政治、经济和社会生活的方方面面，关系到社会主义经济建设的发展，也关系到广大劳动群众的切身利益。新中国成立以来，进行过五次全国性的工资改革，还进行过十几次大大小小的局部工资调整，先后运用统一工资标准政策、结构工资制政策、职级工资制政策，以及兼顾效率与公平导向政策等，分别理顺国有企业干部职工之间的工资关系，国家机关工作人员之间的工资关系和事业单位工作人员之间的工资关系，逐步构建全国工资的合理调控机制和正常增长机制。系统考察这些工资改革或调整的原因、措施及成效，进而揭示我国工资政策的变迁规律，对于早日建成适应社会主义市场经济要求的新工资体系，是有重要现实意义和参考价值的。

第一节　改革开放前的工资政策

一　新中国成立初期的收入分配政策
（一）采取不同系列收入分配制度并存的政策
1. 供给制与工资制同时存在的情况。

　　由于老解放区与新解放区有着不同的收入分配形式，而新解放区从旧社会留存的工资制度又相当混乱，甚至五花八门，为了有利于社会稳定，当时采用的政策，是允许多种不同系列的收入分配制度同时存在。

　　这项政策的具体表现是，老解放区职工以供给制为主。而供给制又分为完全供给制和部分供给制两种。实行部分供给制的，其中有一部分属于工资制收入。而工资制又存在不同形式，有的直接发放货币，有的按照一定实物基础计算出多少货币。新解放区职工以工资制为主，这种工资制基本上都是旧社会遗留下来的。少数由老解放区派往国营企业进行接管工作的干部和国家机关工作人员，则仍然实行原来的供给制。

2. 各类人员分别实行供给制与工资制的政策规定。

1949年新中国成立初期，中共中央根据当时的经济条件，对国家机关和事业单位工作人员实行的收入分配政策大体分成三种情况：

（1）解放区来的老干部个人收入全部实行供给制形式。

（2）新参加工作的青年学生没有家庭负担的，个人收入实行供给制形式，有家庭负担的实行工资制形式。

（3）在国家机关中留用的旧政府职员，在1949年9月底以前参加我政府机关工作的按其参加工作时的规定，个人收入实行供给制或实行工资的，一般不再变动；1949年10月1日以后参加工作的，个人收入除自愿实行供给制的以外，一律实行工资制形式，按国家制定的新参加工作人员工资标准获得收入。

（二）特定历史条件下形成的供给制

供给制是新中国成立初期，对部分工作人员实行免费供给生活必需品的一种分配制度。供给范围包括个人的衣、食、住、行、学等必需用品和一些零用津贴，还包括在革命队伍中结婚所生育的子女的生活费、保育费等。供给制是一种平均分配的形式，带有战时共产主义分配制度的性质，是特定历史条件下的产物。供给制的实施过程，大体可分成两个阶段。

1. 供给制的第一个阶段。

1949年10月至1952年2月，是实行供给制的第一个阶段。它基本上保留了革命战争时期实施的供给制办法。这一时期，采用供给制获得个人收入的，国家机关人员占80%以上，事业单位人员占30%—40%。此时供给制的主要特点表现为：供给标准较低，大体平均，略有差别。供给项目和供给标准，以及享受大灶、中灶和小灶的条件全国统一。当时，部队师级及以上干部为小灶，团营级干部为中灶，连级干部以下为大灶。地方上比较复杂，而且各地区有些差别，大体是：县级及以上干部和重伤员为小灶，科、区级干部及轻伤员、产妇等为中灶；一般干部和勤杂人员为大灶。供给范围不仅要保障每个工作人员的个人生活需要，还要保证一部分家属的生活开支。

1950年2月，政务院为统一全国财政开支，推出《全国各级人民政府1950年度暂行供给标准草案》。6月，对这个《草案》作出修改，发布《关于各级人民政府供给制工作人员小灶、中灶伙食待遇标准的规定》，提出依据工作人员职务和参加革命工作年限，确定享受小灶或中灶待遇。9月，把草案变为正式文件，公布了《全国各级人民政府1950年度暂行供给标准》。

该文件对全国实行供给制人员的个人生活标准做出如下规定：（1）菜金及燃料每人每日供给标准：大灶菜金按油3钱、盐5钱、肉4钱、粗菜1斤计算，燃料按原煤1斤4两或木柴2斤计算；中灶菜金按大灶2.5倍计算，原煤1斤14两[①]或木柴3斤；小灶菜金按大灶3.7倍计算，原煤2斤半或木柴4斤。（2）食粮：定量为每人每日米1斤半（小米、大米、高粱米同），并规定了细粮调剂的比例和折合率。（3）服装：大衣、蚊帐、草帽、棉鞋、棉衣用棉、棉被用棉，均按地区寒暑程度规定不同标准。（4）津贴费：按行政人员和技术人员分级按实物标准配给。

这个文件还对过节费、保健费、老年优待金、妇婴费等个人生活的供给标准作了规定。对公用开支部分，包括公杂费、水电费、学习费、出差（调遣）旅费、会议费、家属招待粮、夜餐费、车马费、马草料定量、装备费、电讯费、临时特别费、修缮费、开办费、学校公杂费等都一一做了明确规定。对个人生活部分的供给发放办法，是包干还是直接供给，由大行政区或直属省（市）人民政府自行制定具体实施办法。

此后，随着国家财政状况越来越好，供给制也跟着不断修改完善，供给项目逐步合并、简化，供给标准不断调整，并逐步提高。特别是，在个人生活部分的供给办法方面，做出较大改变，把原来按照各项单列

---

① 当时通行1斤等于16两。

分别规定标准直接发给实物或以小米为计算单位折款发给的方式，改为合并一些项目折算成米价或以"供给分"包干形式发给。

2. 供给制的第二个阶段。

这个阶段起始于1952年3月，其主要标志是，通过统一增加津贴来改进原有的供给制。在供给制实行的第一阶段，由于国民经济处于恢复之际，财政支出主要用于建设事业，国家机关和事业单位工作人员的生活待遇，仍然通过原来的供给制来安排。由于这个供给制标准规定的个人生活部分和杂支部分，一直维持较低水平，因此许多应该解决的问题未能得到合理解决。

1952年2月，为了有步骤地妥善处理上述存在的问题，政务院公布《各级人民政府1952年供给标准》，增加了津贴费等项内容，自3月起开始试行。该《标准》主要包括两部分内容：个人供给部分和公用开支部分。在个人供给部分中有生活费、津贴费、服装费、小伙食单位补贴、伙食特别补助、老年优待金、保健费、妇婴费、保姆费、病号贴补、家属招待费、医疗费、过节费、干部家属补助费等项费用的供给标准。在公用开支部分中有办公费、水电（或灯油）费、学习费、机关书报费、电话费、车马费、市内交通费、烤火费、旅差（调遣）费、会议费、临时特别费、埋葬费等项费用的供给标准。

1952年7月5日，政务院发出《关于颁发各级人民政府供给制工作人员津贴标准及工资制工作人员工资标准的通知》。该《通知》指出，根据政务院关于统一处理机关生产的决定，各级政府、军队、学校、党派和人民团体供给制工作人员的生活补助费，原来由机关生产和"小公家务"开支的，现在一律按照统一增加津贴的办法，由各级财政部门统一开支。这个办法自1952年3月试行，各地已经积累了不少的试行经验。政务院在总结这些试行经验的基础上，将试行的供给制工作人员津贴标准表加以修订，同时为了适当地提高工资制工作人员的工资标准，又制定了各级人民政府工资制工作人员工资标准表一并颁发。

1952年8月4日，政务院公布《关于修改〈各级人民政府1952年供给标准〉中几个项目的规定》，其中个人供给部分中的津贴费改为按照政务院规定的新标准执行，其他费用如老年优待金等也作了一些调整。公用开支部分，办公费中的中央（包括各直属机关）和各大行政区两级机关干部，每人每月由原来的 10—15 工资分改为 15—20 工资分，省（市）级每人每月由 8—12 工资分改为 12—15 工资分，以下各级干部的办公费供给标准也都有所提高。水电（或灯油）费原供给制人员的标准要比工资制人员高，现改为无论供给制、工资制人员，一律每人每月按自来水 1 吨半，电 2 度计算。把原标准内的学习费和机关书报费两个项目合并改为学习书报费，并对区级及其以上各级机关干部每人每月的开支作了规定。新规定还对电话费、车船费等项目的供给标准做了改动。

  供给制第二个阶段从表面上看，主要是统一增加津贴，试行时间也不长，但它对供给制的变动产生了深刻影响，也为日后实行统一的工资制奠定了扎实基础。其完善或修改的内容主要有：（1）进一步完善了国家机关供给制工作人员的津贴标准。原来国家机关干部只按职级笼统划分了几个标准，而勤杂人员则只有 1 个标准，本次改为按照各级人民政府供给制工作人员的职务，划分了 10 等，共 24 级。职级相同或相近的职务规定 1 个津贴标准或 1 个职务 1 个津贴标准，各职务的津贴标准没有出现交叉现象。（2）把原来以工资分为工资标准的计算单位，改为以人民币为计算单位。（3）大幅度提高高级领导干部的津贴标准，扩大了最高等级与最低等级津贴的倍数。伙食仍分为大灶、中灶和小灶，服装标准也与原来一样。津贴加上伙食、服装的最高标准，是最低标准的 21.09 倍。（4）取消了普通津贴、保健费、高级干部特别津贴；老年优待金区长级以下人员年满 50 岁的照发，其余人员一律取消；家属招待费县长以下的照发，其余人员一律取消；小孩保育费、保姆费和技术津贴均照原规定保持不变。（5）取消了由机关生产和"小公家务"来解决的费用。全国解放后，机关生产获得很大发展，对于解决机关经费困难，如工作人员生活福利、家属补助、办公杂支等方面发挥了很大作用。但从"三反"运动反映出的问题，发现机关生产带来了许多比较严重的流弊。1952 年 1 月至 3 月，政务院召开多次会议，最后决定：一方面结束机关生产；另一方面统一增加工作人员津贴，并由财政部门负责解决这笔开支。

二 开始建立新型工资等级制度

(一) 最初建立或存在的工资制

1. 解放较早的东北地区建立的工资制。

东北地区在1949年就建立了体现等级差别的新型工资制。这个工资制,规定工资标准由13等39级组成,另外还有等级之外5级(学徒等级)。工人与职员实行同一工资标准,称作"一条龙"工资制度,用等级线区分各行各业各类人员的工资差别。以此为基础,1950年和1951年又对工资等级制度进行两次调整和完善。经过调整和完善后,企业工人实行8级工资制,划分为5类产业,执行5种不同的工资标准;企业、事业、国家机关的工程技术人员实行24级工资制;企业、事业单位的管理人员和国家机关的行政人员实行23级工资制。

2. 其他新解放区实行"原职原薪"的工资政策。

在东北以外的关内新解放区,为了便于接管,有利于维持社会稳定,对广大职工实行"原职原薪"的工资政策。通常以职工本人解放前3个月的平均工资为标准,按照当时当地的物价水平,折合为一定数量的实物,然后用货币支付工资。有些地方,由于发现一些问题,也及时根据具体情况,对职工原有工资制度进行必要的改革和调整。如山西省太原市发现原来工资水平过低,在实行"原职原薪"方法不久,就以提高工资水平为前提,拟定出新的职工工资等级制度,以保证职工的基本生活。这一期间,采矿、建筑以及码头搬运等行业,结合民主改革运动,逐步废除了旧社会遗留下来的封建把头制度,使工资制能够体现新社会的要求。

(二) 探索建立新型的等级工资制

1. 研究制定新参加工作人员的工资标准。

1949年年底前,国家在政府机关新参加工作人员中实行工资制,但当时没有形成全国统一的工资标准,而是采取临时借支的办法。1949年12月,财政部对新参加工作人员规定的暂时借支工资标准是:部长、副部长级每月小米不得超过1500斤;司、局长级(含相当于司、局的处)每月小米不得超过900斤;处长级(含相当于处的局、科)每月小米不得超过 700 斤；科长级每月小米不得超过 500 斤；科员级以下每月小米不得超过 350 斤。

1950 年 1 月，政务院颁发了《关于中央直属机关新参加工作人员工资标准的试行规定》，同时附发了《中央人民政府各直属机关新参加工作人员试行工资标准表》《中央直属机关厅局、司辖的副处长以上新参加工作人员试行工资表》。在这个《试行规定》中规定，除原已实行全部工资制的机关，如铁道部、邮电部、重工业部、燃料工业部、海关、银行等机关，仍按照原规定执行外，其他全部实行供给制或部分实行供给制的机关中，新参加工作的人员，一律从 1950 年 1 月 1 日起按这次颁发的试行工资标准表执行。这个工资标准没有等级序号，只有 25 个工资米数（以小米斤数为计算单位），最高 3400 斤小米，最低 120 斤小米，最高标准是最低标准的 28.33 倍。一个职务占用几个工资米数，交叉累进。凡是在 1949 年 9 月底以前参加工作的，按当时规定，实行供给制或工资制待遇的，一般不再变动。10 月 1 日以后参加工作的，除自愿享受供给制待遇的以外，都暂时按照这个工资标准发给工资。家庭生活确实困难而无法解决的，予以适当照顾。专家、高级技术人员的工资或实行供给制待遇的津贴，由各部门根据具体情况规定，按政务院核准，在政府机关中兼有两个职务以上的，以其兼职较高的工资发给，但不得兼领；在社会上有固定收入又在政府兼职的，酌发一定车马费，不再发给工资。

2. 制定中央人民政府直属机关工作人员暂行工资标准。

1951 年 11 月，中央人事部制定了中央人民政府直属机关各类工作人员暂行工资标准等级。机关工作人员工资，按职务分为 8 等，每等又分若干级。把以小米为计量单位的工资制，改为以"工资分"为计量单位的工资制。各职务的工资级别不交叉，工资额虽有交叉，但交叉的工资分不尽相同。该工资标准的最高等级为 1730 分，最低等级为 91 分，最高等级是最低等级的 19 倍，比 1950 年 1 月 1 日起施行的工资标准，最高等级与最低等级相差 28.33 倍，缩小了 9.33 倍。技术人员工资标准为 11 级，加上特级共 12 级，按产业划分 11 类工资标准，每类产业工资标准又列高、低两排工资分类，各机关可在这高、低两排工资分类内确定适合本机关实际情况的工资标准。

上述各类人员的工资标准的适用范围，不只是国家机关，也包括事业单位和部分企业单位。有些地区也参照执行了，但东北、内蒙古、上海、广州等地区，仍执行各自较高的工资标准，至1954年6月，根据国务院决定改为执行国家统一的标准。

当时，中央人民政府直属机关工资管理工作与行政经费管理工作是密切结合的。原由中央财政部直接负责的中央级（包括党派、团体）行政经费管理工作，根据政务院的决定，从1951年5月起，改为由政务院机关事务管理局负责管理。1954年机关事务管理局预算单位为82个，预算涉及人数为75909人（包括大区10500人）。这个时期，机关事务管理局参加了由中央财政部、人事部牵头组织的供给制改革工作，并从制度改革入手，对机关事务（机关后勤）收入分配工作进行了初步的改革。

3. 按大行政区分别建立新型工资制。

1950年，劳动部召开了全国工资改革准备会议，确定了改革旧工资制的三项原则：一要在可能范围内把工资制改得比较合理；二要照顾现实，尽可能做到为大多数职工拥护；三要照顾国家财政经济能力和工农关系，不可多增加国家负担。

1952年前后，按大行政区分别对旧工资制进行改革。这次改革的主要内容有：

（1）统一实行以"工资分"为工资的计量单位。"工资分"是特定历史条件下产生的一种工资标准，它内含价值以粮、布、油、盐、煤5种实物为基础。当时，全国物价虽然已经初步稳定，但还存在许多不确定因素，仍然时有波动，而且地区之间的物价水平存在较大差距，因此，还不能实行直接用货币支付的工资制度。为了适应这种情况，规定了一种既能在全国范围内统计、核算，又能基本反映各地生活消费和实际物价差别的统一的工资计量单位。

（2）各大行政区分别建立职工工资的新型等级制度。国营企业大多数工人实行8级工资制，少数实行7级制或6级制。职员多数实行职务等级工资制。各大行政区还分别规定了产业工资关系，如工人工资的产业类别，东北、华东、西南地区分为 5 类；中南、西北地区分为 8 类；华北地区分为 9 类。每类产业又分为若干类企业，分别执行若干种工资标准。通过这次全国性的工资改革调整，基本废除了旧社会遗留下来的不合理工资制度，初步协调了全国国营企业在不同地区之间的关系，调整了不同产业之间职工的工资关系，改善了企业内部各类人员之间的工资关系，同时也提高了职工的工资水平，改善了职工的生活状况。

4. 工资制具有多样性和灵活性特点。

1949—1954 年，尚未形成全国统一的个人收入分配制度，工资制呈现多样性特点，它既可以与供给制并列存在，又可以单独出现，而且不同地区有不同的工资等级与标准。这种现象，是由各地区经济发展和物价水平存在较大差别决定的。这一时期，劳动就业和工资工作管理也比较灵活，使工资制具有较强的灵活性。当时，各大行政区、省市或企业，可根据实际情况确定分配形式和工资标准。实行计时工资制的职工提级加工资，由企业按照上级下达的工资总额自行安排；实行计件工资制的，计件单价和超额奖励等，一般也由企业依据自身生产需要和条件确定。

1954 年后，撤销了各大行政区，加强了中央直接对整个国民经济的控制，个人收入分配的管理权限也逐步集中到中央。

（三）国家机关工作人员全部实行货币工资制

1. 发布国家机关工作人员工资改革文件。

1955 年 8 月 31 日，国务院发布《关于国家机关工作人员全部实行工资制和改行货币工资制的命令》。

该文件认为，国家机关工作人员实行供给制办法，在过去革命战争年代，曾发挥过重大作用；但在当今社会主义建设时期，它已不符合"按劳取酬"和"同工同酬"的原则。因此，国务院决定，把供给制一律改为工资制，以便统一国家机关工作人员的待遇问题。

文件指出，由于全国物价已经稳定，人们的生活水平逐步提高，工资分所含 5 种实物，已不能完全包括生活的实际需要，同时工资分本身也还存在不少缺点，因此，国务院决定在机关及所属事业单位先行废除工资分计算办法，改行货币工资制。

2. 国家机关工作人员实行工资制改革的主要内容。

文件规定，全部实行工资制后，工作人员个人及其家属的一切生活费用，均由个人负担，住用公家房屋和使用公家家具、水电费及子女入学学杂费等一律上缴租金、交纳费用。

这次工资改革，建立了国家机关与事业单位的收入分配制度，涉及对象的工资水平都有较大幅度的提高。其中党政机关实行职务等级工资制，把干部分为 30 个行政级。定级标准采用一个职务数级并存，等级线可上下交叉。评定时，按照职务，参考德才和资历来确定具体等级。大致分为国家级 1—3 级；正部级 3—5 级；副部级 5—8 级；正局级 8—10 级；副局级 9—12 级；等等。评定为多少级，就拿多少工资。最高行政级的工资数为 560 元，最低行政级的工资数为 19 元，最高工资是最低工资的 29.5 倍，是新中国成立以来工资档次拉开最大的一次。

这次工资改革，还确定了工资的地区类别。依据各地的自然条件、物价高低和生活费用开支、交通条件以及平均收入状况，并适当照顾重点发展地区和生活条件艰苦地区，把全国的工资区分成 11 类，如台州为 3 类地区，北京为 6 类地区，上海为 8 类地区，西宁为 11 类地区。工资区类别越高，工资标准也越高。规定以 1 类地区为基准，每升高 1 类，工资标准增加 3%。

三 开展首次全国性工资制度改革

（一）实行全国性工资制度改革的必要性

1. 提高工资方面存在年度不平衡现象。

新中国成立以来，政府以生产发展和劳动生产率提高为依据，逐步提高职工的工资水平；同时，各地区和各部门也进行过一次或多次工资改革和调整，初步建立起按劳取酬的工资制度。这对鼓励职工提高业务技术水平和生产积极性，提高工作效率，加快国民经济的恢复和发展，起到了有效的促进作用。但是，提高工资的过程，也出现了一些不合理的做法。例如，1953 年前，各部门每年均以较快速度提高工资，而 1954 年和 1955 年不少部门几乎没有涨过工资，原因是这些部门的工资标准没有调整，一些不合理的奖励和津贴制度被取消后，合理的奖励、津贴制度没有马上跟着建立起来，同时对职工的升级控制过紧，致使这些部门平均工资的提高速度，较大幅度地低于劳动生产率的提高速度，加上副食品的价格有些上涨，引起一部分职工的实际工资没有上升，反而有所降低。

2. 现行工资制存在不符按劳取酬原则现象。

以往多次进行的工资改革，并没有完全清除旧社会工资制遗留下来的不合理因素，随着社会生产和经济建设的快速推进，又产生了一些新的问题，导致现行的工资制存在一些背离按劳取酬原则的现象：

（1）平均主义现象相当严重。例如，同一地区内性质不同的产业部门，工资标准应该有所区别，但却在实施同一工资标准。同一企业内不同劳动性质的岗位，应该有一定工资差别。然而，高温工作与常温工作之间，井下作业与井上操作之间，甚至计件劳动与计时劳动之间，其工资标准几乎都是一样的。另外，工资等级规定，也存在平均主义倾向，最高等级工资标准与最低等级工资标准差别小，各级系数间的差别又有许多不合理之处，这致使工人越是升到较高的等级，工资提高的百分比反而越小。

（2）同一产业工资标准不统一。依据按劳取酬原则，在同一产业内部，性质相同企业职工的工资标准，应该是一样的，但实际情况并非如此。例如，东北地区，同是钢铁产业部门的生产工人，7个工厂就有5种不同的一级工资标准，最低的与最高的相差7%。

（3）同一产业技术等级评定方法不一致。按劳取酬原则要求，具有同类技术熟练程度的工人，应该取得相同的收入。由于当时的技术等级标准，跟不上快速发展的生产技术水平，同时又存在标准内涵不统一，评定方法有较大差别，使得同一产业内做同性质工作而熟练程度又相同的工人，由于所在企业不同，熟练程度等级评定出现相差两三级之多。当然，熟练程度等级相同的工人，因个人劳动业绩不同而导致实际工资不同，是常有的事，也是合理的。但是，如果工人熟练程度相同而评定出不同等级，从而产生不合理现象，那是应该给予改正的。

（4）现行工资标准不能体现国家优先发展和重点建设的需要。分析不同产业部门可以看出，国家亟须优先发展的、劳动复杂程度和繁重程度较高的产业，现行工资标准往往并不高。相反，有些普通的、劳动复杂程度和繁重程度较低的产业，现行工资标准却往往比较高。与此同时，分析不同地区可以看出，有些重点建设地区的工资标准，反而低于一般地区的工资标准，影响从一般地区向新建重点工业基地调动职工。

上述现行工资制中存在的问题表明，进行一次全国性的工资改革，是非常有必要的。同时，也表明，这次工资改革的目的和任务，是要在适当增加工资的基础上，依据按劳分配原则，克服原有工资制中存在的不合理、不统一现象，贯彻统一的工资政策，建立起全国统一、比较合理的工资制度。

（二）首次全国性工资制度改革政策的主要内容

1956年6月16日，国务院全体会议第32会议通过了《关于工资改革的决定》，7月4日发布实行。自此迈出了第一次全国性工资改革的步伐。本次工资改革政策的内容，主要包括以下几方面：

1. 取消工资分制度和物价津贴制度。

本次全国工资改革要求，实行直接用货币规定工资标准的制度，以消除工资分和物价津贴给工资制度带来的不合理现象，并且简化工资计量标准和工资计算手续，便于企业推行经济核算制度。根据各地区发展生产的需要，物价生活水平和现实工资状况，规定不同的货币工资标准。对于物价高的地区为了避免出现过高的工资标准，将采取在工资标准以外，另加生活费补贴的办法。生活费补贴，将随着物价的调整而调整。

2. 进一步改革和完善企业职工的工资等级制度。

本次工资改革，在全国范围内按产业、按部门统一了企业职工的工资等级制度。对企业职工的工资等级制度主要做出了下述改革：

（1）制定工人工资全国统一的标准。通过本次全国工资改革，全国形成了工人工资的统一标准，并使不同产业工人分别实行不同等级工资制：普通制造业实行8级工资制，建筑业实行7级工资制，纺织运转工人实行岗位工资制，邮电工人实行职务工资制等。文件明确规定，熟练劳动与不熟练劳动，繁重劳动与轻易劳动，其工资标准应有比较明显的差别。并规定,适当扩大高等级工人和低等级工人之间工资标准的差额;做到高温工作工人的工资标准,高于常温工作工人的工资标准;井下作业工人的工资标准,高于井上操作工人的工资标准;计件工资标准,高于计时工资标准等,用以克服工资待遇上的平均主义现象。据对11个产业统计发现,工人工资最高标准与最低标准的倍数,平均扩大了20%。同时规定,为使工人的工资等级制度更加合理,各产业部门必须根据实际情况制定和修订工人的技术等级标准,严格地按照技术等级标准进行考工升级,使升级成为一种正常的制度。

(2) 改进企业职员和技术人员的工资制度。文件规定,企业职员和技术人员的工资标准,应该根据其所任职务进行统一规定。每个职务工资可分若干等级,高一级职务和低一级职务的工资等级线,可适当交叉。对于技术人员,除按其所任职务评定工资外,对技术水平较高者,应加发技术津贴;对企业有重要贡献的高级技术人员,应加发特定津贴,务使其工资收入有较多增加。有些高级技术人员的现行工资标准高于新定职务工资标准的,可给他们单独规定工资,使其工资仍有所增加。对于某些地区和某些产业的工程技术人员,如果目前按职务统一规定工资标准确有困难,可单独规定技术人员的工资标准,但必须注意与实行职务工资的同类技术人员之间的工资水平适当平衡,不能差别过大。按照本次改革的要求,大多数企业的领导人员、工程技术人员和经济管理人员实行职务工资制。拟定的职务工资标准,划分为4类产业,每类产业再分为4类企业,在企业内部又划分为3类科室、4类职能人员,每类职务分别规定了几个不同的工资标准。显然,这样的职务工资制过于烦琐,同时也与我国企业管理干部配备的实际情况不相符,实行不久就遭到普遍批评,提出要求合理归并,后来对此作出了较大修改。

(3) 进一步完善计件工资和奖励、津贴管理制度。文件规定,各产业都应制订切实可行的推广计件工资制的计划以及统一的计件工资规程。凡是能够计件的工作,应该全部或大部实行计件工资制。同时,必须建立并且健全定期审查和修改定额的制度,保证定额具有技术根据和比较先进的水平。实行计件工资标准的时候，应该由低到高，逐渐增加，并且必须同时修改落后的定额。文件规定，改进企业奖励工资制度。各主管部门应根据生产的需要制定统一的奖励办法，积极建立和改进新产品试制、节约原材料、节约燃料或者电力、提高产品质量以及超额完成任务等奖励制度。文件还规定，改进津贴制度。审查现有的各种津贴办法，克服目前津贴方面存在的混乱现象，建立和健全生产上必需的津贴制度。

此外，还制定了普通工、勤杂工、炊事员、汽车司机等工种和学徒工统一规定的工资标准。

3. 调整产业、地区和人员之间的工资关系。

本次工资改革，在处理产业之间的工资关系方面，采取向重点产业倾斜的政策。于是，根据各产业在国民经济中的重要性、技术复杂程度和劳动条件等因素，排列产业前后顺序，使重工业企业比轻工业企业职工工资有较多增长。

在处理地区之间的工资关系方面，采取向重点建设地区倾斜的政策。因此，依据重点建设地区职工工资增长幅度较大，某些沿海地区工资也稍有增长的原则进行调整，使重点建设地区的工资标准有较多提高。

在处理职工之间的工资关系方面，采取向直接生产部门职工倾斜的政策。确定直接生产部门的职工工资，比其他部门职工工资有较多的增长幅度。

在处理各类人员之间的工资关系方面，采取向企业干部、工程技术人员和高级知识分子倾斜的政策。规定企业干部的工资高于国家机关工作人员的工资；工程技术人员的工资一般高于同级管理人员。同时，给教授、高级科研人员、高级技术人员等高级知识分子规定较高的工资标准。

1956年实行的全国统一标准的工资改革，统一了国家机关、国有企事业单位职工的个人收入分配方式，从而建立起计划经济体制下的工资制度和相应的运行机制。自此开始，新中国成立初期延续实行的供给制全部改为工资制；同时形成了干部的职务等级工资制，以及制造业工人的 8 级工资制；并根据企业特点分别实行计时、计件、奖励和津贴等工资形式。国家统一制订全国职工工资计划、工资标准和津贴标准，统一安排职工提级加工资。1957年，周恩来总理在党的八届三中全会的报告中，谈到收入分配制度时指出："8 年来，不仅工资水平提高了，职工生活改善了，并且从根本上改变了半殖民地、半封建性的工资制度，建立了基本上符合社会主义按劳付酬原则的工资制度。"

四 计划经济体制下的工资调整政策及特征

（一）计划经济体制下的工资调整政策

1958年"大跃进"期间，为了大办钢铁、大办地方工业，许多中央掌握的宏观管理权限下放给地方。各省市、自治区可以自行控制工资总额，自行安排增加职工。下放收入分配和劳动就业管理权限，有利于调动地方和企业的积极性。但由于没有形成配套制度，相关管理工作未能及时跟上，特别是受"左"的思想影响，急躁冒进，提出不切实际的高指标，致使短短两三年时间全国职工总数增加一倍以上，每年多支出工资几十亿元。

"大跃进"以来的五年中，全国工业总产值年均递减0.6%，工业全员劳动生产率年均递减5.4%。正常的收入分配制度被打乱，把计件工资和奖励制度，说成是"钞票挂帅""物质刺激"，迫使许多企业停止采用。

这一期间，由于生产下降和财政紧张，无力给职工普遍增薪，仅在1959年给不到30%的职工升了一级工资，1960年和1961年对一小部分小学教师和煤炭、矿山、森工和石油工人调整了一次工资。又由于增加了大量低工资职工，到1962年全国全民企事业单位职工的平均货币工资，比1957年下降7.1%，年均递减1.5%，联系同期生活费指数上升的因素，职工实际工资年均递减5.4%。

1963—1965年，国民经济经过全面调整得到了较快恢复和发展。不少企业在试行"工业七十条"中，又陆续恢复了计件工资和奖励制度。在劳动生产率提高和财政状况转好的基础上，1963年给40%的职工提了一级工资。1965年与1962年相比，全国职工货币工资平均提高了 10.1%，年均递增 3.3%。这一期间，市场供应充裕，物价逐年回落，如果考虑同期生活费指数下降因素，职工实际工资年均递增 7.2%左右。

"文化大革命"开始后，以往建立起来的收入分配制度遭到全盘否定，按劳分配原则被诬蔑为"产生资产阶级的经济基础"，宏观管理出现了异常混乱的局面。计件工资、奖励制度、定额管理、技术考核和职工升级等体现按劳分配原则的办法被废弃。1966—1976 年的 11 年间，由于国民经济增长缓慢，劳动生产率下降，只对大约 30%的低工资职工调整过一次工资。此间，职工货币工资年均递减 0.5%，若是综合考虑生活费指数上升因素，实际工资年均递减 0.7%，绝大多数职工的实际工资都降低了。同时，十多年的工资冻结，导致收入平台叠起，出现了干多干少、干好干坏、干不干一个样的平均主义现象。

（二）计划经济体制下工资制度及其政策的典型特征

改革开放前传统计划经济体制下的工资制度，从其建立以来，不管怎样变化，都是在计划经济框架内进行的，反映计划经济的要求。其政策的典型特征是：

（1）国家制定统一的工资标准、工资等级和工资水平。

（2）国家建立统一的津贴制度、奖励制度和福利制度。

（3）国家确定统一的增资时间、增资比例和增资数量。

（4）同部门或同行业的工资标准和工资等级全国一致，不同部门或不同行业稍有差别，不同区域有一定地区级差。

（5）企业工资总额与自身盈利量无关，职工工资多少与企业经营好坏无关，也与本人工作的努力程度无关。

（6）只具福利型的配给功能，对生产要素的投入不起保护作用，对生产要素的贡献没有激励效果。

这种高度集中的计划分配政策，在否定旧社会遗留的工资制度中起过积极的作用，但经长时间推行，导致了严重的平均主义倾向，压抑和挫伤了劳动者的生产积极性，大大降低了社会劳动生产率。

第二节　改革开放初期工资政策的变动

一　改革开放初期局部调整工资的政策

（一）实施提高偏低工资标准的工资调整政策

1977年8月10日，国务院颁发《关于调整部分职工工资的通知》。《通知》指出，在发展生产的基础上，根据"各尽所能、按劳分配"的原则，逐步改善群众生活，是我国一直坚持的工资政策。最近，随着国民经济和国家财政情况开始好转，国家决定调整部分职工工资。本次调整的重点是工作多年，工资偏低的职工。增加工资的对象，要根据其政治表现、劳动态度、贡献大小和技术高低来进行评定。

《通知》规定调整工资的范围是：

（1）1971年年底以前参加工作的一级工，1966年年底以前参加工作的二级工，以及同他们工作年限相同、工资等级相似的企业干部，以及商业、服务业、文教卫生、国家机关等部门的职工，表现好的和比较好的都调整工资，表现不好的缓调。缓调的人数，一般不要超过这部分职工人数的10%。缓调的职工，满一年后再重新评定，转变好的可以补调，补调增加的工资，从批准补调之月起发给；表现仍不好的不再补调。

（2）除上述两类人员以外，对1971年年底以前参加工作的其他职工（不包括十七级以及以上干部和工资相当的其他干部），也调整一部分，调整工资的人数，不得超过这部分职工人数的40%。调整时，要优先考虑贡献较大，工作多年，工资偏低的生产、工作骨干和科研、技术人员。

（3）矿山的井下工人，按上述两项规定，调整工资的人数少于1976年年底以前下井的井下工人总数40%的，可以调整到40%。

符合上述三项规定调整工资的职工，一般按现行工资级差增加工资，但级差小于5元的，可增加5元，大于7元的，只增加7元；1966年年底以前参加工作的中专毕业生也可增加7元。

（4）为使不属于上述调整工资范围，而工资偏低的职工也能适当增加一些工资，对1971年年底以前参加工作，现行三、四类工资区标准工资低于36元的，可增加到36元；现行五类工资区标准工资低于37元的，可增加到37元；现行六、七类工资区标准工资低于38元的，可增加到38元；现行八、九类工资区标准工资低于39元的，可增加到39元；现行十类工资区标准工资低于40元的，可增加到40元；现行十一类工资区标准工资低于41元的，可增加到41元。对1966年年底以前参加工作，现行三、四类工资区标准工资低于41元的，可增加到41元；现行五类工资区标准工资低于42元的，可增加到42元；现行六、七类工资区标准工资低于43元的，可增加到43元；现行八、九类工资区标准工资低于44元的，可增加到44元；现行十类工资区标准工资低于45元的，可增加到45元；现行十一类工资区标准工资低于46元的，可增加到46元。

1978—1980年，在恢复和调整国民经济的过程中，根据财政状况持续改善，又安排了两次调整工资工作，进一步提高了部分偏低的工资标准和部分地区的工资区类别。这样，自1977年调整工资以来，大约有80%以上的职工提升了一级工资。

（二）出台进一步解决部分职工工资偏低的政策

1981年10月7日，国务院发布《关于1981年调整部分职工工资的通知》。该文件指出，为了进一步解决部分职工工资偏低的问题，根据国家财力可能，国务院决定，从1981年10月起，给中、小学教职工，医疗卫生单位部分职工，体委系统优秀运动员、专职教练员及部分从事体育事业的人员调整工资。

国务院原则同意教育部《关于调整中、小学教职工工资的办法》《关于增加中、小学民办教师补助费的办法》，卫生部《关于医疗卫生单位部分职工调整工资方案》，国家体委《关于调整优秀运动员、专职教练员及部分体育事业人员工资的报告》，现转发给各地，要求有关部门根据实际情况，研究执行。

1. 教育部《关于调整中、小学教职工工资的办法》主要内容。

（1）调整工资的范围：普通中小学、农业中学、职业中学、中等专业学校（含相当于中师的教师进修学校）、技工学校、盲聋哑学校、工读学校、幼儿园、托儿所中的国家固定教职工、地区性的和企事业单位所属的业余中等专业学校、中初等学校、少年宫、省及省以下的教研室中的国家固定教职工,以及校外专职辅导员、公社专职扫盲干部和教师。

(2) 提高工资的对象:1978 年年底以前参加工作的教职工。一般升一级,其中极少数教学、工作成绩显著、贡献较大、教龄较长,与同类人员相比工资偏低的优秀骨干教职工也可升两级。升两级的计算两个升级面。

(3) 升级人数指标:按 1980—1981 学年初教育事业统计年报中,国家固定教职工和公办中、小学长期代课教师数的 100% 计算,由教育部会同有关部门联合下达升级人数和增加的工资指标。升级人数指标中,属于尚未转正定级和 1979 年 1 月 1 日以后参加工作的人数指标,用于升两级。

2. 教育部《关于增加中、小学民办教师补助费的办法》主要内容。

(1) 增加补助费的范围:小学、中学、农(职)业中学中,凡经过整顿,由县一级教育行政部门发给了任用证书,或正式批准确认,并已按国家规定领取民办教师补助费的直接从事中、小学教育工作的专职教师。

(2) 核算分配增加民办教师补助费,一律以 1980—1981 学年初教育事业统计年报中国家给补助费的中小学、农(职)业中学的民办教师人数为准;在国家规定补助费标准的基础上,平均每人全年增加补助费 50 元。

(3) 为切实解决好中、小学民办教师生活方面的一些特殊问题,各地可将这次增加补助费连同国家原规定的补助费一并计算,从中提取 5%—15%。由县一级教育行政部门集中掌握,专门用以解决民办教师的特殊困难补助和其他需要解决的问题;其余部分必须按规定发给本人。

3. 卫生部《关于医疗卫生单位部分职工调整工资方案》主要内容。

(1) 调整工资的重点:提高护士等中级卫生技术人员的工资,并适当解决其他各类人员工资偏低的问题。

(2) 调整工资的范围：全民所有制的各级各类医院、疗养院（所）、门诊部（所）、医务室、专科防治院（所、站）、血站、急救站、卫生防疫站、妇幼保健院所（含其中从事计划生育的医务人员）、药品检验所、国境卫生检疫所、设有门诊和病床的临床研究单位，以及高等医学院校中固定在医院工作的人员和集体所有制医疗卫生单位中的国家工作人员。

(3) 调整工资的办法：凡1978年年底以前参加工作，现已取得护士、助产士、医士、药剂士、检验士、技士等技术职称的中级卫生技术人员（含1978年以来"士"晋"师"的人员在内）一般升一级。该文件还对可升两级者、以往升级未长满级差而可补齐级差者、低于国家机关行政人员工资标准相应级的可靠级者等，作出具体规定。

4. 国家体委《关于调整优秀运动员、专职教练员及部分体育事业人员工资的报告》主要内容。

(1) 工资标准的修订：减少现行工资标准级别，增大级差。运动员工资标准由现行11个等级减少为8个等级。以六类地区为例，定级工资43元，最高工资129元。现任专职教练员工资标准由现行15个等级减少为11个等级，最低工资43元，最高工资180元。修订工资标准后，对未满17周岁的少年运动员仍按原生活费待遇规定执行，个别成绩特别优异的可提前定级。同时规定，把体育津贴纳入新工资标准中一并靠级。

(2) 调整工资的范围：体委系统的优秀运动员、现任专职教练员，以及体委系统的优秀运动队、体育运动学校、体育中学、青少年业余体育学校、军事业余体育学校、体育场馆、运动员训练基地和接待站中的固定职工。

(3) 调整工资的办法：先补齐级差，对1977年升级人员中，未按工资标准长满级差的，按当时执行的工资标准补齐级差。然后靠上级别，把运动员、现任专职教练员的现行工资（包括体育津贴）靠入新工资标准。再给予升级，运动员、现任专职教练员按新工资标准升级，一般升一级；靠级增加的工资超过半级（不含半级）的，计算一个升级面。该文件还对可升两级人员、实行补贴人员等作出规定。

二 恢复发展奖励和计件工资制度

（一）颁布恢复和推进奖励工资制的文件

1. 发出恢复实行奖励工资制的通知。

"文化大革命"期间，奖励和计件工资制因遭到否定而被废弃。"文化大革命"结束后，人们又开始关注和讨论各种能较好体现按劳分配原则的工资政策。1978年5月7日，国务院发出《关于实行奖励和计件工资制度的通知》，提出有条件、有计划地恢复实行奖励和计件工资制。

《通知》规定，可实行奖励工资制企业的条件是：已经经过严格整顿，领导班子内部团结且能力强，供产销正常，生产任务饱满，管理制度比较健全，各种定额和统计、验收等基础工作搞得比较好，各项经济技术指标比较先进。工业、基本建设、交通运输、农林、水产、商业服务等部门，都可以选择具备条件的企业进行试点。各地区、各部门开始实行奖励和计件工资制度的单位，最多不要超过所属企业总数的30%。

《通知》规定，一个职工，一般只能实行一种奖励办法。生产工人的奖励条件，应当根据增加生产，提高质量，降低消耗等确定。一般的可实行优质低耗的超产奖，有的也可在降低消耗和完成产量指标的条件下，实行质量奖或其他奖励。《通知》指出，奖励期限可以根据生产和工作的特点，分别实行月奖或季奖。主要生产工人，凡有劳动定额或其他指标可以考核的，应以超额完成劳动定额或其他指标的多少为主计发奖金，多超多奖、少超少奖。

《通知》规定，实行奖励制度的企业，奖金总额的提取比例，暂定为控制在职工标准工资总额的10%以内（提取金额平均每人每月少于3.5元的，可按3.5元提取）；对于少数任务重、各项经济技术指标先进、又全面超额完成国家计划较多的企业，经主管部门批准，奖金总额可适当提高，但最高不得超过12%。

《通知》还规定，不实行上述奖励工资制度的全民企事业单位，对职工试行一次性年终奖。全面完成国家计划和工作任务的单位，奖金总额按本单位固定职工人数平均每人10元提取，合理安排使用。

企业奖励工资制，经过一段时间试点取得经验后，便全面推开。不久，全国工业、交通、财贸企业绝大多数职工都实行了奖励制度。这样，以往曾经行之有效的超额奖、质量奖、节约奖和安全奖等都在不同程度得到恢复，并在逐步扩大实行范围。随着经济体制改革的推进，不少企业开始实行与利润挂钩的新型奖励办法。同时，过去从未或很少实行奖励制度的国家机关和文教、卫生、科研等事业单位职工，也开始建立了一些不同形式的奖励制度。实践证明，实行必要的奖励工资制度，对调动广大干部职工的工作积极性，全面完成目标任务，改善经营管理，发展生产和增加职工收入，都有明显的促进作用。

2. 发布燃料和原材料节约奖试行办法。

1979年11月10日，财政部和国家劳动总局、国家物资总局联合颁发《关于国营企业、交通企业特定燃料、原材料节约奖试行办法（草案）》，有效地促进企业节约使用原材料和燃料，对降低成本和提高经济效益，发挥了积极的作用。

为了进一步调动企业节约使用原材料和燃料的积极性，降低消耗，提高经济效益，若干年后，财政部、劳动人事部和国家经委又联合发布经过修订的《国营工业、交通企业原材料、燃料节约奖试行办法》，主要目的是扩大实行节约奖的品种范围，该文件为此作出下述主要规定。

（1）可开展该项节约奖企业的条件：一是生产任务饱满，有准确的检验计量手段，健全的原始记录，能正确考核计算物资消耗节约效果。二是产品质量稳定，并适销对路。

（2）实行该项节约奖的范围：可根据各企业的实际情况，选择几种生产大量使用的原材料、燃料（包括电力、蒸气）实行节约奖励。原材料和燃料节约奖的奖金计入成本，单项列支。此项奖金，不征收奖金税。

（3）节约原材料和燃料的奖金率：按照所使用原材料、燃料价格的高低和降低消耗的难易程度来确定。有色金属、优质钢材和不锈钢材、橡胶、化纤等价值较高的物资，奖金率为节约价值的0.5%—3%；汽油、柴油、重油、原油、焦炭、煤气、天然气、外购蒸气、纸浆、铸造生铁、纯碱、烧碱和标号325号以上的水泥等物资，奖金率为节约价值的 3%—8%；煤炭、电力、木材等物资，奖金率为节约价值的 8%—15%。

（4）该项节约奖的计算和发放：节约奖按年度计算考核，季度预提年终结算。季度可按累计应提节约奖的 60% 预提。如本季累计消耗比上年同期实际水平多消耗了，除本季不提奖金外，多发的节约奖要从以后季度的节约奖中扣回，如果扣不足，其差额从企业奖励基金中扣回。实行节约奖的原材料、燃料，年终发生盘亏的，也要从节约额中扣除。该项节约奖只发给直接从事节约原材料、燃料的人员。

（二）发布恢复和推进计件工资制的文件

1. 发出恢复实行计件工资制的通知。

国务院于 1978 年 5 月 7 日发布的《关于实行奖励和计件工资制度的通知》，在确定恢复奖励工资制的同时，也确定恢复计件工资制。而且，它明确规定，可实行计件工资制的企业，必须具有可实行奖励工资制企业的同样条件。

但是，该文件在涉及计件工资制时，提出了一些限制性规定：（1）限制岗位范围。规定只有少数笨重体力劳动和手工操作的工种，可试行有限制的计件工资制。（2）限制计件超额工资。规定实行计件工资制的企业，计件超额工资部分，不超过这些工人标准工资总额的 20%。

2. 发布规范和推进计件工资的文件。

1980 年 4 月，为了进一步推进计件工资制，国家计委、国家经委和国家劳动总局联合颁发《国营企业计件工资暂行办法（草案）》，要求各地区、各部门选择具备条件的企业试行。

《草案》对可实行计件工资制企业的条件作出规定：生产任务饱满，原材料、燃料、动力供应和产品销路比较正常；制定有先进合理的劳动定额、严格的计量标准和质量标准；企业管理制度，如生产原始记录、计量统计、检查验收和经济核算等比较健全。

《草案》对劳动定额作出规定：实行计件工资制的劳动定额，要经常保持先进合理的水平。一般应半年到一年审查修改一次。如果遇到产品或原材料规格有重大变化，生产设备、工具及工艺操作规程有重大变化，工作场地、地质条件有显著改变，个别定额水平显著偏低偏高，以及因采用发明创造、技术革新、合理化建议而对定额水平发生重大影响等情况，则应及时进行修改。

《草案》对计件单价作出规定：实行计件工资制应合理确定计件单价。计件单价，按照工人在规定的工时内应完成的劳动定额与工作物等级相应的计时标准工资，并结合工人现行工资水平确定。工作物等级，根据各种工作物的技术复杂程度、劳动繁重程度、责任大小和不同的生产设备状况等条件确定。劳动定额修改时，计件单价应作相应的修改。

《草案》取消了以往文件对实行计件工资制的限制性条件，进一步扩大了计件工资制的实行范围，规定企业在具备实行计件工资制的条件下，对于适宜于实行计件工资制的工人，都可以实行计件工资制。同时，为了不限制工人超产的积极性，还规定，在保持劳动定额先进合理的前提下，可不限制工人的计件超额工资。这样，一些部门努力拓展实行计件工资制的范围。例如，铁道部在主要车站的装卸工人中，普遍实行了计件工资制；交通部在直属的11个沿海港口中，实行计件工资制的多达10个。

3. 颁发进一步完善计件工资制的文件。

1981年11月11日，国务院针对在推行经济责任制过程中，有些企业不顾客观条件任意实行计件工资，产生了不少问题的实际情况，批转由国家经济委员会等7个部门制定的《关于实行工业生产经济责任制若干问题的暂行规定》。

该文件明确指出，实行计件工资要有控制，要在总结经验，搞好各项基础工作的前提下，严格按照条件，经过审查批准，有计划、有步骤地推行。

该文件进一步阐明实行计件工资的条件是：企业领导班子健全，生产任务饱满，产供销比较正常，产品可以计件计量，有平均先进定额、合理的计件单价和比较健全的科学的管理制度。

该文件规定，一般计件的超额工资应限制在企业平均标准工资的30%以内。实行超额计件的，完不成定额应适当扣发基本工资。只有煤矿井下采掘工人和海港码头装卸工人，在有平均先进定额和搞好设备维护并注意安全生产的前提下,才可以不限制他们的计件超额工资。

该文件还规定,计件单价应该按照标准工资来确定,不能包括标准工资以外的因素。已经包括其他因素的,应当改过来。实行计件工资的工人,不再提取生产综合奖金。除了在法定节假日经过批准加班的以外,其余加班时间,不得发加班工资。

三 开展第二次全国性工资制度改革

(一)开展第二次全国性工资制度改革的必要性

1977年以来,重点针对工资偏低职工进行调资工作,使企事业单位低工资职工的生活得到一定程度的改善。接着,又对中小学教职工、医疗卫生单位和体委系统的部分人员调整了工资,中小学教职工和一些初级医务人员,凡工资标准低于国家机关行政人员的,都统一执行国家机关行政人员的工资标准。同时,普遍恢复和实行了奖励和计件工资制度,并对部分特殊工种实行岗位津贴。后来,国有企业在利改税过程中调整了工资总额,实行奖金随企业所得利润浮动。工资制度的这些局部调整工作,有效地促进了社会经济的发展。

但是,这些局部调整工资的做法,都是在原有制度框架内进行的,基本上没有突破1956年建立的工资制度。这样,难以消除原有工资制度中的平均主义和其他不合理因素,也无法形成能够较好体现按劳分配原则的新型工资关系。要建立能够更好贯彻按劳分配原则、便于管理和调节的新工资模式,必须突破1956年首创的工资制度,开展第二次全国性工资制度改革,也就是,必须全面改革国营企业、国家机关和事业单位的工资制度。

1983年4月14日,国务院发出《通知》,批转劳动人事部《关于1983年企业调整工资和改革工资制度问题的报告》。《通知》指出,本次企业调整工资的一个显著特点,是把调整工资同企业的经济效益挂起钩来,同职工个人的劳动成果挂起钩来,这是工资制度的一项重要改革,是对多年以来调资升级上的平均主义"大锅饭"的重大突破,符合社会主义"各尽所能,按劳分配"的原则,符合广大职工群众的愿望,必将成为全面超额完成国民经济计划的重要动力。可以说,这是开展第二次全国性工资制度改革的前奏或预演。

(二) 第二次全国性工资制度改革政策的主要内容

1. 国营企业工资制度改革政策的主要内容。

1985年1月，国务院发出《关于国营企业工资改革问题的通知》，对企业工资制度提出了改革方案。其主要内容是：

(1) 国营大中型企业工资总额同经济效益挂钩。企业工资总额，以1984年的工资总额进行核定；经济效益指标，一般应以1984年的实际上缴税利为基础。企业工资总额同经济效益挂钩浮动的比例，以人均上缴税利为主，同时考虑国家投资比例、百元工资税利率、劳动生产率的高低等情况分别确定。一般上缴税利总额增长1%，工资总额增长0.3%—0.7%，某些特殊行业和地区，可以超过0.7%，但最多不得超过1%。上缴税利下降时，工资总额要相应下浮。

(2) 国家对企业的工资，实行分级管理的体制。国家负责核定省、自治区、直辖市（包括计划单列城市）和国务院有关部门所属企业的全部工资总额，及其随同经济效益浮动的比例。每个企业的工资总额和浮动比例，由省、自治区、直辖市和国务院有关部门在国家核定给本地区、本部门所属企业的工资总额和浮动比例的范围内逐级核定。

(3) 企业与国家机关、事业单位的工资改革和工资调整脱钩。

(4) 企业可以根据自身特点和实际情况，自行研究确定本企业的工资形式、工资制度和分配方法，企业可以在一定范围内调整企业职工之间的工资关系，开始将市场机制引入企业分配领域，调动了企业干部职工的生产经营积极性。

2. 国家机关和事业单位工作人员工资制度改革政策的主要内容。

1985年6月，中共中央和国务院发出《关于国家机关和事业单位工作人员工资制度改革问题的通知》，并提出了相应的改革方案。其主要内容有：

(1) 国家机关行政人员和专业技术人员，抛弃旧的等级工资制，实行以职务工资为主的结构工资制。全部工资由四部分组成：基础工资、职务工资、工龄津贴和奖励工资。

(2) 事业单位的行政人员和专业技术人员，可以实行以职务工为主的结构工资制,也可以根据自身特点或实际需要,实行以职务工资为主要内容的其他工资制度。实行结构工资制的,可以有不同的结构因素。

(3) 国家机关、事业单位的工人,可以实行以岗位(技术)工资为主要内容的结构工资制,也可以实行其他工资制度。

(4) 增加工资的资金,按现行财政管理体制分级承担,属于中央单位的由中央财政开支,属于地方单位的由地方财政开支。

(三) 第二次全国性工资制度改革政策存在的不足和缺陷

1985年的工资制度改革,是继1956年以来的第二次全国性工资制度改革,也是全面突破1956年工资制度框架的一次改革。新工资制的实行,较大幅度地提高了职工的可支配收入,初步理顺了工资关系,为逐步完善工资制度打下了基础。

但是,1985年建立的工资制度,就总体来看仍具有计划经济特征,执行过程中渐渐暴露出一些不足和缺陷,特别是尚未形成合理的工资调控机制和正常的增长机制,致使平均主义倾向更加严重。

当时,职工的工资性收入中,基本工资、职务工资和工龄工资部分所占比重越来越小,奖金和津贴等所占比重越来越大。到1988年,奖金、津贴和其他收入,已占全民单位职工工资总额的40%左右。津贴中的洗理费、书报费、交通费、副食品补贴和价格补贴等,每个职工都可得到相同的一份;奖金部分,机关事业单位基本上是平均发放的,企业奖金也有50%—70%部分是平均发放的。

由于以平均发放为主的津贴、奖金在工资总额中比例提高,而职务工资的档次及差别却变动甚微,结果各类成员之间的工资性收入差距日渐缩小。据全国主要城市抽样调查,1988年与1985年比较,科研机构研究员与实习研究员的工资差距,由3∶1缩小为1.8∶1;大学教授与助教的工资差距,由4.1∶1缩小为1.9∶1;中学高级教师与三级教师的工资差距,由3∶1缩小为1.6∶1,医院主任医师与医师的工资差距,由3∶1缩小为2∶1;国家机关司局长与办事员的工资差距,由3.1∶1缩小为1.5∶1。

第三节　社会主义市场经济条件下工资政策的变动

一　开展第三次全国性工资制度改革

（一）开展第三次全国性工资制度改革的缘由

1992年10月，党的十四大宣布，我国经济体制的改革目标是建立社会主义市场经济体制。工资制度是经济体制的重要组成部分，它与其他制度一样，随着社会主义市场经济的推进和发展，必将全面突破过去那种僵化、封闭的传统计划经济体制框架，建立起与新经济体制目标模式相一致的新制度。

为此，1993年，经党中央和国务院批准，在总结和吸收1956年和1985年两次工资制度改革经验的基础上，结合机构改革和公务员制度的推行，联系事业单位在市场经济条件下的发展特点，对机关和事业单位的工资制度进行第三次全面改革。

（二）机关工作人员工资制度改革政策的主要内容

1993年11月15日，国务院发布《关于机关和事业单位工作人员工资制度改革问题的通知》，由此启动了第三次全国性工资制度改革。调整机关事业单位人员工资，是调整收入分配政策的一项重要措施。[①] 机关工作人员工资制度改革的内容主要包括以下几点。

1. 实行职级工资制。

工资按不同职能，分为职务工资、级别工资、基础工资和工龄工资四个部分。其中，职务工资和级别工资是职级工资构成的主体。(1) 职务工资按工作人员的职务高低、责任轻重和工作难易程度确定，是职级工资制中体现按劳分配的主要内容。在职务工资标准中，每一职务层次设若干工资档次，最少为3档，最多为8档。工作人员按担任的职务确定相应的职务工资，并随职务及任职年限的变化而变动。(2) 级别工资按工作人员的资历和能力确定，也是体现按劳分配的主

[①] 财政部综合司：《调整收入分配：扩大内需的重要举措》，《中国财政》2003年第6期。

要内容。机关工作人员的级别共分为15级,一个级别设置一个工资标准。(3)基础工资按大体维持工作人员本人基本生活费用确定,数额为每人每月90元。各职务人员均执行相同的基础工资。(4)工龄工资按工作人员的工作年限确定。工作年限每增加一年,工龄工资增加一元,一直到离退休当年止。

2. 建立正常增资制度。

为了使机关工作人员的工资有计划地增长,保证新工资制度正常运转,建立相应的增资制度。具体办法是:(1)晋升职务工资档次。工作人员考核优秀和称职的,每两年可在本职务工资标准内晋升一个工资档次。(2)晋升职务工资、级别工资和增加工龄工资。工作人员职务提升后,按新任职务工资标准执行。晋升级别的工作人员,均可相应增加级别工资。工作人员在原级别任职期间连续5年考核称职或连续3年考核优秀的,在本职务对应的级别内晋升一个级别。副部长及以上人员,任职超过5年的,晋升一个级别。工作人员的级别达到本职务最高级别后,不再晋升。(3)定期调整工资标准。在正常晋升职务工资和级别工资的情况下,国家定期调整机关工作人员的工资标准。根据城镇居民生活费用的增长情况,适当提高基础工资;根据国民经济发展和企业相当人员工资水平的增长,定期调整职务工资、级别工资和工龄工资标准。在建立正常晋级增资制度后,如遇特殊情况,国家可决定暂时冻结工资。

3. 实行地区津贴制度。

根据不同地区的自然环境、物价水平及经济发展等因素,结合对现行地区工资补贴的调整,建立地区津贴制度。地区津贴包括:(1)艰苦边远地区津贴:其标准是将现行工资区类别补贴、地区生活费补贴、高原地区临时补贴和地区性津贴等归并,然后划分为4类,各类标准在归并的津贴、补贴基础上再适当予以提高。建立艰苦边远地区津贴,体现了不同地区在自然地理环境等方面的差异,是对艰苦边远地区现行特殊工资政策的改进和完善,更利于发挥工资的补偿和导向作用。(2)地区附加津贴:根据各地区经济发展水平和生活费用支出等因素,同时考虑机关工作人员工资水平与企业职工工资水平的差距确定。实行地区附加津贴，使不同地区的机关工作人员工资的提高与经济发展联系起来，允许省、自治区、直辖市运用地方财力安排一些工资性支出，用于缩小机关工作人员工资水平与当地企业职工工资水平的差距，鼓励机关工作人员为国家和本地区的经济发展多做贡献。

（三）事业单位工作人员工资制度改革政策的主要内容

1. 改革的原则。

（1）在科学分类基础上，依据按劳分配原则建立体现事业单位不同类型和特点的工资制度，与机关的工资制度脱钩。（2）引入竞争和激励机制，建立符合事业单位不同类型和特点的津贴、奖励制度，克服平均主义。同时把一部分物价、福利性补贴纳入工资。（3）建立正常增加工资的机制，使工资水平随经济发展而提高。（4）对不同类型事业单位的工资制度实行分类管理，使其逐步适应事业单位发展的需要。（5）工资政策向在艰苦边远地区，以及苦、脏、累、险岗位的工作人员倾斜。同时，通过建立地区津贴制度，理顺地区工资关系。

2. 分类管理。

根据事业单位特点和经费来源不同，把事业单位分成三种类型，实行不同的管理办法。

（1）全额拨款单位，执行国家统一的工资制度和工资标准。在工资构成中，固定部分为70%，活的部分为30%。这些单位在核定编制的基础上，可实行工资总额包干，增人不增工资总额，减人不减工资总额，节余的工资，单位可自主安排使用。（2）差额拨款单位，按照国家制定的工资制度和工资标准执行。在工资构成中，固定部分为60%，活的部分为40%。这类单位，根据经费自立程度，实行工资总额包干或其他符合自身特点的管理办法，促使其逐步减少国家财政拨款，向经费自收自支过渡。（3）自收自支单位，有条件的可实行企业化管理或企业工资制度，做到自主经营、自负盈亏。

3. 专业技术人员的工资制度。

根据事业单位工作特点的不同，其专业技术人员分别实行五种不同类型的工资制度。

（1）专业技术职务等级工资制。教育、科研、卫生、农业、林业、水利、气象、地震、设计、新闻、出版、广播电影电视、技术监督、商品检验、环境保护以及图书馆、博物馆、档案馆等事业单位的专业技术人员，根据工作性质接近，其水平、能力、责任和贡献主要通过专业技术职务来体现的特点，实行专业技术职务等级工资制。其工资构成，主要分为专业技术职务工资和津贴两部分。

（2）专业技术职务岗位工资制。地质、测绘和交通、海洋、水产等事业单位，根据其在野外或水上作业，具有条件艰苦、流动性大和岗位责任明确的特点，实行专业技术职务岗位工资制。其工资构成，主要分为专业技术职务工资和岗位津贴两部分。

（3）艺术结构工资制。文化艺术表演团体，根据艺术表演人员成才早、舞台青春期短、新陈代谢快的特点，实行艺术结构工资制。其工资构成，主要分为艺术专业职务工资、表演档次津贴、演出场次津贴三部分。

（4）体育津贴、奖金制。各级优秀体育运动队的运动员，根据竞争性强、淘汰快、在队时间短、退役后要重新分配工作的特点，实行体育津贴、奖金制。其工资构成，主要分为体育基础津贴、运动员成绩津贴和奖金三部分。

（5）行员等级工资制。金融单位，根据其职能和金融工作特点，实行行员等级工资制。实行这类工资制的，主要是中国工商银行、中国农业银行、中国人民建设银行、中国银行、中国人民保险公司及其分支机构等。中国人民银行，除实行公务员制度的单位外，也实行行员等级工资制。其工资构成，主要分为行员等级工资和责任目标津贴两部分。

4. 管理人员与工人的工资制度。

（1）事业单位的管理人员，根据自身特点，在建立职员职务序列的基础上，实行职员职务等级工资制。其工资构成，主要分为职员职务工资和岗位目标管理津贴两部分。

（2）事业单位的工人，分为技术工人和普通工人两大类。技术工人实行技术等级工资制，其工资构成主要分为技术等级工资和岗位津贴两部分。普通工人实行等级工资制。其工资构成主要分为等级工资和津贴两部分。

5. 奖励制度与津贴制度。

（1）改革现行奖励制度。根据事业单位的实际情况，对作出突出贡献和取得成绩的人员，分别给予不同的奖励。对有突出贡献的专家、学者和科技人员，继续实行政府特殊津贴。对作出重大贡献的专业技术人员，给予不同程度的一次性重奖。凡其成果用于生产活动带来重大经济效益的，奖励金额从所获利润中提取。其他人员，如从事教学、基础研究、尖端技术和高技术研究的人员等，奖励金额从国家专项基金中提取。同时，结合年度考核，待具备条件时，对优秀、合格的工作人员，年终发给一次性奖金。

（2）建立地区津贴制度。一是设置艰苦边远地区津贴。将现行工资区类别补贴、地区生活费补贴、高原地区临时补贴和地区性津贴等，统一归并为艰苦边远地区津贴。艰苦边远地区津贴分为4类，各类标准分别在归并的津贴、补贴基础上适当予以提高。二是建立地区附加津贴制度。实行这类津贴，使不同地区事业单位工作人员工资的提高与经济发展联系起来，允许省、自治区、直辖市运用地方财力安排一些工资性支出，用于缩小事业单位工作人员工资水平与当地企业职工工资水平的差距。

6. 建立正常增资机制。

（1）正常升级：全额拨款和差额拨款的单位，每两年晋升一个工资档次。对少数考核优秀并做出突出贡献的专业技术人员，可提前晋升或越级晋升。自收自支单位，根据其经济效益增长情况，自主安排升级。（2）晋升职务、技术等级增加工资：专业技术人员和管理人员晋升职务时，按晋升的职务相应增加工资。工人晋升技术等级或技术职务时，按晋升的技术等级或技术职务相应增加工资。（3）定期调整工资标准：根据经济发展情况、企业相当人员工资水平状况和物价指数变动情况，定期调整事业单位工作人员的工资标准。（4）提高津贴水平：随着工资标准的调整，相应提高津贴水平，使工资构成保持合理的关系。

（四）第三次全国性工资制度改革政策的成效与不足

1. 第三次全国性工资制度改革取得的主要成效。

本次工资制度改革文件明确提出，新工资制度要防止高定级别、高套职务工资等不良现象。与此同时，不再划分工资区，而是引入了地区津贴。地区津贴包括艰苦边远地区津贴和地区附加津贴。前者主要体现各地自然地理环境等差异；后者用于补偿机关工作人员在不同地区生活成本，地方政府可根据自有财力发放此类津贴。

本次工资制度改革的一项重要举措是，规定机关和事业单位工资制度相互脱钩，分别实行不同的工资制度。机关实行职级工资制，事业单位实行专业技术职务等级工资制，按照不同特点分为五大类。

这次工资制度改革形成的新工资制，体现了改革开放和建立社会主义市场经济体制的要求，进一步贯彻了按劳分配原则，较大程度上引入了竞争机制，有利于提高职工的积极性。它与以往工资制相比，具有以下主要特点：(1) 增资面广，人均增资数额大；(2) 增加了津贴（活工资部分），更好地体现了按劳分配原则和公平竞争要求；(3) 有利于建立符合机关和事业单位各自特点的工资制度；(4) 分别确立了机关和事业单位正常的工资增长机制。

2. 第三次全国性工资制度改革存在的不足。

本次工资制度改革总的来说是很成功的，但也存在某些微瑕。例如，新旧工资制度衔接过程中的套改，每档工作年限过长，有1—17年为一档、18—27年为一档。这样，同一职称职务者，尽管工作年限相差10—17年，但都是同一工资标准，难以体现工龄长短与贡献大小之间的密切联系，以致造成"工资平台"现象。[①]

（五）第三次全国性工资制度改革后的工资正常晋升政策

1995年，财政部、国家计委和人事部共同印发了《关于机关、事业单位工作人员正常晋升工资档次办法的通知》，规定自当年10月1日起，机关和事业单位工作人员晋升一个职务工资档次。文件指出，正常晋升工资档次制度，是1993年机关、事业单位工资制度改革建立的一项重要制度，实施这项制度，对保证机关、事业单位新工资制度的有效运转，具有十分重要的意义。机关、事业单位工作人员正常晋升工资档次，要在严格考核的基础上进行。

---

① 章庆平：《高校新工资制存在的问题与对策》，《高师教育》1995年第4期。

本次正常晋升工资档次的具体办法主要是：（1）机关、事业单位正式工作人员中，凡1993年10月1日工资制度改革后，两年考核成绩均为称职或合格以上的人员，可从1995年10月1日起在本职务或技术等级所对应的工资标准内晋升一个工资档次，体育运动员晋升一档体育基础津贴。（2）自收自支事业单位，已试行工资总额与经济效益挂钩的，其工作人员工资档次的晋升，可由单位在国家规定的工资总额与经济效益挂钩的比例内，自主安排。（3）机关、事业单位临时工、民办教师的工资如何增长，由各地根据实际情况确定。（4）今后机关、事业单位工作人员正常晋升工资档次，均从连续两年考核称职或合格后的10月1日起执行。（5）机关、事业单位工作人员正常晋升工资档次所需经费，按原资金渠道开支。由财政开支的，按现行财政体制分别由中央财政和地方财政负担。

自此以后，机关和事业单位工作人员每隔两年晋升一个职务工资档次，使新工资制度实现了有效运转。此间，人事部和财政部发出了《关于调整机关、事业单位工作人员工资标准等问题的通知》《关于机关、事业单位离退休人员增加离退休费的通知》等文件，及时消除了新工资制度执行中遇到的问题，使其更加贴近社会主义市场经济运行的实际。

1999年8月底，国务院办公厅，转发了人事部和财政部，关于调整机关、事业单位工作人员工资标准，以及增加离退休人员离退休费的三个实施方案。决定从1999年7月1日起调整机关、事业单位工作人员的工资标准，并相应增加离退休人员的离退休费。这次工资调整，对于提高广大干部、职工的生活水平，扩大国内需求，拉动经济增长，促进经济与社会健康发展，都有重要意义。特别是，它使新工资制度及其运行机制更加完善、更加合理。

二 进行第四次全国性工资制度改革

（一）第四次全国性工资制度改革的原则

2006年6月14日，颁发经党中央和国务院批准的《公务员工资制度改革方案》，规定自7月1日起实施。这次收入分配方面的改革，从其涉及范围和规模来说，应该属于我国第四次全国性工资制度改革。

通过改革理顺收入分配关系，是贯彻落实《中华人民共和国公务员法》的重要举措，也是广大公务员的迫切希望和要求。《公务员法》规定，公务员实行国家统一的职务与级别相结合的工资制度。所以，必须推进收入分配领域改革，努力解决当前公务员工资制度方面存在的突出问题，逐步缩小地区间的收入差距，形成工资的合理调控机制和正常增长机制，从而建立起公平合理的公务员工资制度。为此，文件规定，本次工资制度改革必须遵循以下原则：

（1）根据按劳分配原则要求，进一步理顺工资关系，合理拉开不同职务之间、不同级别之间的收入差距。

（2）坚持职务与级别相结合，增强级别的激励功能和作用，实行级别与工资等待遇适当挂钩的政策。

（3）健全公务员工资水平正常增长机制，建立工资调查制度，定期调整工资标准，使公务员的工资水平与经济社会发展水平相适应。

（4）加强工资管理，严格监督检查，有效调控地区工资差距，逐步将地区工资差距控制在合理的范围内。

（二）第四次全国性工资制度改革政策的基本内容

1. 改革公务员职级工资制。

（1）调整基本工资结构。把现行公务员职务工资、级别工资、基础工资和工龄工资四项基本工资构成，调整为职务工资和级别工资两项，取消基础工资和工龄工资。职务工资主要体现公务员的工作职责大小；一个职务对应一个工资标准，领导职务和相当职务层次的非领导职务对应不同的工资标准；公务员按所任职务执行相应的职务工资标准。级别工资主要体现公务员的工作实绩和资历，其级别由现行15个调整为27个，取消现行级别。每一职务层次对应若干个级别，每一级别设若干个工资档次；公务员根据所任职务、德才表现、工作实绩和资历确定级别和级别工资档次，执行相应的级别工资标准。

（2）调整基本工资正常晋升办法。公务员晋升职务后，执行新任职务的职务工资标准，并按规定晋升级别和增加级别工资。公务员年度考核称职及以上的，一般每5年可在所任职务对应的级别内晋升一个级别，一般每两年可在所任级别对应的工资标准内晋升一个工资档次。公务员的级别达到所任职务对应最高级别后，不再晋升级别，在最高级别工资标准内晋升级别工资档次。

（3）实行级别与工资等待遇适当挂钩。厅局级副职及以下职务层次的公务员，任职时间和级别达到规定条件后，经考核合格，可以享受上一职务层次非领导职务的工资等待遇。

2. 完善机关工人岗位技术等级（岗位）工资制。

（1）调整机关工人基本工资结构。把现行技术工人岗位工资、技术等级（职务）工资和奖金三项基本工资构成，调整为岗位工资和技术等级（职务）工资两项。岗位工资根据工作难易程度和工作质量确定，按初级工、中级工、高级工三个技术等级和技师、高级技师两个技术职务设置，分别设若干工资档次。技术等级（职务）工资根据技术水平高低确定，一个技术等级（职务）对应一个工资标准。

普通工人仍实行岗位工资制，基本工资构成由现行岗位工资和奖金两项调整为岗位工资一项。

（2）基本工资正常晋升办法。机关工人年度考核合格及以上的，一般每两年可在对应的岗位工资标准内晋升一个工资档次。

该文件在涉及津贴与奖金时指出，要在清理规范津贴补贴的基础上，实施地区附加津贴制度。要通过完善艰苦边远地区津贴制度，对在这些地区工作生活的工作人员给予适当补偿。要对在特殊岗位工作的人员，实行岗位津贴制度。同时规定，对年度考核称职或合格及以上的工作人员，发放年终一次性奖金，奖金标准为本人当年12月的基本工资。

该文件阐明了调整基本工资标准的方法：国家建立工资调查制度，定期对公务员和企业相当人员的工资水平进行调查比较，调查比较结果作为调整公务员工资水平的依据。工资调查指标列入国家统计指标体系，调查比较每年进行一次，由人事部、财政部会同有关部门组织实施。国家根据工资调查比较的结果，结合国家经济发展情况，适时调整机关工作人员基本工资标准。工资标准调整的幅度，根据国民经济发展、财政状况、物价变动等情况和工资调查比较结果确定。

三 实施第五次全国性工资制度改革

(一) 实施第五次全国性工资制度改革的必要性

2013年2月3日,国务院批转了发展改革委、财政部、人力资源和社会保障部制定的《关于深化收入分配制度改革的若干意见》,要求各地区、各部门认真贯彻执行。自此开始,我国启动了第五次全国性工资制度改革。与以往不同的是,本次改革,不是单纯的工资制度改革,而是把工资制度包含在收入分配制度内展开分析,所以涉及面更宽、范围更广。本章根据研究的需要,主要分析与工资制度改革有关的内容。

国务院在通知中指出,收入分配制度是经济社会发展中一项带有根本性、基础性的制度安排,是社会主义市场经济体制的重要基石。改革开放以来,我国收入分配制度改革不断推进,与基本国情、发展阶段相适应的收入分配制度基本建立。同时,收入分配领域仍存在一些亟待解决的突出问题,城乡区域发展差距和居民收入分配差距依然较大,收入分配秩序不规范,隐性收入、非法收入问题比较突出,部分群众生活比较困难。当前,我国已经进入全面建成小康社会的决定性阶段。要继续深化收入分配制度改革,优化收入分配结构,调动各方面积极性,促进经济发展方式转变,维护社会公平正义与和谐稳定,实现发展成果由人民共享,为全面建成小康社会奠定扎实基础。

(二) 实施本次全国性收入分配制度改革的基本原则

国务院在通知中强调,实施第五次全国性工资制度改革,进一步完善收入分配制度,要求遵循以下原则:

1. 坚持共同发展和共享成果原则。倡导勤劳致富、支持创业创新、保护合法经营,在不断创造社会财富、增强综合国力的同时,普遍提高人民富裕程度。

2. 坚持注重效率和维护公平原则。初次分配和再分配都要兼顾效率和公平,初次分配要注重效率,创造机会公平的竞争环境,维护劳动收入的主体地位;再分配要更加注重公平,提高公共资源配置效率,缩小收入差距。

3. 坚持市场调节和政府调控原则。充分发挥市场机制在要素配置和价格形成中的基础性作用，更好地发挥政府对收入分配的调控作用，规范收入分配秩序，增加低收入者收入，调节过高收入。

4. 坚持积极而为和量力而行原则。妥善处理好改革发展稳定的关系，着力解决人民群众反映突出的矛盾和问题，突出增量改革，带动存量调整。

（三）本次全国性收入分配制度改革政策的基本内容

1. 促进中低收入职工工资合理增长。

建立反映劳动力市场供求关系和企业经济效益的工资决定及正常增长机制。完善工资指导线制度，建立统一规范的企业薪酬调查和信息发布制度。根据经济发展、物价变动等因素，适时调整最低工资标准，到2015年绝大多数地区最低工资标准达到当地城镇从业人员平均工资的40%以上。

研究发布部分行业最低工资标准。以非公有制企业为重点，积极稳妥推行工资集体协商和行业性、区域性工资集体协商，到2015年，集体合同签订率达到80%，逐步解决一些行业企业职工工资过低的问题。

落实新修订的劳动合同法，研究出台劳务派遣规定等配套规章，严格规范劳务派遣用工行为，依法保障被派遣劳动者的同工同酬权利。

2. 加强国有企业高管薪酬管理。

对部分过高收入行业的国有及国有控股企业，严格实行企业工资总额和工资水平双重调控政策，逐步缩小行业工资收入差距。

建立与企业领导人分类管理相适应、选任方式相匹配的企业高管人员差异化薪酬分配制度，综合考虑当期业绩和持续发展，建立健全根据经营管理绩效、风险和责任确定薪酬的制度，对行政任命的国有企业高管人员薪酬水平实行限高，推广薪酬延期支付和追索扣回制度。缩小国有企业内部分配差距，高管人员薪酬增幅应低于企业职工平均工资增幅。

对非国有金融企业和上市公司高管薪酬，通过完善公司治理结构，增强董事会、薪酬委员会和股东大会在抑制畸高薪酬方面的作用。

3. 完善机关事业单位工资制度。

建立公务员和企业相当人员工资水平调查比较制度，完善科学合理的职务与职级并行制度，适当提高基层公务员工资水平；调整优化工资结构，降低津贴补贴所占比例，提高基本工资占比；提高艰苦边远地区津贴标准，抓紧研究地区附加津贴实施方案。

结合分类推进事业单位改革，建立健全符合事业单位特点、体现岗位绩效和分级分类管理的工资分配制度。

该文件在针对继续完善初次分配机制方面，还提出要促进就业机会公平，提高劳动者职业技能，健全技术要素参与分配机制，多渠道增加居民财产性收入，多渠道增加居民财产性收入，完善公共资源占用及其收益分配机制。

该文件在针对加快健全再分配调节机制方面，提出要集中更多财力用于保障和改善民生，加大促进教育公平力度，加强个人所得税调节，改革完善房地产税等，完善基本养老保险制度，加快健全全民医保体系，加大保障性住房供给，加强对困难群体救助和帮扶，大力发展社会慈善事业。

（四）第五次全国性工资制度改革后的工资调整政策

2015年1月12日，国务院办公厅转发了人力资源社会保障部、财政部制定的《关于调整机关工作人员基本工资标准的实施方案》《关于调整事业单位工作人员基本工资标准的实施方案》《关于增加机关事业单位离退休人员离退休费的实施方案》三个文件。这次工资调整，主要是通过提高工资水平，进一步完善机关事业单位公务员的工资改革，其主要特点表现在以下三个方面：

1. 与推进机关事业单位养老保险制度改革保持一致。

在机关事业单位养老保险制度改革前，对工作人员实行的退休费制度，个人是不用缴费的。养老保险制度改革后，实行与企业等城镇从业人员统一的统账结合的制度，要实行个人缴费。

但是，现行的机关事业单位工作人员工资中，没有考虑个人缴纳养老保险费的因素，而且机关事业单位工作人员的基本工资标准已经多年没有调整，在推出养老保险制度改革时，国家决定适当提高基本工资标准，以尽可能使大部分机关事业单位工作人员个人缴费后的当期收入不会降低，为顺利推进养老保险制度改革创造条件。

2. 通过提高基本工资比重进一步优化工资结构。

第四次全国性工资制度改革后，公务员的工资结构，由基本工资、津贴补贴和奖金三部分组成。事业单位工作人员的工资结构，由基本工资、绩效工资和津贴补贴三部分组成。按照结构工资设计的功能定位，在工资总额中占主体的应该是基本工资。但是，2006年之后，由于基本工资没有提高标准，而其他部分却在持续上升，使得基本工资在工资总额中的比重不断下降，导致工资结构出现不合理现象，这不利于基本工资发挥应有的激励功能，也不利于中央加强对收入分配关系的调控。

本次完善工资制度，通过提高基本工资标准，并把部分津贴补贴或者绩效工资纳入基本工资。与此同时，进一步规范和减缓津贴补贴工资的增长速度，规定各地各部门不能自行提高津贴补贴水平和调整津贴补贴标准，要求严格执行国家规定的改革性补贴政策和考核奖励政策，从而较有效地提高了基本工资在工资总额中的比重，使其逐步在工资中回归到主体地位。

3. 运用倾斜政策适当提高基层工作人员的工资待遇。

我国机关事业单位在职工作人员中，有20%在乡镇基层工作，他们的工作和生活条件相对艰苦，工资水平普遍相对偏低。适当提高乡镇一级机关事业单位工作人员的工资待遇，有利于鼓励人员向基层流动，有利于稳定基层工作队伍，有利于加强基层干部队伍建设。本次工资调整政策的一个创新之处，就是建立乡镇工作补贴制度，并规定乡镇机关事业单位人员在乡镇工作时可享受这项补贴，离开时就不再享受。

另外，工资调整向基层倾斜的政策还体现在：这次调整基本工资标准主要是增加级别工资，基层资历较长的公务员虽然职务较低，但级别和级别档次相对较高，可以拿到较高的工资。同时，在县以下机关建立公务员职务与职级并行制度，基层公务员在不晋升职务的条件下，可以通过职级晋升提高工资待遇。

四 新体制下推进工资政策创新的展望

(一) 坚持兼顾效率与公平原则

1. 新体制下的多元化收入来源。

改革开放过程中出现的多种经济成分,导致了多样化的分配关系和多元化的收入来源。在社会主义市场经济体制建设现阶段,我国城乡居民合法的收入来源主要包括:

(1) 个人劳动收入,即工资、奖金、津贴和其他补偿劳动的酬金,由劳动者通过提供各种劳动和服务所得。

(2) 个人资产收入,即租金、利息、股息、红利,由个人出租私有房产,购买债券、股票,提供贷款等而获得。

(3) 个人福利收入,即生活补助金、救济金,以及医疗、养老和住房等各种福利待遇。

(4) 个人其他合法收入,主要包括两项。一是风险收入。实行租赁经营商店、承包工程项目等方式时,租赁者和承包者承担着扣减个人收入、用抵押品清债等经济风险,当他们冒着风险完成了租赁、承包任务,取得较好经济效益时,应该得到一定量的风险酬金。私营企业主承担着在竞争中遭失败、被淘汰的风险,其收入里也应包含部分风险补偿。二是合法的剥削收入,即国家法律允许的,由雇工创造被私营企业主占有的那部分剩余价值。

2. 收入来源多元化条件下的分配公平原则。

继续推进收入分配制度改革,应以完善分配结构和分配方式为重点,坚持按劳分配为主体、多种分配方式并存的制度。把按劳分配和按生产要素分配结合起来,兼顾效率与公平原则。个人收入分配的公平尺度是相对的,它受生产力发展水平、所有制结构和交换方式等多种要素的制约,会随着经济条件的变化而改变。就当前来说,收入分配方面改革,将延续兼顾效率与公平的导向,更加注重公平正义,而且注重从制度设计上来寻找新的路径。

按照我国社会主义市场经济新体制下的分配制度,劳动、资本、管理、技术、信息和风险等生产要素都可以获得一定的收入。倘若每种生产要素的投入及其贡献与取得的收入是对称的,个人收入分配就是公平的。否则,分配就是不公平的。

为了兼顾效率与公平原则,努力理顺个人收入分配关系,须着重做好以下两项工作:一是加强宏观调控,健全生产要素定价机制,确保每种生产要素的贡献与报酬对称。二是贯彻按劳分配原则,完善工资机制,确保劳动贡献与劳动报酬对称。

(二)确保每种生产要素的贡献与报酬对称

在我国经济持续以较高速度增长的过程中,各项生产要素,除了劳动有较多剩余外,资本、管理、技术和信息等均呈短缺现象。这种状态很难在短时间内改变,有的可能还会趋向加剧。为了缓解长期卖方市场的固有矛盾,防止某些短缺生产要素所有者产生垄断行为,获取不合理的偏高收入,在充分发挥市场机制作用的同时,还要做好以下几点:

1. 以政策和法律形式,明确规定短缺生产要素的所有者在投入要素取得报酬的整个过程中,哪些事可以干,哪些事不可以干,违反了应承担什么责任,从而有效地减少或消除他们在交易中产生不规范行为,使他们能够在增进社会利益的前提下充分实现自身追求的利益。

2. 加强个人收入登记管理、工商行政管理、征税管理、市场管理、物价管理、财务管理、技术和信息转让管理、审计等工作,健全社会监督体系,促使短缺要素所有者能以政策、法规为准绳自觉约束自己的行为,不致在短缺生产要素交换中采取垄断手段,获取超出社会可承受范围的高价收入。

3. 对短缺生产要素所有者开展多层次、多角度、多样化的职业道德教育,树立新型职业道德形象,培养正确的利义观、致富观;加强舆论对短缺生产要素所有者行为的导向作用,大造维护国家利益和社会利益者光荣,唯利是图、见利忘义者可耻的社会舆论,使短缺生产要素所有者,在道德规范和社会舆论的有力制约下,依据可为社会接受的公平代价,获取投入资本、管理、技术、信息和经营风险等要素的相应收入。①

---

① 张明龙:《走向市场经济的思索》,企业管理出版社2014年版,第306页。

4. 逐步建立公平、客观和统一的定价机制和计价标准,以便根据每项生产要素的质和量准确核定相应的收入,使它们的投入及贡献与其所得报酬保持对称。

(三) 确保劳动贡献与劳动报酬对称

1. 在建立和完善工资总量调控机制、工资正常增长机制的基础上,使工资总额与国民收入、平均工资与劳动生产率之间保持协调的比例关系。

2. 根据按劳分配原则,工资必须以劳动量为基础,承认劳动差别,实行差别工资,维护劳动者的合法收入权益。特别是要正确处理部门之间的工资关系,地区之间的工资关系,岗位工种之间的工资关系,以及脑力劳动者与体力劳动者之间的工资关系。整顿不合理收入,对凭借行业垄断和某些特殊条件获得个人额外收入的,必须纠正。从而合理确定各类工资档次,使工资能够真正体现劳动的性质和数量差别。

3. 调整好工资结构,理顺基本工资、浮动工资、奖金和津贴的关系,同时理顺劳动收入、经营收入、资产收入、福利收入和馈赠收入的关系。

4. 正确制定工资等级数目、等级系数、级差百分比和工资标准,完善等级工资制;规范劳动技能、劳动责任、劳动强度和劳动条件等基本劳动要素的评价标准,根据职工现有岗位及技能所提供的实际劳动质量和数量,确定劳动报酬,完善岗位技能工资制;根据实际需要,及时调整生活保障工资、激励工资、辅助工资、年功工资和奖励工资的比例和组合,完善结构工资制。

5. 健全和完善工资的市场决定机制,努力做到在市场竞争过程中并通过市场竞争,确定以劳动力价值为基础的社会工资率,再视劳动力市场供求变化及时调整社会工资率,同时考虑劳动力创造的边际收入对企业可支付工资额的制约关系。

第六章 宏观调控政策演变研究

新中国成立以来，国民经济经历了十次紧张和波动，相应进行了十次大的宏观调控，并出台了相关的宏观调控政策。系统考察这些宏观调控的原因和措施，进而揭示我国宏观政策的变迁规律，对于早日建成适应社会主义市场经济的新宏观调控体系，是有重要参考价值和借鉴意义的。[①] 新中国十次大的宏观调控及其政策，按其所处背景分析，大体可以分成三大类型：一是由市场经济走向计划经济时期的宏观调控，其政策主要为创建计划经济制度服务。二是计划经济体制下的宏观调控，其政策体现计划经济特征，为稳定计划经济宏观秩序和巩固计划经济体制服务。三是由计划经济走向市场经济时期的宏观调控，其政策体现社会主义市场经济要求，为建立社会主义市场经济体制和稳定宏观秩序服务。

第一节 走向计划经济时期的宏观调控及其政策

第一次宏观调控，大体发生在新中国成立至1952年期间。它的基本任务是建立和完善财税制度，充分发挥财税的调节能力；整治金融秩序，加强货币管理，提高基本建设投资效率；促进生产发展，增加市场供应，稳定商品价格，全面恢复国民经济。主要目的，是为创建社会主义计划经济体制铺平最初道路。实际上，我国社会主义制度以及以后的

---

① 张明龙：《社会主义市场经济导论》，中国经济出版社1999年版，第432页。

计划经济体制，就是凭借强有力的宏观调控逐步形成的。

一 第一次宏观调控的最初应急对策

（一）采取多种宏观调控紧急措施平稳物价

1. 物价持续上涨及其原因。

1949年，全国物价继1月、4月和7月三次大幅度上涨之后，在10月发生了第四次猛烈上涨。仅10月一个月内，全国物价平均上涨44.9%。这次涨风以纱布价格上涨带头。物价上涨的原因主要有：国民党统治时期长期恶性通货膨胀的影响，一些不法厂商猖狂的投机倒把活动。同时，为了支援解放战争，财政发生赤字，货币发行过多，8—10月增加的货币发行量，为7月底货币发行量的2倍。

2. 平抑物价的主要宏观调控紧急措施。

在这种情况下，稳定物价就成为新生人民政权宏观调控最急迫的任务之一。实际上，从年初以来，中共中央一直把稳定物价作为一项极其重要的工作来完成。1月，中共中央专门针对稳定物价发出指示。6月，颁布了《华东金银和外币管理办法》，在上海查封了金融投机的大本营证券大楼，有力地打击了猖狂的金融投机活动。8月，在上海召开财经会议，当时预计8月至12月是财政最困难时期，解决的办法是发行公债，调动各区应该调动的财物弥补财政亏空。为了稳定物价，会议决定：由财政部拨一部分粮食给贸易公司，用粮食收购棉花，减少货币的投放，迅速运输棉花给上海，以平抑纱布价格。

1949年10月5日，新中国成立的第5天，中央人民政府政务院财政经济委员会（简称"中财委"）就为抑制通货膨胀召开专门会议，决定采取以下紧急措施：冻结未入市场的货币10天，各贸易机关抛售物资10天，停止各机关购存物资，检查各银行存款，收缩贷款，加强市场管理。

10月20日，中财委又专门发出《关于11月25日起平稳物价具体措施的指示》，其主要内容是：（1）布置京津方面准备布35万匹，纱5000件；上海方面准备布110万匹，纱28000件；汉口方面准备布30万匹，纱8000件；西安方面准备布40万匹；从东北调进粮食6000万斤。(2) 暂停贷款，按约收回贷款。(3) 11月25日起征具有收缩作用的税收，暂停支付工矿投资和收购资金，推迟半月至20天发放地方经费。(4) 各地国有贸易公司从11月20日起，逐渐提高牌价，到24日与黑市价格持平，然后自25日开始一齐抛售，并使价格按市价逐日下降。这次全国统一的平稳物价活动历时半个月，到12月10日结束，取得良好效果，严厉打击了囤积居奇和投机倒把者，全国物价自此开始逐步趋向平稳。

12月中旬，中财委召开城市供应会议，经过充分讨论，一致认为，当前亟须解决的问题是主要物资供求失调，特别是粮食和花纱布严重短缺。针对这一情况，要着重做好调剂物资（首先是粮、布）和统一贸易两项工作。会议还对全国粮食、纱、布等主要物资的统一调度做了具体部署。

（二）通过统一财经制度增强宏观调控实力

1. 建立全国统一的税收制度。

1949年11月，财政部召开首届全国税务会议。与会人员根据《中国人民政治协商会议共同纲领》第40条规定的国家税收政策精神，讨论研究了如何建立全国统一的税收制度问题，为增强宏观调控力量提供财力保证。会议形成了以下主要成果：(1) 统一全国税收。拟定《全国税政实施要则》，作为整理与统一全国税政的基本准则。(2) 制定统一税法。研究确定了税法立法权限，凡是有关全国性的条例法令，统一由中央制定。(3) 确定税务机构、编制和工作职责，制定城市税收工作统一管理的组织原则，制定《全国各级税务机关暂行组织规程》，建立起由中央到地方的各级税务机构，并对各项重要制度做了统一规定，以加强税务工作。(4) 制订了第一个全国性的税收计划。在讨论与税收计划相关的有关政策时，提出确定税收政策应该坚持"公私兼顾、劳资两利、城乡互助、内外交流"的原则。

2. 加强大项目投资的宏观调控。

1949年11月28日，中财委向华东、中南、西南和西北等大区财委发出《财政经济要统一管理》的文件，当时，由于许多地区是新解放区，实行财政经济的统一管理还有许多困难。为克服这些困难，避免因财经不统一而发生物价混乱的更大困难，该文件要求实行财政税收、公粮、贸易及主要经济部门管理的基本统一。同时特别强调：大项目的投资，如铁路、工业和水利等，属于中央各部直接掌握者，由中央各部直接管理；属于大行政区掌握者，由大行政区管理。

二 第一次宏观调控运用的财政政策

（一）制定统一调控全国财政、金融和物资的政策

1950年3月3日，政务院第22次政务会议，通过并公布《关于统一国家财政经济工作的决定》。该文件指出，为节约支出，整顿收入，统一财政收支的管理，政务院特做出如下10项决定：（1）成立全国编制委员会，制定并颁布各级军政机关人员、马匹、车辆等编制。（2）成立全国仓库物资清理调配委员会，在6月底前查明所有仓库存货，由中央财委统一调度，合理使用。（3）厉行节约，规定各类人员的工作定额、生产定额及原材料消耗定额，提高资金周转率。（4）全国各地所收公粮，除地方附加外，全部归财政部统一调度使用。（5）除批准征收的地方税外，所有关税、盐税、货物税、工商业税的一切收入，均归财政部统一调度使用。全国各大城市及各县如在2月底尚未建立国库者，统限于3月建立好，并代理地方库业务。税收是国家财政的主要收入之一，是全国财政开支、经济恢复所需现金的最大来源。为了完成征税工作，必须委任最好的干部担任税务局长。（6）为了调节国内供求，组织对外贸易，有计划地抛售物资，回笼货币，各地国营贸易机构业务范围的确定与物资调动，均由中央人民政府贸易部统一指挥。（7）国家所有的工矿企业分为中央各部直接管理、暂时委托地方政府或军事机关管理、划归地方政府或军事机关管理3类，责成中财委划清各类国有企业的管理责任，制定对它们的投资贷款的条例。（8）指定人民银行为国家现金调度的总机构。国家银行增设分支机构，代理国库。外汇牌价与外汇调度，由人民银行统一管理。（9）财政部必须保证军队与地方政府的开支及恢复经济所必需的投资。财政部为保证各项经费的支出，必须严格地管理税款、公粮支出和拨付、公粮实物变款、公债收入、国营企业上缴利润、折旧基金等。（10）不实行、不

遵守上述各项规定者,即属破坏人民利益,违反党纪国法,中央人民政府将制定适当的法律,给予必要的制裁。

同日,中共中央还专门向各级党委发出了《关于保证国家财政经济工作的通知》。中央的通知指出:过去各解放区被分割的状态,已经完全改变,全国在地域、交通及物资交流与币制等方面已经统一。在这种情况下,如果对国家财政收入的主要项目不做统一的管理和有计划的使用,则非但不利于国家财政的统一,且将严重影响人民的经济生活与妨害国家的恢复和建设。中央要求各级党委用一切办法保障这个重要决定的全部实施。

(二)通过完善财政政策提高宏观调控的可用财力

1. 颁布《关于统一全国税政的决定》系列文件。

1950年1月中下旬,政务院第12次及第17次政务会议,通过《全国税政实施要则》《全国各级税务机关暂行组织规程》《工商业税暂行条例》和《货物税暂行条例》。1月31日,政务院颁布上述四个文件,同时发布《关于统一全国税政的决定》。

《关于统一全国税政的决定》规定:以《全国税政实施要则》为整理与统一全国税政税务的具体方案;未公布的各项条例,仍按原税法进行征收;健全加强税务机关,并提高税务干部的政策与业务水平。

(1)《全国税政实施要则》包括以下主要内容:要求建立统一的税收制度,依据合理负担的原则,适当地平衡城乡负担。形成统一全国的税政、税种、税目和税率,规定中央及地方的税收为14种:货物税、工商业税、盐税、关税、薪给报酬所得税、存款利息所得税、印花税、遗产税、交易税、屠宰税、房产税、地产税、特种消费行为税、使用牌照税。提出税收立法的规定。强调着重城市税收,按时归库,保证及时。阐明纳税是人民的光荣义务,税务工作者要坚持优良作风。规定公营、合作社企业一律照章纳税,外侨经营的企业也应照章纳税。规定违犯税法税政的案件依章惩处,规定税收机构受上级局与同级政府的双重领导,同时制定各项重要工作制度。

(2)《全国各级税务机关暂行组织规程》共26条,规定了各级税务机关的设置、职责范围、隶属关系以及税务征收规则等。

(3)《工商业税暂行条例》规定,凡本国境内的工商营利事业,除另有规定者外,均依章于营业行为所在地交纳工商税。营业额部分交纳营业税,所得额部分交纳所得税(公营企业所得额部分另定办法,提取利润,不交所得税)。国家专卖专制事业、贫苦艺匠及家庭副业免纳工商业税。营业税的税率按不同行业分别规定,依营业收入额计算的,税率为1%—3%;依收益额计算的,税率为1.5%—6%;所得税的税率,按所得额全额累进计算,税率为5%—30%;对需奖励的,分别行业减税10%—40%。

(4)《货物税暂行条例》规定,凡所列货物,均依章交纳货物税。减免权在中央财政部,地方不得以任何方式减税或免税。凡已税货物,行销全国不得重征。货物税是按不含税价格从价计征,计算公式为:市场平均批发价格÷(1+税率)=完税价格。征收方式是驻厂征收、查定征收、起运征收3种。进口货物由进口商于交纳关税时,由海关一并代征货物税。

2. 颁布《关于关税和海关工作决定》。

1950年1月27日,政务院第17次政务会议,通过《关于关税和海关工作决定》,指出国家海关工作在恢复与发展我国经济中应起重要作用,海关税则,必须保护国家生产,有利国内产品与外国商品的竞争。同时,组织一个专门委员会,要求按照以下基本原则制定新的海关税则:(1)对于国内能大量生产的或者暂时还不能大量生产但将来有发展可能的工业品及半制品,在进口时,海关税率应高于该项商品的成本与我国同样货物的成本间之差额,以保护民族生产。(2)对于一切奢侈品和非必需品,定征更高的税率。(3)对国内生产很少或者不能生产的设备器材、工业原料、农业机械、粮食种子及肥料等,其税率要低或免征关税。(4)凡一切必需的科学图书与防治农业病虫害等物品,以及若干国内不能生产的或国内药品所不能代替的药品的输入,免征或停征关税。(5)海关税则对进口货物应有两种税率:对与我国有贸易条约或协定的国家,应该规定一般的税率;对与我国没有签订贸易条约或协定的国家,要规定比一般较高的税率。(6)为了发展我国出口货物的生产,对于经由中央人民政府所奖励的一切半制品及加工原料的输出，只定很低的税率或免税输出。

按照以上原则制定的《中华人民共和国暂行海关法》与《中华人民共和国海关进口税则暂行实施条例》，分别于1951年5月1日和16日起正式施行。

3. 公布《公营企业缴纳工商业税暂行办法》。

1950年3月3日，政务院第22次政务会议，通过并公布《公营企业缴纳工商业税暂行办法》。该文件规定，公营企业应缴纳工商业税，除属于所得额计算部分由中央人民政府另定提取利润办法外，属于营业额计算部分，纳税单位应向所在地税务机关照章纳税。（各机关和部队、各团体所经营的生产事业，按一般工商业征税，不适用本办法）。不按规定期限缴纳税款的，税务机关得报请中央或大行政区财政部、省、市财政厅、局，将其应缴纳税款从欠款单位应领经费中扣除，或从其在人民银行存款内扣除，无存款者限期补缴。对欠缴税款单位除按日课以所欠税款3%的滞纳金外，并对其单位负责人，依情节轻重予以适当处分。

根据该文件精神，财政部于1950年3月17日，发出《关于公营企业缴纳工商业税的通知》，规定自1950年起，全国公营企业的所得税，一律作为利润，由其主管部门集中向财政部缴纳（属地方管理的企业，则向地方财政部门缴纳），其营业税除铁路可由铁道部集中向财政部缴纳外，其他各业均就地缴纳。

4. 颁布完善国家财政资金出纳和保管机构的政策。

（1）公布《中央金库条例》。1950年3月3日，政务院第22次政务会议通过了这个条例。它规定：中央人民政府为统一国家财政收支，设立中央金库。中央设总金库，各省（市）设分金库，各县（市）设支金库，必要时于适当地点设经收处。各级金库均由中国人民银行代理，金库主任由各级中国人民银行行长兼任。凡一切国家财政收入，均须由经收机关按照规定期限全部缴纳同级金库，除有特别规定外，不得坐支抵解及自行保管。金库款的支配权，统属于财政部。中央总金库除依照财政部支付命令付款外，无权动用库款，分支库非得总金库的命令不得付款给任何机关。各级金库间存款的运解调度权属于中央总金库。

(2) 公布《中央金库条例施行细则》。1952年12月22日，财政部在原草案的基础上，经过修改补充，公布了这个文件。其主要内容有：一是款项入库报解处理程序。其中包括：收入系统的划分，款项入库处理办法，收入划分报解处理办法，暂收款、收入退还、出口退税、罚没提奖及更正错误等各项处理办法，报告制度等。二是库款支拨手续。三是会计科目。四是账簿。五是对账制度。

5. 制定其他财税法规与政策。

(1) 公布实施《契税暂行条例》。1950年3月31日，政务院第26次政务会议通过这个条例，规定自1950年4月3日施行。它规定在全国城市、完成土地改革的乡村中，凡土地房屋的买卖、典当、赠与或交换，均应凭土地房屋所有证，并由当事人双方订定契约，由承受人依照本条例完纳契税。

契税由土地房屋所在地的县（市）及相当于县（市）的人民政府征收。契税税率如下：买契税，按买价征收6%；典契税，按典价征收3%；赠与契税，按现值价格征收6%。条例还对完纳契税的其他有关问题做出了规定。

(2) 公布实施《关于印花税、利息所得税、特种消费行为税、使用牌照税、屠宰税五种暂行条例草案的通知》。1950年4月2日，财政部发出了这个通知。它指出，这5种条例草案已报请中财委转呈政务院备案。根据中财委指示，在政务院未核定公布前，凡原已订有单行税则的地区，可仍照原订单行税则办理，原来未定单行税则尚未开征上述各税地区得依照草案先行试行。

(3) 公布《特种消费行为税暂行条例》。1951年1月16日，政务院公布了这个条例。它规定，特种消费行为税从价计征，由消费者负担，以营业者为代征义务人。关于税目与税率的规定是：电影、戏剧及娱乐为10%—30%；舞场为50%；筵席为10%—20%；冷食为10%—20%；旅馆为5%—20%。

要求各省（市）人民政府在上列规定范围内，按照当地实际情况，拟定适当税率。凡富有政治教育意义的电影或戏剧，经当地人民政府或其所指定的文教机关审查证明者，按原定税率减半征收。《条例》还规定了代征义务人的有关事项。

（4）公布其他税收政策法规。这一时期，政务院政务会议还通过了《屠宰税暂行条例》《印花税暂行条例》《利息所得税暂行条例》《车船使用牌照税暂行条例》《摊贩业税稽征办法》《工商业税民主评议委员会组织通则》和《税务复评委员会组织通则》等文件。

三 第一次宏观调控运用的货币政策

（一）推出加强现金和基金使用管理的办法

1. 制定加强机关单位现金管理的办法。

1950年4月7日，政务院第27次政务会议，通过并发布了《关于实行国家机关现金管理的决定》。该文件指出，为有计划地调节现金流通及节约现金使用，特决定：（1）对国家机关实行现金管理，并指定中国人民银行为现金管理的执行机关，负责管理及检查现金管理事宜。（2）一切公营企业、机关、部队及合作社等所有现金及票据，除准予保留规定的限额外，其余必须存入中国人民银行，不得存入私营行庄。它们之间的转账往来，必须使用转账支票，经过中国人民银行转账。（3）各公营企业、机关、部队及合作社在具备必需条件后，应按期编制现金收支计划。（4）为使中国人民银行成为现金出纳中心，人民银行应健全机构，改善业务手续。

2. 制定加强货币管理的有关政策和办法。

1950年12月25日，中财委发出关于《货币管理实施办法》《货币收支计划编制办法》的文件，为主动掌握与调剂货币流通以巩固金融秩序，使属于国家的但是分散在各单位的资金，能够集中起来，得到更加充分有效的使用，以适应国家经济建设中巨大资金的需要，并促进经济核算及计划的执行。

《货币管理实施办法》对加强现金管理，实行划拨清算，集中短期信用资金和监督基本建设投资等分章做了详尽规定。而《货币收支计划编制办法》，则是据《货币管理实施办法》第二章"现金管理"的有关规定，阐明各单位业务经营或经费预算的编制办法，它对编制系统、送审程序及批复时间、计划项目等做了更具体的规定。

第六章 宏观调控政策演变研究

3. 制定便于各种基金专款专用的办法。

1952年8月5日,财政部与中国人民银行总行联合发出《关于规定国营企业在人民银行存款应分别专款各开各户的联合通知》。《通知》指出,为了加强国营企业流动资金的管理,便于各种基金专款专用,特作以下规定:(1)国营企业应以流动资金的收支为范围在人民银行建立结算户。(2)国营企业的各项专款,除指定存入专业银行的以外,其余均应在企业所在地的人民银行专户储存。(3)国营企业应在人民银行设立专户存款,除结算户外,暂以下列专款为范围:大修理基金存款、企业奖励基金存款、福利基金存款、产权未定资产基本折旧基金及其他存款、零星基本建设资金存款。国营企业如需要增加专户,应由同级财政机关,同级人民银行同意后增加。《通知》还对国营企业专户存款的存入及提用手续等做了有关的规定。

(二)扩大人民币在国内的使用范围

制定以人民币取代地方流通券的政策。1951年3月20日,政务院发布《关于收回东北银行和内蒙古人民银行所发行的地方流通券的命令》。它规定:(1)自1951年4月1日起,责成中国人民银行限期以人民币收回东北银行和内蒙古人民银行所发行的地方流通券,其收兑比价为地方流通券每9.5元兑换人民币1元。(2)自1951年4月1日起,东北地区和内蒙古地区一切计价、记账、契约等均改为以人民币为法定货币本位,在此以前的债权债务关系,均按现规定比价折合人民币计算清偿。(3)东北银行和内蒙古人民银行,均自4月起一律改组为中国人民银行的下级机构。

(三)运用货币政策在宏观调控中稳定物价

1. 提出运用货币政策继续稳定金融物价。

1950年5月5日,中财委的财经简报发布《继续稳定金融物价》的公告,在谈到运用货币政策时,列举了以下措施:(1)扩大人民币的流通面。设法扩大货币流通面,是预防金融物价发生风潮的办法之一。(2)吸收定期存款。人民银行总行研究利息和其他方面的办法,以便多吸收两三个月及更长时间的定期存款,使金融物价风潮到来时,能减少一部分压力。(3)若金融物价风潮来势猛烈,最后一个步骤是

· 279 ·

把军政经费迟发半月或 20 天，同时限制一切机关、国营企业及合作社在银行存款的提取数量，把大部分存款短期冻结，这是一种力量最大的通货紧缩的办法，但此条非到危机时决不轻用。

2. 发出《冻结现金、稳定物价措施的指示》。

1950 年 11 月 2 日，中财委发出这个指示。阅读该指示可知，由于国内经济发展中工农业产品不平衡和美帝侵朝战争的影响，特别是在我志愿军入朝参战以后，社会上存货不存钱的心理抬头，游资集中涌向采购棉纱。同时，部队、机关、团体纷纷向国家银行提取存款，现金短缺现象日益严重。如果处理不当，将会形成金融上的大危机，造成物价剧烈波动。

面对这种情况，中财委于 10 月 24 日向中央做出《关于防止物价波动问题》的报告，并提出拟采取的对应措施。这个报告经中央批准，决定从 11 月 5 日起，冻结部队、机关、团体的存款，并缓购农产品，冻结期为一个月。同时，还采取措施，团结私人银行和钱庄，紧缩对私人工商业的信贷；严禁金银外币黑市，打击投机分子。

上述货币政策的运用，制止了物价上涨，金融市场上，出现了国家银行存款增加，私人银行和钱庄放款减少，市场银根呈紧，物价趋稳的现象。

四 第一次宏观调控运用的投资政策和收入政策

(一) 第一次宏观调控运用的投资政策

1. 发出《关于改进与加强基本建设计划工作的指示》。

1951 年 8 月 10 日，中财委发出上述指示，旨在为加强宏观调控，促进经济发展和增加生产能力，迅速克服现有的基本建设工作混乱情况，并力求加强领导工作。该指示提出以下要求：(1) 认真地进行设计，按基本建设正确的工作程序施工，严禁盲目施工。(2) 迅速编制 1950 年度工作总结报告，并于 8 月 31 日前送达中财委。(3) 正确掌握 1951 年计划的工作总量，使基本建设计划步入正轨，并为 1952 年的计划工作奠定正确的基础。(4) 检查 1951 年计划的执行情况，编制半年的综合报表，于 8 月 31 日前寄送中财委，未依期限送达者，自 9 月起即酌情停止拨款，并建立起经常的系统的检查与监督制度。（5）及时地正确地修正年度计划，并于9月底前送达中财委，凡未依期限送达者，自10月起的工程用款，一律停付，其因此而引起的工程损失，应由各部部长负责。

2. 发出《关于中央与地方共同投资的基本建设计划及基金管理的规定的指示》。

1951年11月5日，中财委发出上述指示，其主要内容是：（1）基本建设计划的主要目的在于掌握工作量，故不能因资金来源不同而将工作总量割裂，应按照建设单位所属的领导系统，归谁领导其计划即由谁综合，将该单位的全部工作总量列入基本建设计划。（2）中央与地方共同投资的基本建设单位，中央与地方各按其投资额编制财务预算，即中央对地方领导的企业单位投资，中央只就其投资部分编列中央财务预算，不列基本建设工作总量计划，其资金管理及清算均归地方负责。

3. 公布《基本建设工作暂行办法》。

1952年1月9日，中财委公布《基本建设工作暂行办法》。保质保量完成基本建设计划，是增强国家实力和后劲的重要措施，也是宏观调控的重要内容。该文件由8节组成，规定了今后基本建设工作的方针、原则、纪律和程序，特别强调了有计划集中管理的重要性。该文件指出，基本建设计划是国民经济计划的重要组成部分，必须符合国家一定时期政治、经济总任务及国家的长期建设计划，必须规定计划期间的基本建设工作总量及建设的速度与程序，其内容应包括勘查、设计、施工等各项工作的计划。

因此，该文件还规定了基本建设的范围、内容和性质；区分建设单位为"限额以上"和"限额以下"的两种具体投资额；对各建设单位设计文件的编制要求及审核和批准程序；对施工工作的要求；财务预算和基本建设计划的编制、审核和批准系统及自上而下地颁发控制数字和编制计划草案的程序；由专业银行按计划监督拨款；执行基本建设计划的定期报告制度与检查制度，分级负责的工程验收制度和决算制度等。

4. 公布《基本建设拨款暂行办法》。

1952年8月14日，中财委公布《基本建设拨款暂行办法》。完善基本建设拨款计划和运行机制，是抓好基本建设投资的重要环节，也是加强宏观调控的重要手段。该文件规定，凡中央、大行政区及省（市）预算的基本建设拨款，由财政机关授权交通银行依照规定的办法办理。

中央、大行政区及省（市）财政经济委员会应将年度基本建设概算，送同级财政机关，转交交通银行。主管基本建设的部门，应将核定的该部门的基本建设财务支出计划，及所属建设单位年度基本建设计划，送同级交通银行，并根据基本建设财务支出计划的实际需要，编制基本建设季度分月拨款计划，于季度开始25天前送同级财政机关转送交通银行，交通银行应根据批准的季度分月拨款计划填发许可通知，分别下达所属经办行，经办行还应转告建设单位。

财政机关根据核准的季度分月拨款计划，分次将款项拨交交通银行。交通银行根据核准的季度分月拨款计划及实际需要，分次将财政机关拨到款项拨交经办行，供建设单位支用。建设单位用款时，应签发交通银行支票，连同合同等其他有关凭证送经办行，经审核在拨款限额及工程预算范围内，予以拨款。该文件还对基本建设中其他一些领款和拨款关系做了详细的规定。

（二）第一次宏观调控运用的收入政策

1. 公布《全国各级人民政府暂行供给标准》。

1950年9月27日，政务院公布了上述文件。该文件表明，为了统一全国财政开支，严格执行当年宏观调控要求，政务院特对全国各级政府实行供给制人员的个人生活标准作出规定。

该文件详细规定每人每日的菜金及燃料供给标准，每人每日食粮的定量，以及服装、大衣、蚊帐、草帽、棉鞋、棉衣用棉、棉被用棉等，按照地区寒暑程度规定不同的标准。同时，规定了津贴费，按行政人员和技术人员分级按实物标准配给；还对过节费、保健费、老年优待金、妇婴费规定了供给标准。

该文件对公用开支部分，包括公杂费、水电费、学习费、出差（调遣）旅费、会议费、家属招待粮、夜餐费、车马费、马草料定量、装备费、电讯费、临时特别费、修缮费、开办费、学校公杂费等,一一做了明确规定。

2. 公布《关于1951年度公私企业旧有的年终双薪或年终奖金问题的处理办法的指示》。

1951年11月8日,中财委公布了上述文件,要求做到:(1)所有公营企业单位,一律按照本委1949年12月11日《关于某些公营企业原有年终双薪或奖金问题的处理办法》处理,1950年曾做合理调整者,可仍按调整后的办法处理。(2)中央人民政府所属各部、署、行,不问过去有无年终双薪或类似年终双薪的旧例,1952年起一律不发年终双薪。(3)私营企业一律按照各该企业去年标准发给年终双薪,如1952年盈余款多者,除按去年发给工人职员双薪外,还可由工会和资方经过协商,按照《私营企业暂行条例》第25条的规定办理。(4)本委拟从1952年起,要求全国公私企业,采取积极步骤,改革工资制度和推行合理的奖励制度,以代替年终双薪奖金的旧制度。

3. 公布《国营企业提用企业奖励基金暂行办法》。

1952年1月15日,中财委公布了上述《办法》。《办法》共分13条,其政策精神是:贯彻经济核算制,发挥企业生产和经营管理的积极性与创造性,并在进一步提高生产的基础上,逐步改善职工的劳动条件与生活条件。

《办法》规定企业奖励基金来源是国家批准的计划利润和超计划利润。从计划利润中按不同行业类别分别提留5%、3.5%、2.5%;从超计划利润中提留的比例分别为20%、15%、12%。各企业全年提留的奖励基金总额不得超过全年基本工资总额的15%。

4. 发现《关于颁布各级人民政府供给制工作人员津贴标准及工资制工作人员工资标准的通知》。

1952年7月5日,政务院发出了上述《通知》。《通知》指出,根据政务院关于统一处理机关生产的决定,各级政府、军队、学校、党派和人民团体供给制工作人员的生活补助费,原来由机关生产和"小公家务"开支的,现在一律按照统一增加津贴的办法,由各级财政部门统一开支。

这个办法自1952年3月起开始试行,各地已经总结了不少的试行经验。政务院在总结这些试行经验的基础上,将试行的供给制工作人员津贴标准表加以修订,同时为了适当地提高工资制工作人员的工资标准,又制定了各级人民政府工资制工作人员工资标准表一并颁发。

5. 拟订《关于国营企业调整工资的决定》等文件草案。

1952年11月,中财委与全国总工会联合召开了国营企业工资工作会议,会议讨论了国营企业工资中存在的主要问题及处理意见。主要内容有:废除工资分,实行货币工资制;要求根据企业所在地区物价及生活水平的差异,采用不同的工资标准;各部门应根据生产特点和复杂程度建立相应的工资等级制度;大力推行或改善计件工资制度与计时奖励工资制度;取消年终双薪,并在建立各种合理的工资制度中逐步取消考勤奖;调整工资时,实行以产业部门为主,照顾地区的原则,代替过去以地区为主的原则。

同时,会议还分别拟订了《关于国营企业调整工资的决定》等7个文件草案。1953年2月8日,中共中央原则同意这次会议关于工资改革的几项意见,并同意将有关7个文件草案转发中央各有关部门和各地进行研究。

五 第一次宏观调控期间各年取得的主要成果

我国第一次宏观调控,由于采取了切实可行的政策措施,取得了显著的成效。从分年度情况来看,其主要成果,可以概括如下:

1949年10月,新中国成立初期,通过采取一系列应急措施,如控制货币投放和贷款,适时抛售紧缺物资,严厉打击囤积居奇和投机倒把者,有效地稳定了物价。同时,展开对建立全国统一税收制度的讨论与研究,为进一步增强宏观调控实力做好了准备。

1950年,政务院和中财委制定、颁布了一系列有关宏观调控的文件,特别是3月政务院通过的《关于统一国家财政经济工作的决定》,对提高政府的宏观调控能力和稳定宏观经济起了重要作用。根据这项《决定》,政府采取了加强税收征管,抽紧银根,有计划地抛售物资,合理使用仓库存货,制定机关人员编制,增收节支,惩办经济犯罪分子等一系列政策措施,逐步实现全国财政、金融和物资的统一运行和调控,促使财政消除巨额赤字,收支接近平衡,并控制住通货的大量发行,稳定了市场物价。

1951年,我国继续加强宏观调控,政务院和中财委又新制定了许多经济政策和经济法规。这一年,我国除原煤外,主要工农业产品已接近或超过战前最高水平。财政上出现了新中国诞生以来第一次收支平衡、略有结余的可喜局面。

1952年,我国又颁布了多项加强宏观调控的重要文件,进一步促使宏观经济有序健康运行。这一年,主要工农业产品全部超过新中国成立前最高水平,财政收支完全平衡,金融物价完全稳定,经济恢复工作胜利完成,为我国进入一个大规模的有计划经济建设新阶段创造了必要前提。

第二节 计划经济体制下的宏观调控及其政策

一 第二次宏观调控及其主要对策

(一)第二次宏观调控的任务与起因

1. 第二次宏观调控的主要任务。

第二次宏观调控发生在1953年,主要任务是纠正经济建设投资规模过大问题。1953年,是我国执行第一个五年计划的第一年,也是开始大规模地对农业、手工业和资本主义工商业进行社会主义改造的第一年,这标志着我国开始进入传统的计划经济体制阶段。[1] 这次宏观调控的任务,是与建立计划经济体制紧密结合在一起的。

2. 第二次宏观调控问题的形成原因。

1953年实施的国民经济计划,是根据"边打、边稳、边建"的方针和党在过渡时期总路线的精神编制的。其主要计划指标是:工农业总产值为886亿元(包括个体手工业51亿元),比上年增长12.35%,农业总产值为506亿元,增长6.4%;工业总产值(不包括个体手工业)

---

[1] 张明龙:《走向市场经济的思索》,企业管理出版社2014年版,第310页。

为329亿元,增长23.61%。基本建设投资总额74.3亿元,其中工业投资38.5亿元。新建大中型项目136个;房屋建筑面积2727万平方米;新建铁路铺轨608公里。国营贸易收购总额146亿元,社会商品零售总额288亿元,对外贸易进出口总额76.3亿元。国家预算总收入和总支出,均安排为233.5亿元。

由于计划工作经验不足,财政打了赤字预算,把已作为银行信贷基金使用的上年财政结余30亿元列为财政收入抵作当年支出;又因支出摊子铺得太大,尤其是基本建设投资实际执行总额比上年增长107.6%,财政收入增加有限,使预算公布不久,财政和信贷资金就出现了周转困难。

(二)第二次宏观调控的主要政策措施

1953年6月,在中央召开的财政经济会议上,及时发现了上述宏观经济运行中产生的问题,马上采取针对性的政策措施,其中主要有:

1. 加强基本建设资金管理。

为了加强对基本建设资金的管理,交通银行根据《基本建设工作暂行办法》制定了《基本建设拨款暂行办法》。该文件对基本建设拨款的操作程序,对出包建筑安装工程的拨款,对自营安装工程的拨款,对机械设备及其他基本建设的拨款,对零星用款及外埠用款,对拨付交通银行基本建设资金程序,对短期贷款,以及对检查和奖惩等各项都作了较详细的规定。

到11月2日,中财委给西南财委发出《关于基本建设验收工作中交通银行应负责任问题的批复》。批复指出:交通银行必须经常注意基本建设工程的财务管理情况。交通银行在固定资产验收方面的责任是:检验完工的固定资产是否按国家计划中规定的数量、用途、价值、完工日期完成;检查财务管理情况,包括建设单位和承包单位的资金周转、材料管理、成本核算、收支、预决算等。工程质量方面由建设单位验收。这就明确了交通银行在基本建设完工、全面验收时的主要职责。

2. 进一步完善税收政策。

6月,中共中央召开全国财政经济工作会议,其中一项议题是分析解决修正税制工作中出现的问题。会议认为,修正税制以当时的财政经济情况看是必要的,而且执行的效果也达到了保税的目的。但在工作中也出现了一些失误,主要是变更了纳税环节。

7月22日,财政部发出《关于已批准不纳营业税的私营批发商,自8月1日起一律照纳营业税的通告》。《通告》指出,修正税制变更纳税环节后,曾规定经批准的私营专业批发商不纳营业税,执行以来,由于批发标准难以确定,批零业务不易划分,各地反映,大部分私营批发商仍在纳税,因而形成同一行业的批发商,其价格成本大体相等,而税负、利润则不一致,纠纷很多,殊不合理。经报请政务院批准,自8月1日起,凡经税务局批准不纳营业税的私营批发商一律照纳营业税。

接着,财政部税务总局于8月12日,向各大区税务管理局发出《自8月1日起对已批准的私营专业批发商照纳营业税后应注意问题的通告》。《通告》指出,一要慎重解释,坚决执行;二要密切注意控制物价,并进一步明确了若干具体问题,使对私营批发商恢复征收营业税的工作得以顺利执行。

3. 实施和加强计划管理工作。

随着国民经济计划的推进,全国自上而下形成一个完整的计划和统计系统,并加强了企业的计划统计机构。通过计划管理系统,要求企业建立和健全责任制,做到一切经济部门均建立科学管理制度,特别是抓紧建立安全生产、产品质量、设计工作、原材料和设备供应、施工等项责任制。要求一切国营企业逐步实行严格的经济核算制度。要求加强基本建设工作,保证基本建设任务的完成。与此同时,按照实施国民经济计划的要求,改进商业和银行工作。在此基础上,开始实行粮食的计划收购和计划供应,实行棉花、纱布和食油的统购统销等事项。

4. 通过自筹经费增加地方建设资金。

为适应地方建设特别是基本建设项目的需要,解决预算外某些必须解决的问题,中共中央发现《关于省(市)自筹经费问题给各级党委的指示》。中央决定在人民自愿又不过分增加人民负担的原则下,允许省(市)人民政府在必要时按照规定,自筹一部分经费,机动使用。该文件作出如下规定:(1)省人民政府以全省农业税征收总额为计算标准,得自筹经费3%—5%。中央及大行政区直辖市人民政府,以各市各种工商税（关税、盐税除外）征收总额为计算标准，得自筹经费2%—6%。中等以上的省辖市是否可参照中央及大行政区直辖市自筹一部分经费及其限额，由省人民政府根据所属市的具体情况核定。(2) 自筹经费的筹款办法与管理办法，由省（市）人民政府拟定，报大区行政委员会批准，并报财政部备案，省辖市筹款办法与管理办法，报省人民政府批准，并报大区行政委员会备案。(3) 上述筹款办法与最高限额，省须经省人民代表大会或经省人民委员会通过，市须经市人民代表大会通过。(4) 国营企业和国家机关对上述附加原则不应负担，特殊情况者另议。

5. 提出实现当年全国财政收支平衡。

8月27日，财政部向中央提出关于解决当年财政收支平衡的报告。其具体措施：一是增加财政收入。银行增缴利润2亿元，并从下半年银行发行货币8亿元中拿出6亿元作财政支付。二是减少支出。中央经济建设费少支5亿元；军费少支3亿元；中央文教、行政费少支2.5亿元；地方少支2亿元。四项总计可少支12.5亿元。

中共中央同意财政部所提各项措施并批转这个报告。同时发出紧急指示，号召全党全国人民通过增加生产、扩大收购和销售、加速资金周转和做好税收工作等来增加收入，厉行节约，大力缩减军费开支和行政经费，节约粮食，坚决保证财政部提出解决赤字具体方案的实现。中央指示下达后，各地区、各部门都迅速召开会议进行传达，并根据具体情况拟定执行中央指示的具体措施。

这次宏观经济出现的问题，由于发现及时，目标单一，特别是采取的政策措施具体有力，对国民经济几乎没有造成负面的失衡影响。基本上完成了"一五"计划规定的本年度各项指标，工业生产发展较快。工农业产品总值达到960亿元，比上年增长14.4%，其中农业总产值510亿元，比上年增长3.1%，工业总产值450亿元，比上年增长30.3%。国民收入为709亿元，比上年增长14.0%。另外，财政方面经过多方努力，克服了支出摊子铺得太大、基本建设项目上得太多等问题，实现当年收支平衡略有结余：完成财政收入222.9亿元，比上年增长21.3%，财政支出共220.1亿元，比上年增长25%，收支相抵还结余 2.8 亿元。

二 第三次宏观调控及其主要对策

(一) 第三次宏观调控的任务与起因

1. 第三次宏观调控的主要任务。

第三次宏观调控大约发生在 1956—1957 年之间。当时,经济工作中产生了急于求成的倾向,经济建设的步子迈得大了一点。特别是,把增加基本建设投资,与增发农村贷款和提高职工工资安排在同一时间进行,使得财政支出骤然猛增,导致出现较大数字的财政赤字,引起市场波动,物资供应出现紧张局面。1956 年 11 月,提出在"保证重点、适当压缩"的方针下,考虑安排来年计划,并要求通过加强综合平衡,努力克服和纠正宏观经济中出现的问题。

2. 第三次宏观调控问题的形成原因。

1956 年,我国正处于社会主义改造和社会主义建设的高潮之中,工农业生产快速发展,基本建设项目投资大量增多,致使基建拨款占财政支出的比重由上年的 32.9%,猛升到 45.7%。同时,为了促进农村和农业发展,比上年多投放了 20 亿元的农村贷款。为了提高劳动群众的生活水平,通过了《关于工资改革的决定》,对包括国营企业、供销合作社、全行业公私合营前的公私合营企业,以及事业单位和国家机关的工资制度,进行了进一步改革。经过这次改革,职工工资水平比上年增长 14%,由于职工人数也增加得多了一些,致使工资总额增加 18 亿元。

这样一来,财政出现了 18.3 亿元的赤字,市场货币流通量比上年年底增加 17 亿元,其中有相当部分是超过正常需要的。由于供应紧张,导致物价上涨,商业库存比上年减少 19 亿元,每百元基建投资新增固定资产比上年下降 10.8 元。

(二) 第三次宏观调控的主要政策措施

针对上述出现的宏观调控问题,1957 年的计划安排,坚持物资、财政和信贷三大平衡,瞻前顾后,注意年度之间的相互衔接,避免过大起伏。认为原材料的供应必须有分配的顺序。在原材料供应紧张的时候，首先要保证生产生活必需品的生产部门最低限度的需要，其次要保证必要的生产资料生产的需要，剩余的部分用于基本建设。避免盲目扩大基本建设规模，挤掉生活必需品的生产。为了解决当时社会总需求较大幅度超过总供给，还提出了以下主要政策措施。

1. 开展增产节约运动。

（1）提出把增产节约作为解决宏观经济问题的重要对策。1957年1月18日，中共中央在北京召开省、市、自治区党委书记会议，主要讨论思想动向问题、农村问题和经济问题。这次会议进一步总结了1956年的经济工作，指出成绩是巨大的、主要的，同时也有一些缺点以致错误，主要是财政和信贷失衡，生产资料和生活资料供应紧张。同时，得出两条基本经验，一是扩大基本建设必须同生产资料的增长相适应；二是提高人民生活水平必须同消费资料生产的增长相适应。会议根据需要与可能相结合和既积极又充分可靠的原则，确定1957年工农业生产、财政现金平衡和基本建设的大轮廓。决定通过开展增产节约运动，克服宏观经济失衡，并确定了统筹兼顾、全面安排的方针。

（2）发出《关于1957年开展增产节约运动的指示》。1957年2月15日，中共中央发出了这项《指示》。它指出，为了缓和目前经济生活和财政收支的紧张局面，必须适当调整1957年度基本建设的规模，原定在今年开工的建设项目，要进行具体分析，重新安排，把那些在1957年和1958年都有可能和有必要施工的项目，列入年度计划；把那些需要建设、已经设计，但目前限于物力和财力还不可能施工的项目，列为预备项目。《指示》还要求在工农业生产中，在运输、邮电和商业经营中，都必须尽一切办法广泛地开展增产、节约运动。要求大量节减行政部门、事业单位和企业单位的行政管理费用，严格限制人员增加，合理调整现有机构和人员，逐步改变某些不合理的工资福利制度，消灭铺张浪费现象。

（3）发出《关于进一步开展增产节约运动的指示》。1957年6月3日，国务院发出了这项《指示》。它指出，基本建设应该是增产节约的重点，今后要根据我国人多田少、经济落后、人民生活水平低的特点，根据反对盲目追求现代化、机械化和高标准的要求，力争用最少的钱办

第六章 宏观调控政策演变研究

最多的事的原则，削减和推迟那些可以削减和推迟的项目，在保证经济、适用和质量的前提下，纠正建设标准过高、技术经济定额过大等缺点，并且纠正只愿建大型企业不愿建中小型企业的错误思想。《指示》还提出了当前开展增产节约运动应该进行的五项工作：一是加强增产节约运动的领导；二是基本建设单位多占或征而不用、早征迟用的农民的土地，应立即退还给农民耕种；三是各单位要认真检查现行的各种制度、定额和标准；四是应由专人负责，督促、指导和管理所属各单位的增产节约的工作；五是各部门和各省、市、自治区要根据指示精神，制定1957年增产节约实施方案。

2. 适当压缩基本建设的投资额。

（1）通过年终财务清理减少部分基本建设拨款。1956年11月30日，财政部公布《关于1956年年终财务清理和年度决算编报办法的几项规定》。该文件在涉及基本建设投资时，作出如下规定：1956年基本建设拨款限额，在12月31日前未拨出的余额一律注销。经批准明年继续兴建的工程，由财政部核准新限额下达。基本建设工程结余的现金和材料，以各级主管部门为统一结算单位，结转下年作为内部资源集中继续使用，在核准下年预算时如数减少预算或减少财政拨款。

（2）通过压缩计划指标削减基本建设投资。1957年2月，全国计划会议在北京召开，会议根据统筹兼顾、全面安排的方针，安排当年计划，4月经国务院批准实施。其中工业总产值计划603.4亿元，比上年的653亿元减少近49.6亿元；基础建设投资总额111亿元，比上年的147亿元减少近36亿元。该计划对基础建设、行政经费、军费以及其他方面等支出均作了压缩，使钢铁、煤炭、木材、棉布、食油等重要物资的供应，逐步摆脱紧张局面。

3. 有计划地控制社会购买力增长速度。

（1）通过降低部分国家机关干部工资控制社会购买力。国务院公布了一项1957年1月起执行的文件：《关于降低国家机关十级以上干部的工资标准的规定》，规定各级工资降低的比例是：1级至5级降低10%；6级至8级降低6%；9级至10级降低3%。文件指出，这是为了在社会主义建设中发扬艰苦奋斗的优良作风，使国家机关领导干部以身作则地贯彻勤俭建国的方针。机关领导干部带头降薪,对社会产生了广泛影响,有效地抑制了各类人员工资过快增长的势头。从其实际客观效果来看,对控制社会购买力过快增长发挥了重要作用。

(2) 通过适当提高物价控制社会购买力。1957 年 4 月 29 日,国务院发言人就有关市场物价问题发表谈话,指出当前粮食、煤炭、针织品、重要日用百货等人民生活必需的消费品,价格是稳定的。但适当提高了猪肉和一部分食油的销售价,提高了食盐的税率,提高了呢绒和高级纸烟的价格,这是为了求得财政收支平衡,也是为了求得社会购买力和商品供应量的平衡。并指出,1957 年的社会购买力与商品之间,并不是平衡的。政府在计算了今年的社会购买力、商品供应总量、增产节约的效果和压缩集团购买力等各个方面以后,为了使社会购买力与商品供应量达到平衡,适当地提价是必要的。有计划地提高某些商品的价格,可以使应该涨价的商品涨价,不应该涨价的商品不涨价,保持市场物价的基本稳定,并使社会购买力与商品供应量之间大体可以平衡,这对于保障国家建设和稳定人民生活是必要的。

第三次宏观调控期间,由于采取了上述政策措施,加上新制订的年度国民经济计划指标合乎实际,国家预算执行情况良好,财政收支超额完成。1957 年,国家预算总收入 310.19 亿元,比上年增长 7.9%;国家预算总支出为 304.21 亿元,与上年大体持平;这样,收支相抵,尚有结余 5.98 亿元。在此基础上,宏观经济转入正常运动,保证了第一个五年计划的圆满完成。

三 第四次宏观调控及其主要对策

(一) 第四次宏观调控的任务与起因

1. 第四次宏观调控的主要任务。

第四次宏观调控自 1960 年下半年开始,历时 3 年多。其主要任务,是恢复被"大跃进"打乱了的正常经济秩序,纠正国民经济主要比例严重失调问题。本次宏观调控初期,提出了著名的"调整、巩固、充实、提高"八字方针。此后数年,大力收缩基本建设战线,对亏损企业实行"关、停、并、转",加强财政和银行的集中管理,并采取若干

第六章 宏观调控政策演变研究

临时的高价措施,回笼过多货币。

2. 第四次宏观调控问题的形成原因。

这次宏观调控起因于 1958 年的"大跃进"。"大跃进"期间,以高指标、瞎指挥、浮夸风和共产风为主要标志的"左"倾错误严重泛滥,打乱了正常的经济秩序,国民经济主要比例出现严重失调。经济工作上存在的主要问题是:(1) 钢铁等重工业孤军突出,超速增长。重工业产值比上年猛增 78.8%,比"一五"时期重工业平均增长速度快两倍多。(2) 农业发展速度放慢,一些主要农产品的产量有较大幅度下降。农业总产值只比上年增长 2.4%,它在工农业总产值中的比重整整下降了 9 个百分点。(3) 基本建设规模急剧膨胀,积累率迅速上升,全国投资总额高达 269 亿元,比上年增加 126 亿元,增长 87.7%,积累率由上年的 24.9% 提高到 33.9%。(4) 忽视经济效益,造成财政虚假收入。由于片面追求速度,工厂粗制滥造的产品,交给商业部门,实现利润,又实现税收,但实际上这些东西都积压在仓库里,没有卖出去。经实际核实,当年收支相抵,存在 21.80 亿元赤字。(5) 财力和管理分散,政府宏观调控能力大大减弱。

1959 年,重工业继续以"大跃进"的速度上升,它的总产值比上年增长 48% 以上。基本建设战线进一步拉长,全国基本建设投资在上年急剧膨胀的基础上,又增加了 80.7 亿元,增长 30%。积累率上升到 43.8%,成为新中国成立以来最高的一年。而农业遭到自然灾害,其总产值比上年下降 13.6%。这使得国民经济主要比例关系失调状况更趋严重,进而导致建设规模与国力完全失去平衡,财政赤字高达 65.74 亿元。

1960 年,由于重工业和基本建设"继续跃进",农业继续遭受严重自然灾害而大幅度减产,轻工业生产出现倒退,进一步加剧了国民经济比例关系失调状况。财政出现 81.8 亿元赤字,货币发行过多,商品零售价格普遍上涨,市场供应十分紧张。尽管 7 月的北戴河会议就已提出宏观经济的调整方针,但由于种种原因,许多调整措施并没有落实到具体工作中,致使这一年的宏观经济运行遇到了严重困难。

(二) 第四次宏观调控前期的主要对策

1961年1月14日至18日,中国共产党八届九中全会在北京举行。会议讨论确定发展国民经济的方针,审议1961年的主要计划指标,正式宣布对国民经济实行"调整、巩固、充实、提高"八字方针。随着全国各地全面贯彻这一方针,宏观经济失衡势头得到了控制。重工业发展速度放慢,其产值比上年下降46.6%。基本建设投资大幅度回落,比上年减少261亿元,下降67.2%。积累率也随之比上年降低20.4%,仅为19.2%。经过调整后,宏观经济运行在某些方面开始有所好转。

1962年,宏观经济调整进入关键性阶段,各级政府在全面、扎实贯彻执行八字方针的同时,采取了一系列具体有效的调整措施。1月中旬,中共中央在北京召开扩大会议,制定以下政策和措施:(1)减少城镇人口,精减职工;(2)压缩基本建设规模,缩短重工业战线,充实轻工业,保证石油工业;(3)加强和发展农业生产,削减粮食征购量,对农民实行退赔,提高农产品收购价格,使农民得以休养生息;(4)稳定市场,回笼货币,消灭财政赤字。

(三) 第四次宏观调控后期的政策措施

1. 按照宏观调控要求大幅度调整计划指标。

1962年4月25日,国家计委向中共中央提出关于1962年国民经济的调整计划。1961年12月,国家计委曾将1962年计划草案提交中央工作会议审议。根据中央领导同志的意见和第一季度生产建设的实际情况,国家计委对原计划草案作了进一步研究,并进行大幅度的调整,主要内容是:(1)尽可能挤出一部分材料,用来增加农业生产所需要的生产资料。(2)尽可能安排较多原料、材料和燃料,增加日用品生产,按照调整计划,拟为市场多增加19亿元的商品。(3)降低绝大多数重工业产品的生产指标,分别比原计划降低了5%—20%。(4)进一步缩小基本建设规模,特别是缩小了重工业、交通部门的建设规模。国家预算内基建投资由原来的60.7亿元,削减为46亿元,减少14.7亿元,其中重工业、交通部门减少10.5亿元,占全部削减投资比重的75%。另外,自筹资金控制数确定为2亿元。

有关资料表明,1962年的计划,尽管作了这样大的调整,但是还有很大的缺口。例如，煤炭差 300 万吨；钢材差 100 万吨，需要动用库存解决；木材，仅统计生产维修和基本建设两个方面就缺 100 多万立方米。就整个宏观经济形势来说，最突出的问题还是农业、轻工业和重工业的关系不协调。

中央在审查时认为，在比例严重失调的情况下，计划完全不留缺口是有一定困难的，而且许多问题是几年积累起来的，不是一年所能解决的。因此，中央原则上批准了这个调整计划，并下达到各地区、各部门执行。

2. 按照宏观调控要求充分挖掘物资潜力。

（1）发出《关于彻底清仓核资，充分发挥物资潜力的指示》。1962年 2 月 22 日，中共中央和国务院下达了这个文件。它针对当时一方面物资供应不足；另一方面又有大量物资分散在各企业、事业单位和各机关、团体，没有发挥作用，并且占用了大量流动资金。各单位虽然都进行了多次物资清查和调剂工作，但还不彻底、不全面。

文件规定，这次清查范围，只限于全民所有制单位的生产资料和消费资料。企业核定固定资产和流动资产以后多余的物资，关闭的企业或车间的物资，都按照物资经营管理的分工，由各有关部门分别组织收购处理。收购物资所需资金，由财政部统一解决，必须专款专用，不得挪作他用。亏损处理必须慎重，应该发动群众反复清查落实之后，才能报批。清查处理步骤，大体上可以分清查、处理和总结三个阶段进行，各单位也可以根据具体情况，反复交叉进行。

（2）公布《关于国营企业在清仓核资中对物资损失的财务处理办法》。1962 年 4 月 6 日，财政部根据《关于彻底清仓核资，充分发挥物资潜力的指示》精神，颁布了这个《办法》。它决定自 1962 年第一季度起，国营企业各单位在清查物资的同时，对历年遗留下来的物资损失也要进行彻底清查处理。其目的是为了核实企业的材料物资，促进企业健全各种制度，加强经济核算，改善物资管理。

（3）1962 年 6 月 24 日，中共中央、国务院发出紧急指示，要求妥善保管、处理停建下马基建单位和关闭停产企业的物资。该指示规定，这些单位的一切生产资料和消费资料都必须彻底清点，编制成册，分别报送上级主管机关、物资管理部门和商业部门,听候统一调度处理。对于这些物资的处理,属于地方企业、事业单位的,要经过省、市、自治区的物资部门和商业部门批准;属于中央直属企业、事业单位的,要经过国家经委物资管理总局和商业部门批准。任何单位、任何个人不得动用、转让、出卖,不得损坏和私分,各有关企业要指定得力的干部和工人,专职负责,切实保管好这些物资。

(4) 公布《关于收购国营企业积压物资的资金供应办法和销货收入处理办法的通知》。1962年7月21日,国家经委、财政部和中国人民银行联合发出这个《通知》。根据国务院有关规定,企业的积压物资,由国家物资总局、企业主管部门供销机关和一机部成套局等单位分别收购。《通知》对收购积压物资的资金来源、销货收入处理办法作出规定:

物资总局收购企业积压物资和正常周转物资所需资金,60%由财政拨给,40%由人民银行贷款。企业主管部门供销机构,收购"特准积压物资"所需资金,全部由财政拨给。收购其他积压物资所需资金60%由财政拨给,40%由人民银行贷款。一机部成套局收购物资所需资金,全部由财政拨给。

企业所取得的积压物资销货收入,按国务院有关规定在人民银行开立专户,先清偿货款和欠款,然后依次交税款、归还到期贷款,补交利润、基本折旧基金和固定资产变价收入,由当地银行进行监督。

3. 运用财政政策加强宏观调控。

(1) 公布《关于严格控制财政管理的决定》。1962年4月21日,中共中央和国务院制定了这个文件。它在阐明坚决制止一切侵占国家资金错误做法的规定中,重申了"十条禁令":不许挪用应当上缴的税款和利润,不许挪用银行的贷款,不许挪用应当归还其他单位的货款,不许把生产成本范围以外的任何开支挤入生产成本,不许挪用企业的定额流动资金,不许挪用固定资产的变价收入,不许挪用折旧基金和大修理基金,不许自行提高企业各项专用基金(附加工资、大修理基金等)的提取比例,不许挪用企业的"四项费用",不许挪用基建单位储备材料和设备的资金。同时,还作出以下规定:切实扭转企业大量赔钱的状况，坚决制止各单位之间相互拖欠贷款，坚决维护应当上交国家的财政收入，严格控制各项财政支出，切实加强财政监督。

（2）通过发布《关于厉行节约的紧急规定》来压缩公用开支。中共中央和国务院在这个文件中，提出 12 条压缩公用开支的措施：坚决压缩社会集团购买力；立即彻底清理机关仓库；全国各级招待部门库存备用的高级物品一律冻结，听候调作国内外市场商品处理；所有撤销、停办的单位，其房屋、家具、设备、物资一律冻结，报上级听候处理，不准分散转移、乱拿乱用；坚决贯彻中央不准用公款请客、送礼的指示；专业会议要尽量减少；大力压缩差旅费开支；工作人员一般不准住饭店写文章、看文件；所有办公用房、集体宿舍和个人宿舍，除漏塌必须维修外，一律不许扩建、改建、粉刷和油漆；彻底整顿刊物和资料，节约纸张；节约电报、电话、用车、用电、用水的费用；各单位制订节约计划，定期检查。

（3）发出《关于坚决执行国家计划和预算，严格管理资金和物资的指示》。这个《指示》，是中共中央和国务院在 1962 年 12 月 25 日发出的。它规定：1963 年各地方各部门必须按照中央批准的国民经济计划、国家预算和信贷计划办事，不许层层加码，不许打赤字预算。用自筹资金安排基本建设，要在国家财政制度许可的范围以内，要有当年可靠的收入来源，并且一定要纳入国家计划。支援农业的资金要分期分批拨款，从严掌握。任何机关、单位和个人，无权挪用各经济部门的物资和资金，无权擅自减免税收。财政信贷和劳动工资必须管严、管实、管好。坚持勤俭办社的方针，切实加强公社和生产队的财务管理。

4. 运用货币金融政策加强宏观调控。

（1）公布《关于切实加强银行工作的集中统一，严格控制货币发行的决定》。1962 年 3 月 10 日，中共中央和国务院公布了这个文件。其主要规定是：收回几年来银行工作下放的一切权利，对银行业务实行完全彻底的垂直领导；严格信贷管理，加强信贷的计划性；严格划清银行信贷资金和财政资金的界限，不许用银行贷款作财政性支出；加强现金管理，严格结算纪律；各级人民银行必须定期向当地党委和人民政府报告货币投放、回笼和流通、工商贷款、工资支付、企业亏损及弥补等情况，并报告违反制度把银行贷款挪作财政性开支的情况和其他重要情况；在加强银行工作的同时，必须严格财政管理。

（2）公布《关于恢复建设银行机构加强领导的通知》。1962年3月28日，财政部发出了这个《通知》。它指出，为了加强基本建设财务拨款监督工作，严格执行国家计划和预算，财政部对建设银行的领导关系问题，作出规定。机构建制：恢复建设银行的建制。领导关系：建设银行实行垂直领导。干部编制：省、自治区、直辖市的编制，由总行管理，支行、办事处的干部编制，由省、自治区、直辖市分行统一管理。放款基金：财政上拨给建行的放款基金，一律由总行管理。

5. 运用投资政策加强宏观调控。

（1）公布《关于严禁各地进行计划外工程的通知》。中共中央在1962年3月20日发出了这个《通知》。它指出，不顾国家困难，继续扩大计划缺口的分散主义行为，必须严格禁止。正在建设的所有计划外的工程，一律停止施工，特别是楼、堂、馆、所，无论建设到什么程度，必须立即停止施工。中央重申，建设大中型项目，都要报中央批准；地方小型项目由中央局批准，中央各部直属的小型项目由国家计委批准。凡未经批准的项目，各级财政部门和银行不得付款。

（2）批转《关于清理基本建设单位拖欠贷款的报告》。1962年5月14日，中共中央批转了国家经委和财政部共同起草的这个《报告》。它根据不同情况，提出清理基本建设单位过去拖欠的贷款的具体办法，以及堵塞拖欠贷款的漏洞，防止发生新欠的措施，提出今后凡未经中央批准，自行扩大基本建设工作量的，以违反党纪国法论处。中共中央在批语中指出：由国家财政动用一部分上年结余解决基础建设单位拖欠的贷款。"这种做法，只此一次，下不为例。"今后，基本建设单位订购设备，必须持有建设银行签证，证明该项目已列入国家计划，并已批准拨款，否则生产企业和对外贸易部不得接受订货。违犯规定的，必须以必要的纪律制裁。

（3）公布《关于严格执行基本建设程序、严格执行经济合同的通知》。这个《通知》，是中共中央和国务院在1962年12月10日发出的。它规定：从1963年起，各部门、各地区进行的基本建设，一律按规定程序办事。设计任务书未经批准的,一律不准动工,所有预备项目,以及设计任务书和设计文件逾期不报和未经批准的续建项目,建设银行和物资部门不得拨给工程款项和材料、设备。还规定:国民经济各部门必须严格执行经济合同,各生产企业必须按合同进行生产,保证产品质量和交货时间。订货部门必须按时提货和交付贷款,严格执行合同,一律不准退货。在执行合同中发生的纠纷,由各级经济委员会予以仲裁,各地人民银行或建设银行,负责执行各级经济委员会的决定,扣付贷款。并责成国家经委,根据《通知》精神,制定国民经济各部门严格执行经济合同的具体办法,报国务院审批。

(4) 公布《关于1963年用自筹资金安排基础建设投资的通知》。国家计委和财政部,在1962年12月11日发出了这个《通知》。它规定:凡用自筹资金安排的基本建设,资金来源必须正当,数字必须落实;用自筹资金安排的基本建设投资,一般应当用于地方性的当前急需工程(指小型项目或补充国家计划中大中型项目的不足);用自筹资金安排的基本建设,所需设备、材料,国家不予分配,由各省、市、自治区利用积压的库存物资解决;用自筹资金安排的基本建设,在资金、材料、设备落实后,由地方按基建程序,编制计划,报中央有关单位审查并提出意见。自筹资金必须通过建设银行监督拨款,专户存储,先存后用。

1962年是第四次宏观调控过程关键性的一年,由于全面、扎实地贯彻执行中央"调整、巩固、充实、提高"方针,并采取了一系列有效的宏观调控政策措施,整个国民经济形势已经开始好转:农业生产得到一定恢复,粮食总产量比上年增加250亿斤,生猪比上年增加2440多万头,农业生产总值比上年增长6.2%。农业和工业的比例关系、重工业和轻工业的比例关系,都开始有所改善。全国集市贸易价格比上年下降35%,城乡人民生活水平有所回升。基本建设投资比已经大幅度缩减的上半年又下降44.1%。财政收支相抵,结余8.3亿元。市场通货增加的局面开始扭转,在社会商品零售总额同上年基本持平的情况下,年末货币流通量比上年减少19.2亿元,下降15%。

1963年9月上旬,中共中央在北京举行工作会议。会议讨论了农村工作、工业发展以及1964年国民经济计划问题。会议确定从本年起,再用3年时间继续调整、巩固、充实、提高工作，使其成为今后发展的过渡阶段。本次宏观调控到1965年，国民经济全面恢复了正常，工农业生产都完成和超额完成了计划任务。市场繁荣，物价稳定，人民生活有了进一步改善。

第三节 走向市场经济时期的宏观调控及其政策

一 第五次宏观调控及其主要对策

（一）第五次宏观调控的任务与起因

1. 第五次宏观调控的主要任务。

第五次宏观调控开始于1979年，主要任务是修改不久前出现的大计划、高指标的"洋跃进"，使宏观经济走出严重失衡的困境。1979年6月18日至7月1日，第五届全国人民代表大会第二次会议，通过了全国工作重点转移和对国民经济实行"调整、改革、整顿、提高"八字方针的重要决策。会后，即在全国开始国民经济调整工作。本次宏观调控过程，是与改革传统计划经济体制紧密相结合的，属于由计划经济走向市场经济时期的首次宏观调控。

2. 第五次宏观调控问题的形成原因。

本次宏观调控面临着特殊困难："文化大革命"十年动乱，国民经济遭到严重破坏，经济结构全面失衡，全国经济濒于崩溃的边缘。这十年，生产遭到严重破坏，如果按照"一五"时期的发展水平计算，十年共损失国民收入500亿元；企业管理混乱，亏损面不断扩大，仅1976年全国企业亏损总额就高达177亿元。

尤其是基本建设投资，不仅大大超过国家财力、物力的可能，而且效果一路下滑，积累严重挤占了消费。1978年4月14日，财政部向中共中央报送的《关于基本建设投资效果问题的报告》指出，"文化大革命"十年，特别是"四五"计划时期，基本建设投资效果显著下降。主要表现是：建设周期延长，分散力量打消耗战，这个时期的建设周期一般比过去拖长了将近1倍。建成投产项目不多，同"一五"计划时期相比，全国基建投资总额增加2倍，而建成投产的项目只增加不到

1/4。"半拉子"工程多，大量资金被长期积压占用，到 1976 年年底，全国在建工程占用的资金总额已达 600 亿元，其中大部分是"半拉子"工程。工程造价高，花钱多，办事少。

粉碎"四人帮"后的头两年，传统计划经济体制原封不动地保留了下来，扩张冲动的诱因依然如故，出现了大计划、高指标的"洋跃进"。1978 年 2 月，中共中央转发国家计委《关于经济计划的汇报重点》。该文件提出，要在近期基本实现农业机械化，还要在全国快速建成独立的比较完整的工业体系和国民经济体系。于是，确定当年从国外大量引进成套技术设备，用来提高企业生产的技术水平和产出能力。这一年，计划指标中，安排的钢产量比上年猛增 57%；水泥和塑料产量指标，与上年相比均超过 30%。

1978 年 9 月，国务院在北京召开全国计划会议，讨论 1979 年和 1980 年的计划安排。计划要求：农业总产值平均每年增长 5%—6%，工业总产值平均每年增长 10%—12%，钢产量平均每年增加 300 万吨。1979 年国家直接安排的基本建设投资为 457 亿元，与投资规模急剧膨胀的 1978 年相比，又增长 15.7%。由于生产建设任务安排得过大，1978 年计划中，物资、资金、外汇都留下了相当大的缺口。有 20 多亿元财政收入指标没有落实，有些必需的支出又没有打足，外汇支出大于收入 100 亿美元。

这样的计划指标安排，使基本建设任务进一步加重，由于投资明显向重工业倾斜，农轻重比例、积累与消费比例的失调状况雪上加霜，更趋严重。

(二) 第五次宏观调控的主要政策措施

本次宏观调控是在改革开放最初阶段进行的，市场机制的作用非常微弱，只在计划外的小范围产生影响。计划体制拥有强大的实力，工业生产和基本建设所需的人力、物力和财力，主要依靠计划调节来解决。所以，本次宏观调控采用的方法，主要是调整国民经济计划指标，使其更加符合宏观经济健康和高效运行的需要。

1. 适当调低 1979 年的国民经济计划指标。

本次宏观调控的一项重要对策，是先调低 1979 年的国民经济计划指标。1979年3月21日，中共中央政治局开会讨论1979年国民经济计划和国民经济调整问题。讨论认为，搞四个现代化，要讲实事求是。过去农业强调以粮为纲，工业强调以钢为纲，是到需要重新认识和总结的时候了。农业不能只讲粮食，要农、林、牧、副、渔并举。工业发展，不能单纯突出钢的指标，只有按比例发展才能获得最快速度。现在国民经济比例失调的情况相当严重，基本建设项目太多，要下决心撤出一批，这些需用3年时间进行调整。

在本次会议上，政治局同意国家计委修改和调整1979年国民经济计划的意见，并决定用3年时间调整国民经济。这样，1979年的农业总产值增长速度调为4%以上；工业总产值增长速度调整为8%，其中轻工业增长8.3%，重工业增长7.6%；财政收入由1260亿元调整为1120亿元；国家预算直接安排的基建投资由457亿元调整为360亿元，加上利用外汇贷款安排的基建投资，总规模为400亿元，通过压缩基建规模，控制引进项目，稳定和调整物价，平衡财政收支，控制人口增长等10多项具体措施，国民经济开始向协调合理的方向发展。

2. 制订有利于加强宏观调控的1980年计划指标。

1979年11月20日开始，国务院召开全国计划会议，讨论确定1980年国民经济计划，并讨论财政管理体制的改革。1980年计划安排工农业总产值比上年预计增长5.5%，其中农业总产值增长3.8%，工业总产值增长6%，工农业生产增长速度均比上年放慢。国家安排的基本建设投资241亿元，比上年减少110亿元。国家财政收入982亿元，比上年预计完成数减少近40亿元；财政支出1022亿元，比上年预计减少133亿元；但是，收支相抵仍差40亿元。为确保计划完成，会议提出，要广开门路，多方开辟财源，要降低消耗，减少积压，节约开支，要抓工业改组、技术改造和工业内部的调整等。

3. 形成促进宏观经济平衡的1981年计划指标。

1980年11月15日开始，国务院在北京召开全国计划会议，对1981年的国民经济计划作进一步调整，推倒了原来十年规划中的高指标，本着实事求是的原则，对计划指标进行了必要的修改。这一年的经济增长速度虽然不太高，但经济结构更趋合理，为今后经济的长期稳定创造了条件。

调整后确定的1981年国民经济计划，其主要指标情况是：工农业总产值由原来的6955亿元，减为6800亿元，比上年预计增长3.7%，其中农业总产值1690亿元，比上年预计增长5.6%，工业总产值5110亿元，比上年预计增长3%。在工业产值中，轻工业由原来的2390亿元增加到2473亿元，比上年预计增长8%；重工业由原来的2860亿元减为2637亿元，比上年下降1.2%。财政收入由原来的1154.5亿元（包括国外借款收入80亿元），减为1056.6亿元（包括国外借款收入80亿元），比上年下降0.6%；财政支出由原来的1204.6亿元，减为1056.6亿元，收支平衡。基本建设投资由原来的550亿元减为300亿元，比上年预计下降40%。国家预算内投资由原来的242亿元减为170亿元，国防战备费由原来的193亿元减为160亿元。其他主要工农产品指标也作了相应调整。

1982年和1983年，继续贯彻执行本次宏观调控方针，国民经济发展取得了可喜成就，经济效益也有所提高。1983年，工农业生产主要指标都完成和超额完成了国家计划。农业连续第五年获得丰收，工业生产稳定增长。工农业总产值和粮、棉、煤、原油等33种主要工农业产品产量，提前两年达到第六个五年计划规定的1985年指标。这一年，国民收入达4730亿元，比上年增长9.8%．工农业总产值达9211亿元，比上年增长10.2%，其中农业总产值3123亿元，比上年增长9.6%；工业总产值6088亿元，比上年增长10.5%。与此同时，固定资产投资结构趋向改善，财政、信贷收支持续保持基本平衡，本次宏观调控达到了预期的目标。

二 第六次宏观调控及其主要对策

（一）第六次宏观调控的任务与起因

1. 第六次宏观调控的主要任务。

1985年3月，提出加强对宏观经济的控制，努力搞好资金综合平衡工作。本次宏观调控的主要任务，就是解决1984年以来经济发展过热造成的大额度资金缺口。有关资料表明，1984年财政总收入为1465

亿元，总支出为 1515 亿元，收支相抵，出现了 50 亿元赤字。而 1985 年国家预算草案仍然没有实现资金平衡，当时安排国家财政总收入为 1535 亿元，财政总支出为 1565 亿元，收支相抵，支出大于收入 30 亿元。为使宏观经济正常运行，必须努力消除财政资金及其他资金的收支失衡现象。

2. 第六次宏观调控问题的形成原因。

"六五"期间前三年，国民经济发展比较平稳，国民收入分别比上年增长 4.9%、8.3% 和 9.8%，为推进体制改革和对外开放奠定了良好物质基础。1984 年是我国经济体制改革取得重大进展的一年，在农村改革继续深入的同时，中共中央和国务院采取了一系列重大措施，加快城市经济体制改革步伐。在计划管理体制、价格管理体制、商业体制、建筑业体制以及工商税制等方面进行了重要的改革和探索。

改革解放了生产力，大大激发了人们发展经济的积极性。为了提前实现翻番目标，全国各地普遍增温加压，相互攀比增长速度，加工工业畸形发展，能源和交通运输供应日趋紧张；经济效益下降，预算内工业企业的可比产品成本比上年提高 1.3%；固定资产投资和消费基金增长过猛，导致银行货币投放过多，商品价格上涨，社会总供给跟不上总需求的变化。

（二）第六次宏观调控的主要政策措施

1. 通过提高企业经营效率加强税源培育。

（1）推进企业技术进步。1985 年 2 月 8 日，国务院批转国家经委、财政部和人民银行《关于推进国营企业技术进步若干政策的暂行规定》。该文件规定：企业应有推进技术进步的自主权；鼓励和促进企业提高质量，支持企业进行技术开发，重点支持大型骨干企业的技术改造，提高企业的折旧率；对企业的产品创优、技术开发、技术改造、技术引进放宽条件，给予贷款优惠；活跃技术市场，加速技术转移；鼓励引进国外先进技术，加强智力开发，在完善经济责任制的基础上严格实行奖惩制度。

（2）增强企业活力。在企业内部管理上，分别不同情况，实行多种形式的经济责任制，适当划小核算单位。在经营方式上，实行多种经营，积极开展综合利用，发展跨行业、跨地区的多种形式的经济联合和协作。在分配制度上，发出《关于国营企业工资改革问题的通知》，规定企业工资总额同经济效益挂钩，同时建立企业工资增长基金，以丰补歉。这样，有利于克服企业工资分配中的平均主义、吃"大锅饭"的弊病，充分发挥企业和职工的主动性、积极性和创造性。

2. 通过改革和完善财税制度增加财政收入。

（1）进一步完善税收法规。1985年2月8日，国务院发布《城市维护建设税暂行条例》，旨在加强城市的维护建设，扩大和稳定城市维护建设资金的来源。《条例》规定，城市维护建设税，以纳税人实际缴纳的产品税、增值税、营业税税额为计税依据，并与之同时缴纳。城市维护建设税税率为：纳税人所在地在市区的，税率为7%；在县城、镇的，税率为5%；不在市区、县城或镇里的，税率为1%。1985年2月28日，国务院发布修订后的《进出口关税条例》和《海关进出口税则》。其目的是，为了贯彻对外开放政策，体现鼓励出口，扩大必需品进口，保护与促进国民经济发展，以及保证国家财政收入。1985年6月26日，国务院在《关于对若干商品开征进口调节税的通知》。它指出，最近一个时期，有些地区和单位耗用大量外汇，盲目进口某些国内外差价大的商品和成套散件，对国民经济的进一步发展产生了不利影响。对上述问题，除用行政手段干预外，必须进一步运用经济手段加以调节。因此，决定对若干商品在征收关税和进口环节产品税（增值税）的同时，开征进口调节税。

（2）改革和完善财政管理体制。1985年3月21日，国务院发出《关于实行"划分税种、核定收支、分级包干"财政管理体制的通知》。国务院决定，从1985年起，对各省、自治区、直辖市一律实行新的财政管理体制。其基本内容是，按照不同税种将收入划分为中央财政固定收入、地方财政固定收入、中央和地方共享收入。1985年8月19日，国务院批转财政部《关于开展税收、财务大检查的报告》。国务院指出，当前偷税漏税、违反国家财经纪行的情况相当普遍，有的还十分严重，所以在全国范围开展一次税收、财务大检查，是非常必要的。该《报告》提出，检查的内容和重点是：税法的执行情况；利润上缴、贷款归还情况；企业成本费用列支、税后留利情况；外汇管理、财经制度执行情况；等等。

3. 控制信贷规模和固定资产投资规模。

（1）1985年4月4日，国务院批转中国人民银行《关于控制1985年贷款规模的若干规定》。由于1984年货币发行过多，信贷有些失控，国务院指出，控制贷款规模和货币发行，是保证今年物价、工资改革顺利出台的一个重要条件，也是稳定经济和巩固发展大好形势的一项重要措施。该文件规定，严格控制贷款总规模，实行新的信贷资金管理办法，改变敞口供应流动资金的办法，认真执行农村信贷政策，加强固定资产贷款管理，加强金融工作的统一管理。

（2）1985年4月8日，国务院发出《关于控制固定资产投资规模的通知》。1984年全民所有制的固定资产投资规模达到1185亿元，比1983年的952亿元增加233亿元，增长24.4%，大大超过同期国民收入增长13.5%的速度，固定资产投资数量偏多、规模偏大。为此，该《通知》指出，1985年各部门、各地区固定资产投资规模必须严格控制，以保证当年计划的完成，未经国务院批准，不得自行扩大。用银行贷款安排的基本建设和技术改造项目，要严格按照国家计划执行，未经国家批准，不准发放计划外贷款，不准用银行贷款以自筹资金名义擅自扩大投资规模。利用外资项目要按规定的审批权限和程序，经过批准才能对外谈判。自筹资金要严格控制在计划规模（包括浮动10%）以内，超过浮动范围的要加入10%的建筑税。

4. 严格控制行政经费过快增长。

1985年2月28日，国务院发出《关于节减行政经费的通知》。近几年来，各级行政经费不断增加，1983年比上年增长21%，1984年又比上年增长28%；行政经费占国内财政支出的比例也有提高的趋势，1982年为7%，1984年为8%。为此，国务院规定：坚决压缩行政经费，1985全国行政经费预算削减10%；严格控制行政编制；大力节减设备购置和办公费用；坚决刹住不正之风；坚持勤俭办外事；整顿宾馆、招待所的收费标准，把不合理的标准降下来。整顿预算外资金。

5. 严格控制社会集团购买力过快上升。

1985年2月7日，国务院发出《关于严格控制社会集团购买力的紧急通知》。1984年第四季度开始,一些机关、团体、企业、事业单位在市场上大量争购彩电、冰箱等高档消费品,使社会集团购买力急剧上升,增加市场压力,加大财政开支,妨碍货币回笼。为此,国务院作出如下规定:(1)坚决压缩社会集团购买力数额,要求做到比上年减少20%左右。(2)重新确定专项控制商品的范围。确定小汽车、大轿车、摩托车、彩色电视机、电冰箱、洗衣机、沙发、地毯、沙发床、空气调节器、录音机、录像机、照相机、大型和高级乐器、家具、呢绒及其制品、纯毛毯等为专项控制商品。(3)适当集中审批专项控制商品的权限。中央单位须报经全国控制社会集团购买力办公室和财政部批准;地方单位须报经省、自治区、直辖市人民政府批准,县以下单位审批权限由省、自治区、直辖市人民政府根据上述从严控制的精神自行确定。(4)加强社会集团购买力的监督管理。各级财政、财务、银行、商业、交通监理和审计部门必须加强对社会集团购买力的监督管理工作。(5)加强领导,严肃纪律。各地区、各部门对去年社会集团购买力增长过猛的情况,认真进行一次检查,总结经验教训,制定有效的控制管理办法。

6. 控制职工福利和奖金等过快增长。

(1)1985年1月3日,国务院办公厅发出《关于制止任意扩大免费供应午餐范围的通知》。近来,有些企业自行决定对职工免费供应午餐,引起连锁反应,影响很大。考虑到目前我国经济发展水平低,经济上还不富裕,若全国现有职工都免费供应午餐,一年将增加上百亿元的开支,国家财政难以承受。为此,国务院办公厅通知,未经国务院批准,已自行规定免费供应午餐的,要迅速纠正,已经开支的费用,应在奖励基金中开支,计入奖金总额,并按规定征收奖金税。

(2)1985年2月2日,国务院办公厅发出《关于严禁用公款为职工购买高档耐用消费品的通知》。《通知》指出,有些单位用公款为职工垫付购买国家组织进口和国内生产的高档耐用消费品,这些做法,不仅达不到满足群众需要和回笼货币的目的,还要增加开支,扩大集团购买力。为此,国务院办公厅发出通知,除商业部门必须控制外,企业、事业单位、机关、团体、部队、学校等也一律不准动用国家和集体的各种款项为职工垫付贷款。对已垫付贷款者,必须认真处理,立即收回。

(3) 1985年8月31日,财政部发出《关于坚决防止借节日之机滥发奖金、补贴实物的通知》,强调一切行政机关和企业、事业单位,都必须按国家规定的政策和制度办事,不得借节日或其他名义,给职工滥发奖金、津贴和补贴,也不得免费或用公款补贴的办法,低价向职工发放实物,更不得用公款请客送礼。要坚决制止巧立名目,用不正当的手段,私分福利费。《通知》指出,除经国务院批准,按规定的标准和范围统一制装的以外,任何行政机关、事业和企业单位,一律不准用公款制作服装或向职工个人发放制装费。有关制装问题,任何地区和部门都无权自行决定。《通知》要求各级财政、审计、劳动人事部门加强监督检查,发现问题,及时处理;各级银行严格现金管理,认真把关,凡属不正当的开支,要坚决拒付。

第六次宏观调控经过多方面努力,当年即见较大成效:工业增长速度由上半年的23.1%下降到第四季度的10.2%;基建投资增长速度由上半年的43.5%下降到下半年的30.8%。消费基金增长过快的趋势也基本上得到控制。特别是,财政经济状况有了根本好转,实现了资金平衡的调控目标。1985年,工农业总产值完成13336亿元,比上年增长16.8%;其中工业总产值8756亿元,比上年增长18%;农业总产值4580亿元,比上年增长14.2%;国民收入6822亿元,比上年增长12.3%;财政总收入1866.4亿元,比上年增长25.2%;财政总支出1844.8亿元,比上年增长19.3%,收支相抵,结余为21.6亿元,实现了财政收支平衡,并略有结余。1986年,继续推进本次宏观调控,进一步消除影响经济发展的某些不稳定因素,国民经济主要比例关系明显改善,生产速度跟经济结构渐趋合理。

三 第七次宏观调控及其主要对策

(一) 第七次宏观调控的任务与起因

1. 第七次宏观调控的主要任务。

第七次宏观调控发生在1988年第四季度至1991年年底,经历了3年多时间。其基本任务是对国民经济进行治理整顿,努力摆脱社会总需求超过社会总供给的失衡局面,逐步降低通货膨胀率,扭转货币超经济发行的状况,努力实现财政收支平衡。同时,保持适度的经济增长率,改善产业结构不合理状况,使宏观经济走上持续稳定协调发展的道路,为到21世纪末实现国民生产总值翻两番的战略目标打下良好的基础。

2. 第七次宏观调控问题的形成原因。

本次宏观调控面对的困难,突出地表现在通货膨胀明显加剧,总量不平衡,结构不合理,经济秩序混乱。这种局面绝不是近一两年突然出现的,而是多年积累的一些深层次问题的集中反映。

自1984年至1988年,我国国民收入增长70%(按现价计算增长149%),而全社会固定资产投资增长214%,城乡居民货币收入增长200%。为了应对这种严峻的宏观经济形势,有相当部分供应是靠吃储备、挖库存,靠打赤字和大量发票子,靠举借内债和动用结存外汇来支持的。现在,内债余额高达800多亿元,将进入偿债高峰,货币流通量大大超过经济增长的合理需要。另外,工农业比例关系严重失调,在工业生产增长过快,摊子越铺越大时,农业已处于基础脆弱、后劲不足的严重状态。基础工业、基础设施与加工工业的比例关系严重失调,全国到处缺煤、缺电、缺油、缺钢材,大量工业生产能力长期闲置;交通运输发展严重滞后,货运和客运都十分紧张。资金、外汇、物资的分配权过度分散,国家宏观调控能力严重削弱。生产、建设、流通领域中普遍存在着高消耗、低效益,高投入、低产出,高消费、低效率的现象,各方面浪费严重。

进入1988年,国民经济出现了加速发展势头,但宏观失控问题也随之加速积累。1988年第一、二、三季度,经济出现增长速度逐渐加快的动向:工业生产比上年同期分别增长16.7%、17.6%和18.2%,固定资产投资比上年同期分别增长11.3%、15.4%和18.1%,银行对工资及个人其他支出比上年同期分别增长21.1%、27.6%和33.8%,市场货币流通量比上年同期分别增加26.2%、35.9%和45.7%。

这种投资需求和消费需求同时膨胀,使得现有国力和社会生产能力支撑不了庞大的建设规模和严重膨胀的社会消费需求;现有农业支撑不了过大的工业生产规模;现有能源、交通和原材料的供应能力支撑不了过大的加工工业，结果社会总需求远远超过社会总供给，引发抢购风潮，推进通货膨胀预期。1988年零售物价指数，上升到改革开放以来的最高点，达18.5%。

(二) 第七次宏观调控的主要政策措施

1. 把控制社会总需求作为宏观调控的首要任务。

(1) 大力压缩建设投资总规模。中共中央在有关文件中提出，要求1990年、1991年的全社会固定资产投资规模，都要维持在甚至低于1989年的水平。还要求在保证基础产业必不可少投资需要的同时，大幅度压缩一般性建设的投资。在治理整顿期间，一律不准建设新的楼堂馆所，原则上不上新的一般加工工业项目，特别是一律不准上高能耗、超前消费产品的建设项目。基础产业的重点建设，也要根据财力、物力和其他条件的可能，有先有后，不能齐头并进，优先安排好农业、煤炭、原油、电力、铁路和一些原材料工业的建设项目。所有新的工程立项，必须经过正常程序审批，严格把关。开征投资方向调节税，实行差别税率，促进投资结构的改善。加重地方和各行各业开发基础工业和基础设施的责任。

(2) 切实控制消费需求的过快增长。采取措施坚决制止盲目提倡高消费的错误做法，努力使消费基金的增长低于国民收入和劳动生产率的增长。加强对工资基金的管理，特别是加强对工资奖金以外其他个人收入的控制，纠正和禁止滥发奖金、实物和擅自扩大津贴、补贴的现象，改进和完善企业工资总额同经济效益挂钩的办法。大力压缩社会集团购买力，严格控制专控和非专控商品的购买，要求一切行政事业单位基本停止购置新的设备。

2. 坚持对财政与货币信贷同时实行从紧政策。

财政政策与货币信贷政策由于在终极目标上具有一致性，同属国家的需求管理政策，因此可以根据宏观经济调控的要求，进行合宜的搭配组合。①

---

① 邓子基：《财政政策与货币政策的配合同社会经济发展的关系》，《当代财经》2006年第1期。

(1) 在努力增加财政收入的同时大力压缩财政支出。切实加强税收征管，特别是加强对集体、个体经营者和私营企业的依法征税工作。严格清理各种税收减免优惠政策，凡不符合国家产业政策的要停止执行。采取适当政策和过渡步骤，逐步把部分预算外资金转入预算内，逐步提高国家财政收入占国民收入的比重，以及中央财政收入占整个财政收入的比重。除国防费用、重点建设基金、必要的价格补贴等项开支外，3年内其他各项财政支出每年大体维持同一水平，不得增加；有些支出特别是事业费和行政管理经费，还要作不同程度的压缩。坚决精简机构，裁减冗员。

(2) 中央银行严格控制信贷总规模。3年内每年新增贷款总额和货币发行量，大体维持同一水平。新发放的银行贷款，严格按照国家的产业政策，优先保证重点产业、重点产品、重点项目和骨干企业资金的需要。进一步清仓利库，减少不合理的资金占用。要求企业按规定比例增补自有流动资金。还要求加强现金管理，积极清理各种拖欠款项，扭转资金"体外循环"现象。

3. 通过加强农业等基础产业优化经济结构。

(1) 促进农业稳定发展。全面贯彻以农业为基础的方针，中央预算内基本建设投资逐年增加用于农业的比重，各级地方政府也尽可能把较多的地方机动财力用于农业建设。持续开展讲求实效的农田水利基本建设，积极推广适用的先进农业科学技术成果，优先保证生产化肥、农药、农膜、农业机械等所需的资金、能源和原材料。

(2) 努力保持能源和重要原材料生产的稳定增长。加强煤炭工业的统配矿建设，稳定东部地区，同时促进中部、西部地区的煤炭生产，并积极发展地方煤矿的生产和建设。稳步增加原油和电力产量，积极调整钢铁、有色金属、化工、建材等工业部门的产品结构，增产短缺原材料的品种，提高原材料质量。

(3) 大力提高运输效率。努力提高交通运输业的综合运输效率。扩大铁路限制口段的通过能力，进一步挖掘现有设施的潜力。合理组织公路、水运和航空等不同方式的运输，切实改进管理，提高运输效能。进一步发展通信事业。

4. 努力使加工工业与其他产业协调发展。

（1）尽快克服加工工业盲目发展的现象。努力使加工工业同农业、基础工业和基础设施的发展相协调。坚决压缩高耗能、高耗原材料、高用汇、低水平和严重重复生产的一般加工工业，同时坚决压缩助长高消费和超前消费的加工工业。

（2）逐步优化加工工业的产品结构。根据城乡居民需求和购买力水平，调整轻纺工业产品结构，特别是注意开发农村需要的日用消费品。根据能源、原材料、交通运输和通信等基础产业需要，努力研制和开发新型机电工业产品。根据农业生产需要，增产适用的农业机具和其他农用工具。

（3）列出保证生产或淘汰生产的产品目录。根据调整加工工业的要求和经济效益的标准，列出保证生产的产品目录，同时列出限制生产、淘汰生产和保证生产的产品目录。对国家明令公布淘汰和停止生产的产品，银行停止贷款，电力部门停止供电，物资部门停止供应燃料和原材料，运输部门不予运输。

本次宏观调控，自1988年第四季度开始。由于国家采取严厉措施清理、压缩固定资产投资的在建项目，集中部分投资审批权以控制新开工项目，对年度固定资产投资规模及在建总规模实行指令性计划管理，严格控制银行的固定资产投资，迫使投资规模逐步收缩，增幅较快回落。在整个治理整顿的宏观调控时期，由于采取财政和金融双紧政策，国民经济在紧缩条件下运行，在调整过程中前进。结果是通货膨胀率逐年降低，货币超经济发行状况全面扭转，财政收支趋向平衡，产业结构较快改善，经济效益得以提高。

四 第八次宏观调控及其主要对策

（一）第八次宏观调控的任务与起因

1. 第八次宏观调控的主要任务。

第八次宏观调控起始于1993年下半年，主要任务是采取适当紧缩的宏观调控政策，抑制过热的经济发展趋势。本次宏观调控以整顿金融秩序为重点，制止乱集资、乱拆借和乱设金融机构现象，减少货币供应，降低财政支出增长率，控制投资膨胀和过旺的消费需求，大量清理开发区，压缩经济中的"泡沫"成分，促使过高的工业增长速度逐步回落。①

2. 第八次宏观调控问题的形成原因。

我国经济经过治理整顿，又进入新一轮高速增长阶段。1992年，国民生产总值比上年增长13.2%。1993年6月达到高峰，工业总产值增长率为30.2%。伴随经济高速增长，宏观失控现象日渐明显：投资规模过大，1993年上半年固定资产投资增幅高达76.7%，工业增长超出了正常范围和社会资源可支撑能力；货币投放过多，物价涨幅过高，全国35个大中城市居民生活费用价格，1993年与上年同期相比，1月上涨14.7%，6月上涨21.6%，11月仍上涨21.9%。"瓶颈"制约加重，能源、交通运输和一些重要原料供应十分紧张。金融秩序混乱，随着股票热、房地产热、集资热和开发区热的出现，资金"体外循环"现象十分突出，信贷收支、财政收支和国际收支出现了明显不平衡。

(二) 第八次宏观调控的主要政策措施

1. 提出以整顿金融秩序为重点的宏观调控措施。

1993年6月24日，中共中央、国务院下发《关于当前经济情况和加强宏观调控的意见》。文件指出，我国经济在继续大步前进中，也出现了一些新的矛盾和问题，某些方面的情况还比较严峻。在解决问题时，要切实贯彻在经济工作中要抓住机遇，加快发展，同时要注意稳妥，避免损失，特别要避免大的损失的指导思想，把加快发展的注意力集中到深化改革、转换机制、优化结构、提高效益上来。

文件提出改善宏观调控的措施是：严格控制货币发行，稳定金融形势；坚决纠正违章拆借资金，灵活运用利率杠杆，大力增加储蓄存款，坚决制止各种乱集资，严格控制信贷总规模，专业银行要保证对储蓄存款的支付；加快金融改革步伐，强化中央银行的金融宏观调控能力。投资体制改革要与金融体制改革相结合；限期完成国库券发行任务，进一

---

① 张明龙、张琼妮：《我国宏观调控及其政策变迁纵向考察》，《中外企业家》2016年第13期。

步完善有价证券发行和规范市场管理;改进外汇管理办法,稳定外汇市场价格。加强房地产市场的宏观管理,促进房地产业的健康发展。强化税收征管,堵住减免税漏洞。对在建项目进行审核排队,严格控制新开工项目。积极稳妥地推进物价改革,抑制物价总水平过快上涨。加强集团购买力的控购管理工作,严格控制社会集团购买力的过快增长。

2. 提出把宏观调控与经济结构调整相结合的新方法。

1994年以来,围绕"抓住机遇,深化改革,扩大开放,促进发展,保持稳定"的全党全国工作大局,正确处理改革、发展和稳定三者的关系,在宏观调控已有成效的基础上,实施各项重大改革,集中力量治理通货膨胀,继续实行固定资产投资和货币供应量适度从紧政策。同时,提出把宏观调控与经济结构调整紧密结合起来,掌握不同的松紧弹性,对农业、基础工业、支柱产业和"瓶颈"产业给予政策扶植,保证资金供给;并加大国家重点项目,重点开发区和中西部地区的投资力度,进而实现经济增长方式从粗放型向集约型的转变,努力促进国民经济持续、快速和健康发展。

3. 提出促进宏观经济结构优化的产业政策

1994年4月12日,国务院发布《90年代国家产业政策纲要》,认为制定产业政策是国家加强和改善宏观调控,有效调整和优化产业结构,提高产业素质,促进国民经济持续、快速、健康发展的重要手段。该《纲要》,将作为今后制定各项产业政策的指导和依据。

该《纲要》指出,20世纪90年代国家产业政策的调节重点是:不断强化农业的基础地位,全面发展农村经济;大力加强基础产业,努力缓解基础设施和基础工业严重滞后的局面;加快发展支柱产业,带动国民经济的全面振兴;合理调整对外经济贸易结构,增强我国产业的国际竞争能力;加快高新技术产业发展的步伐,支持新兴产业的发展和新产品开发;继续大力发展第三产业。同时,要优化产业组织结构,提高产业技术水平,使产业布局更加合理。

1996年11月21日至24日,中共中央和国务院召开的经济工作会议认为,经过近3年的努力,以治理整顿金融秩序为重点的宏观调控基本上达到预期目的。为了巩固已有的宏观调控成果,1997年将继续实行适度从紧的财政货币政策，降低物价上涨幅度，加强农业基础地位，加快改革特别是国有企业改革步伐，加大结构调整力度，培育新的经济增长点，积极开拓市场，提高对外开放水平，促进国民经济持续、快速、健康发展和社会全面进步。

到 1997 年年底，据统计数字可知，全年国内生产总值 74462.6 亿元，比上年增长 8.8%，其中，第一产业增长 3.5%，第二产业增长 10.5%，第三产业增长 9.1%。全国财政收入 8651.14 亿元，比上年增长 16.8%，全年社会消费品零售总额 27298.9 亿元，商品零售价格仅比上年提高 0.8%，经济发展出现了高增长、低通胀的良好格局。

五　第九次宏观调控及其主要对策

（一）第九次宏观调控的任务与起因

1. 第九次宏观调控的主要任务。

1998 年上半年，政府开始转向适度扩张和积极扩大内需的宏观调控政策。于是，我国进入了第九次宏观调控。本次宏观调控的主要任务是：以提高经济效益为适度扩张政策的基点，把调控目标从控制经济总规模转为刺激社会总需求的适度扩张，要求增加投资数量与优化投资结构紧密结合，从而在扩大内需的同时，降低失业率。

2. 第九次宏观调控问题的形成原因。

有关统计资料表明，自 1997 年下半年以来，我国出现了物价指数上涨率呈负增长的通货紧缩迹象，1998 年上半年全社会商品零售物价指数上涨率为 -2.1%，通货紧缩现象日趋明显。特别是，通货紧缩与突发性高失业率交织在一起，造成大量社会生产力的闲置和过剩。

同时，由于亚洲金融危机加剧，对我国经济特别是外贸出口带来了很大影响，致使出口在 5 月出现了负增长。不久，又出现了新中国成立以来最严重的洪涝灾害。在此情况下，中央决定适时调整宏观经济政策，由适度从紧转向适度扩张，把扩大内需和降低失业率作为宏观调控的主要任务，及时提出采取更加有利的财政政策，刺激国内有效需求加大，拉动经济增长。

(二) 第九次宏观调控前期的主要对策

1998年的新年钟声刚刚响过，针对亚洲金融危机蔓延之势，我国有关部门已经开始沉着应付，未雨绸缪，做好事态进一步严峻化的准备，以防措手不及。1月下旬，国家计委提出加大基础设施建设投入、支撑宏观经济持续快速增长的政策建议。接着，党中央、国务院很快批准并转发了《关于应对东南亚金融危机，保持国民经济快速健康发展的意见》。

随着亚洲金融危机进一步加剧，它对我国宏观经济的影响比年初预计更为严重。从6月开始，党中央、国务院审时度势，提出扩大投资范围，加强基础设施建设，实施积极的财政政策，大力推进国内需求增长。其中主要政策措施有：(1) 调整投资计划，增加投资数量。把全社会固定资产投资增长幅度，由原来的10%调整到15%以上。集中力量加快农林水利、铁路、公路、通信、环保、城市基础设施建设。(2) 拓宽投资领域，提高投资力度。国务院决定在加强上述领域建设的同时，增加国家直属储备粮库、城乡电网、城市经济适用住房及生态环境建设的投资。(3) 实施积极的财政政策和货币政策，落实建设资金。中央财政发行1000亿元10年期的长期国债，补充和增加基础设施建设项目资本金，同时吸引商业银行贷款1000亿元。(4) 进行抗洪抢险和灾后重建。大力开展生态环境建设，在长江、黄河上中游封山植树，停止砍伐，建设干支流控制性工程。对长江中下游实行分类规划，退田还湖，平垸行洪，提高行洪蓄洪能力，建设高标准防洪堤。

在这个宏观调控阶段，为了充分发挥基础设施建设对经济增长的拉动作用，并尽可能在当年产生较大影响，各部门、各地方、银行和施工单位争分夺秒，做好项目前期工作，力争资金早到位、早开工。进入下半年后，投资增长速度逐月加快。到10月底，118个重点项目完成年计划投资的76%。

由于投资的增加有效地拉动了经济增长，扩大内需的政策取得了明显成效，经济增长出现了良好势头：8月，工业生产增长速度开始回升，同比增长7.9%，比7月加快0.3个百分点。第三季度国内生产总值同比增长7.6%，比第二季度快0.8个百分点，出现了5年多来由降转升的拐点。第四季度,经济回升的势头进一步加快。到年底统计,全年国内生产总值达到 78345.2 亿元,实现了 7.8% 的增长目标,其中,第一产业增长 3.5%,第二产业增长 8.9%,第三产业增长 8.3%。全社会固定资产投资 28406.2 亿元,比上年增长 14.7%。全国财政收入 9875.95 亿元,比上年增长 14.2%。

(三) 第九次宏观调控后期的政策措施

第九次宏观调控后期面对的经济形势,已经呈现良好发展态势,但下一步的宏观经济走势依然有一定的不确定性,经济上行和下行的两种趋向同时并存,反映出未来通货膨胀压力与通货紧缩影响依然存在,宏观调控仍处于关键时刻。① 因此,需要加强各项宏观经济政策的协调配合,促进经济平稳较快增长。当时采取的主要对策是:

1. 坚持继续实行扩大内需政策。

通过建立健全全面协调可持续发展的制度保障,完善政府社会管理和公共服务职能,同时综合运用财政政策和货币政策,积极发展农业和农村经济,大力推进新型工业化,着力促进社会发展和解决民生问题,努力实现国内需求持续快速增长。

2008 年 11 月 9 日,国务院公布扩大内需、促进经济增长十项措施。为落实这一重大举措,三天后国务院又制定了四项实施措施:(1) 核准审批固定资产投资项目;(2) 提高部分产品出口退税率,调整部分产品出口关税;(3) 确定中央财政地震灾后恢复重建基金的具体安排方案;(4) 提出进一步加强支持林业生态恢复重建的政策措施。

2. 整顿和规范市场经济秩序。

2001 年 4 月 2—4 日,国务院在北京召开全国整顿和规范市场经济秩序工作会议。朱镕基出席会议并作了重要讲话。李岚清作了《大力整顿和规范市场经济秩序,为加快推进现代化建设创造良好环境》的报告。

2006 年 7 月 6 日,建设部、发改委、工商总局下发《关于进一步

---

① 丛明:《宏观经济走势与宏观调控政策基本取向》,《经济理论与经济管理》2006 年第 2 期。

整顿规范房地产交易秩序的通知》，提出努力营造主体诚信、行为规范、监管有力、市场有序的房地产市场环境。

2007年7月25日，国务院颁发《关于加强食品等产品安全监督管理的特别规定》。它严格规定了生产经营者的行为规范，强化了地方人民政府和监督管理部门的职责，加大了对违法行为的处罚力度。

2008年1月15日，经国务院批准，发展改革委发布《关于对部分重要商品及服务实行临时价格干预措施的实施办法》，涉及范围主要是成品粮及粮食制品、食用植物油、猪肉和牛羊肉及其制品、牛奶、鸡蛋、液化石油气等重要商品。

3. 加强税收的宏观调控力度。

这一期间，各项税收法律、法规及各项配套措施逐步落实到位，全国财税收入快速增长，但国内并没有因税改而引起物价大幅度上涨。这表明，我国税收的调控作用更加明显，已进一步与国际税收接轨，从而促进了对外开放。

4. 全面深化金融体制改革，充分发挥金融的宏观调控功能。

改革开放以来至此，全国金融工作会议共开过三次，其中两次集中在这一阶段。

2002年2月5—7日，改革开放以来的第二次全国金融工作会议在北京召开。会议主题是加强金融监管、深化金融改革、防范金融风险、整顿金融秩序、改善金融服务。

2007年1月19—20日，中央召开第三次全国金融工作会议，明确了金融生态环境建设的核心内容和工作方向，对未来一个历史时期我国金融改革发展稳定工作做了全面部署。29日，中共中央、国务院发出《关于全面深化金融改革促进金融业持续健康安全发展的若干意见》。

六 第十次宏观调控及其主要对策

（一）第十次宏观调控的任务与起因

1. 第十次宏观调控的主要任务。

本次宏观调控起始于2008年12月，它面对的是经济增长动力发生变化。此时，推动经济发展和运行的，已经由原来的体制改革和产业结构变迁为主，逐步转向以技术创新为主，使宏观经济出现了更加复杂的变动趋势。这样，要求宏观调控把握好稳定增长与调整结构的平衡，既要保持创新发展又要防止通货膨胀，坚定不移地朝全面建成小康社会目标推进。这一期间的宏观调控方法表现为，在实施积极财政政策的同时，先是采用适度宽松的货币政策，进而采用稳健的货币政策。

2. 第十次宏观调控问题的形成原因。

改革开放以来的30余年中，产业结构变迁对我国经济增长的贡献曾经十分显著。然而，随着市场化程度的提高，产业结构变迁对经济增长的贡献呈现不断降低的趋势，逐渐让位于技术进步的力量。也就是，技术进步的力量，将逐步取代产业结构变迁所体现的市场化力量。在此宏观经济背景下，要求宏观调控政策必须作出相应的调整。[1]

目前，我国经济增长失衡已经出现了新的变化和新特征，这种变化表现在我国经济进入新的增长阶段后，新经济约束条件发生了多方面的变化，自然经济增长率出现新的长期回落。需要指出的是，我国宏观调控面临着既要保增长又要防通胀的两难选择，必须坚持统揽全局、统筹兼顾。因此，要保持宏观政策的连续性和稳定性，避免其出现急速转向和过激调整，导致宏观经济运行出现大起大落。同时，要密切跟踪国内外经济形势的新变化，加强预测和预研，及时采取必要的微调措施，增强宏观调控政策的针对性、灵活性和前瞻性。只有这样，才能确保我国经济在稳定的基础上实现持续增长，在两难的困境面前获得突破。[2]

（二）第十次宏观调控的主要政策措施

2008年12月3日，国务院召开常务会议。会议指出，为了应对国际金融危机，保持经济平稳较快发展，必须认真实行积极的财政政策和适度宽松的货币政策，进一步加大金融对经济发展的支持力度。要通过完善配套政策措施和创新体制机制，调动商业银行增加信贷投放的积极性，增强金融机构抵御风险能力，形成银行、证券、保险等多方面扩大融资、分散风险的合力，更好地发挥金融支持经济增长和促进结构调整

---

[1] 刘伟、张辉：《中国经济增长中的产业结构变迁和技术进步》，《经济研究》2008年第11期。

[2] 刘伟：《我国经济增长及失衡的新变化和新特征》，《经济学动态》2014年第3期。

的作用。会议研究确定了九项金融促进经济发展的政策措施。

2010年12月，中央召开的经济工作会议强调，自2011年开始，在继续实施积极财政政策的同时，把适度宽松的货币政策调整为稳健的货币政策，主要是控制新增货币过快增长，并努力缓解已有存量货币可能产生的通货膨胀压力。会议还强调，要增强宏观调控的针对性、灵活性和有效性。

2012年12月，中央召开的经济工作会议提出：我国要继续实施积极的财政政策和稳健的货币政策。体现积极财政政策的具体措施有：(1)中国人民银行持续减少我国外汇储备的增量；(2)中国人民银行下调存贷款基准利率和存款准备金率；(3)财政部、国家税务总局提高小微型企业增值税和营业税起征点；(4)国家发改委决定在"十一"黄金周之前分批降低部分游览景点门票价格等。

2014年12月，中央召开的经济工作会议认为，科学认识当前形势，准确研判未来走势，必须历史地、辩证地认识我国经济发展的阶段性特征，准确把握经济发展新常态。会议强调，经济发展进入新常态，主要任务是努力保持经济稳定增长。关键是保持稳增长和调结构之间平衡，坚持宏观政策要稳、微观政策要活、社会政策要托底的总体思路，保持宏观政策连续性和稳定性，继续实施积极的财政政策和稳健的货币政策。积极的财政政策要有力度，货币政策要更加注重松紧适度。要促进"三驾马车"更均衡地拉动增长。同时，还要积极发现培育新增长点，加快转变农业发展方式，优化经济发展空间格局，加强保障和改善民生工作。

2015年12月，中央召开的经济工作会议认为，2016年经济社会发展特别是结构性改革任务十分繁重，宏观调控战略上要坚持稳中求进、把握好节奏和力度，战术上要抓住关键点，主要是抓好去产能、去库存、去杠杆、降成本、补短板五大任务。为此，将努力化解过剩产能和房地产库存，将帮助农村居民在城市买房；中国将逐步扩大财政赤字比率，积极的财政政策将更加有力；稳健的货币政策要加大灵活度，应为结构性改革提供合适条件，并增强对实体经济支持力度。具体宏观调控政策主要包括以下内容：

(1) 推进供给侧结构性改革的政策。这项政策,是为适应和引领经济发展新常态而制定的,是适应国际金融危机发生后综合国力竞争新形势的主动选择,也是适应我国经济发展新常态的必然要求。

(2) 适度灵活而稳健的货币政策。它将为结构性改革营造适宜的货币金融环境,降低融资成本,保持流动性合理充裕和社会融资总量适度增长,扩大直接融资比重,优化信贷结构,完善汇率形成机制。

(3) 更加积极有力的财政政策。实行减税政策,阶段性提高财政赤字率,在适当增加必要的财政支出和政府投资的同时,主要用于弥补降税带来的财政减收,保障政府应该承担的支出责任。

(4) 精准高效的产业政策。它将准确地瞄住结构性改革方向,从而推进农业现代化、加快制造强国建设、加快服务业发展、提高基础设施网络化水平等,推动形成新的增长点。同时坚持创新驱动,注重激活存量,着力补齐短板,加快绿色发展,发展实体经济。

(5) 促使房地产去库存的政策。按照加快提高户籍人口城镇化率和深化住房制度改革要求,通过加快农民工市民化,扩大有效需求,打通供需通道,消化库存,稳定房地产市场。同时鼓励房地产开发企业顺应市场规律调整营销策略,适当降低商品住房价格,促进房地产业兼并重组,提高产业集中度。

(6) 防范化解金融风险的政策。加强全方位监管,规范各类融资行为,抓紧开展金融风险专项整治,坚决遏制非法集资蔓延势头,加强风险监测预警,妥善处理风险案件,坚决守住不发生系统性和区域性风险的底线。

(7) 加快金融体制改革政策。其中一项重要内容是,抓紧推出金融监管体制改革方案,尽快形成融资功能完备、基础制度扎实、市场监管有效、投资者合法权益得到充分保护的股票市场。进一步深化银行体系改革,加快国有商业银行制度创新,加快发展绿色金融。

(8) 对外开放政策。着力抓好"一带一路"建设项目,发挥好亚投行、丝路基金等机构的融资支撑作用,抓好重大标志性工程的实施。

第七章　知识产权政策演变研究

　　制定知识产权政策法规，是建立知识产权制度的一项基础性工作。知识产权制度是保护发明创造的基本方法，可为促进科技成果扩散提供有效保障，它在促进科技进步方面，发挥着十分重要的作用。我国很早就出现了知识产权的萌芽，据考古证实，酒类的著名商标"杜康"，在东周时期就已开始使用。但由于种种原因，过去很长一个时期内，我国对知识产权政策法规重视不够，相应的制度建设起步较晚。改革开放以来，我国抓紧制定和修改各类知识产权政策法规，经过多年不懈努力，已与国际知识产权制度整体接轨，保护知识产权的意识日益增强，社会环境也越来越有利于知识产权的创造与保护。[①]"十五"期间，科技部组织实施专利战略，在科技工作中强调知识产权导向，以加强知识产权的创造、保护和应用为目标，提出并采取了一系列政策措施。2008年，国务院颁发的《国家知识产权战略纲要》指出，大幅度提高知识产权的创造和应用能力，是实施知识产权战略的核心，是提高自主创新能力的关键。提出要加强知识产权的创造、运用、保护和管理。完善知识产权法规，建立知识产权制度，是我国建立促进创新活动政策支持体系的一项基本内容。

[①] 张明龙：《区域政策与自主创新》，中国经济出版社2009年版，第367页。

第七章　知识产权政策演变研究

第一节　制定和完善保护商标的政策法规

一　制定保护商标的政策法规

（一）《商标法》制定和修改的进展概况

为了加强和规范商标管理，我国早在1950年8月28日就公布《商标注册暂行条例》，同年9月29日颁布《商标注册暂行条例施行细则》。接着，1963年4月10日国务院颁布了《商标管理条例》。

改革开放后的1982年8月23日，第5届全国人民代表大会常务委员会第24次会议通过并公布《中华人民共和国商标法》（以下简称《商标法》），规定它自1983年3月1日起施行。1963年的《商标管理条例》予以废止；其他有关商标管理的规定，凡与本法抵触的，同时失效。本法施行前已注册的商标继续有效。

随着社会主义市场经济不断发展，以及国内、国际经济社会环境的变化，商标保护工作会遇见一些新情况和新问题，需要通过进一步充实政策法规和完善制度来加以解决。

我国现行《商标法》自1983年正式施行以来，为了适应改革开放和经济形势发展的需要，1993年、2001年和2013年，全国人大常委会先后3次通过了《商标法》修正案。目前，《商标法》分总则，商标注册的申请，商标注册的审查和核准，注册商标的续展、变更、转让和使用许可，注册商标的无效宣告，商标使用的管理，注册商标专用权的保护，附则等；共8章，含73条。

（二）《商标法》的基本内容

《商标法》以保护商标专用权为核心，是一部关于保护知识产权的重要法律。

《商标法》允许注册并提供保护的商标种类有：商品商标、服务商标和集体商标、证明商标。其形式包括文字、图形、字母、数字、三维标志、颜色组合和声音等，以及上述要素的组合；它们应当有显著特征，便于识别。商标注册人享有商标专用权，专用权包括使用权、禁止权、转让权和许可使用权等内涵权利。只有注册商标才受法律保护。要使商标能够成功注册，它必须是实际使用或准备使用的，否则不能取得注册，也无法取得商标权。国家规定必须使用注册商标的商品，未经核准注册的，不得销售。商标使用人应当对商品质量负责，要加强商标管理，制止欺骗行为。

《商标法》阐明商标注册申请的条件，阐明商标注册申请的程序及要求，阐明商标注册申请的审查制度、被驳回商标的复审以及商标的异议与争议。《商标法》确定了商标权主体保持、变更、扩展和消失的程序及方式。规定注册商标的有效期为 10 年。每个注册商标使用期满需要继续使用的，商标注册人应当在期满前 12 个月内按照规定办理续展手续；在此期间未能办理的，可以给予 6 个月的宽展期。每次续展注册的有效期为 10 年，自该商标上一届有效期满次日起计算。期满未办理续展手续的，注销其注册商标。

《商标法》还对保护注册商标专利权的范围及手段、注册商标侵权行为的认定与处理、假冒注册商标罪的认定和处理等方面作出规定。

（三）《商标法》规定不准注册的标志

1. 《商标法》规定下列标志不得作为商标使用：（1）同中华人民共和国的国家名称、国旗、国徽、国歌、军旗、军徽、军歌、勋章等相同或者近似的，以及同中央国家机关的名称、标志、所在地特定地点的名称或者标志性建筑物的名称、图形相同的；（2）同外国的国家名称、国旗、国徽、军旗等相同或者近似的，但经该国政府同意的除外；（3）同政府间国际组织的名称、旗帜、徽记等相同或者近似的，但经该组织同意或者不易误导公众的除外；（4）与表明实施控制、予以保证的官方标志、检验印记相同或者近似的，但经授权的除外；（5）同"红十字""红新月"的名称、标志相同或者近似的；（6）带有民族歧视性的；（7）带有欺骗性，容易使公众对商品的质量等特点或者产地产生误认的；（8）有害于社会主义道德风尚或者有其他不良影响的。

2. 《商标法》规定下列标志不得作为商标注册：（1）仅有本商品的通用名称、图形、型号的；（2）仅直接表示商品的质量、主要原料、功能、用途、重量、数量及其他特点的；（3）其他缺乏显著特征的。另外，规定前款所列标志经过使用取得显著特征，并便于识别的，可以作为商标注册。

3.《商标法》规定其他不得注册或禁止使用的标志：（1）以三维标志申请注册商标的，仅由商品自身的性质产生的形状、为获得技术效果而需有的商品形状或者使商品具有实质性价值的形状，不得注册。（2）复制、模仿或者翻译他人的驰名商标，容易引起混淆或误导公众的，不予注册并禁止使用。

（四）《商标法》规定驰名商标可以请求保护

《商标法》规定，为相关公众所熟知的商标，持有人认为其权利受到侵害时，可以依照本法规定请求驰名商标保护。驰名商标应当根据当事人的请求，作为处理涉及商标案件需要认定的事实进行认定。认定驰名商标应当考虑下列因素：（1）相关公众对该商标的知晓程度；（2）该商标使用的持续时间；（3）该商标的任何宣传工作的持续时间、程度和地理范围；（4）该商标作为驰名商标受保护的记录；（5）该商标驰名的其他因素。

（五）《商标法》保护商标权的主要方法

1.《商标法》规定有下列行为之一的，均属侵犯注册商标专用权：（1）未经商标注册人的许可，在同一种商品上使用与其注册商标相同的商标的；（2）未经商标注册人的许可，在同一种商品上使用与其注册商标近似的商标，或者在类似商品上使用与其注册商标相同或者近似的商标，容易导致混淆的；（3）销售侵犯注册商标专用权的商品的；（4）伪造、擅自制造他人注册商标标识或者销售伪造、擅自制造的注册商标标识的；（5）未经商标注册人同意，更换其注册商标并将该更换商标的商品又投入市场的；（6）故意为侵犯他人商标专用权行为提供便利条件，帮助他人实施侵犯商标专用权行为的；（7）给他人的注册商标专用权造成其他损害的。

2.《商标法》提出处理商标侵权行为的主要方法。

《商标法》规定，工商行政管理部门有权依法查处商标侵权行为。对商标侵权过程涉嫌犯罪的，应当及时移送司法机关依法处理。《商标法》规定，商标侵权行为的赔偿数额是：侵权人由于侵权所获得的利益，或被侵权人由于被侵权所受到的损失，同时还包括被侵权人为制止侵权行为所支付的合理开支。《商标法》还规定，如果侵权人所得的利益或被侵权人所受的损失难以确定，则由法院根据侵权行为的情节判决给予 300 万元以下的赔偿。

二 完善保护商标的政策法规

（一）《商标法》的第一次修改

我国的《商标法》，颁布于改革开放初期的 1982 年，由于当时缺乏实践经验，又尚未全面融入国际市场，难免存在一些局限性。特别是，我国在 1985 年加入《保护工业产权巴黎公约》，1989 年加入《商标国际注册马德里协定》之后，要求我们与国际上的通行做法接轨，必须进一步完善商标制度。为此，需要对《商标法》进行适当修改。这样，经过 3 年多的调查研究、反复推敲、多次论证，《商标法》的第一次修正案，[①] 终于在 1993 年 2 月 22 日举行的第 7 届全国人民代表大会常务委员会第 30 次会议上，获得通过并公布。本次修改的主要内容如下：

1. 扩大《商标法》的保护范围

1982 年公布的《商标法》，保护范围只限于商品上使用的商标，没有把服务商标纳入其内。经过 10 多年的改革开放，市场交易日益频繁，第三产业所占比重越来越大，服务商标不断涌现，有关市场交易主体一再要求把服务商标纳入《商标法》的保护范围。同时，《保护工业产权巴黎公约》要求成员国承担起保护服务商标的责任，美国等许多国家的商标法都对保护服务商标作出了明确的规定。所以，第一次修正案把服务标志也列入保护范围，在原《商标法》第 4 条中增加一款内容："本法有关商品和商标的规定适用于服务和服务标志。"目前，该款已改为："本法有关商品商标的规定，适用于服务商标。"增加这款规定，有利于促进服务行业在创名牌中实现有序竞争，提高服务质量。

---

① 刘敏学：《关于〈中华人民共和国商标法修正案（草案）〉的说明》，在第 7 届全国人民代表大会常务委员会第 29 次会议上，1992 年 12 月 22 日。

2. 增加商标注册的限制条件

1982年公布的《商标法》，没有限制用地名作为商标注册。这在商标的实际运行过程中，造成不少冲突和麻烦。（1）地名在一定行政区内是一个通识概念，把它用作商标，没有显著特征，消费者无法通过商标识别不同类别的商品，容易造成混乱。（2）如果同一地区有多家企业生产同类商品，一时某家企业抢先一步，以地名作为商标获得注册成功，容易造成对该类商品实际上的垄断，使其他企业难以处于平等竞争的地位。同时，考虑到我国不少传统名牌商品，已用地名作为商标注册，允许其继续使用是有利的，应当照顾到这类实际情况。于是，第一次修正案在原《商标法》第8条中增加一款内容："县级以上行政区划名称或者公众知晓的外国地名，不得作为商标。但是，具有其他含义的地名除外。"

3. 简化商标注册的申请手续

1982年公布的《商标法》第12条规定："同一申请人在不同类别的商品上使用同一商标的，应当按商品分类表分别提出注册申请。"依此规定，由一个分类表提出的商标申请，只能用于一类商品，也就是实行"一表一类"法。这样，如果一个企业生产多类商品，就需要进行多次申请，给企业带来很大不便，又增加了它们的负担。我国是《商标国际注册马德里协定》的成员国，对照该协定，可以发现它允许商标注册申请"一表多类"，而且我国也正在朝这个方向接轨。当然，我国要完全实行"一表多类"尚需一定时日。所以，第一次修正案运用较灵活的手法，把这一条修改成："同一申请人在不同类别的商品上使用同一商标的，应当按规定提出注册申请。"

4. 对商标使用许可作出更加具体的规定

许可使用权是商标的内涵权利之一。建立商标使用许可关系，是商标运行的一种正常要求。为此，1982年公布的《商标法》有专门条款规定商标的使用许可，但由于条文不够具体，缺乏必需的限制性要求，使用过程出现了一个问题：有些被许可人，在使用许可人商标的同时，也使用许可人的厂名和地名，导致消费者产生误解，也不利于商标的管理。因此，第一次修正案在原有的商标使用许可规定中，增加了一款内容："根据商标使用许可合同使用他人注册商标的，应当在商品上标明商标使用许可关系、被许可人名称和商品产地。"

5. 延长注册商标的争议期限

根据国际商标公约的规定，以及参考美国等发达国家的通行做法，可以发现，注册商标 5 年内，任何利害关系人或其他人都可以提出争议，只要认为这个注册商标不符合法律规定，就可以申请将其撤销。我国 1982 年公布的《商标法》，规定对注册商标提出争议的期限只有 1 年，显然不利于商标的实际运作。为此，第一次修正案对此作了修改，形成如下文字："任何人对已经注册的商标有争议或者认为不符合本法规定的，均可以自该商标核准注册之日起 5 年内，向商标评审委员会申请裁定。"

6. 增加撤销欺骗性注册商标的规定

1982 年公布的《商标法》，缺乏对欺骗性注册商标的研究，没有作出相应的规定。有人想方设法钻法律的漏洞，通过弄虚作假骗得商标注册，还有人抢先注册他人长期使用并有较高信誉的商标，以谋取非法权益。为了加强注册商标的管理，防止出现欺骗性行为，第一次修正案在原有条文基础上，增加了以下内容："用欺骗手段或者其他不正当手段取得商标注册的，由商标局撤销该注册商标。"

（二）《商标法》的第二次修改

《商标法》第一次修正案实施以来，又遇到不少新现象。为了进一步完善《商标法》，国务院法制办、国家工商行政管理总局，组织有关的部门领导、专家、学者，在充分调查研究基础上，总结实践经验，提出修改意见，拟订第二次商标法修正案（草案）。本次修改的重点是，依据我国所作的承诺，对 1993 年修改后的《商标法》（以下简称现行《商标法》），与世界贸易组织有关知识产权保护规则不一致的地方作出修改。2001 年 10 月 27 日，第 9 届全国人民代表大会常务委员会第 24 次会议，通过并正式公布了《关于修改〈中华人民共和国商标法〉的决定》（第二次修正案）。第二次修改的内容，主要包括

第七章 知识产权政策演变研究

以下几方面。①

1. 增加《商标法》的保护对象

根据《保护工业产权巴黎公约》等国际文件的精神，集体商标属于商标法的保护对象。但我国现行《商标法》没有把它们列入保护范围。后来，我国的《商标法实施细则》《集体商标、证明商标注册和管理办法》等文件，增加集体商标和证明商标为保护对象，并作出相应规定。经过数年实际运作，在保护集体商标和证明商标方面，积累了比较成熟的经验，理当在现行《商标法》中作出明确规定。这样，第二次修正案作出如下修改："经商标局核准注册的商标为注册商标，包括商品商标、服务商标和集体商标、证明商标；商标注册人享有商标专用权，受法律保护。"同时，对集体商标、证明商标的内涵和管理作了具体规定。

根据《与贸易有关的知识产权协议》等国际文件的规定，地理标志应列入商标法的保护范围。为此，第二次修正案形成以下规定："商标中有商品的地理标志，而该商品并非来源于该标志所标示的地区，误导公众的，不予注册并禁止使用；但是，已经善意取得注册的继续有效。"同时，对地理标志的含义作了具体规定。

2. 增加商标的构成要素

《与贸易有关的知识产权协议》对商标构成要素所作的规定是：任何能够把一个企业的商品或者服务，与其他企业的商品或者服务区分开的标记或者标记组合，尤其是文字、图形、字母、数字、颜色的组合，以及上述要素的任何组合，均可作为商标获得注册。显然，不仅平面形式的标志，而且三维立体形式的标志，都可以作为商标。但我国现行的《商标法》，把商标构成要素仅限于平面形式的文字、图形或者其组合。为了更好地与国际知识产权制度接轨，第二次修正案把这条规定修改为："任何能够将自然人、法人或者其他组织的商品与他人的商品区别开的可视性标志，包括文字、图形、字母、数字、三维标志和颜色组

---

① 王众孚：《关于〈中华人民共和国商标法修正案（草案）〉的说明》，在第9届全国人民代表大会常务委员会第19次会议上，2000年12月22日。

合，以及上述要素的组合，均可以作为商标申请注册。"

3. 完善注册商标的禁止规定

《保护工业产权巴黎公约》要求，成员国禁止把其他成员的官方标志、检验印记作为商标注册，而我国现行的《商标法》没有对此作出规定。于是，第二次修正案增加了商标禁用标志的规定："同中央国家机关所在地特定地点的名称或者标志性建筑物的名称、图形相同的"，"与表明实施控制、予以保证的官方标志、检验印记相同或者近似的，但经授权的除外"。

《保护工业产权巴黎公约》要求，禁止商标所有人的代理人或者代表人未经商标所有人授权，以自己的名义注册该商标，并禁止使用。根据这一要求，同时考虑到我国恶意注册他人商标现象日益增多的实际情况，第二次修正案增加了一条规定："未经授权，代理人或者代表人以自己的名义将被代理人或者被代表人的商标进行注册，被代理人或者被代表人提出异议的，不予注册并禁止使用。"

4. 加强驰名商标的保护

《保护工业产权巴黎公约》和《与贸易有关的知识产权协议》等，均设专条对保护驰名商标作出规定。但是，我国现行的《商标法》没有设立驰名商标的保护条款。为了切实保护驰名商标权利人的利益，第二次修正案增加了以下规定："就相同或者类似商品申请注册的商标是复制、模仿或者翻译他人未在中国注册的驰名商标，容易导致混淆的，不予注册并禁止使用"，"就不相同或者不相类似商品申请注册的商标是复制、模仿或者翻译他人已经在中国注册的驰名商标，误导公众，致使该驰名商标注册人的利益可能受到损害的，不予注册并禁止使用"。

5. 增加优先权的规定

《保护工业产权巴黎公约》规定了注册商标申请的优先权，时间为6个月。同时，要求成员国，对在所有成员国内主办或者承认的国际展览会上展出的商品或服务的商标，予以临时保护，这些商标所有人可以要求优先权，时间也为6个月。而我国现行的《商标法》没有优先权的规定，与国际公约存在一定差距。第二次修正案对此作出修改，增加了两条规定。

第一条内容是："商标注册申请人自其商标在外国第一次提出商标注册申请之日起6个月内，又在中国就相同商品以同一商标提出商标注册申请的，依照该外国同中国签订的协议或者共同参加的国际条约，或者按照相互承认优先权的原则，可以享有优先权。""依照前款要求优先权的，应当在提出商标注册申请的时候提出书面声明，并且在3个月内提交第一次提出的商标注册申请文件的副本；未提出书面声明或者逾期未提交商标注册申请文件副本的，视为未要求优先权。"

第二条内容是："商标在中国政府主办的或者承认的国际展览会展出的商品上首次使用的，自该商品展出之日起6个月内，该商标的注册申请人可以享有优先权。""依照前款要求优先权的，应当在提出商标注册申请的时候提出书面声明，并且在3个月内提交展出其商品的展览会名称、在展出商品上使用该商标的证据、展出日期等证明文件；未提出书面声明或者逾期未提交证明文件的，视为未要求优先权。"

6. 完善司法审查规定

我国现行《商标法》规定：（1）对于商标局驳回申请、不予公告的决定不服向商标评审委员会申请复审，由商标评审委员会作出终局的决定；（2）对商标局对商标异议作出的裁定不服向商标评审委员会申请复审，由商标评审委员会作出终局的决定；（3）商标评审委员会作出的维持或者撤销注册商标的裁定为终局裁定；（4）商标评审委员会对商标局撤销注册商标的决定进行复审，作出的决定为终局决定。然而，《与贸易有关的知识产权协议》规定，有关获得和维持知识产权的程序中作出的终局行政决定，均应接受司法或者准司法当局的审查。以此为依据，同时参照修改后的《专利法》关于司法审查的规定，第二次修正案删去现行《商标法》中关于商标评审委员会的决定、裁定为终局的规定，增加当事人可以向人民法院提起诉讼的规定。

7. 加强商标行政管理

《与贸易有关的知识产权协议》规定，为了对侵权活动造成有效威慑，司法当局有权在不进行任何补偿的情况下，将已经发现正处于侵权姿态的商品排除出商业渠道、予以销毁。根据这一精神，同时参照修改后《专利法》的有关规定，第二次修正案要求加强工商行政管理，提高对侵犯注册商标专用权行为的处罚力度，对现行《商标法》的有关条文作出修改，形成以下规定："有本法所列侵犯注册商标专用权行为之一，引起纠纷的，由当事人协商解决；不愿协商或者协商不成的，商标注册人或者利害关系人可以向人民法院起诉，也可以请求工商行政管理部门处理。工商行政管理部门处理时，认定侵权行为成立的，责令立即停止侵权行为，没收、销毁侵权商品和专门用于制造侵权商品、伪造注册商标标识的工具，并可处以罚款。当事人对处理决定不服的，可以自收到处理通知之日起15日内依照《中华人民共和国行政诉讼法》向人民法院起诉；侵权人期满不起诉又不履行的，工商行政管理部门可以申请人民法院强制执行。进行处理的工商行政管理部门根据当事人的请求，可以就侵犯商标专用权的赔偿数额进行调解；调解不成的，当事人可以依照《中华人民共和国民事诉讼法》向人民法院起诉。""对侵犯注册商标专用权的行为，工商行政管理部门有权依法查处；涉嫌犯罪的，应当及时移送司法机关依法处理。"

8. 增加商标侵权赔偿数额

《与贸易有关的知识产权协议》规定，商标侵权损害赔偿费，应当足以弥补因侵犯知识产权给权利持有人造成的损失，司法当局有权责令侵权人向权利持有人支付其开支。而我国现行《商标法》提出的损害赔偿费较低，规定是：侵权人在侵权期间因侵权所获得的利益或者被侵权人在被侵权期间因被侵权所受到的损失。在现实生活中，商标权人在侵权纠纷中调查取证比较困难，需要支付必要的开支，但由于赔偿费偏低，往往造成打赢了官司反而赔了钱，得不偿失。针对这种情况，第二次修正案在原有侵权赔偿数额的基础上，增加了一项内容："包括被侵权人为制止侵权行为所支付的合理开支。"

9. 增加有关临时措施的规定

《与贸易有关的知识产权协议》规定，司法当局有权采取有效的临时措施，防止任何延误给权利人造成不可弥补的损害或者证据灭失。我国现行的《商标法》，没有关于临时措施方面的规定。因此，第二次修正案增补了以下规定："商标注册人或者利害关系人有证据证明他人正在实施或者即将实施侵犯其注册商标专用权的行为，如不及时制止，将会使其合法权益受到难以弥补的损害的，可以在起诉前向人民法院申请采取责令停止有关行为和财产保全的措施。""人民法院处理前款申请，适用《中华人民共和国民事诉讼法》第 93 条至第 96 条和第 99 条的规定。"

（三）《商标法》的第三次修改

2013 年 8 月 30 日，第十二届全国人民代表大会常务委员会第四次会议，审议并通过了《关于修改〈中华人民共和国商标法〉的决定》，自 2014 年 5 月 1 日起施行。这是继中国《商标法》在 2001 年第二次修订后的又一次大规模修改。从第三次修正案分析，其基本思路是，有利于完善社会主义市场经济体制，有利于加大知识产权保护力度，有利于适应我国商标大批量走向国际的需要，遵循商标国际立法发展的要求，进一步简化程序，缩短商标注册和商标维权周期，加强对注册商标专用权的保护。[①] 第三次修改的内容，主要包括以下几方面：

1. 规范商标注册使用的标志

新法在确定作为商标使用的标志时，删除了原来的可视性要求，增加了声音等标志可以注册的规定，并相应增加了中国国歌、军歌不得注册的规定。同时，新法加强了标志的显著性要求，增加了"其他"缺乏显著性标志不得注册的规定，使通用名称和叙述性标志成为缺乏显著性的特例，语言表述逻辑上更加严密。此外，新法还规定，注册商标专用权人无权禁止他人正当使用注册商标中的非显著部分。

2. 细化驰名商标认定条件

新法规定，为相关公众所熟知的商标，持有人认为其权利受到侵害时，可以依照本法规定请求驰名商标保护。这是从权利人的角度，规定了申请认定驰名商标的条件。新法阐明商标局、商评委及法院认定驰名商标的具体程序，特别强调驰名商标应当根据当事人的请求，作为处理涉及商标案件需要认定的事实进行认定。它还规定，生产者和经营者不得把"驰名商标"字样用于商品、商品包装或者容器上，或者用于广

[①] 张明龙、张琼妮：《完善知识产权保护制度的对策研究》，《经济纵横》2009 年第 12 期。

告宣传、展览以及其他商业活动中,违反者处10万元罚款。

3. 优化商标注册程序

(1)优化申请程序。新法规定,商标注册申请人可以通过一份申请就多个类别的商品申请注册同一商标,同时允许以数据电文方式提交申请。(2)调整异议程序。新法把相对理由的异议主体限定为"在先权利人、利害关系人",绝对理由的异议主体仍然是"任何人"。新法还阐明了异议不成立而注册的商标取得专用权的时间,以及可以得到赔偿的时间标准。(3)调整续展程序。新法允许期满前12个月而不是之前的6个月即可进行续展,且仍保留6个月的宽展期,使商标注册人申请续展有了更充分的时间和自由度。(4)调整无效及撤销程序。新法把原来"注册商标专用权自商标局的撤销决定作出之日起终止",修改为"注册商标专用权自公告之日起终止"。(5)明确各类决定生效条件。新法对驳回申请决定以及不予注册决定、无效决定及撤销决定的生效条件作出明确规定。也就是,只有在当事人不申请复审或不去法院起诉的情况下,这些决定才生效,从而澄清了现行法生效时间不够明确的问题。(6)明确审查时限。新法明确规定了审查时限:商标局对新申请的审查时限是9个月。商评委驳回复审决定、商评委的绝对理由无效决定、商标局撤销商标决定,以及商评委撤销复审决定时限均为9个月,有特殊情况需要延长的,经批准,可以延长3个月。另外,商标局异议裁定、商评委异议复审决定,以及商评委相对理由无效决定的时限均为12个月,有特殊情况需要延长的,经批准,可以延长6个月。

4. 完善商标注册制度

(1)强调遵循诚实信用原则。新法明确规定,申请注册和使用商标,应当遵循诚实信用原则。并具体指出,就同一种商品或者类似商品申请注册的商标与他人在先使用的未注册商标相同或者近似,申请人与该他人具有前款规定以外的合同、业务往来关系或者其他关系而明知该他人商标存在,该他人提出异议的,不予注册。同时,还要求代理机构遵循诚实信用原则。(2)调整使用与注册的关系。新法规定,商标注册人申请商标注册前,他人已经在同一种商品或者类似商品上先于商标注册人使用与注册商标相同或者近似并有一定影响的商标的，注册商标专用权人无权禁止该使用人在原使用范围内继续使用该商标，但可以要求其附加适当区别标识。这里，明确了在先商标的使用并获得一定影响的时间，并且将其继续使用的范围限制在原使用范围内。（3）进一步强化商标使用义务。新法更加详细而明确地规定了商标使用的定义，同时，对不使用商标加强规制要求，还规定 3 年内未实际使用过的注册商标不给予赔偿。

5. 加强商标专用权保护

（1）确定企业名称侵犯商标权的处理方法。新法第五十八条规定：将他人注册商标、未注册的驰名商标作为企业名称中的字号使用，误导公众，构成不正当竞争行为的，依照《中华人民共和国反不正当竞争法》处理。（2）明确正当使用范围，规定注册商标专用权人无权禁止他人正当使用缺乏显著性的标志，并对正当使用三维标志也作出具体规定。（3）细化民事赔偿标准。新法确定计算赔偿的顺序是，依次按照权利人因被侵权所受到的实际损失确定、按照侵权人因侵权所获得的利益以及该商标许可使用费的倍数确定。同时，对恶意侵权的，允许惩罚性赔偿数额是通常的 1—3 倍，还把法定最高赔偿数额提高到 300 万元。

6. 加强商标行政管理

（1）细化行政处罚规定。新法在细分商标违法行为的基础上，采取相应的行政处罚方式。对违反强制使用要求的商标，可责令限期申请注册，可并处罚款；对于冒充注册商标或违反禁用条款的，可予以制止，限期改正，并可以予以通报，还可处以罚款；对于商标侵权行为，可以责令立即停止侵权行为，没收、销毁侵权商品和主要用于制造侵权商品、伪造注册商标标识的工具，可并处罚款。（2）加强商标代理管理。强调商标代理活动中必须坚持诚实信用原则，要求商标代理机构不得接受侵权或违法商标的委托。并规定，对代理机构的违法行为，可以罚款、计入信用档案，甚至停止受理其提出的申请等，情况严重的，还可能追究刑事责任。

第二节　制定和完善保护专利的政策法规

一　制定保护专利的政策法规

1984年3月12日，第6届全国人民代表大会常务委员会第4次会议通过了《中华人民共和国专利法》（以下简称《专利法》），并于1985年4月1日起施行。《专利法》对鼓励发明创造，保护知识产权，促进科技创新，推动我国经济发展和社会进步，发挥了重要作用。随着国内外形势的变化，《专利法》涉及的范围和具体要求都需做出相应的调整。为此，1992年、2000年曾进行过两次修订。2008年12月27日，第11届全国人民代表大会常务委员会第6次会议通过了《专利法》第三次修正案。为了进一步做好专利权保护工作，确保创新者能够获得合法权益，2015年4月1日，中国知识产权局发布了《专利法》第四次修改草案（征求意见稿）。

（一）《专利法》保护的客体

1. 专利保护的客体

我国《专利法》规定，以专利形式和相应制度保护发明创造。所谓发明创造，1984年首次公布的《专利法》明文规定是指发明、实用新型和外观设计。所以，专利制度保护的客体也是这三种。后来，《专利法实施细则》对三种专利保护客体作了规定，并赋予专门的定义。2008年公布的《专利法》，把《专利法实施细则》的有关内容吸收到《专利法》内，在第二条中增加三款，作为第二、三、四款，用来规定三种专利保护客体的内涵。

（1）发明，是指对产品、方法或者其改进所提出的新的技术方案。具体来说，发明分为两类：一是产品发明，包括机器、设备、装置、容器、用具等制造品的发明，非晶质合金、热可塑分子复合体、碳纤维增强塑料之类化学物质、组成物等的材料发明，以及有新用途的产品发明。二是方法发明，包括制造方法的全过程或某个步骤的发明，化学分析方法、通信方法、测量方法、种子消毒方法等其他方法的发明，以及把产品用于新用途的方法发明。

（2）实用新型，是指对产品的形状、构造或者其结合所提出的适于实用的新的技术方案。这个定义要求，我国实用新型专利保护的客体，必须具有一定的形状或者结构，或者是它们两者的结合。形状是指可由外部看到的产品外形，也就是具有固定的立体外貌。结构一般是指组件或者零件的有机联结或者结合。这一定义表明，气体、液体或者粉末状物质等没有固定形状的产品，药品、化学物质以及玻璃、陶瓷、水泥、合金等材料本身，不能成为实用新型专利保护的客体。同时，方法也不属于实用新型的范围。

（3）外观设计，是指对产品整体或者局部的形状、图案或者其结合以及色彩与形状、图案的结合所作出的富有美感并适于工业应用的新设计。根据这个定义，外观设计专利的保护客体必须符合下述条件：一是要求外表上有一个具体的形状或者形态作为对象，它可以是具有三维空间的立体产品造型，如洗衣机的外形，可以是二维平面设计的图案，可以是立体造型、平面图案分别与色彩形成的两者结合物，也可以是立体造型、平面图案同时与色彩形成的三者结合物。二是要求应用于具有一定形状的产品上。气体、液体或者粉状、粒状物品，由于没有确定的形状，不能有外观设计。没有用在工业产品上的美术雕塑作品、风景照、写生画等，尽管有图案和色彩，也不能算作外观设计。三是要求能够通过视觉产生美感，也就是消费者认为是美观的。四是要求适合于工业上应用，即能够用工业方法大量复制生产的东西。

2. 不授予专利保护的客体

在规定不授予专利保护的客体时，我国的《专利法》与大多数国家的专利法一样，先提出一条总原则，明确规定：对违反法律、社会公德或者妨害公共利益的发明创造，不授予专利权。对违反法律、行政法规的规定获取或者利用遗传资源，并依赖该遗传资源完成的发明创造，不授予专利权。再以专门条款的形式，对具体对象作出规定。《专利法》规定不授予专利保护的客体是：（1）科学发现；（2）智力活动的规则和方法；（3）疾病的诊断和治疗方法，但涉及养殖动物的除外；（4）动物和植物品种；（5）用原子核变换方法获得的物质；（6）对平面印刷品的主要起标识作用的设计等。其中生产动物和植物品种的方法，可以授予专利权。

(二)《专利法》保护的主体

《专利法》保护的主体，就是有权获得专利的人。我国《专利法》规定，发明人或者设计人、共同发明人或者共同设计人、发明人或者设计人的权利继受人、发明人或者设计人的工作单位、外国人等对发明创造有权提出专利申请，可以获得专利权。所以，他们是《专利法》保护的主体。

1. 发明人或者设计人

发明人或者设计人用自己的创造性劳动完成了发明创造，理所当然，他们应该获得发明创造的专利。这项规定，一直是世界各国专利法的基本原则。发明人或者设计人是指真正完成发明创造的人，而不是盗用别人成果者。我国《专利法》规定，发明人或者设计人除了有权获得专利外，还有在专利文件中写明自己是发明人或者设计人的权利。这是专利权人的一项权利，倘若发现专利文件中漏写了，发明人或者设计人可以要求补写上去。

2. 共同发明人或者共同设计人

早期的发明创造比较简单，凭借个人的聪明才智和适当的投入，就可以独立研制出来。现代的发明创造要复杂得多，特别是一项重大创新成果，往往是由几个人甚至许多人共同完成的。发明创造由两人或者两人以上共同完成，那么，这些完成人都是发明人或者设计人。他们通常叫作共同发明人或者共同设计人。获得专利的权利属于他们全体共有。专利的申请应该由其全体成员共同提出，不允许其中一人或者一部分人提出专利申请。

我国《专利法实施细则》规定，发明人或者设计人，是指对发明创造的实质性特点作出创造性贡献的人。同时，还明确指出，在完成发明创造过程中，只负责组织工作的人、为物质技术条件的利用提供方便的人或者从事其他辅助工作的人，不是发明人或者设计人。依据这项规定，以下人员不是共同发明人或者共同设计人：（1）对所属研究开发人员进行一般事务性管理，没有过发表具体的创新构思，仅仅参与选题讨论，或者在创新成果研制过程中只提出过一般性建议的人，如某些单位的行政领导；（2）为发明人或者设计人提供资金，或者提供仪器设备以方便研究的人；（3）按照研究开发人员的要求，进行样品试验、数据处理、绘制图纸、安装调试等方面的人员。

3. 发明人或者设计人的权利继受人

专利权是一种财产权，发明人或者设计人可以把它转让给他人，也可以按照通常的继承方法由继承人继承。此处所说的权利继受人，是由继承人和受让人两者组成的。这有两种情况，一是专利申请提出以前，发明人或者设计人就把获得专利的权利，通过转让或者继承转移出去，许多国家的专利法对此都是认可的。二是专利申请提出以后，发生专利申请所有权的转让或者继承，即把专利申请作为财产而发生的转让或者继承行为。我国《专利法》阐述的专利申请权转让，是指第二种情况。对此，《专利法》将其与专利权转让一起，作出如下规定："转让专利申请权或者专利权的，当事人应当订立书面合同，并向国务院专利行政部门登记，由国务院专利行政部门予以公告。专利申请权或者专利权的转让自登记之日起生效。"如果发明创造是由两人或者两人以上共同完成的，共同发明人或者共同设计人中的一人或者数人，可以转让其在所获专利权利中的份额。同样，其拥有的份额也可以通过继承而转移。在此情况下，获得专利的权利人，包括所有继续保留自己份额的共同发明人或者共同设计人、其他共同发明人或共同设计人的权利继受人。

4. 发明人或者设计人的工作单位

我国《专利法》规定，单位工作人员所完成的职务发明创造，申请专利的权利属于该单位；申请被批准后，该单位为专利权人。现行《专利法》规定认定职务发明创造的原则是："执行本单位的任务或者主要是利用本单位的物质技术条件所完成的发明创造。"对此，《专利法实施细则》又作了具体规定。

（1）执行本单位的任务所完成的职务发明创造。包括两种情况。

一是在本职工作中作出的发明创造。就是说，工作人员完成发明创造的行为，是在其承担的职务范围以内。判断一项创新成果是否属于职务发明创造，需要综合考虑工作人员的职务内容或者责任范围。不仅研究、开发、设计人员在工作中完成的创新成果是职务发明创造，而且分管科学研究、技术开发的企业负责人研制的创新成果,也应认为是本职工作中作出的发明创造。至于负责一般行政工作事务的工作人员研制出的创新成果,则不算在职务发明创造范围内。工作人员的职务既要看现在,又要联系过去一段时期。例如,有位现任行政领导的干部,过去曾是材料研究所的研究员,现在完成了一项新材料的发明,假若此时离调动工作之后的时间还不足 1 年,那么应认为这是一项职务发明。这条规定,也适合于判定退职、退休人员发明创造的归属关系。在认定这类职务发明创造时,我国《专利法实施细则》作出如下规定:"退职、退休或者调动工作后 1 年内作出的,与其在原单位承担的本职工作或者原单位分配的任务有关的发明创造。"

二是履行本单位交付的本职工作之外的任务所作出的发明创造。这是指,工作人员根据单位的要求,承担短期或临时的职务,而这项职务与其长期从事的本职工作存在一定差别,如为完成特定紧急项目而临时设立一个研究设计小组,工作人员被抽调过来作为成员,由此研制出的创新成果,就属于本项规定判定的职务发明创造。

(2) 主要是利用本单位的物质技术条件所完成的发明创造。这是指,发明人或者设计人完成这种发明创造,虽然不是根据本职工作或者单位分配的任务来进行,而是其个人的一种自动行为,但是完成这种发明创造时主要利用了本单位提供的物质条件,与本单位的帮助存在密不可分的关系,没有本单位这种帮助,发明创造是无法完成的。因此,该发明创造被认定为职务发明创造。《专利法实施细则》对本单位的物质技术条件进行了解释:"是指本单位的资金、设备、零部件、原材料或者不对外公开的技术资料等。"

5. 外国人

允许外国人在本国获得专利保护,对本国企业会造成一定影响。但如果对外国人的发明创造不给予专利保护,将会阻碍与外国贸易和技术的合作、交流,这无论是对本国还是对外国都是十分不利的。基于这一原因,世界上大多数国家,对于外国人的发明创造通常都给予专利保护。

我国《专利法》阐明,作为专利保护主体的外国人,包括外国的自然人、外国企业或者外国其他组织等法人。《专利法实施细则》规定，外国自然人是指具有一定国籍的外国人，无国籍者不在专利保护主体之内，专利行政部门认为存在疑义时，可以要求外国申请人提供国籍证明。对于外国法人，专利行政部门认为必要时，可以要求提供外国企业或者外国其他组织的其营业所或者总部所在地的证明文件。

根据我国《专利法》的规定，外国人在我国可以依法申请专利的，限于三种情况：（1）依照外国人所属国同我国签订的协议；（2）依照外国人所属国与我国共同参加的国际条约；（3）依照互惠原则。

（三）《专利法》规定授予专利权的条件

用专利制度保护发明创造的目的，是为了促进科技进步和经济发展，适应现代化建设的需要，巩固社会主义制度，提高国家的综合实力，改善人民的生活水平。[1] 所以，我国《专利法》表明，可授予专利权的发明创造，是不能违反国家法律、社会公德的，也是不能妨害公共利益的。同时，它们还必须具备其他一些条件。

1. 发明和实用新型的专利条件

《专利法》规定，授予专利权的发明和实用新型，应当具备新颖性、创造性和实用性。

（1）新颖性。简单来说，是指申请专利的发明或者实用新型在现有技术中是找不到相同的东西的。判断新颖性有时间标准，也有地域标准。从地域标准来看，各地宽严差别较大，德国、英国和法国等国的专利法，以及欧洲专利公约，均采用世界新颖性标准或绝对新颖性标准，要求一项发明创造必须在全世界任何地方都尚未公开过。澳大利亚等国采用本国新颖性标准，只要求申请专利的发明创造在本国没有公开过就可以了。美国、日本等国则采用混合新颖性标准或相对新颖性标准，具体做法是，对于有形出版物的公开，采用世界标准，要求在全世界是属于首次露面的；而对于其他方式的公开，则采用本国标准，不问外国其他地方是否已经公开。

我国1984年公布的《专利法》采用相对新颖性标准。1992年、

---

[1] 张明龙：《区域政策与自主创新》，中国经济出版社2009年版，第380页。

2000年两次进行的《专利法》修订，对此都未作变动。其新颖性的判定方法是："指在申请日以前没有同样的发明或者实用新型在国内外出版物上公开发表过、在国内公开使用过或者以其他方式为公众所知。"可以看出，这里对于出版物的公开，要求以申请日以前在全世界尚未公开发表过为标准，而对于使用或者以其他方式的公开，则仅要求以申请日以前在国内没有被社会大众所知晓为标准。根据这项规定，一些没有公开发表过的技术，虽然在国外已经被公开使用或者已经有相应的产品出售，只要在我国国内还没有人公开使用或者没有相应的产品出售，就可以在我国授予专利，从而导致我国专利质量不高。这既不利于激励自主创新，也妨碍了国外已有技术在我国的应用。为此，2008年公布的《专利法》采用了"绝对新颖性标准"：规定授予专利权的发明创造在国内外都没有为公众所知。

（2）创造性。随着科技进步和工业发展，技术和生产上微小的进展或改良都可以带来新东西，导致具有新颖性的制成品层出不穷。如果仅靠新颖性作为是否授予专利权的条件，势必会造成因专利过多而束缚企业的经营自由。所以，目前，绝大多数国家都要求申请专利的发明须有创造性。

我国《专利法》对创造性的规定是："与现有技术相比，该发明具有突出的实质性特点和显著的进步，该实用新型具有实质性特点和进步。"这个规定告诉我们，从发明的创造性条件来看，它应有突出的实质性特点。也就是，必须有一个或几个技术特征，与现有技术相比存在本质区别，而且这种本质区别是超过一般地显露出来，人们一看就能发现。同时，它还应有显著进步，这要求该成果与现有最接近的技术比较具有非常明显的进展。这种进展通常突出地表现在技术效果上，有的在某项技术基础上展示了一种新趋势和新方向，有的克服了现有技术中存在的某些缺陷或不足，有的取得了明显超过现有技术的优点等。从实用新型的创造性条件来看，要求"有实质性特点和进步。"这与发明的条件比较，少了"突出的""显著的"两个形容词。可见，条件降低了。实用新型只要有一般的实质性特点，同时有一点进步，就符合创造性条件了。

(3) 实用性。要求申请专利的发明和实用新型，必须能够在工农业生产中制造或使用，应具有多次再现的可能性。所属技术领域的普通技术人员，按照说明书就可以制造或使用它。如果说，新颖性和创造性主要考察发明和实用新型是如何研制出来的，那么实用性则主要考察它们能否应用于工农业生产。

我国《专利法》衡量实用性的标准是："指该发明或者实用新型能够制造或者使用，并且能够产生积极效果。"不难看出，这对发明或者实用新型的实用性有两个要求：一是能够制造或者使用，二是能够产生积极效果。也就是，它们不仅能在生产领域无数次地复制出来，而且要比现有技术带来更好的社会、经济和技术效益。

2. 外观设计的专利条件

外观设计的考察对象是产品的外表式样，不涉及研制整个产品的技术方案。所以，其授予专利的条件，也与发明或者实用新型不同。我国《专利法》规定："授予专利权的外观设计，应当不属于现有设计；也没有任何单位或者个人就同样的外观设计在申请日以前向国务院专利行政部门提出过申请，并记载在申请日以后公告的专利文件中。"这表明，授予专利权的外观设计，必须具有新颖性和独创性。同时，《专利法实施细则》还对外观设计提出富有美感并适于工业应用的要求。综合两个规定可知，外观设计的专利条件是：（1）新颖性；（2）独创性；（3）富有美感；（4）适于工业应用。为了进一步提高外观设计专利的质量，2008年公布的《专利法》规定：对平面印刷品的图案、色彩或者二者的结合作出的主要起标识作用的设计，不授予专利权。

我国《专利法》和《专利法实施细则》，还对专利申请的手续、专利申请的审查和批准、专利权人的权利、专利权人的义务、专利实施的强制许可，以及专利权的保护措施等，作出具体规定。

二　完善保护专利的政策法规

（一）《专利法》的第一次修改

我国《专利法》自施行以来，对鼓励发明创造，促进我国科技进步和经济发展，加强对外科技交流和经贸往来，发挥着积极而重要的作用，取得了明显的经济效益和社会效益。但由于《专利法》是改革开放初期制定的，缺乏实践经验，难免存在一些缺陷和不足之处，需要通过修改进行补充和完善。特别是，我国加入《保护工业产权巴黎公约》《与贸易有关的知识产权协议》，并与美国政府签署了《关于保护知识产权的谅解备忘录》之后，要求加快知识产权制度建设，使我国的专利保护方式尽量与国际标准接轨，履行我国已经对外承诺的义务，这也需要对《专利法》作出相应的修改。我国在1988年就着手《专利法》第一次修改的准备工作，经过深入调查研究和反复论证，最终形成的《专利法》第一次修正案，[①] 在1992年9月4日召开的第7届全国人民代表大会常务委员会第27次会议上通过，并于同日公布，自1993年1月1日起施行。本次修改的主要内容如下。

1. 扩大专利保护的范围

1984年公布的《专利法》第25条规定，药品和用化学方法获得的物质，以及食品、饮料和调味品等不属于专利保护范围，不授予专利权；而只把这些产品的生产方法列入保护对象，可以授予专利权。第一次修正案对此作出修改，扩大了专利的保护范围，规定上述产品也可以授予专利权。

（1）用专利保护药品。我国有丰富的中药资源，有运用中药防治疾病的悠久历史，有系统的中药理论和经验。把药品列入专利保护范围，授予专利权，可以鼓励从中药资源中开发新药并取代部分西药，这对充分发挥我国的传统优势，加快自主开发步伐，增强中药在国际市场上的竞争力，乃至提高我国制药工业和医疗技术的整体水平，都具有重要意义。

（2）用专利保护化学物质。目前，我国化学工业整体水平较低。为了振兴化学工业，推进化工技术进步，在吸收国外先进技术的基础上走创新的发展道路，鼓励化工科技人员发明创造的积极性，吸引外商投资和转让新技术，以专利保护化学物质是必要的。

---

① 高卢麟：《关于〈中华人民共和国专利法修正案（草案）〉的说明》在第7届全国人民代表大会常务委员会第26次会议上，1992年6月23日。

（3）用专利保护食品、饮料和调味品。千百年来，我国形成了自己独特的饮食文化，不少中国食品、饮料和调味品，在国际市场上具有较强的竞争力，需要运用专利加以保护。同时，新的食品、饮料和调味品专利产品，只占生活必需品的很小部分，而且人们可以选择适合自己需要的非专利食品、饮料和调味品来代替。另外，在我国受理的专利申请中，与食品相关的并不多。还需看到，世界上大多数国家对食品是给予专利保护的，因此，对食品、饮料和调味品给予专利保护，不仅不会对我国人民生活产生不利影响，而且还会提高我国食品工业的技术水平。

2. 延长专利权的期限

1984年公布的《专利法》第45条规定，发明专利权的期限为15年；实用新型和外观设计专利权的期限为5年，届满可以申请续展3年。第一次修正案把这条规定修改为，发明专利权的期限为20年，实用新型专利权和外观设计专利权的期限为10年。

随着现代科学技术向纵深推进，许多技术领域的发明创造，开发和研究的经费高，产品正式投放市场前，还要按照规定办理试验、登记、核准等手续，花费时间较长，由授予发明专利权到产品进入市场，专利权期限往往已经过去了好几年，专利权人没有足够的期限回收开发与研制所耗费的巨大投资，影响了发明创造的积极性，不利于科技水平的提高。因此，适当延长专利权的期限，有利于调动科技人员发明创造的积极性，也有利于高新技术领域的技术引进。

3. 增加对专利产品进口的保护

大多数国家的专利法，都把进口专利产品作为专利权的一项内容。我国1984年公布的《专利法》对此没有做出规定，显然，对专利权的保护是不够充分的。因此，第一次修正案对《专利法》第11条进行了补充，提出如下规定，未经专利权人许可，不得为生产经营目的进口其专利产品。这个补充规定表明，未经专利权人的许可进口其专利产品的行为，属于侵犯专利权的行为。这样，增加对进口专利产品的保护，可以消除外国专利权人的疑虑。

4. 扩大方法专利保护的外延

大多数国家的专利法涉及方法专利时都规定，未经专利权人许可，不得为生产经营目的使用其专利方法，以及使用、销售或者进口依照该专利方法直接获得的产品。我国1984年公布的《专利法》第11条，仅规定对专利方法的使用提供保护。这是不充分的，因为专利方法是否已经被人使用，很难发现，也难于获得证明。另外，第三人可以在没有对专利方法给予保护的其他国家和地区使用专利方法，然后把依该方法生产的产品输入我国销售或者使用，专利权人虽然在我国享有方法专利保护，但因对该方法专利的保护不能延及它直接获得的产品，也就无法对这类侵权行为采取有效的制约措施。为了使方法专利得到充分有效的保护，第一次修正案对《专利法》第11条做出补充规定，未经专利权人许可，不得为生产经营目的使用、销售或者进口依照该专利方法直接获得的产品。

5. 重新规定对专利实施强制许可的条件

1984年公布的《专利法》第51条和第52条规定，专利权人负有自己或者许可他人在我国制造其专利产品或者使用其专利方法的义务。自专利授权之日起满3年，如果专利权人无正当理由没有履行上述义务的，专利局就可以给予实施该专利的强制许可。为了与国际条约相协调，第一次修正案删去了《专利法》的上述规定，重新规定了对专利实施强制许可的法定条件。将第51条修改为："具备实施条件的单位以合理的条件请求发明或者实用新型专利权人许可实施其专利，而未能在合理长的时间内获得这种许可时，专利局根据该单位的申请，可以给予实施该发明专利或者实用新型专利的强制许可。"将第52条修改为："在国家出现紧急状态或者非常情况时，或者为了公共利益的目的，专利局可以给予实施发明专利或者实用新型专利的强制许可。"

6. 增设本国优先权

1984年公布的《专利法》第29条，只规定外国专利申请人先在外国提出申请后到我国提出申请的，享有优先权。第一次修正案把这条规定改为，在这种情况下，无论申请人是外国人还是中国人，都享有优先权。此外，第一次修正案还补充规定了本国优先权，即申请人自发明或者实用新型在中国第一次提出专利申请之日起12个月内，又向专利局就相同主题提出专利申请的，可以享有优先权。这样规定，申请人就可以在优先权期间内进一步完善其发明或者实用新型,或者将发明与实用新型相互转换。目前,世界上一些国家的专利法也有本国优先权的规定或者类似的优惠待遇。

7. 把授权前的异议程序改为授权后的行政撤销程序

1984年公布的《专利法》在专利授权以前设立异议程序,目的是给公众提供提出异议的机会,以帮助专利局纠正审查工作中的差错,防止对不符合法定要求的申请授予专利权。实践结果,公众提出异议的数量很小,而大多数已公告的专利申请却要推迟至少3个月才能授权,这段时间申请人的权利处于不确定状态,影响专利技术尽快转化为生产力。从专利法的国际一般趋势看,这种授权前的异议程序通常是被禁止的。因此,第一次修正案删去授权前的异议程序,规定专利申请经审查没有发现驳回理由的,专利局应即授予专利权。同时,为了纠正可能出现的失误,第一次修正案又规定,自专利局公告授予专利权之日起满6个月后,任何单位或者个人认为该专利权的授予不符合本法有关规定的,都可以请求专利复审委员会宣告该专利权无效。

(二)《专利法》的第二次修改

20世纪90年代以来,国际贸易中,专利和其他许可证贸易的增长速度,逐步超过有形贸易。在专利以及其他知识产权保护下,科技已经成为经济增长的主要动力和主要因素。基于这些原因,许多国家,尤其是科技占有优势的发达国家,把知识产权竞争作为市场竞争、经济竞争的一个重要工具和手段,对知识产权制度建设提出了更高要求。同时,国内形势也发生了很大变化,确立建立社会主义市场经济体制的改革目标,颁布《关于加强技术创新,发展高科技,实现产业化的决定》,科技进步和技术创新的重要性日益凸显出来,这也要求我们进一步完善专利法。1998年12月26日,中共中央发出关于转发《全国人大常委会党组关于〈9届全国人大常委会立法规划〉的请示》的通知,把专利法的第二次修改列为9届全国人大常委会的第一类立法项目,要求必须在9届全国人大期间内完成。1999年2月,修改专利法的准备工作正式启动。2000年8月25日,《专利法》第二次修正案,在第9届全国人大常委会第17次会议获得通过,并于同日公布，规定自 2001 年 7 月 1 日起施行。第二次修改的内容，主要包括以下几方面。①

1. 修改与改革精神不相符的有关规定

1992 年修改后的《专利法》（以下简称现行《专利法》）第 6 条规定："执行本单位的任务或者主要是利用本单位的物质条件所完成的职务发明创造，申请专利的权利属于该单位；非职务发明创造，申请专利的权利属于发明人或者设计人。申请被批准后，全民所有制单位申请的，专利权归该单位持有；集体所有制单位或者个人申请的，专利权归该单位或者个人所有。""在中国境内的外资企业和中外合资经营企业的工作人员完成的职务发明创造，申请专利的权利属于该企业；非职务发明创造，申请专利的权利属于发明人或者设计人。申请被批准后，专利权归申请的企业或者个人所有。""专利权的所有人和持有人统称专利权人。"

上述规定中关于国有单位专利权归属的表述与国有企业改革的精神已经不相适应。根据党的十四届三中全会《关于建立社会主义市场经济体制若干问题的决定》和党的十五届四中全会《关于国有企业改革和发展若干重大问题的决定》，国有企业实行出资者所有权与企业法人财产权相分离；国有企业以其全部法人财产，依法自主经营，自负盈亏，照章纳税，对出资者承担资产增值、保值的责任，对外独立承担民事责任，这种运行性质，与一般公司制企业没有差别。因此，没有必要把专利权按照单位的所有制性质分为持有和所有两种，也没有必要把专利权人分为持有人和所有人两类。如果像过去那样，按不同的所有制，规定国有单位对其专利权仅仅是"持有人"，只有"持有权"；而其他单位对其专利权则是"所有人"，拥有"所有权"，就容易产生歧义，误认为国有单位对其专利权没有处置权。基于这一思路，第二次修正案把现行《专利法》第 6 条修改为："执行本单位的任务或者主要是利用本单位的物质技术条件所完成的发明创造为职务发明创造。职务发明创

---

① 姜颖：《关于〈中华人民共和国专利法修正案（草案）〉的说明》，在第 9 届全国人民代表大会常务委员会第 15 次会议上，2000 年 4 月 25 日。

造申请专利的权利属于该单位;申请被批准后,该单位为专利权人。非职务发明创造,申请专利的权利属于发明人或者设计人;申请被批准后,该发明人或者设计人为专利权人。"

现行《专利法》第10条第2款规定:"全民所有制单位转让专利申请权或者专利权的,必须经上级主管机关批准。"按照社会主义市场经济的要求和转变政府职能的原则,政府主管部门不必也不宜干预属于国有企业自主权范围内的转让专利申请权或者专利权的行为。因此,第二次修正案删去现行《专利法》第10条这款内容,把整条内容加以归并,修改为:"中国单位或者个人向外国人转让专利申请权或者专利权的,必须经国务院有关主管部门批准。转让专利申请权或者专利权的,当事人应当订立书面合同,并向国务院专利行政部门登记,由国务院专利行政部门予以公告。专利申请权或者专利权的转让自登记之日起生效。"

现行《专利法》第14条规定:"国务院有关主管部门和省、自治区、直辖市人民政府根据国家计划,有权决定本系统内或者所管辖的全民所有制单位持有的重要发明创造专利允许指定的单位实施,由实施单位按照国家规定向持有专利权的单位支付使用费。""中国集体所有制单位和个人的专利,对国家利益或者公共利益具有重大意义,需要推广应用的,由国务院有关主管部门报国务院批准后,参照上款规定办理。"这一条是现行《专利法》中体现中国特色社会主义性质最鲜明的规定,非常重要,但文字表述也应符合体制改革的要求。第二次修正案在不改变该规定实质的前提下,按照行政管理体制和计划体制改革的精神,修改为:"国有企业事业单位的发明专利,对国家利益或者公共利益具有重大意义的,国务院有关主管部门和省、自治区、直辖市人民政府报经国务院批准,可以决定在批准的范围内推广应用,允许指定的单位实施,由实施单位按照国家规定向专利权人支付使用费。中国集体所有制单位和个人的发明专利,对国家利益或者公共利益具有重大意义,需要推广应用的,参照前款规定办理。"

《专利法》第二次修正案施行后,国有企事业单位作为市场竞争的主体，在申请专利和取得专利的权利义务方面，已与非国有企事业单位享有同等地位，不再存在其专利权是否完整的争议，也不再受上级行政主管机关的不适当限制，能够自主地依据市场经济的要求拥有和保护专利权。在入世前夕进行如此修改，这对准备参与国际竞争的我国国有企事业单位来说，具有特别重要的意义。

2. 完善职务发明的规定

（1）改进职务发明的界定标准。对发明创造的单位和个人授予专利权，并使其由此取得报酬，是专利法鼓励发明创造的基本方式。如何合理界定归单位的职务发明，直接关系到科技人员进行技术创新的积极性。我国1984年公布的《专利法》，对界定职务发明创造，提出两个标准：一是执行本单位的任务所完成的发明创造。二是主要利用本单位的物质条件所完成的发明创造。本单位的物质条件指本单位的资金、设备、零部件、原材料或者不对外公开的技术资料等。1992年的《专利法》第一次修正案没有改动职务发明的内涵，维持原有规定。此后，随着科技体制改革的深入，科技计划项目管理引入竞争机制，采用合同制方式，产生了与原先不同的创新行为组织模式。针对此况，第二次修正案在《专利法》第6条引入合同优先原则，允许科技人员和单位通过合同约定，来确定利用单位物质条件产生的发明创造的归属："利用本单位的物质技术条件所完成的发明创造，单位与发明人或者设计人订有合同，对申请专利的权利和专利权的归属作出约定的，从其约定。"这表明，根据第二次修改后的《专利法》，对主要利用单位的物质条件完成的发明创造，发明人按照事先约定向单位返还资金或交纳使用费的，可不作为职务发明，他将拥有申请专利的权利，申请被批准后就可直接成为专利权人。这条规定的修改，有利于进一步调动科技人员的积极性，面向市场，自筹资金，按照市场需求确立课题，并使单位闲置的设备等物质条件得到充分利用。

（2）明确职务发明的奖励措施。1984年公布的《专利法》第16条规定：专利权授予和实施后，单位应当分别对职务发明创造人给予奖励。这里，已经考虑到通过奖励促进单位的职务发明，但由于没有具体说明依据什么方法奖励，应该给予多少奖金等，在实际执行过程中缺乏可操作性。为此，第二次修正案把该规定修改为："被授予专利权的单位应当对职务发明创造的发明人或者设计人给予奖励；发明创造专利实施后，根据其推广应用的范围和取得的经济效益，对发明人或者设计人给予合理的报酬。"如此一来，授奖依据一清二楚，奖金数量也容易确定，操作上的困难大大降低。值得指出的是，此处还把科技人员应得的"奖励"改为"报酬"，这对单位而言，执行该规定，将存在力度更大的强制性。同时，把发明人或者设计人的应得报酬，与创新成果的推广应用和经济效益挂钩，不仅有利于调动科技人员发明创造方面的积极性，而且有利于调动他们开发和推广创新成果的积极性。

3. 完善保护专利的司法和行政执法机制

（1）增加有关"许诺销售"的规定。根据《与贸易有关的知识产权协议》，专利分产品专利和方法专利。产品专利的专利权人有权禁止他人制造、使用、许诺销售（offering for sale）、销售、进口该产品；方法专利权人有权禁止别人使用该方法以及制造、许诺销售、销售、使用、进口由该方法直接制造的产品。我国现行《专利法》这方面的规定，同《与贸易有关的知识产权协议》存在的唯一差别，就是未对"许诺销售"做出规定。所谓许诺销售，是指以做广告、在商店货架或者展销会陈列等方式作出销售商品的许诺。为了强化专利保护使之与国际协议相一致，第二次修正案对现行《专利法》第11条作出补充，在专利权的内涵规定中增加了许诺销售的内容。

（2）增加起诉前的临时保护措施。《与贸易有关的知识产权协议》第41条规定，执法程序应允许采取反对侵权行为的有效措施，包括迅速的救济，并规定在遇到下述两种情况时，必须有临时措施：一是需要制止任何侵权行为的发生和制止侵权商品进入商业渠道，包括制止刚由海关放行的进口侵权商品进入国内商业渠道。二是为保存被指控的侵权的相关证据。我国现行《专利法》规定的执法程序中，没有这种诉前可以责令停止有关行为的做法。为了有效保护专利权，并与国际协议一致，第二次修正案对《专利法》第61条进行修改，形成如下规定："专利权人或者利害关系人有证据证明他人正在实施或者即将实施侵犯其专利权的行为，如不及时制止将会使其合法权益受到难以弥补的损害的，可以在起诉前向人民法院申请采取责令停止有关行为和财产保全的措施。"

（3）增加引起争议的诉讼时效。现行《专利法》只规定了专利权被授予后专利侵权纠纷的诉讼时效，没有规定发明专利申请公布后、专利权被授予前使用该发明未支付适当使用费引起争议的诉讼时效。为了进一步完善专利保护措施，第二次修正案对此作出补充规定："发明专利申请公布后至专利权授予前使用该发明未支付适当使用费的，专利权人要求支付使用费的诉讼时效为2年，自专利权人得知或者应当得知他人使用其发明之日起计算。"

（4）增加关于侵权赔偿额计算的规定。专利侵权损害赔偿，是专利侵权行为人应当承担的主要民事责任之一，应当贯彻公正合理的原则，使专利权人因侵权行为受到的实际损失能够得到有效的赔偿。然而，《民法通则》和现行《专利法》都没有规定如何计算专利侵权的赔偿额。这给司法实践带来一定困难，有些案件虽能认定为侵权，但难以确定赔偿额。为了切实保护专利权人的合法权益，第二次修正案在《专利法》第60条明确规定："侵犯专利权的赔偿数额，按照权利人因被侵权所受到的损失或者侵权人因侵权所获得的利益确定；被侵权人的损失或者侵权人获得的利益难以确定的，参照该专利许可使用费的倍数合理确定。"

（5）明确省级政府管理专利工作的职能。第二次修正案在《专利法》第3条中增加一项规定："省、自治区、直辖市人民政府管理专利工作的部门负责本行政区域内的专利管理工作。"这样，明确了省级人民政府管理专利工作的职能，有利于推动地方专利管理工作体系建设，充分发挥地方专利管理工作机构和人员的作用，提高专利的行政执法能力。

（6）充分发挥行政执法优势。我国《专利法》自从施行以来，一直采取司法和行政机关共同保护专利权的办法。多年实践证明，运用司法和行政机关两条途径、协调运作的管理模式，是行之有效的，既符合我国国情，又符合世界贸易组织的有关规定。第二次修正案对此所作的修改，主要是理顺管理专利工作的部门，处理专利侵权纠纷与为维护公平竞争秩序依法行政的关系。本次修改后的《专利法》第57条，规定地方管理专利工作的部门有权认定是否侵犯专利权。认定侵权行为成立的，可以责令侵权人立即停止侵权行为。当事人不服的，可以依照《行政诉讼》法向人民法院起诉；侵权人期满不起诉又不停止侵权行为的，管理专利工作的部门可以申请人民法院强制执行。通过行政途径处理专利侵权问题，具有程序简便、处理快、效率高等优点，一旦认定侵权行为成立，可以立即责令停止侵权，这是深受专利权人欢迎的有效保护措施。该条还规定，管理专利工作的部门，可以对侵犯专利权的赔偿数额进行调解。调解不成的，当事人可以依照民事诉讼法向人民法院起诉。与此同时，为了加强行政执法对司法途径的必要补充，第二次修正案在《专利法》第58条规定中强调，管理专利工作的部门，具有维护市场秩序的职能。明确指出，管理专利工作的部门有权查处冒充专利产品和专利方法的行为，责令改正并予公告，没收违法所得，处以罚款。这些新规定，进一步加强了行政执法，提高了专利保护力度。

（7）防止专利权人滥用权利。我国《专利法》在专利申请的审查和批准一章中规定，对授予发明的专利权要进行实质审查，而对授予实用新型的专利权则不进行实质审查。为了维护公众的合法权益，防止实用新型专利权人滥用权利，阻挠他人的正常生产和经营活动，第二次修正案在《专利法》第57条规定，专利侵权纠纷涉及实用新型专利的，人民法院或者管理专利工作的部门可以要求专利权人出具由国务院专利行政部门作出的检索报告。

4. 简化并完善专利审批、维权程序

（1）简化转让专利权的手续。根据国务院机构改革的精神，行政机关需要转变职能，原则上不干涉当事人行使民事权利。为此，第二次修正案对《专利法》的有关条款作出相应修改，减少了一些行政干预的环节，如第10条规定表明，转让专利申请权或者专利权的合同，经专利局登记后就可以立即生效，公告不再是这项合同生效的条件。又如第20条，删除关于我国单位或个人向外国申请专利应经国务院有关主管部门同意的规定，这对我国申请人向外国申请专利带来了很大方便。

（2）通过取消撤销程序来简化流程。现行《专利法》第41条规定:"自专利局公告授予专利权之日起6个月内,任何单位或者个人认为该专利权的授予不符合本法有关规定的,都可以请求专利局撤销该专利权。"现行《专利法》第42条规定:"专利局对撤销专利权的请求进行审查,作出撤销或者维持专利权的决定,并通知请求人和专利权人。撤销专利权的决定,由专利局登记和公告。"现行《专利法》第44条规定:"被撤销的专利权视为自始即不存在。"现行《专利法》第48条规定:"自专利局公告授予专利权之日起满6个月后,任何单位或者个人认为该专利权的授予不符合本法有关规定的,都可以请求专利复审委员会宣告该专利权无效。"

我国在1992年第一次修改《专利法》时,取消了授权前的异议制,改其为授权后的撤销程序。本来希望这项程序能方便公众向专利局反映授权中的明显失误,并使其与无效程序一起,共同纠正专利行政部门的不当授权。但这项程序与无效程序存在重合之处,而且在实际运行中撤销程序的作用完全可以通过无效程序来实现。特别是,已发生有人恶意利用撤销程序,妨碍权利人利用无效程序保护自己的合法权益。为简化流程,减少当事人的讼累,本次修改案取消了撤销程序。因此,为了进一步简化程序,避免因程序重复导致专利权长期处于不稳定状态,第二次修正案取消了撤销程序,只保留无效程序,把现行《专利法》第41条、第42条、第44条以及第50条第4款关于撤销程序的规定全部删去,并将现行《专利法》第48条改为第45条,内容修改成:"自国务院专利行政部门公告授予专利权之日起,任何单位或者个人认为该专利权的授予不符合本法有关规定的,可以请求专利复审委员会宣告该专利权无效。

(3)放宽提交已在外国申请的发明专利审查资料。现行《专利法》第36条第2款规定,发明专利已经在外国提出过申请的,申请人请求实质审查的时候,"应当"提交该国为审查其申请进行检索的资料或者审查结果的资料。当年提出这样的规定,主要原因是那时我国专利行政部门缺乏检索资料,需要借助国外的审查资料来甄别。经过十几年的运作,我国专利行政部门已经积累了相当丰富的检索资料,不必一律要求申请人提交该国的审查资料。只是在个别情况下,专利行政部门才会要求申请人提交该国的审查资料。因此,第二次修正案把现行《专利法》第 36 条第 2 款改为:发明专利已经在外国提出过申请的,国务院专利行政部门"可以要求"申请人在指定期限内提交该国为审查其申请进行检索的资料或者审查结果的资料;无正当理由逾期不提交的,该申请即被视为撤回。

(4) 明确提交专利国际申请的规定。随着现代科学技术发展和交通运输条件的改善,一项创新成果的传播很快就可突破国界范围。为了扩大发明创造专利的保护范围,申请人往往需要去外国申请专利。但由于世界各国存在专利制度和语言表述的差别,给申请人造成诸多不便。为此,世界知识产权组织在 1970 年 6 月 19 日签订了《专利合作条约》,并于 1978 年 1 月 24 日正式生效。这是继 1883 年订立《保护工业产权巴黎公约》之后,在知识产权专利领域产生的又一个意义重大的国际公约,被认为是这一领域进行国际合作最具有意义的进步标志。我国在 1993 年 9 月 13 日正式向世界知识产权组织递交了参加《专利合作条约》的加入书,根据该条约和世界知识产权组织的规定,1994 年 1 月 1 日,我国正式成为该条约的成员国,相应的我国专利局成为《专利合作条约》的受理局、指定局和选定局、国际检索单位和国际初审单位,中文成为《专利合作条约》的正式工作语言。《专利合作条约》的主要目的,是用统一的申请程序方便申请人向多国申请专利。为了方便申请人利用《专利合作条约》途径申请专利,保护自己的合法权益,同时也为了明确我国专利行政部门履行应尽的国际义务的法律依据,第二次修正案充实了《专利法》的有关内容,在第 20 条对此作出原则规定:"中国单位或者个人可以根据中华人民共和国参加的有关国际条约提出专利国际申请。""国务院专利行政部门依照中华人民共和国参加的有关国际条约、本法和国务院有关规定处理专利国际申请。"

(5) 完善实用新型和外观设计的终审程序。我国 1984 年公布的《专利法》规定,对实用新型和外观设计专利申请的确权和宣告无效,复审委员会的决定是终局决定。这与国际知识产权文件存在一定差距,如《与贸易有关的知识产权协议》第 32 条规定:"撤销专利或宣布专利无效的任何决定,均应提供机会给予司法审查。"为了充分保护当事人的合法权益，并与国际知识产权文件精神相一致，第二次修正案对《专利法》的相关规定作出修改，明确对实用新型和外观设计专利申请的授权和宣告无效均由人民法院终审。

（6）完善专利权无效诉讼程序。在专利权无效诉讼中，请求宣告专利权无效程序的对方当事人与诉讼存在利害关系。为了保护对方当事人的正当利益，第二次修正案在《专利法》第46条中增加了一项规定："人民法院应当通知无效宣告请求程序的对方当事人作为第三人参加诉讼。"

5. 完善专利行政执法体制

（1）规范专利管理机构名称。现行《专利法》第3条规定："中华人民共和国专利局受理和审查专利申请，对符合本法规定的发明创造授予专利权。"1998年国务院机构改革后，原中国专利局更名为国家知识产权局，成为国务院主管专利工作和统筹协调涉外知识产权事宜的直属机构。据此，第二次修正案把《专利法》第3条修改为："国务院专利行政部门负责管理全国的专利工作；统一受理和审查专利申请，依法授予专利权。"相应地，将现行《专利法》条文中的"专利局"，全部改为"国务院专利行政部门"。

（2）要求专利行政部门及时审结申请案件。我国近年创新活动迅猛发展，专利申请量大幅度增加，出现了专利申请案件积压，审批时间延长等现象。国家知识产权局高度重视这一问题，多年来采取种种措施消除申请、复审和无效案件的积压问题，并已取得显著成效。为促使国家知识产权局进一步提高审结案件的效率，第二次修正案在《专利法》第21条和第46条，提出了"及时审结"的要求。其中第21条规定："国务院专利行政部门及其专利复审委员会应当按照客观、公正、准确、及时的要求，依法处理有关专利的申请和请求。"第46条规定："专利复审委员会对宣告专利权无效的请求应当及时审查和作出决定，并通知请求人和专利权人。"

（3）加强专利行政部门的廉政制度建设。为了从源头开始抓好专利行政部门的廉政建设，用制度杜绝腐败现象，第二次修正案在《专利法》中充实了有关内容，对专利行政部门工作人员的行为规范，以及纪律、法律和道德要求，都作出明确规定。其中《专利法》第66条增加规定："管理专利工作的部门不得参与向社会推荐专利产品等经营活动。管理专利工作的部门违反前款规定的，由其上级机关或者监察机关责令改正，消除影响，有违法收入的予以没收；情节严重的，对直接负责的主管人员和其他直接责任人员依法给予行政处分。"第19条增加规定："专利代理机构应当遵守法律、行政法规，按照被代理人的委托办理专利申请或者其他专利事务；对被代理人发明创造的内容，除专利申请已经公布或者公告的以外，负有保密责任。"第67条规定："从事专利管理工作的国家机关工作人员以及其他有关国家机关工作人员玩忽职守、滥用职权、徇私舞弊，构成犯罪的，依法追究刑事责任；尚不构成犯罪的，依法给予行政处分。"

(三)《专利法》的第三次修改

我国《专利法》自2000年进行第二次修订以来，国内外形势发生了很大变化。这一期间，经济全球化趋势越来越明显，国际竞争日益激烈，我国专利制度面临着新的任务和挑战。特别是，党的十七大报告确立提高自主创新能力和建设创新型国家目标，国务院发布《国家知识产权战略纲要》，对发明创造提出了更高要求。因此，需要通过修改、完善《专利法》，进一步加强对专利权的保护，激励自主创新，促进专利技术的开发应用，推动创新成果迅速转化为现实生产力。2005年上半年，国家知识产权局正式启动《专利法》第三次修改工作。2008年12月27日，《专利法》第三次修正案，在第11届全国人民代表大会常务委员会第6次会议通过，并于同日公布，规定自2009年10月1日起施行。第三次修改的主要内容有以下几方面。①

1. 完善自主创新导向机制

（1）充实立法宗旨。在新《专利法》立法宗旨中，加上"提高创新能力"的内容。把现行《专利法》第一条修改为：为了保护专利权人的合法权益，鼓励发明创造，推动发明创造的应用，提高创新能力，

---

① 田力普：《关于〈中华人民共和国专利法修正案（草案）〉的说明》，在第11届全国人民代表大会常务委员会第4次会议上，2008年8月25日。

促进科学技术进步和经济社会发展,制定本法。

(2) 提高专利授权标准。现行《专利法》以相对新颖性标准确定专利授权条件,规定申请发明、实用新型专利权的创新成果没有在国内外公开发表过,也没有在国内公开使用过或者以其他方式为公众所知;申请外观设计专利权的创新成果没有在国内外公开发表过,也没有在国内公开使用过。按照这个标准衡量,一些在国外已公开使用或已形成产品出售的技术,由于没有公开发表过,倘若国人尚不知晓,它在我国是可以被授予专利的。于是,有些专利申请人投机取巧,把国外已经公开的现有技术移植到国内获得专利权,或通过简单模仿、简单拼凑形成所谓的发明创造。这样,既不利于激发国内自主创新的积极性,又不利于吸引国外真正有价值的新技术,导致一些缺乏创新内涵的东西挤进专利行列,降低了我国专利的整体质量。

为此,《专利法》第三次修正案把专利授权条件,由相对新颖性标准提高为绝对新颖性标准。在第22条规定发明和实用新型的新颖性标准是,不属于现有技术;也没有任何单位或者个人就同样的发明或者实用新型在申请日以前向国务院专利行政部门提出过申请,并记载在申请日以后公布的专利申请文件或者公告的专利文件中。在第23条规定外观设计的新颖性标准是,应当不属于现有设计;也没有任何单位或者个人就同样的外观设计在申请日以前向国务院专利行政部门提出过申请,并记载在申请日以后公告的专利文件中。

(3) 简化向外国申请专利的程序。现行《专利法》第20条规定,中国单位或者个人将其在国内完成的发明创造向外国申请专利的,应当先向国务院专利行政部门申请专利,委托其指定的专利代理机构办理,并遵守有关保密审查的规定。为了鼓励企事业单位和个人向外国申请专利,提高我国创新成果的国际竞争力,《专利法》第三次修正案删除了向外国申请专利须先申请中国专利的规定。同时,考虑到一些专利申请可能涉及我国国家安全,规定仍需进行保密审查。所以,这一条修改为:任何单位或者个人将在中国完成的发明或者实用新型向外国申请专利的,应当事先报经国务院专利行政部门进行保密审查。保密审查的程序、期限等按照国务院的规定执行。

2. 进一步加强专利保护措施

(1) 赋予外观设计专利权人许诺销售权。《专利法》第二次修改时,在发明和实用新型专利权中增加了许诺销售权,但在阐述外观设计专利权时,没有增加这项权利。许诺销售,通常是以做广告、在商店货架或者展销会会场陈列等方式,做出的销售商品的许诺。考虑到在专利项目中,外观设计是我国的优势领域,增加外观设计专利保护内涵,提高外观设计专利权保护水平,有利于促进我国的创新活动。于是,第三次修正案形成的新《专利法》第11条,在外观设计专利中增加了许诺销售的权利,规定:"外观设计专利权被授予后,任何单位或者个人未经专利权人许可,都不得实施其专利,即不得为生产经营目的制造、许诺销售、销售、进口其外观设计专利产品。"这样修改后,外观设计专利权人可以制止他人未经其许可,以做广告、在商店货架或者展销会会场陈列等方式许诺销售该专利产品。

(2) 增加诉前证据保全的规定。为了防止侵权人在专利权人起诉之前转移、毁灭证据,第三次修正案增加了权利人可以在起诉前申请证据保全的规定,即新《专利法》第67条:在证据可能灭失或者以后难以取得的情况下,专利权人或者利害关系人可以在起诉前向人民法院申请保全证据。人民法院应当自接受申请之时起48小时内作出裁定;裁定采取保全措施的,应当立即执行。

(3) 加大侵权行为打击力度。多年来,从专利保护工作实践看,如果专利权人维权的成本得不到赔偿,便难以弥补权利人因侵权所遭受的损失。为了更有效地保护专利权人的合理利益,《专利法》第三次修正案,阐明侵犯专利权的赔偿应当包括权利人维权的成本,同时加大对违法行为的处罚力度,并增加了法定赔偿的规定。新《专利法》第65条明确规定:"赔偿数额还应当包括权利人为制止侵权行为所支付的合理开支。"同时,加强了专利违法行为的处罚措施,大幅度提高了罚款数额。将根据第三次修正案形成的新《专利法》,与现行《专利法》相关条文进行比较,可以看出:把假冒他人专利的罚款数额从违法所得的3倍提高到4倍;没有违法所得的,把罚款数额从5万元提高到20万元,同时也把冒充专利行为的罚款数额从5万元提高到20万元。此外，为提高司法保护的效率，第三次修正案还规定：在诉讼活动中，权利人的损失、侵权人获得的利益和专利许可使用费均难以确定的，人民法院可以根据专利权的类型、侵权行为的性质和情节等因素，确定给予1万元以上100万元以下的赔偿。

3. 促进技术的推广应用

（1）推动共有专利技术加快开发应用。对于由两人或者两人以上共同完成的创新成果，第三次修正案对其推广应用提出了一些新的办法，尽量做到在保障共有人各自合法权利的条件下，促进共有专利的实施，即规定专利权共有人可以单独实施或者以普通许可方式许可他人实施该共有专利。第三次修正案增加了一条规定，即新《专利法》第15条："专利申请权或者专利权的共有人对权利的行使有约定的，从其约定。没有约定的，共有人可以单独实施或者以普通许可方式许可他人实施该专利；许可他人实施该专利的，收取的使用费应当在共有人之间分配。除前款规定的情形外，行使共有的专利申请权或者专利权应当取得全体共有人的同意。"这里的所谓普通许可，就是在被许可人实施专利技术的同时，共有人也可以实施或者许可他人实施该专利技术。

（2）防止恶意利用专利阻碍技术进步。根据现行《专利法》规定，在专利侵权案件中，被告认为专利权无效，必须向专利复审委员会提出复审申请；在专利复审委员会宣告专利权无效后，法院才可以判决被告不构成侵犯专利权。以往处理此类案件时，曾遇见有人恶意利用已公知的现有技术申请专利，阻碍现有技术实施，把推广应用现有技术者拖入不必要的专利纠纷中。针对这种情况，为了帮助现有技术实施者及时从专利侵权纠纷中摆脱出来，根据第三次修正案形成的新《专利法》第62条规定："在专利侵权纠纷中，被控侵权人有证据证明其实施的技术或者设计属于现有技术或者现有设计的，不构成侵犯专利权。"据此，被控告侵权人无须向专利复审委员会提出复审申请，法院可直接判定被控告侵权人没有发生侵权行为。

（3）增加一项"不视为侵犯专利权"的情形。借鉴美国、加拿大和澳大利亚等国的做法，第三次修正案在不视为侵权的情形中增加一项内容：为提供行政审批所需要的信息，制造、使用、进口专利药品或者专利医疗器械的，以及专门为其制造、进口专利药品或者专利医疗器械的。

4. 根据国际条约规定修改有关内容

（1）《修改〈与贸易有关的知识产权协定〉议定书》规定，为了公共健康目的，可以给予制造并出口专利药品到特定国家或者地区的强制许可。据此，第三次修正案在《专利法》中增加了一条实施强制许可的规定："为了公共健康目的，对取得专利权的药品，国务院专利行政部门可以给予制造并将其出口到符合中华人民共和国参加的有关国际条约规定的国家或者地区的强制许可。"另外，《与贸易有关的知识产权协定》规定，对专利权人排除、限制竞争的行为，可以通过实施强制许可，保障申请人的合理利益。第三次修正案以此为依据，在新《专利法》第48条中增加了一款规定：专利权人行使专利权的行为被依法认定为垄断行为，为消除或者减少该行为对竞争产生的不利影响的，国务院专利行政部门可以给予申请人强制许可。

（2）《生物多样性公约》规定，遗传资源的利用应当遵循国家主权、知情同意、惠益分享的原则，并明确规定，专利制度应有助于保护遗传资源。目前，印度、巴西等遗传资源丰富的发展中国家和瑞士、挪威、丹麦等发达国家，已运用专利制度保护遗传资源。我国是遗传资源大国，为防止非法窃取我国遗传资源进行技术开发并申请专利，第三次修正案对此增加一项规定，即新《专利法》第26条第五款："依赖遗传资源完成的发明创造，申请人应当在专利申请文件中说明该遗传资源的直接来源和原始来源；申请人无法说明原始来源的，应当陈述理由。"同时在总则中明确指出，对违反法律、行政法规规定获取或者利用遗传资源完成的发明创造，不授予专利权。

（四）《专利法》的第四次修改

自从专利法第三次修改以来，我国在2009年颁布《侵权责任法》，2011年公布《关于进一步做好打击侵犯知识产权和制售假冒伪劣商品工作的意见》，2012年发布《新的民事诉讼法》，2015年公布《民事诉讼法司法解释》等法律法规。同时我国正在准备加入《工业品外观设计国际注册海牙协定》。为了加强专利权保护并适应这些条约和法律法规，2015年4月1日，中国知识产权局发布了《专利法》第四次修改草案（征求意见稿）。草案涉及实质性修改的条文共30条，其中对现有条文修改18条，新增11条，删除1条，并新增"专利的实施和运用"一章。另有适应性文字修改或调整的条文2条。[①] 专利法第四次修改草案的主要内容有以下几方面。

1. 扩大专利保护范围

（1）把养殖动物疾病的诊断和治疗方法，纳入《专利法》保护范围。根据现行《专利法》的规定，人和动物的疾病诊断和治疗方法，属于不授予专利权的内容。当前，产业界对于水产和畜禽等养殖动物的疾病诊断及治疗方法，要求给予专利保护的呼声很高，同时，这也是国际专利保护发展的趋势，因此，为了激励、促进动物养殖产业的创新和发展，草案中对涉及养殖动物疾病的诊断和治疗方法给予专利保护。（2）把局部外观设计作为专利保护对象。我国现行《专利法》，只对产品整体外观设计给予保护，局部外观设计创新很容易被人通过简单拼凑、替换等方式加以模仿，难以得到有效保护。为了适应国际趋势，激励我国设计创新产业的健康发展，草案中把对产品局部做出的外观设计，纳入专利法保护范围。

2. 延长专利保护期限

把外观设计专利权的保护期限延长到15年。我国现行《专利法》，对外观设计专利权的保护期限仅为10年，不仅与很多国家相比偏短，而且与《海牙协定》（1999年文本）的要求（至少15年）不一致。所以，草案中将外观设计专利权的保护期限延长到15年。

3. 提高专利保护力度

一是草案明确规定专利行政部门对专利侵权案件的调查取证手段，还增加了有关确定赔偿数额的举证责任转移规则，有效地解决了专利维权举证难的问题。二是草案提出因无效宣告请求而中止审理和处理的专

---

① 关于《中华人民共和国专利法修改草案（征求意见稿）》的说明，请参阅中国国家知识产权局官方网站。

利侵权纠纷,在无效宣告请求决定公告后应及时恢复审理和处理,并且明确行政调解协议的效力,就其司法确认和强制执行作出明确规定,有效地解决了专利维权周期长的问题。三是草案增设对故意侵权的惩罚性赔偿规定,对故意侵犯专利权的行为将赔偿限额提高至2—3倍。加大对群体侵权、重复侵权等故意侵权行为的行政处罚力度,规定:"非法经营额5万元以上的,可以处非法经营额1倍以上5倍以下的罚款;没有非法经营额或者非法经营额5万元以下的,可以处25万元以下的罚款。"这样,有效地解决了专利维权赔偿低的问题。四是草案明确了网络专利侵权的认定规则,要求网络服务提供者承担更多与其能力相匹配的法律义务,同时就网络服务提供者执行专利行政部门决定、制止专利侵权行为的义务作出明确规定,从而有效地解决了网络专利侵权维权成本高和效果差的问题。

4. 促进专利得到有效实施和运用

(1) 草案放宽非职务发明的认定标准,规定在没有约定的情况下利用本单位物质技术条件完成的发明创造为非职务发明,以便充分调动发明人和设计人的积极性,促进技术创新。(2) 在职务发明创造获得专利权之后的合理期限内,如果国家科研单位未加实施,草案提出可允许发明人或设计人与单位协商自行实施,并获得相应收益,以解决国家设立的研究机构、高等院校专利技术转化率低的问题。(3) 草案为规范专利质押行为,就专利出质登记以及质权人的权益作出明确规定。(4) 草案引入专利当然许可制度,以解决专利许可供需信息不对称问题,降低专利许可成本。(5) 草案规定标准必要专利默示许可制度,以处理好标准和专利之间的关系,防止专利权人在参与国家标准制定过程中不当行使专利权损害公共利益。(6) 草案增加了防止专利权滥用的原则性规定。

5. 促使专利申请程序更加便利化

一是草案适当放宽办理优先权手续的程序性要求。现行《专利法》对申请人提出优先权要求的时间,以及提交在先申请文件副本的期限和方式作出了较为严格的规定。实践中,申请人由于未满足上述要求而导致实体权利丧失的情况时有发生,需要给予补救机会。针对这种情况,草案建议放宽提交在先申请文件副本的期限和形式要求。二是草案为外国申请人自行处理某些程序性事务提供方便。

6. 明确和强化专利行政部门服务职能

（1）草案明确国家和地方专利行政部门的职能和分工，强调专利行政部门在提供专利信息公共服务、促进专利运用等方面的职责。（2）草案增加县级政府设立专利行政部门的法律依据。县级知识产权部门处在管理第一线，贴近市场主体，由其开展专利执法，有利于及时发现和查处专利违法行为。（3）草案强化专利复审委员会依职权审查制度。规定专利复审委员会除了对当事人在复审和无效请求中提出的理由和证据进行审查外，必要时，可以对专利申请是否符合专利法有关规定的其他情形进行审查。

第三节　制定和完善保护著作权的政策法规

一　制定保护著作权的政策法规

1990年9月7日，第7届全国人民代表大会常务委员会第15次会议通过了《中华人民共和国著作权法》（以下简称《著作权法》），规定自1991年6月1日起施行。2002年8月2日，公布了《中华人民共和国著作权法实施条例》（以下简称《著作权法实施条例》），规定自2002年9月15日起施行。此间，还公布了《著作权集体管理条例》《计算机软件保护条例》和《信息网络传播权保护条例》等法规文件。

（一）确定保护著作权的主体与客体

1.《著作权法》确定保护的主体

《著作权法》确定保护的主体是著作权人，包括中国公民、法人或者其他组织，也包括外国人、无国籍人。

2.《著作权法》确定保护的客体

《著作权法》确定保护的客体，包括文学、艺术和自然科学、社会科学、工程技术等作品。《著作权法实施条例》对作品的具体内容作了规定，并赋予其专门的定义：（1）文字作品，是指小说、诗词、散文、论文等以文字形式表现的作品；（2）口述作品，是指即兴的演说、授课、法庭辩论等以口头语言形式表现的作品；（3）音乐作品，是指歌曲、交响乐等能够演唱或者演奏的带词或者不带词的作品；（4）戏剧作品，是指话剧、歌剧、地方戏等供舞台演出的作品；（5）曲艺作品，是指相声、快书、大鼓、评书等以说唱为主要形式表演的作品；（6）舞蹈作品，是指通过连续的动作、姿势、表情等表现思想情感的作品；（7）杂技艺术作品，是指杂技、魔术、马戏等通过形体动作和技巧表现的作品；（8）美术作品，是指绘画、书法、雕塑等以线条、色彩或者其他方式构成的有审美意义的平面或者立体的造型艺术作品；（9）建筑作品，是指以建筑物或者构筑物形式表现的有审美意义的作品；（10）摄影作品，是指借助器械在感光材料或者其他介质上记录客观物体形象的艺术作品；（11）电影作品和以类似摄制电影的方法创作的作品，是指摄制在一定介质上，由一系列有伴音或者无伴音的画面组成，并且借助适当装置放映或者以其他方式传播的作品；（12）图形作品，是指为施工、生产绘制的工程设计图、产品设计图，以及反映地理现象、说明事物原理或者结构的地图、示意图等作品；（13）模型作品，是指为展示、试验或者观测等用途，根据物体的形状和结构，按照一定比例制成的立体作品；（14）计算机软件，包括可由计算机执行的代码化指令序列的计算机程序，以及用来描述程序的内容、组成、设计、功能规格、开发情况、测试结果及使用方法的文字资料和图表等文档；（15）法规规定的其他作品。

在规定不受《著作权法》保护的对象时，我国《著作权法》与世界上许多国家的著作权法一样，先作出一个原则性的规定："依法禁止出版、传播的作品，不受本法保护。"再对具体对象作出规定。现行《著作权法》规定不属于保护的客体有：（1）法律、法规，国家机关的决议、决定、命令和其他具有立法、行政、司法性质的文件，及其官方正式译文；（2）时事新闻；（3）历法、通用数表、通用表格和公式。

（二）规定著作权内涵权能与侵权行为赔偿

1. 规定著作权的内涵权能

我国《著作权法》规定，著作权包括下列人身权和财产权：（1）发表权，即决定作品是否公之于众的权利；（2）署名权，即表明作者身份,在作品上署名的权利;(3)修改权,即修改或者授权他人修改作品的权利;(4)保护作品完整权,即保护作品不受歪曲、篡改的权利;(5)复制权,即以印刷、复印、拓印、录音、录像、翻录、翻拍等方式将作品制作一份或者多份的权利;(6)发行权,即以出售或者赠与方式向公众提供作品的原件或者复制件的权利;(7)出租权,即有偿许可他人临时使用电影作品和以类似摄制电影的方法创作的作品、计算机软件的权利,计算机软件不是出租的主要标的的除外;(8)展览权,即公开陈列美术作品、摄影作品的原件或者复制件的权利;(9)表演权,即公开表演作品,以及用各种手段公开播送作品的表演的权利;(10)放映权,即通过放映机、幻灯机等技术设备公开再现美术、摄影、电影和以类似摄制电影的方法创作的作品等的权利;(11)广播权,即以无线方式公开广播或者传播作品,以有线传播或者转播的方式向公众传播广播的作品,以及通过扩音器或者其他传送符号、声音、图像的类似工具向公众传播广播的作品的权利;(12)信息网络传播权,即以有线或者无线方式向公众提供作品,使公众可以在其个人选定的时间和地点获得作品的权利;(13)摄制权,即以摄制电影或者以类似摄制电影的方法将作品固定在载体上的权利;(14)改编权,即改变作品,创作出具有独创性的新作品的权利;(15)翻译权,即将作品从一种语言文字转换成另一种语言文字的权利;(16)汇编权,即将作品或者作品的片段通过选择或者编排,汇集成新作品的权利;(17)应当由著作权人享有的其他权利。

其中第(5)项至第(17)项权利,著作权人可以许可他人行使,也可以全部或者部分转让,并依照约定或本法规定获得报酬。

我国《著作权法》规定,著作权属于作者。作者的署名权、修改权、保护作品完整权的保护期不受限制。公民作品的发表权,以及上述第(5)项至第(17)项权利的保护期为作者终生及其死亡后50年,截至作者死亡后第50年的12月31日;如果是合作作品,截至最后死亡的作者死亡后第50年的12月31日。法人或者其他组织的作品、著作权(署名权除外)由法人或者其他组织享有的职务作品,其发表权以及上述第(5)项至第(17)项权利的保护期为50年,截至作品首次发表后第 50 年的 12 月 31 日，但作品自创作完成后 50 年内未发表的，本法不再保护。

2. 不属于著作权侵权行为的规定

我国《著作权法》规定，下列情况不属于侵权行为：（1）为个人学习、研究或者欣赏，使用他人已经发表的作品；（2）为介绍、评论某一作品或者说明某一问题，在作品中适当引用他人已经发表的作品；（3）为报道时事新闻，在报纸、期刊、广播电台、电视台等媒体中不可避免地再现或者引用已经发表的作品；（4）报纸、期刊、广播电台、电视台等媒体刊登或者播放其他报纸、期刊、广播电台、电视台等媒体已经发表的关于政治、经济、宗教问题的时事性文章，但作者声明不许刊登、播放的除外；（5）报纸、期刊、广播电台、电视台等媒体刊登或者播放在公众集会上发表的讲话，但作者声明不许刊登、播放的除外；（6）为学校课堂教学或者科学研究，翻译或者少量复制已经发表的作品，供教学或者科研人员使用，但不得出版发行；（7）国家机关为执行公务在合理范围内使用已经发表的作品；（8）图书馆、档案馆、纪念馆、博物馆、美术馆等为陈列或者保存版本的需要，复制本馆收藏的作品；（9）免费表演已经发表的作品，该表演未向公众收取费用，也未向表演者支付报酬；（10）对设置或者陈列在室外公共场所的艺术作品进行临摹、绘画、摄影、录像；（11）将中国公民、法人或者其他组织已经发表的以汉语言文字创作的作品翻译成少数民族语言文字作品在国内出版发行；（12）将已经发表的作品改成盲文出版。

此外，义务教育和国家教育规划出版的教科书，汇编已经发表的作品片段或者短小的文字作品、音乐作品或者单幅的美术作品、摄影作品，可以不经著作权人许可，但应按规定支付报酬，指明作者姓名、作品名称，并且不得侵犯著作权人依法享有的其他权利。

《著作权法》还对著作权许可使用和转让合同，作品的出版、表演、录音录像和播放等作出具体的规定。

3. 规定侵权行为的赔偿

2013 年公布的《关于修改〈著作权法实施条例〉的决定》规定：有《著作权法》第四十八条所列侵权行为，同时损害社会公共利益，非法经营额 5 万元以上的，著作权行政管理部门可处非法经营额 1 倍以上 5 倍以下的罚款；没有非法经营额或者非法经营额 5 万元以下的，著作权行政管理部门根据情节轻重，可处 25 万元以下的罚款。

《著作权法》第 49 条规定，侵犯著作权或者与著作权有关的权利的，侵权人应当按照权利人的实际损失给予赔偿；实际损失难以计算的，可以按照侵权人的违法所得给予赔偿。赔偿数额还应当包括权利人为制止侵权行为所支付的合理开支。权利人的实际损失或者侵权人的违法所得不能确定的，由法院根据侵权行为的情节，判决给予 50 万元以下的赔偿。

（三）制定《著作权集体管理条例》

2004 年 12 月 28 日，我国公布《著作权集体管理条例》（以下简称《条例》），规定自 2005 年 3 月 1 日起施行。该《条例》是依据《著作权法》制定的，目的是为了规范著作权集体管理活动，便于著作权人和与著作权有关的权利人行使权利和使用者使用作品。《条例》阐明，《著作权法》规定的表演权、放映权、广播权、出租权、信息网络传播权、复制权等权利人自己难以有效行使的权利，可以由著作权集体管理组织进行集体管理。国务院著作权管理部门主管全国的著作权集体管理工作。

《条例》界定"著作权集体管理"的内涵：是指著作权集体管理组织经权利人授权，集中行使权利人的有关权利并以自己的名义进行的下列活动：（1）与使用者订立著作权或者与著作权有关的权利许可使用合同；（2）向使用者收取使用费；（3）向权利人转付使用费；（4）进行涉及著作权或者与著作权有关的权利的诉讼、仲裁等。

《条例》界定"著作权集体管理组织"的内涵：是指为权利人的利益依法设立，根据权利人授权、对权利人的著作权或者与著作权有关的权利进行集体管理的社会团体。《条例》规定，依法享有著作权或者与著作权有关的权利的中国公民、法人或者其他组织，可以发起设立著作权集体管理组织，但应具备下列条件：（1）发起设立著作权集体管理组织的权利人不少于 50 人；（2）不与已经依法登记的著作权集体管理组织的业务范围交叉、重合；（3）能在全国范围代表相关权利人的利益；(4) 有著作权集体管理组织的章程草案、使用费收取标准草案和向权利人转付使用费的办法草案。

《条例》规定，著作权集体管理组织会员大会为著作权集体管理组织的权力机构。内设理事会对会员大会负责，执行会员大会决定。理事会成员不得少于9人。理事会任期4年，届满应进行换届选举。因特殊情况可以提前或者延期换届，但是换届延期不得超过1年。

《条例》规定，权利人可以与著作权集体管理组织以书面形式订立著作权集体管理合同，授权该组织对其依法享有的著作权或者与著作权有关的权利进行管理。权利人符合章程规定加入条件的，著作权集体管理组织应当与其订立著作权集体管理合同，不得拒绝。订立合同者成为该著作权集体管理组织的会员，便拥有相应的权利与义务。外国人、无国籍人符合本条例规定要求的，也可以参与著作权集体管理活动。

《条例》规定，著作权集体管理组织可以通过书面合同形式，许可他人使用其管理的作品、录音录像制品等，但不得与使用者订立专有许可使用合同。许可使用合同的期限不得超过2年；合同期限届满可以续订。著作权集体管理组织应当建立权利信息查询系统，供权利人和使用者查询。并规定，除《著作权法》规定应当支付的使用费外，著作权集体管理组织应当根据国家公告的使用费收取标准，与使用者约定收取使用费的具体数额。著作权集体管理组织收取的使用费，在提取管理费后，应当全部转付给权利人，不得挪作他用。著作权集体管理组织应当编制使用费转付记录，并保存10年以上。同时规定，著作权集体管理组织应当依法建立财务、会计制度和资产管理制度，设置会计账簿，并接受著作权管理部门和民政部门的监督。

《条例》还对著作权集体管理组织需要承担的法律责任，作了具体规定。

(四) 制定《计算机软件保护条例》

2001年12月20日，我国公布《计算机软件保护条例》(以下简称《条例》)，规定自2002年1月1日起施行。这个《条例》是根据《中华人民共和国著作权法》制定的，目的是为了保护计算机软件著作权人的权益，调整计算机软件在开发、传播和使用中发生的利益关系，鼓励计算机软件的开发与应用，促进软件产业和国民经济信息化的发展。

《条例》保护的客体是计算机软件（以下简称软件），包括：（1）计算机程序，指可由计算机执行的代码化指令序列，或者可被自动转换成代码化指令序列的符号化指令序列或者符号化语句序列。（2）文档，指用来描述程序的内容、组成、设计、功能规格、开发情况、测试结果及使用方法的文字资料和图表等，如程序设计说明书、流程图、用户手册等。开发软件所用的思想、处理过程、操作方法或者数学概念等不属于保护范围。

《条例》保护的主体为软件著作权人，即软件开发者，包括中国公民、法人或者其他组织，也包括外国人、无国籍人。

《条例》规定，软件著作权人享有发表权、署名权、修改权、复制权、发行权、出租权、信息网络传播权、翻译权，以及其他应当由软件著作权人享有的权利。著作权人可以许可他人行使其软件著作权，并有权获得报酬；也可以通过全部或者部分转让著作权，获得报酬。许可他人行使或者专有行使、转让软件著作权，当事人应当订立书面合同。订立许可他人专有行使软件著作权、订立转让软件著作权合同，可向著作权行政管理部门认定的软件登记机构登记。《条例》还规定了软件合法复制品所有人享有的权利。

《条例》规定，自然人软件著作权保护期为自然人终生及其死亡后50年，截至自然人死亡后第50年的12月31日；软件是合作开发的，截至最后死亡的自然人死亡后第50年的12月31日。法人或者其他组织的软件著作权，保护期为50年，截至软件首次发表后第50年的12月31日，但软件自开发完成之日起50年内未发表的，本条例不再保护。软件著作权是一种财产权，在保护期内，它可以转让给他人，也可以通过继承或继受方式发生转移。

《条例》规定，未经著作权人许可发表或登记其软件，把他人软件作为自己的软件发表或登记，未经合作者许可把合作开发的软件作为自己个人的发表或登记，在他人软件上署名或更改他人署名，未经许可就修改和翻译软件，以及其他侵犯软件著作权的行为，应当根据情况，承担停止侵害、消除影响、赔礼道歉、赔偿损失等民事责任。《条例》还规定，复制或部分复制著作权人软件，向公众发行、出租、通过信息网络传播著作权人软件等行为，可并处每件 100 元或货值金额 5 倍以下的罚款，故意避开或者破坏著作权人软件保护措施，故意删除或者改变软件权利管理电子信息，转让或者许可他人行使著作权人的软件著作权等行为，可以并处 5 万元以下的罚款。触犯刑律的，依照刑法关于侵犯著作权罪、销售侵权复制品罪的规定，依法追究刑事责任。

（五）制定《信息网络传播权保护条例》

2006 年 5 月 18 日，我国公布《信息网络传播权保护条例》（以下简称《条例》），规定自 2006 年 7 月 1 日起施行。这个《条例》是根据《著作权法》制定的，其目的在于：保护著作权人、表演者、录音录像制作者等权利人的信息网络传播权。

《条例》规定，权利人享有的信息网络传播权受著作权法和本条例保护。除法律、行政法规另有规定的以外，任何组织或者个人将他人的作品、表演、录音录像制品通过信息网络向公众提供，应当取得权利人许可，并支付报酬。为了保护信息网络传播权，权利人可以采取技术措施。还规定，未经权利人许可，任何组织或者个人不得故意避开或者破坏技术措施，也不得进行下列行为：（1）故意删除或者改变通过信息网络向公众提供的作品、表演、录音录像制品的权利管理电子信息，但由于技术上的原因无法避免删除或者改变的除外；（2）通过信息网络向公众提供明知或者应知未经权利人许可被删除或者改变权利管理电子信息的作品、表演、录音录像制品。同时规定，如果用于学校课堂教学或科学研究、以非营利形式向盲人提供作品、国家机关依法执行公务、进行信息网络安全性能测试等方面，可以避开技术措施，但不得向他人提供避开技术措施的技术、装置或者部件，不得侵犯权利人依法享有的其他权利。

《条例》明确界定下述三个概念的内涵：（1）信息网络传播权，指以有线或者无线方式向公众提供作品、表演或者录音录像制品，使公众可以在其个人选定的时间和地点获得作品、表演或者录音录像制品的权利。（2）技术措施，指用于防止、限制未经权利人许可浏览、欣赏作品、表演、录音录像制品的或者通过信息网络向公众提供作品、表演、录音录像制品的有效技术、装置或者部件。（3）权利管理电子信息，指说明作品及其作者、表演及其表演者、录音录像制品及其制作者的信息，作品、表演、录音录像制品权利人的信息和使用条件的信息，以及表示上述信息的数字或者代码。

《条例》规定，如果能够做到按规定不提供作者事先声明不许提供的作品，指明作品的名称和作者的姓名，依照规定支付报酬，采取技术措施防止他人侵权，不侵犯著作权人依法享有的其他权利，那么，下列通过信息网络提供他人作品的情形，不属于侵权行为：（1）为介绍、评论某一作品或者说明某一问题，在向公众提供的作品中适当引用已经发表的作品；（2）为报道时事新闻，在向公众提供的作品中不可避免地再现或者引用已经发表的作品；（3）为学校课堂教学或者科学研究，向少数教学、科研人员提供少量已经发表的作品；（4）国家机关为执行公务，在合理范围内向公众提供已经发表的作品；（5）将中国公民、法人或者其他组织已经发表的、以汉语言文字创作的作品翻译成的少数民族语言文字作品，向中国境内少数民族提供；（6）不以营利为目的，以盲人能够感知的独特方式向盲人提供已经发表的文字作品；（7）向公众提供在信息网络上已经发表的关于政治、经济问题的时事性文章；（8）向公众提供在公众集会上发表的讲话。此外，图书馆、档案馆、纪念馆、博物馆、美术馆等，通过信息网络向本馆服务对象提供本馆收藏的合法作品，通过信息网络实施九年制义务教育或者国家教育规划，为扶助贫困需要而通过信息网络提供他人作品等，不属于侵权行为。还规定，通过信息网络提供他人表演、录音录像制品，也应当遵守上述规定。

《条例》规定，对于信息网络传播侵权行为，应根据情况承担停止侵害、消除影响、赔礼道歉、赔偿损失等民事责任；同时损害公共利益的，可以由著作权行政管理部门责令停止侵权行为，没收违法所得，没收主要用于避开、破坏技术措施的装置或部件；情节严重的，可以没收主要用于提供网络服务的计算机等设备，并可处以10万元以下的罚款；构成犯罪的，依法追究刑事责任。

二 完善保护著作权的政策法规

2001年10月27日,第9届全国人民代表大会常务委员会第24次会议,通过了《著作权法》第一个修正案。2010年2月26日,第11届全国人民代表大会常务委员会第13次会议,通过了《著作权法》第二个修正案,规定自2010年4月1日起施行。目前,《著作权法》第三个修正草案,正在讨论过程中。

(一)《著作权法》的第一次修改

1990年制定的《著作权法》(以下称原《著作权法》),共6章、60条。它自施行以来,对保护著作权人的合法权益,激发其创作热情,促进经济科技发展和文化艺术繁荣,发挥了积极的作用。与此同时,社会经济和文化事业的发展,也对著作权保护制度提出了一些新要求。特别是,为了适应我国加入世界贸易组织的需要,兑现全面实施国际知识产权协议的承诺,适当修改这个《著作权法》,成为一项迫切的任务。2001年10月27日,第9届全国人民代表大会常务委员会第24次会议通过了《关于修改〈著作权法〉的决定》,并于同日公布施行。本次修改的主要内容有:①

1. 完善著作权的权利内容

世界各国的著作权法都规定,著作权包括人身权和财产权。我国原《著作权法》第10条,对人身权规定了发表权、署名权、修改权和保护作品完整权四项权利,并对每项权利的基本内涵作出界定。但对财产权的阐述比较原则,仅仅规定有使用权和获得报酬权。考虑到著作权中的财产权是著作权人的重要民事权利,法律对此需要作出具体规定。因此,本次修正案,借鉴国际上的通常做法,根据各方面达成的共识,把原《著作权法》第10条第5项规定的"使用权和获得报酬权"加以具体化,阐明共12项,包括复制权、发行权、出租权、展览权、表演权、放映权、广播权、信息网络传播权、摄制权、改编权、翻译权、汇编权

---

① 石宗源:《关于〈中华人民共和国著作权法修正案(草案)〉的说明》,在第9届全国人民代表大会常务委员会第19次会议上,2000年12月22日。

等,并界定每项权利的基本内涵。

2. 充实《著作权法》保护对象

(1)增加保护数据库的内容。原《著作权法》第14条规定对"编辑作品"予以保护。但是,实践中对"编辑作品"的理解过于狭窄,仅指由若干作品或者作品的片段汇集的作品,而没有把由不构成作品的材料汇集成的有独创性的汇编作品如数据库等作为保护对象。实际上,数据库恰恰是一种重要的科技创新成果,如果《著作权法》不予保护,是不利于信息产业的发展的。因此,本次修正案依据《与贸易有关的知识产权协议》的要求,把原《著作权法》第14条中的"编辑作品"改为"汇编作品",相应地把这一条修改为:"汇编若干作品、作品的片段或者不构成作品的数据或者其他材料,对其内容的选择或者编排体现独创性的作品,为汇编作品,其著作权由汇编人享有,但行使著作权时,不得侵犯原作品的著作权。"这样修改,就可以把数据库包含在汇编作品内。

(2)增加保护版式设计的内容。出版者的版式设计权,属于著作权的邻接权,是与著作权相关的一项独立的民事权利。原《著作权法》,没有把版式设计列入保护对象。本次修正案根据有关部门和专家的意见,并借鉴国际上的通行做法,增加了保护版式设计的内容,即第35条规定:出版者有权许可或者禁止他人使用其出版的图书、期刊的版式设计。这项规定的权利保护期为10年,截至使用该版式设计的图书、期刊首次出版后第10年的12月31日。

3. 完善合理使用的规定

原《著作权法》第22条第1款规定,在"合理使用"作品的12种情形下,使用人可以不经著作权人许可,不向其支付报酬。这12种情形的某些规定,跟有关国际文件存在一定差距。根据《与贸易有关的知识产权协议》的规定,本次修正案第10条对这一款作了以下修改。

(1)《与贸易有关的知识产权协议》和《保护文学和艺术作品伯尔尼公约》,对"合理使用"的原则,作了一定的限制:"既不损害作品的正常使用,也不致无故侵害作者的合法利益。"据此,本次修正案对原《著作权法》第 22 条第 1 款规定的 12 种"合理使用"情形，作了总的原则性限制，增加规定："应当指明作者姓名、作品名称，并且不得侵犯著作权人依照本法享有的其他权利。"

（2）按照原《著作权法》第 22 条第 1 款第 3 项的规定，为报道时事新闻，在报纸、期刊、广播、电视节目或者新闻纪录影片中引用已经发表的作品，属于"合理使用"。这样规定，超过了伯尔尼公约规定的"合理使用"范围。根据伯尔尼公约的有关规定，本次修正案把原《著作权法》第 22 条第 1 款第 3 项修改为："为报道时事新闻，在报纸、期刊、广播电台、电视台等媒体中不可避免地再现或者引用已经发表的作品。"

（3）按照原《著作权法》第 22 条第 1 款第 4 项的规定，报纸、期刊、广播电台、电视台刊登或者播放其他报纸、期刊、广播电台、电视台已经发表的社论、评论员文章，属于"合理使用"。伯尔尼公约第 10 条规定，把这种使用仅限于关于经济、政治或宗教的时事性文章。据此，本次修正案把原《著作权法》第 22 条第 1 款第 4 项修改为："报纸、期刊、广播电台、电视台等媒体刊登或者播放其他报纸、期刊、广播电台、电视台等媒体已经发表的关于政治、经济、宗教问题的时事性文章，但作者声明不许刊登、播放的除外。"

（4）按照原《著作权法》第 22 条第 1 款第 11 项的规定，将已经发表的汉族文字作品翻译成少数民族文字在国内出版发行，属于"合理使用"。知识产权国际公约没有作这样的规定。但是，考虑到发展、繁荣我国少数民族文化的需要，原《著作权法》上述规定还是保留为好，但又不宜适用于外国人。因此，本次修正案把原《著作权法》第 22 条第 1 款第 11 项修改为："将中国公民、法人或者其他组织已经发表的以汉语言文字创作的作品翻译成少数民族语言文字作品在国内出版发行。"

4. 增加《著作权法》的规定

（1）增加著作权集体管理的规定。原《著作权法》，对著作权人同与著作权有关的权利人的权利作了规定，但是没有明确规定如何行使这些权利。借鉴发达国家的成功做法，让权利人通过著作权集体管理组织代为行使权利。于是，本次修正案增加一条规定，即《著作权法》第 8 条："著作权人和与著作权有关的权利人可以授权著作权集体管理组织行使著作权或者与著作权有关的权利。著作权集体管理组织被授权后，可以以自己的名义为著作权人和与著作权有关的权利人主张权利，并可以作为当事人进行涉及著作权或者与著作权有关的权利的诉讼、仲裁活动。"

（2）增加许可教材使用他人作品的规定。借鉴一些国家的规定，编写出版教材使用他人作品属于法定许可范围。考虑到教育事业是一项非营利的社会公益事业，全社会都应当给予大力支持。为了实施科教兴国战略，本次修正案增加一条规定，即《著作权法》第 23 条："为实施九年制义务教育和国家教育规划而编写出版教科书，除作者事先声明不许使用的以外，可以不经著作权人许可，在教科书中汇编已经发表的作品片段或者短小的文字作品、音乐作品或者单幅的美术作品、摄影作品，但应当按照规定支付报酬，指明作者姓名、作品名称，并且不得侵犯著作权人依照本法享有的其他权利。""前款规定适用于对出版者、表演者、录音录像制作者、广播电台、电视台的权利的限制。"

（3）增加著作权转让的规定。原《著作权法》第 3 章，仅对著作权许可使用合同作了规定，而未对著作权的转让作出规定。随着社会经济的发展，著作权人转让财产权的行为，将会越来越普遍。针对著作权中财产权转让合同的具体特点，即合同约定转让的可以是财产权的全部，也可以是部分，本次修正案增加一项规定，即《著作权法》第 25 条：转让著作权中各项财产权规定的权利，应当订立书面合同。并规定著作权转让合同主要内容包括：作品的名称；转让的权利种类、地域范围；转让价金；交付转让价金的日期和方式；违约责任；双方认为需要约定的其他内容。同时，把原《著作权法》第 3 章的名称"著作权许可使用合同"，相应地修改为"著作权许可使用和转让合同"。

（4）增加侵权人赔偿损失的具体规定。原《著作权法》，对侵权人应当赔偿损失的民事责任只有原则性的规定，缺乏具体操作办法。司法实践中，主要是依照《民法通则》有关规定，根据被侵权人的实际损失或者侵权人的非法所得，计算赔偿数额。当被侵权人的实际损失和侵权人的非法所得都不能确定时，侵权案件就很难处理。经与最高人民法院商议，本次修正案增加一条规定，即《著作权法》第49条："侵犯著作权或者与著作权有关的权利的，侵权人应当按照权利人的实际损失给予赔偿；实际损失难以计算的，可以按照侵权人的违法所得给予赔偿。赔偿数额还应当包括权利人为制止侵权行为所支付的合理开支。""权利人的实际损失或者侵权人的违法所得不能确定的，由人民法院根据侵权行为的情节，判决给予50万元以下的赔偿。"

（5）增加保护著作权的临时措施。《与贸易有关的知识产权协议》第50条规定，司法当局有权采取有效的临时措施，防止任何延误给权利人造成不可弥补的损害或者证据灭失。我国原《著作权法》，对此没有作出规定。针对这一情况，并参照修改后《专利法》的有关规定，本次修正案增加一条规定，即《著作权法》第50条："著作权人或者与著作权有关的权利人有证据证明他人正在实施或者即将实施侵犯其权利的行为，如不及时制止将会使其合法权益受到难以弥补的损害的，可以在起诉前向人民法院申请采取责令停止有关行为和财产保全的措施。""人民法院处理前款申请，适用《中华人民共和国民事诉讼法》第九十三条至第九十六条和第九十九条的规定。"

（6）增加侵权人举证责任的规定。原《著作权法》未对举证责任作出规定，给查处盗版行为留下漏洞。在查处盗版活动中，由于侵权人无须为自己提供合法证据，他们往往以"无过错"为由逃避法律制裁。为了堵住这个漏洞，本次修正案增加一条规定，即《著作权法》第53条："复制品的出版者、制作者不能证明其出版、制作有合法授权的，复制品的发行者或者电影作品或者以类似摄制电影的方法创作的作品、计算机软件、录音录像制品的复制品的出租者不能证明其发行、出租的复制品有合法来源的，应当承担法律责任。"

5. 修改或补充《著作权法》的规定。

（1）修改广播电视组织播放录音制品的权利规定。原《著作权法》第43条规定："广播电台、电视台非营业性播放已经出版的录音制品，可以不经著作权人、表演者、录音制作者许可，不向其支付报酬。"这样规定，实际上是把广播电视组织播放录音制品，纳入"合理使用"的范围。然而，《伯尔尼公约》第11条规定，作者对其作品享有播放权，行使权利的条件由成员国法律规定，但在任何情况下，这些条件均不应有损于作者获得合理报酬的权利。本次修正案，根据《伯尔尼公约》的规定，把原《著作权法》第43条修改为："广播电台、电视台播放已经出版的录音制品，可以不经著作权人许可，但应当支付报酬，当事人另有约定的除外。具体办法由国务院规定。"

（2）补充对损害社会公共利益侵权行为行政处罚的规定。原《著作权法》规定，侵权人除应当承担民事责任外，可以由著作权行政管理部门给予没收非法所得和罚款的行政处罚。近几年来，侵权盗版、盗播屡禁不止，活动猖獗，不仅严重侵犯了著作权人的合法权益，而且严重损害社会公共利益。根据国家关于加大打击力度，端掉侵权制假"黑窝子"的精神，本次修正案加大对社会危害性较大的著作权侵权行为的行政处罚力度，除保留没收非法所得和罚款的行政处罚外，还补充规定：行政管理部门有权没收、销毁侵权复制品；情节严重的，还可以没收主要用于制作侵权复制品的材料、工具、设备等；并明确规定，构成犯罪的，依法追究刑事责任。

（二）《著作权法》的第二次修改

2010年2月26日，为进一步完善我国著作权法律制度，并根据执行世界贸易组织中美知识产权争端案裁决的现实需要，第11届全国人民代表大会常务委员会第13次会议通过了《关于修改〈著作权法〉的决定》，并自2010年4月1日起施行，这是对《著作权法》的第二次修改。本次修改内容不多，只涉及两个条款。

1. 把第4条修改为："著作权人行使著作权，不得违反宪法和法律，不得损害公共利益。国家对作品的出版、传播依法进行监督管理。"

2. 增加一条，作为第26条："以著作权出质的，由出质人和质权人向国务院著作权行政管理部门办理出质登记。"本次修正后的《著作权法》共6章、61条。

（三）启动《著作权法》第三次修改

上述两次《著作权法》修改，均与世界贸易组织有关。第一次修改，是为了满足加入世界贸易组织的直接需要。第二次修改，是为了履行世界贸易组织关于中美知识产权争端案裁决的现实需要。因此，这两次《著作权法》修改，均具有被动性和局部性的特点。已经启动的第三次修改，将着眼于适应我国经济社会发展和科学技术进步的现实需要，对许多条款会作出主动的、全面的调整。[1]

1.《著作权法》第三次修改的进展情况。

2011年年初，《著作权法》修订工作，被列入国务院当年立法工作计划"需要积极研究论证的项目"。2011年7月13日，国家版权局召集相关部门和专家，在京举行了"《著作权法》第三次修订启动会议暨专家聘任仪式"，标志着《著作权法》第三次修订工作正式启动。

为顺利推进这项工作，国家版权局专门成立了"《著作权法》修订工作领导小组"和"《著作权法》修订工作专家委员会"。

为广泛听取社会各界意见和建议，国家版权局于2011年7月初发出通知，邀请社会各界包括行政机关、人民法院、社会团体、科研院所、产业界、专家学者等近200家单位和个人就《著作权法》修订工作提出意见。同时，为保证修法工作质量，国家版权局专门委托了著作权领域影响力较大的3家教学科研单位，分别起草《著作权法》修订专家建议稿。2011年12月31日，3家起草单位如期提交《著作权法》修订专家建议稿。2012年1月13日，国家版权局召集专家委员会成员及相关立法部门在北京举行专家委员会第一次会议，由3家专家建议稿起草单位汇报起草工作情况，并请与会专家研讨。

2012年2月1日，国务院办公厅发布《关于印发国务院2012年立法工作计划的通知》，其中把《著作权法》修订，确定为"需要抓紧工作、适时提出的项目"。据此，2012年2月初，国家版权局开始着手起草《著作权法》修改草案。2012年2月下旬，起草工作初步完成，《著

---

[1] 关于《著作权法》第三次修改的说明，请参阅中国国家知识产权局官方网站。

作权法》修改草案形成文本。随后，国家版权局迅速就草案进行了小范围内征求意见。2012年3月19日，国家版权局召集专家委员会成员及相关立法部门举行专家委员会第二次会议，对草案进行讨论。根据与会专家的意见和建议，国家版权局对草案进行多次修改，最终形成了目前的文本。

2.《著作权法》第三次修改的主要方法。

（1）把《著作权法实施条例》《计算机软件保护条例》和《信息网络传播权保护条例》三部法规中的内容，如著作权产生时间、"三步检验法"、技术保护措施和权利管理信息等，吸收到《著作权法》中，作为著作权保护中的一般性问题。

（2）根据国际公约的基本要求，在现行《著作权法》中增加必要内容，使其与相关国际条约一致，如作者出租权、表演者出租权、技术保护措施和权利管理信息等。

（3）把实践证明行之有效司法解释的相关规定，上升到《著作权法》中，如著作权和相关权登记、委托作品的使用等；

（4）将业界反复呼吁和实践中迫切需要的，在征求意见过程中初步达成共识的内容写入法律中——如著作权集体管理组织延伸性集体管理、实用艺术作品、信息网络传播权和广播权的界定、视听作品归属、职务作品归属、著作权专有许可和转让登记、著作权纠纷行政调解等。

3.《著作权法》第三次修改草案的篇章结构和体例。

我国现行《著作权法》共6章、61条。根据20多年来《著作权法》施行的基本情况，参考我国其他知识产权法律的篇章结构和体例，同时借鉴世界其他国家和地区著作权法，第三次修改草案中对篇章结构和体例进行了调整，草案共8章、88条，其主要修改内容是：（1）第一章总则保持不变。（2）第二章著作权删去"权利的限制"一节。（3）把第四章"出版、表演、录音录像、播放"删去许可使用等内容后，提前到第三章，并更名为"相关权"。（4）把第二章中"权利的限制"一节，单列为第四章。理由是，权利的限制既与著作权相关，也与相关权相关，著作权一章无法完全涵盖其全部内容。（5）把第三章"著作权许可使用和转让合同"更名为"权利的行使"作为第五章。

(6) 把技术保护措施和权利管理信息单列为第六章，理由是其他章节无法涵盖其内容。(7) 把第五章"法律责任和执法措施"更名为"权利的保护"作为第七章。(8) 第八章附则保持不变。

第四节 完善保护知识产权的其他政策法规

一 制定保护知识产权的其他相关法规条例

（一）制定《特殊标志管理条例》

1996年7月13日，我国发布并施行《特殊标志管理条例》（以下简称《条例》）。制定该《条例》的目的是：为了加强对特殊标志的管理，推动文化、体育、科学研究及其他社会公益活动的发展，保护特殊标志权利人的合法权益。

《条例》保护的客体，是指经国务院批准举办的全国性和国际性的文化、体育、科学研究及其他社会公益活动所使用的，由文字、图形组成的名称及缩写、会徽、吉祥物等标志。它们须经国务院工商行政管理部门核准登记。没有登记或不允许登记的特殊标志，不在保护范围之内。

《条例》规定，特殊标志所有人使用或者许可他人使用特殊标志所募集的资金，必须用于特殊标志所服务的社会公益事业，并接受国务院财政部门、审计部门的监督。特殊标志有效期为4年，所有人可提出延期申请，延长的期限由实际情况和需要决定。所有人可在与其公益活动相关的广告、纪念品及其他物品上使用该标志，也可通过书面合同形式，许可企业、事业单位、社会团体、个体工商户使用。

《条例》规定，工商行政管理部门发现所有人或使用人擅自改变特殊标志文字、图形，所有人未签合同许可他人使用，使用人在规定期限内未报备案或存查，以及超出核准登记的商品或者服务范围使用等行为，应责令改正，可以处5万元以下的罚款；情节严重的，责令其停止使用，并撤销登记。

《条例》还规定，擅自使用与所有人相同或者近似的特殊标志，未经许可擅自制造、销售特殊标志或用于别的商业活动，以及其他给所有人造成经济损失的行为,属于侵权行为,一旦发现,责令其立即停止,没收侵权商品,没收违法所得,并处违法所得5倍以下的罚款,没有违法所得的,处1万元以下的罚款。

(二) 制定《奥林匹克标志保护条例》

2002年1月30日,国务院第54次常务会议通过了《奥林匹克标志保护条例》(以下简称《条例》),规定自2002年4月1日起施行。制定这个《条例》,旨在加强对奥林匹克标志的保护,保障奥林匹克标志权利人的合法权益,维护奥林匹克运动的尊严。

《条例》保护的客体包括:(1) 奥林匹克五环图案标志、奥林匹克旗、奥林匹克格言、奥林匹克徽记、奥林匹克会歌;(2) 奥林匹克、奥林匹亚、奥林匹克运动会及其简称等专有名称;(3) 中国奥林匹克委员会的名称、徽记、标志;(4) 北京2008年奥林匹克运动会申办委员会的名称、徽记、标志;(5) 第29届奥林匹克运动会组织委员会的名称、徽记,第29届奥林匹克运动会的吉祥物、会歌、口号,"北京2008"、第29届奥林匹克运动会及其简称等标志;(6)《奥林匹克宪章》和《第29届奥林匹克运动会主办城市合同》中规定的其他与第29届奥林匹克运动会有关的标志。

《条例》保护的主体就是奥林匹克标志权利人,包括:国际奥林匹克委员会、中国奥林匹克委员会和第29届奥林匹克运动会组织委员会。权利人享有奥林匹克标志专有权。未经权利人许可,任何人不得为商业目的(含潜在商业目的)使用奥林匹克标志。

《条例》规定,国务院工商行政管理部门负责全国奥林匹克标志保护工作。为商业目的使用奥林匹克标志,应当与权利人订立使用许可合同。被许可人只得在合同约定的地域范围、期间内使用该标志。本条例施行前已经依法使用奥林匹克标志的,可以在原有范围内继续使用。未经权利人许可,擅自在商业活动中使用奥林匹克标志,属于侵权行为。由此引起纠纷,可以协商解决;不愿协商或者协商不成的,可向法院提起诉讼,也可请求工商行政管理部门处理。工商行政管理部门认定侵权行为成立的,将责令立即停止侵权行为,没收、销毁侵权商品和生产工具,有违法所得的,没收违法所得,可以并处违法所得5倍以下的罚款；没有违法所得的，可以并处5万元以下的罚款。利用奥林匹克标志进行诈骗等活动，触犯刑律的，依照刑法关于诈骗罪或者其他罪的规定，依法追究刑事责任。

（三）制定《世界博览会标志保护条例》

2004年10月13日，国务院第66次常务会议通过了《世界博览会标志保护条例》（以下简称《条例》），规定自2004年12月1日起施行。制定这个《条例》的目的：为了加强对世界博览会标志的保护，维护世界博览会标志权利人的合法权益。

《条例》保护的客体有：（1）中国2010年上海世界博览会申办机构的名称（包括全称、简称、译名和缩写）、徽记或者其他标志；（2）中国2010年上海世界博览会组织机构的名称、徽记或者其他标志；（3）中国2010年上海世界博览会的名称、会徽、会旗、吉祥物、会歌、主题词、口号；（4）国际展览局的局旗。

《条例》保护的主体就是世界博览会标志权利人，包括：中国2010年上海世界博览会组织机构和国际展览局。

《条例》规定，权利人享有世界博览会标志专有权。未经权利人许可，任何人不得为商业目的（含潜在商业目的）使用世界博览会标志。世界博览会标志保护工作，由全国各级工商行政管理部门负责。在本条例施行前已经依法使用世界博览会标志的，可以在原有范围内继续使用。未经权利人许可，为商业目的擅自使用世界博览会标志，引起纠纷的，由当事人协商解决；不愿协商或者协商不成的，可向法院提起诉讼，也可请求工商行政管理部门处理。工商行政管理部门认定侵权行为成立时，将责令其立即停止侵权行为，没收、销毁侵权商品和生产工具，有违法所得的，没收违法所得，可以并处违法所得5倍以下的罚款；没有违法所得的，可以并处5万元以下的罚款。

（四）制定《集成电路布图设计保护条例》

2001年3月28日，国务院第36次常务会议通过了《集成电路布图设计保护条例》（以下简称《条例》），规定自2001年10月1日起施行。制定这项《条例》，主要目的在于保护集成电路布图设计专有权，鼓励集成电路技术创新。

《条例》赋予集成电路的定义是：指半导体集成电路，即以半导体材料为基片，将至少有一个是有源元件的两个以上元件和部分或者全部互连线路集成在基片之中或者基片之上，以执行某种电子功能的中间产品或者最终产品。赋予集成电路布图设计（以下简称布图设计）的定义是：指集成电路中至少有一个是有源元件的两个以上元件和部分或者全部互连线路的三维配置，或者为制造集成电路而准备的上述三维配置。受保护的布图设计应具有独创性，而不是公认的常规设计。

《条例》规定布图设计权利人，包括对布图设计享有专有权的中国自然人、法人或者其他组织，也包括创作的布图设计首先在中国境内应用的外国人。布图设计权利人享有对该产品复制或将其投入商业利用的专有权。布图设计专有权的保护期为10年，它在保护期内可以通过继承转移。权利人可以通过书面合同转让布图设计专有权，也可以通过书面合同许可他人使用。未经权利人许可，复制或为商业目的使用受保护的布图设计，属于侵权行为，必须立即停止，并承担赔偿责任。

（五）制定和修改《中华人民共和国植物新品种保护条例》

1. 颁布《中华人民共和国植物新品种保护条例》。

1997年3月20日，国务院公布《中华人民共和国植物新品种保护条例》（以下简称《条例》）。《条例》包括总则、品种权的内容和归属、授予品种权的条件、品种权的申请和受理、品种权的审查与批准、期限、终止和无效、罚则、附则等；共8章46条，自1997年10月1日起施行。为了更好地实施《条例》，还制定了《条例实施细则》。制定这一《条例》的目的，是为了保护植物新品种权，鼓励培育和使用植物新品种，促进农业、林业的发展。

《条例》保护的客体，是经过人工培育的或者对发现的野生植物加以开发，具备新颖性、特异性、一致性和稳定性并有适当命名的植物品种。《条例实施细则》规定，农业植物新品种包括粮食、棉花、油料、麻类、糖料、蔬菜（含西甜瓜）、烟草、桑树、茶树、果树（干果除外）、观赏植物（木本除外）、草类、绿肥、草本药材、食用菌、藻类和橡胶树等植物的新品种。

《条例》保护的主体是植物新品种权利人，包括我国自然人、企事业单位和其他组织。外国人、外国企业或者外国其他组织，按照该国与我国签订的协议或者共同参加的国际条约，或者根据互惠原则，可以办理申请品种权，成为《条例》保护的主体。

《条例》规定，由国务院农业、林业行政部门按照职责分工组成审批机关，共同负责植物新品种权的申请受理、审查和授权管理。生产、销售和推广授权品种，应按国家有关种子的法规审定。完成育种的单位或个人对授权品种享有专有权。未经权利人许可，不得为商业目的生产或销售该授权品种的繁殖材料，不得为商业目的将该授权品种的繁殖材料重复使用于生产另一品种的繁殖材料。植物新品种的申请权和品种权可以依法转让。利用授权品种进行育种及其他科研活动，农民自繁自用授权品种的繁殖材料等，可以不经权利人许可使用授权品种，也不必支付使用费。

《条例》规定，申请品种权的植物新品种，应当属于国家植物品种保护名录中列举的植物的属或者种。应当具备新颖性、特异性、一致性和稳定性。应当具备适当的名称，并与相同或者相近的植物属或者种中已知品种的名称相区别。品种名称不能仅以数字组成，不得违反社会公德，尽力避免对植物新品种的特征、特性或者育种者的身份等引起误解。

《条例》规定，品种权的保护期限，自授权之日起，藤本植物、林木、果树和观赏树木为20年，其他植物为15年。

《条例》还规定，未经权利人许可，在商业活动中使用授权品种的繁殖材料，权利人可以请求省级以上政府农业、林业行政部门依据各自的职权进行处理，也可以直接向法院起诉。省级以上行政部门处理品种权侵权案件时，可责令侵权人停止侵权行为，没收违法所得，可并处违法所得5倍以下的罚款。假冒授权品种的，由县级以上农业、林业行政部门责令停止假冒行为，没收违法所得和植物品种繁殖材料，并处违法所得1倍以上5倍以下的罚款；情节严重，构成犯罪的，依法追究刑事责任。销售授权品种未使用其注册登记的名称的，由县级以上农业、林业行政部门责令限期改正，可处1000元以下的罚款。

2. 修改《中华人民共和国植物新品种保护条例》。

2013 年 1 月 16 日,国务院公布《关于修改〈中华人民共和国植物新品种保护条例〉的决定》,规定自 2013 年 3 月 1 日起施行。修改《条例》的内容如下。

(1) 把第 39 条第 3 款修改为:"省级以上人民政府农业、林业行政部门依据各自的职权处理品种权侵权案件时,为维护社会公共利益,可以责令侵权人停止侵权行为,没收违法所得和植物品种繁殖材料;货值金额 5 万元以上的,可处货值金额 1 倍以上 5 倍以下的罚款;没有货值金额或者货值金额 5 万元以下的,根据情节轻重,可处 25 万元以下的罚款。"

(2) 把第 40 条修改为:"假冒授权品种的,由县级以上人民政府农业、林业行政部门依据各自的职权责令停止假冒行为,没收违法所得和植物品种繁殖材料;货值金额 5 万元以上的,处货值金额 1 倍以上 5 倍以下的罚款;没有货值金额或者货值金额 5 万元以下的,根据情节轻重,处 25 万元以下的罚款;情节严重,构成犯罪的,依法追究刑事责任。"

(六) 制定和修改《中华人民共和国知识产权海关保护条例》

1. 制定《中华人民共和国知识产权海关保护条例》。

2003 年 11 月 26 日,国务院常务会议通过了《中华人民共和国知识产权海关保护条例》(以下简称《条例》),它包括总则、知识产权的备案、扣留侵权嫌疑货物的申请及其处理、法律责任、附则共 5 章 33 条,规定自 2004 年 3 月 1 日起施行。《条例》是根据《中华人民共和国海关法》制定的,目的是为了实施知识产权海关保护,促进对外经济贸易和科技文化交往,维护公共利益。

《条例》保护的客体是海关进出口货物,具体内容包括:与进出口货物有关并受我国法规保护的商标专用权、著作权和与著作权有关的权利、专利权,可简称为进出口货物的知识产权。

《条例》规定,国家禁止侵犯知识产权的货物进出口。知识产权权利人请求海关保护的,应当向海关提出申请。海关保护知识产权时,应当保守当事人的商业秘密。权利人可向海关总署申请知识产权保护备案,海关保护备案有效期为 10 年。权利人可以申请续展备案,每次续展备案的有效期为 10 年。发现知识产权申请文件不齐全或者无效、申请人不是权利人、知识产权不再受法规保护等情况,海关总署将不予备案。

《条例》规定,权利人发现侵权嫌疑货物即将进出口的,可以向货物进出境地海关提出扣留侵权嫌疑货物的申请。请求海关扣留侵权嫌疑货物时,必须提供足够证据,并向海关提供不超过货物等值的担保。海关发现进出口货物有侵犯备案知识产权嫌疑的,应当立即书面通知权利人。经海关同意,知识产权权利人和收货人或者发货人可以查看有关货物。收货人或者发货人认为其货物未侵犯知识产权的,应当向海关提出书面说明并附送相关证据。

《条例》规定,被扣留的侵权嫌疑货物,经海关调查后认定为侵犯知识产权的,由海关予以没收,同时将有关情况书面通知知识产权权利人。被没收货物,可用于社会公益事业的,海关应转交给有关公益机构;权利人有收购意愿的,海关可有偿转让给知识产权权利人;无法用于社会公益事业且权利人无收购意愿的,海关可在消除侵权特征后拍卖;侵权特征无法消除的,海关予以销毁。还规定,进口或者出口侵犯知识产权货物,构成犯罪的,依法追究刑事责任。

2. **修改《中华人民共和国知识产权海关保护条例》。**

2010 年 3 月 17 日,国务院常务会议通过了《关于修改〈中华人民共和国知识产权海关保护条例〉的决定》,规定自 2010 年 4 月 1 日起施行。本次对《条例》作了如下修改:

(1) 把第 11 条修改为:"知识产权备案情况发生改变的,知识产权权利人应当自发生改变之日起 30 个工作日内,向海关总署办理备案变更或者注销手续。

"知识产权权利人未依照前款规定办理变更或者注销手续,给他人合法进出口或者海关依法履行监管职责造成严重影响的,海关总署可以根据有关利害关系人的申请撤销有关备案,也可以主动撤销有关备案。"

(2) 把第 23 条第 1 款修改为:"知识产权权利人在向海关提出采

取保护措施的申请后,可以依照《中华人民共和国商标法》《中华人民共和国著作权法》《中华人民共和国专利法》或者其他有关法律的规定,就被扣留的侵权嫌疑货物向人民法院申请采取责令停止侵权行为或者财产保全的措施。"

(3)第24条增加1项,作为第(五)项:"在海关认定被扣留的侵权嫌疑货物为侵权货物之前,知识产权权利人撤回扣留侵权嫌疑货物的申请的。"

(4)把第27条第3款修改为:"被没收的侵犯知识产权货物可以用于社会公益事业的,海关应当转交给有关公益机构用于社会公益事业;知识产权权利人有收购意愿的,海关可以有偿转让给知识产权权利人。被没收的侵犯知识产权货物无法用于社会公益事业且知识产权权利人无收购意愿的,海关可以在消除侵权特征后依法拍卖,但对进口假冒商标货物,除特殊情况外,不能仅清除货物上的商标标识即允许其进入商业渠道;侵权特征无法消除的,海关应当予以销毁。"

(5)把第28条改为第31条,修改为:"个人携带或者邮寄进出境的物品,超出自用、合理数量,并侵犯本条例第2条规定的知识产权的;按照侵权货物处理。"

二 通过修订科技进步法来完善知识产权政策

2007年修订后的《科技进步法》重点修改之处表现在:把建设创新型国家写入法律,通过宽容失败和强调诚信来鼓励创新,确定企业技术创新主体地位,加强科学技术资源共享制度,支持农业基础科技研究五个方面。实际上,还有一个重点修改的地方:进一步健全和完善知识产权政策。

(一)提出制定和实施知识产权战略

1993年颁布的《科技进步法》第3条规定:"国家和全社会尊重知识、尊重人才,尊重科学技术工作者的创造性劳动,保护知识产权。"

2007年修改后的《科技进步法》第7条,在体现原法保护知识产权精神的基础上进一步规定:"国家制定和实施知识产权战略,建立和完善知识产权制度,营造尊重知识产权的社会环境,依法保护知识产权,激励自主创新。"并要求企业、事业组织和科学技术人员增强知识产权意识,提高运用、保护和管理知识产权的能力。同时,针对科技创新,提出进一步完善知识产权制度的具体措施。如第18条规定:国家鼓励金融机构开展知识产权质押业务,鼓励和引导金融机构在信贷等方面支持科学技术应用和高新技术产业发展,鼓励保险机构根据高新技术产业发展的需要开发保险品种。这条规定,对促进高新技术企业发展将产生积极影响。高新技术企业特别是中小型科技企业,往往由于可用于抵押担保的固定资产不足而导致融资困难,同时,这类企业通常拥有大量的知识产权等无形资产,充分发挥这些知识产权的价值,推行知识产权质押业务,是拓展高新技术企业和中小科技企业的融资渠道的重要手段。第20条对知识产权拥有者的确认,以及使用、转让和利益分配等作了详细规定。第21条对由政府基金资助项目形成的知识产权,如何在国内外使用,提出了具体要求。

(二) 分清知识产权的归属

国家自然科学基金项目、科学技术计划项目产生的成果,其知识产权归属政策,是调整各方利益关系的重要杠杆。长期以来,我国对于这类知识产权,过分强调国家所有,但实际操作的结果是:形式上国家所有,事实上单位所有。这样,便出现了权利与义务不对称,权限与职责分不清的状况,导致一些单位未能主动采取措施保护知识产权,同时国家对一些重要科研成果疏于管理,又难以形成自主知识产权。

2007年修订后的《科技进步法》,在充分肯定以往科技管理实践的基础上,借鉴国外成功经验,对国家自然科学基金项目、科学技术计划项目成果的知识产权作出具体规定,分清它的权利归属问题。

该法第20条规定:"利用财政性资金设立的科学技术基金项目或者科学技术计划项目所形成的发明专利权、计算机软件著作权、集成电路布图设计专有权和植物新品种权,除涉及国家安全、国家利益和重大社会公共利益的外,授权项目承担者依法取得。"

在政府财政资金资助的项目中,国家与项目承担者之间属于一种委托代理关系,国家是委托人,项目承担者是代理人,国家把研究开发任务委托给项目承担者代理完成。对这种委托代理过程产生的知识产权，该条规定明确了两种归属情况：(1) 属于国家安全、国家利益和重大社会公共利益的项目，其下达部门通过文件规定或合同等形式明确国家享有知识产权。(2) 不在上述范围的项目，其成果形成的知识产权归承担者依法取得，属于承担者所有。

本条列举的各类知识产权，技术含量高，产业应用价值大。把这类知识产权授予科研项目承担者，有利于调动承担者申请知识产权保护、实施产业化的积极性。关于本条规定的项目承担者，是指与项目下达部门签订科研任务书的合同一方，可以是科研机构，也可以是科技工作者个人。与此同时，为确保科研项目成果切实发挥应有的经济、社会效益，《科技进步法》除了对项目承担者规定享有上述知识产权外，还对承担者的义务和国家保留的权利作了规定：

(1) 要求承担者依法保护科研项目形成的知识产权，积极推进项目成果的产业化，并就实施和保护情况向项目管理机构提交年度报告，以便国家对其实施情况进行监督。

(2) 对承担者在合理期限内没有实施的知识产权，国家可以无偿实施，也可以许可他人有偿实施或者无偿实施，其中合理期限将根据项目的领域、技术成熟程度等情况综合判断。

(3) 项目承担者依法取得的知识产权，无论实施情况如何，为了国家安全、国家利益和重大社会公共利益的需要，国家可以无偿实施，也可以许可他人有偿实施或者无偿实施。

(4) 项目承担者因实施知识产权所产生的利益分配，依照有关法律、行政法规的规定执行；法律、行政法规没有规定的，按照约定执行。

(5) 鼓励承担者对上述知识产权首先在境内使用，使政府资助的基金项目成果能为我国经济社会发展服务。同时，规定上述知识产权向境外的组织或者个人转让，或者许可境外的组织、个人独占实施的，应当经项目管理机构批准。

三 实施国家知识产权战略

(一) 颁发《国家知识产权战略纲要》

2008年6月5日,国务院颁发了《国家知识产权战略纲要》(以下简称《战略纲要》),提出的目标任务是,到2020年,把我国建设成为知识产权创造、运用、保护和管理水平较高的国家。自主知识产权的水平和拥有量能够有效支撑创新型国家建设,知识产权制度对经济发展、文化繁荣和社会建设的促进作用充分显现。要求5年内自主知识产权水平大幅度提高,拥有量进一步增加。运用知识产权的效果明显增强,知识产权密集型商品比重显著提高。知识产权保护状况明显改善,滥用知识产权现象得到有效遏制。全社会特别是市场主体的知识产权意识普遍提高,知识产权文化氛围初步形成。

《战略纲要》包括序言、指导思想和战略目标、战略重点、专项任务、战略措施5个部分,含65条具体内容。

1. 重大意义。

《战略纲要》强调,实施国家知识产权战略,大力提升知识产权创造、运用、保护和管理能力,有利于增强我国自主创新能力,建设创新型国家;有利于完善社会主义市场经济体制,规范市场秩序和建立诚信社会;有利于增强我国企业市场竞争力和提高国家核心竞争力;有利于扩大对外开放,实现互利共赢。因此,必须把知识产权战略作为国家重要战略,切实加强知识产权工作。

2. 指导思想。

《战略纲要》指出,实施国家知识产权战略的指导思想是,深入贯彻落实科学发展观,按照激励创造、有效运用、依法保护、科学管理的方针,着力完善知识产权制度,积极营造良好的知识产权法治环境、市场环境、文化环境,大幅度提升我国知识产权创造、运用、保护和管理能力,为建设创新型国家和全面建设小康社会提供强有力支撑。

3. 战略重点。

《战略纲要》确定的国家知识产权战略重点:(1)完善知识产权制度。一是进一步完善知识产权法律法规;二是健全知识产权执法和管理体制；三是强化知识产权在经济、文化和社会政策中的导向作用。（2）促进知识产权创造和运用。一是运用财政、金融、投资、政府采购政策和产业、能源、环境保护政策，引导和支持市场主体创造和运用知识产权；二是推动企业成为知识产权创造和运用的主体。（3）加强知识产权保护。加大司法惩处力度，提高维权意识和能力，降低维权成本，提高侵权代价，有效遏制侵权行为。（4）防止知识产权滥用。制定相关法律法规，合理界定知识产权的界限，维护公平竞争的市场秩序和公众合法权益。（5）加强知识产权宣传，开展知识产权普及教育，形成尊重知识、崇尚创新、诚信守法的知识产权文化。

4. 专项任务。

（1）专利。要以国家战略需求为导向，在生物和医药、信息、新材料、先进制造、先进能源、海洋、资源环境、现代农业、现代交通、航空航天等技术领域超前部署，掌握一批核心技术的专利，支撑我国高技术产业与新兴产业发展。同时，还要完善技术标准、职务发明制度、专利审查程序和强制许可制度等。（2）商标。切实保护商标权人和消费者的合法权益，支持企业使用自主商标，充分发挥商标在农业产业化中的作用，加强商标管理。（3）版权。扶持新闻出版、广播影视、文学艺术、文化娱乐、广告设计、工艺美术、计算机软件、信息网络等版权相关产业发展，促进版权市场化，加大盗版行为处罚力度，有效应对互联网等新技术发展对版权保护的挑战。（4）商业秘密。建立商业秘密管理制度，打击窃取他人商业秘密行为，妥善处理保护商业秘密与人才合理流动的关系。（5）植物新品种。扶持新品种培育，推动育种创新成果转化为植物新品种权；合理调节资源提供者、育种者、生产者和经营者之间的利益关系，提高植物新品种权保护意识。（6）特定领域知识产权。完善地理标志保护制度，完善遗传资源保护、开发和利用制度，建立健全传统知识保护制度，加强民间文艺保护，加强集成电路布图设计专有权的有效利用。（7）国防知识产权。建立国防知识产权的统一协调机制，加强国防知识产权管理，促进国防知识产权有效运用。

5. 战略措施。

（1）提升知识产权创造能力；（2）鼓励知识产权转化运用；

(3) 加快知识产权法制建设；(4) 提高知识产权执法水平；(5) 加强知识产权行政管理；(6) 发展知识产权中介服务；(7) 加强知识产权人才队伍建设；(8) 推进知识产权文化建设；(9) 扩大知识产权对外交流合作。

(二) 公布《深入实施国家知识产权战略行动计划》

2014年12月10日，国务院办公厅转发了知识产权局等单位制定的《深入实施国家知识产权战略行动计划（2014—2020年）》（以下简称《行动计划》）。

《国家知识产权战略纲要》颁布实施以来，推动知识产权战略实施工作取得新的进展和成效，基本实现了第一阶段五年目标，对促进经济社会发展发挥了重要支撑作用。为进一步贯彻落实《战略纲要》，全面提升知识产权综合能力，特制订《行动计划》，其内容主要如下：

1. 主要目标。知识产权创造水平显著提高，知识产权运用效果显著增强，知识产权保护状况显著改善，知识产权管理能力显著增强，知识产权基础能力全面提升。

2. 主要行动。(1) 推动知识产权密集型产业发展，运用知识产权服务于现代农业，并促进现代服务业发展，支撑产业转型升级。(2) 做好知识产权行政执法信息公开，加强重点领域知识产权行政执法。同时，推进软件正版化工作，加强知识产权刑事执法和司法保护，推进知识产权纠纷社会预防与调解工作，形成加强知识产权保护的良好社会环境。(3) 强化科技创新知识产权管理，加强知识产权审查，实施重大经济活动知识产权评议，引导企业加强知识产权管理，加强国防知识产权管理，从而全面提升知识产权管理效能。(4) 加强涉外知识产权工作，完善与对外贸易有关的知识产权规则，支持企业"走出去"，通过拓展知识产权国际合作，推动国际竞争力提升。

3. 基础工程。知识产权信息服务工程，知识产权调查统计工程，知识产权人才队伍建设工程。

4. 保障措施。加强组织实施，加强督促检查，加强财政支持，完善法律法规。

第八章　科技创新政策演变研究

为了提升综合国力和核心竞争力，我国日益重视科技事业的发展。先后实施多项科技计划，密切跟踪世界科技的最新进展，推动科技成果由潜在的生产力转化为现实的生产力。同时，把科教兴国战略与依法治国理念紧密结合，通过颁布发展规划、法律和法规，不断健全和完善科技政策法规体系，确保科技兴国战略的贯彻实施。在此过程中，经过多年努力，我国在运用政策促进科技创新活动方面，逐步走出一条富有中国特色的道路。[①] 我国通过制定中长期科技发展规划作为推动科技进步政策的核心，并制定科技发展专项计划、科技进步法、国家科技奖励条例、农业技术推广法、促进科技成果转化法、科学技术普及法等更加具体的政策法规，进一步完善推动科技进步、促进科技成果转化的政策体系。同时，制定科技信用管理政策，确保科技人员从事创新活动时，能够遵守科技界公认的行为准则和道德规范。这些政策法规，对促进科技事业发展、增强原始性创新能力和建设国家创新体系发挥着重要作用。

---

① 张明龙：《区域政策与自主创新》，中国经济出版社2009年版，第344页。

第八章 科技创新政策演变研究

第一节 中长期科学和技术发展规划的演进

一 中长期科学和技术发展规划概述

(一) 改革开放前制定的科学技术发展规划

1. 制定《1956—1967年科学技术发展规划纲要》。

1955年，国务院科学研究计划工作小组，提出制定十二年科技规划的报告。随后，在周恩来总理的领导下，国务院成立了科学规划委员会，调集了几百名各个学科、专业的科学家参加规划的编制工作，还邀请了16名苏联著名科学家，前来帮助我们了解世界科学技术的水平和发展趋势。历时7个月完成了《1956—1967年科学技术发展远景规划纲要（草案）》，再经反复讨论和修改，于1956年12月颁布实施。

《1956—1967年科学技术发展规划纲要》，是新中国成立以来第一个中长期科技发展规划。它由重要科学技术任务、任务的重点部分、基础科学的发展方向、科学研究工作的体制、科学研究机构的设置、科学技术干部的使用和培养、国际合作等9个部分组成。这个规划还有4个附件：《国家重要科学任务说明书和中心问题说明书》《基础科学学科规划说明书》《1956年紧急措施和1957年研究计划要点》《任务和中心问题名称一览》。

该规划确定我国科技发展的指导方针是："重点发展，迎头赶上。"其具体内容主要包括：由13个方面提出57项重大科技任务、616个中心问题，并从中进一步综合提出12大重点任务：（1）原子能的和平利用；（2）无线电电子学中的新技术（指超高频技术、半导体技术、电子计算机、电子仪器和遥远控制）；（3）喷气技术；（4）生产过程自动化和精密仪器；（5）石油及其他特别缺乏的资源的勘探，矿物原料基地的探寻和确定；（6）结合我国资源情况建立合金系统并寻求新的冶金过程；（7）综合利用燃料，发展重有机合成；（8）新型动力机械和大型机械；（9）黄河、长江综合开发的重大科学技术问题；（10）农业的化学化、机械化、电气化的重大科学问题；（11）危害我国人民健康最大的几种主要疾病的防治和消灭；（12）自然科学中若干重要的基本理论问题。

2. 制定《1963—1972年科学技术发展规划》。

1960年年底，我国开始贯彻执行"调整、巩固、充实、提高"八字方针，要求对各行各业的工作进行调整，于是原有的科技发展规划也提前结束，并制定《1963—1972年十年科学技术规划》。

该规划确定我国科技的发展方针是："自力更生，迎头赶上。"提出科学技术现代化是实现农业、工业、国防和科学技术现代化的关键等重要观点。它包括6个部分：（1）纲要；（2）重点项目规划；（3）事业发展规划；（4）农业、工业、资源调查、医药卫生等方面的专业规划；（5）技术科学规划；（6）基础科学规划。重点研究试验项目374项、3205个中心问题、1.5万个研究课题。为了这一规划的目标和任务，制定了12条具体措施和管理办法。该规划执行过程中前3年进展顺利，取得一批重要成果，特别是为确保"两弹一星"的成功做出了重大贡献。后来，由于"文化大革命"的冲击，规划的执行受到严重的干扰和破坏。

（二）改革开放初期制定的科学技术发展规划

1. 制定《1978—1985年全国科学技术发展规划纲要》。

1977年12月，北京召开全国科学技术规划会议，集中1000多名专家、学者参加科技规划的研究制定。1978年3月全国科学大会在北京隆重举行，大会审议通过了《1978—1985年全国科学技术发展规划纲要（草案）》。同年10月，中共中央正式转发了这个文件。

《1978—1985年全国科学技术发展规划纲要》确定的发展方针是："全面安排，突出重点。"该规划由前言、奋斗目标、重点科学技术研究项目、科学研究队伍和机构、具体措施、关于规划的执行和检查等部分组成。确定了8个重点发展领域、108个重点研究项目。同时，还制定了《科学技术研究主要任务》《基础科学规划》和《技术科学规划》。此后，国家计委、科委又在重点研究项目基础上，经过反复讨论研究，筛选出38个项目，把它们编制为《"六五"国家科技攻关计划》，于1982年11月经五届人大五次会议讨论通过颁布。从此以后，我国有了列入国民经济和社会发展规划的国家科技计划。

1981—1985年的"六五"期间,为了更好地贯彻实施科技规划,除了制订国家科技攻关计划外,还制订了重大技术装备研制计划、国家重大科学工程计划、国家技术开发计划、国家重点实验室建设计划、国家重点工业性试验项目计划和国家重点新技术推广项目计划等。

2. 制定《1986—2000年科学技术发展规划纲要》。

1982年年底,国务院批准国家计委、国家科委《关于编制十五年(1986—2000年)科技发展规划的报告》,随后成立"科技长期规划办公室",组织200多名专家、学者和干部,建立19个专业规划组,开展规划的研究与编制工作。接着,根据国务院的统一部署,国家科委、计委和经贸委,联合组织全国性的科技政策论证工作,吸引3000多人参与规划制定的相关活动,同时还邀请西德、日本、美国等国的知名学者和工程技术专家,召开各种座谈、咨询会议,了解国际科技发展趋势和经验教训。

《1986—2000年科学技术发展规划纲要》,贯彻"科学技术必须面向经济建设,经济建设必须依靠科学技术"的基本方针,突出重点,强调实事求是,提出根据我国的实际情况,发展具有自身特色的科学技术体系。这项规划由三个文件组成:(1)《1986—2000年全国科学技术发展规划纲要》,主要内容包括形势与任务、战略与方针、轮廓设想内容提要、几个重大问题等;(2)《1986—1990年全国科学技术发展计划纲要》,由形势与现状、战略方针与基本任务、计划要点、主要措施等几个部分组成;(3)《12个领域的技术政策》。分领域阐述了各项技术的国内发展现状,分析今后的基本发展方向,确定2000年要求达到的目标,以及主要的技术路线和重点工作等。1988年对此进行补充,增加了两个领域的技术政策。

1986—1990年的"七五"期间,为了提高科技资源的配置效率,更好地完成规划任务,还相继推出国家高技术研究发展计划(863计划)、支持基础研究的国家自然科学基金、推动高技术产业化的火炬计划、面向农村的星火计划,以及国家重点新产品计划、军转民科技开发计划、国家重点企业技术开发计划、国家科技成果重点推广计划、国家软科学研究计划等。

3. 制定《1991—2000年科学技术发展十年规划和"八五"计划纲要》。

"七五"末期，随着社会经济和科学技术的发展，国家对《1986—2000年科学技术发展规划纲要》的目标和内容进行调整，开始研究制定《国家中长期科学技术发展纲领》。其目的是阐明我国中长期科学技术发展的战略、方针、政策和发展重点，宏观、概括地表述到2000年、2020年我国科技的发展前景，指导我国此后十年以至二十年科学技术与经济社会的协调发展。1991年3月，国家科委根据《国家中长期科学技术发展纲领》的精神，制定《1991—2000年科学技术发展十年规划和"八五"计划纲要》，并于1992年3月颁布实施。这个《纲要》根据全局性、方向性和紧迫性要求，选出27个领域或行业，对它们的中长期重大科技任务进行详细分析，使其目标和任务更加明确。

1991—1995年的"八五"期间，还制订了以下国家科技计划：(1)国家工程技术研究中心计划；(2)国家基础性研究重大项目计划（攀登计划）；(3)国家重大科技成果产业化项目计划和示范工程。此外，在1992年开始设立生产力促进中心。到2007年，我国共有生产力促进中心1331家，其中国家级示范生产力促进中心125家，它成为全国行业规模最大的科技中介服务机构，在推动中小企业创新发展，促进科技与经济结合，提升社会生产力水平方面做出了重要贡献，体现出强大的生命力。

（二）社会主义市场经济条件下制定的科学技术发展规划

1. 制定《全国科技发展"九五"计划和到2010年远景目标纲要》。

1994年，由国家计委和科委成立部际协调领导小组，共同编制《全国科技发展"九五"计划和2010年长期规划纲要》，其内容主要有：形势与现状、指导思想与基本原则、发展目标和任务、发展重点、科技体制改革、人才培养与科技队伍建设、支撑条件和措施等。由于种种原因，这个规划一直没有正式对外发布。

1996—2000年的"九五"期间，尽管制定的科技发展规划没有公开发布，但颁布了一些重要的科技发展专项计划，如国家重点基础研究发展计划（973 计划）、社会发展科技计划、科技兴贸行动计划等。同时，推出与国家科技计划相关的一些重要专项工作：(1) 开展国家技术创新工程；(2) 开展知识创新工程；(3) 设立科技型中小企业技术创新基金；(4) 设立中央级科研院所科技基础性工作专项资金；(5) 设立科研院所技术开发研究专项资金；(6) 设立科研院所社会公益研究专项资金；(7) 设立国家大学科技园；(8) 设立三峡移民科技开发专项资金；(9) 实施西部开发科技专项行动。

2. 制定《国民经济和社会发展第十个五年计划科技教育发展专项规划（科技发展规划）》。

1998 年 10 月，科技部启动这项规划的前期研究工作。2000 年 2 月，成立规划起草领导小组。2001 年 5 月，由国家计委和科技部联合颁发该科技发展规划。该规划提出的科技发展指导方针是："有所为、有所不为，总体跟进，重点突破，发展高科技、实现产业化，提高科技持续创新能力、实现技术跨越式发展。"其战略部署在两个层面展开：一是促进产业技术升级；二是提高科技持续创新能力。它的内容主要有：前言、形势与现状、指导方针与发展目标、战略部署与重点任务、关键措施与支撑条件等。为了应对加入 WTO 的新形势，提出实施"人才、专利、技术标准"三大战略，并要求突出重点，集中力量，实施 12 个重大科技专项。

2001—2006 年的"十五"期间，还开始实施国际科技合作重点项目计划、国家科技支撑计划、奥运科技（2008）行动计划等科技发展专项计划，并开展国家科技基础条件平台建设、设立国家农业科技园区和农业科技成果转化资金等科技计划相关工作。

3. 制定《国家中长期科学和技术发展规划纲要（2006—2020 年）》。

2006 年 2 月 9 日，国务院颁布了《国家中长期科学和技术发展规划纲要（2006—2020 年）》（以下简称《规划纲要》）。该《规划纲要》共 4 万多字，立足国情、面向世界，站在历史的新高度，以增强自主创新能力为主线，以建设创新型国家为奋斗目标，对我国未来 15 年科学和技术发展作出了全面规划与部署，是新时期指导我国科学和技术发展的纲领性文件。中央确定,全面实施《规划纲要》,经过15年努力,到2020年使我国进入创新型国家行列。《规划纲要》包括10个部分,分别为序言,指导方针、发展目标和总体部署,重点领域及其优先主题,重大专项,前沿技术,基础研究,科技体制改革与国家创新体系建设,若干重要政策和措施,科技投入与科技基础条件平台,人才队伍建设。

4. 发布《国家"十一五"科学技术发展规划》。

2006年10月27日,科技部发布《国家"十一五"科学技术发展规划》。该规划提出的发展目标是:到"十一五"期末,全社会研究开发投入占GDP的比例达到2%,使我国成为自主创新能力较强的科技大国,为进入创新型国家行列奠定基础。确定的总体思路是,以自主创新为主线,力争在约束经济社会发展的重大技术瓶颈、制约我国科技持续创新能力提高的薄弱环节、限制自主创新的体制和机制性障碍、阻碍自主创新的政策束缚、不利于自主创新的社会文化环境制约五个方面实现重大突破。坚持的基本原则是,统筹科技创新和制度创新,统筹科技创新全过程,统筹项目、人才、基地的安排,统筹安排工业、农业与社会发展领域的科技创新活动,统筹区域科技发展,统筹军民科技资源。

该规划提出,要集中力量组织实施一批重大专项,加强关键技术攻关,超前部署前沿技术,稳定支持基础研究,支撑和引领经济社会持续发展;同时要加强科技创新的基础能力建设,进一步深化科技体制改革,完善自主创新的体制机制,为科技持续发展提供制度保障和良好环境。为此,确定了8项任务:(1)瞄准战略目标,集中力量实施好已确定的重大专项;(2)面向紧迫需求,加强能源、资源、环境、农业、信息、健康等关键领域的重大技术攻关;(3)把握未来发展,超前部署前沿技术和基础研究;(4)强化共享机制,建设科技基础设施与条件平台;(5)实施人才战略,加强科技队伍建设;(6)营造有利于自主创新的良好环境,加强科学普及和创新文化建设;(7)突出企业主体,全面推进中国特色国家创新体系建设;(8)加强科技创新,维护国防安全。

5. 发布《国家"十二五"科学和技术发展规划》。

2011年7月13日,科技部发布《国家"十二五"科学和技术发展规划》。该规划提出,"十二五"科技发展总体目标是:自主创新能力大幅提升,科技竞争力和国际影响力显著增强,重点领域核心关键技术取得重大突破,为加快经济发展方式转变提供有力支撑,基本建成功能明确、结构合理、良性互动、运行高效的国家创新体系,国家综合创新能力世界排名由目前的第21位上升至第18位,科技进步贡献率力争达到55%,创新型国家建设取得实质性进展。其他主要指标,以2010年为基数,到2015年五年期间达到的目标值:研发经费与国内生产总值的比例,由1.75%提高到2.2%;每万名就业人员的研发人力投入,由33(人年)提高到43(人年);国际科学论文被引用次数世界排名,由第8位提升到第5位;每万人发明专利拥有量,由1.7件提高到3.3件;全国技术市场合同交易总额,由3906亿元提高到8000亿元;高技术产业增加值占制造业增加值的比重,由13%提高到18%;公民具备基本科学素质的比例,由3.27%提高到5%。

该规划对我国未来五年科技发展和自主创新的战略任务进行了部署,突出以下重点:(1)加快实施国家科技重大专项;(2)大力培育和发展战略性新兴产业;(3)推进重点领域核心关键技术突破;(4)前瞻部署基础研究和前沿技术研究;(5)加强科技创新基地和平台建设;(6)大力培养造就创新型科技人才;(7)提升科技开放与合作水平。

6. 制定《"十三五"国家科技创新规划》。

2016年8月8日,国务院正式印发《"十三五"国家科技创新规划》(以下简称《创新规划》)。它是依据国家"十三五"规划纲要、《国家创新驱动发展战略纲要》和《国家中长期科学和技术发展规划纲要(2006—2020年)》编制出来的,主要明确"十三五"时期科技创新的总体思路、发展目标、主要任务和重大举措,是国家在科技创新领域的重点专项规划,是我国迈进创新型国家行列的行动指南。

《创新规划》由8篇27章组成,遵循建设国家创新体系的要求,分别阐述了创新主体、创新基地、创新空间、创新网络、创新治理、创新生态六个方面的内容。同时阐述了构筑国家先发优势、增强原始创新能力、拓展创新发展空间、推进大众创业万众创新、全面深化科技体制改革、加强科普和创新文化建设六个方面的主要任务和具体方法。《创新规划》把需求驱动与创新驱动紧密结合在一起，强调通过推进创新驱动发展战略，支撑供给侧结构性改革，努力为构建创新型国家和建设世界科技强国奠定扎实基础。

二 新近国家中长期科学和技术发展规划的基本内容

《国家中长期科学和技术发展规划纲要（2006—2020年）》（以下简称《规划纲要》），是我国目前新近的国家中长期科学和技术发展规划，其基本内容主要是：

（一）《规划纲要》的指导方针与总体目标

1.《规划纲要》的指导方针。

《规划纲要》指出，今后15年我国科技工作的指导方针是：自主创新，重点跨越，支撑发展，引领未来。自主创新，就是从增强国家创新能力出发，加强原始创新、集成创新和引进消化吸收再创新。重点跨越，就是坚持有所为、有所不为，选择具有一定基础和优势、关系国计民生和国家安全的关键领域，集中力量、重点突破，实现跨越式发展。支撑发展，就是从现实的紧迫需求出发，着力突破重大关键、共性技术，支撑经济社会的持续协调发展。引领未来，就是着眼长远，超前部署前沿技术和基础研究，创造新的市场需求，培育新兴产业，引领未来经济社会的发展。这一方针是我国半个多世纪科技发展实践经验的概括总结，是面向未来、实现中华民族伟大复兴的重要抉择。

2.《规划纲要》的总体目标。

《规划纲要》指出，到2020年，我国科学技术发展的总体目标是：自主创新能力显著增强，科技促进经济社会发展和保障国家安全的能力显著增强，为全面建设小康社会提供强有力的支撑；基础科学和前沿技术研究综合实力显著增强，取得一批在世界具有重大影响的科学技术成果，进入创新型国家行列，为在21世纪中叶成为世界科技强国奠定基础。

《规划纲要》指出,未来15年,我国科学技术发展的总体部署是:一是立足于我国国情和需求,确定若干重点领域,突破一批重大关键技术,全面提升科技支撑能力。二是瞄准国家目标,实施若干重大专项,实现跨越式发展,填补空白。三是应对未来挑战,超前部署前沿技术和基础研究,提高持续创新能力,引领经济社会发展。四是深化体制改革,完善政策措施,增加科技投入,加强人才队伍建设,推进国家创新体系建设,为我国进入创新型国家行列提供可靠保障。

(二)《规划纲要》有关研究开发的具体部署

1.《规划纲要》确定的重点领域和优先主题。

《规划纲要》确定了11个国民经济和社会发展的重点领域,并从中选择任务明确、有可能在近期获得技术突破的68项优先主题进行重点安排。

11个重点领域是:(1)能源;(2)水和矿产资源;(3)环境;(4)农业;(5)制造业;(6)交通运输业;(7)信息产业及现代服务业;(8)人口与健康;(9)城镇化与城市发展;(10)公共安全;(11)国防。

68项优先主题是:(1)工业节能;(2)煤的清洁高效开发利用、液化及多联产;(3)复杂地质油气资源勘探开发利用;(4)可再生能源低成本规模化开发利用;(5)超大规模输配电和电网安全保障;(6)水资源优化配置与综合开发利用;(7)综合节水;(8)海水淡化;(9)资源勘探增储;(10)矿产资源高效开发利用;(11)海洋资源高效开发利用;(12)综合资源区划;(13)综合治污与废弃物循环利用;(14)生态脆弱区域生态系统功能的恢复重建;(15)海洋生态与环境保护;(16)全球环境变化监测与对策;(17)种质资源发掘、保存和创新与新品种定向培育;(18)畜禽水产健康养殖与疫病防控;(19)农产品精深加工与现代储运;(20)农林生物质综合开发利用;(21)农林生态安全与现代林业;(22)环保型肥料、农药创制和生态农业;(23)多功能农业装备与设施;(24)农业精准作业与信息化;(25)现代奶业;(26)基础件和通用部件;(27)数字化和智能化设计制造;(28)流程工业的绿色化、自动化及装备;(29)可循环钢铁流程工艺与装备；（30）大型海洋工程技术与装备；（31）基础原材料；（32）新一代信息功能材料及器件；（33）军工配套关键材料及工程化；（34）交通运输基础设施建设与养护技术及装备；（35）高速轨道交通系统；（36）低能耗与新能源汽车；（37）高效运输技术与装备；（38）智能交通管理系统；（39）交通运输安全与应急保障；（40）现代服务业信息支撑技术及大型应用软件；（41）下一代网络关键技术与服务；（42）高效能可信计算机；（43）传感器网络及智能信息处理；（44）数字媒体内容平台；（45）高清晰度大屏幕平板显示；（46）面向核心应用的信息安全；（47）安全避孕节育与出生缺陷防治；（48）心脑血管病、肿瘤等重大非传染疾病防治；（49）城乡社区常见多发病防治；（50）中医药传承与创新发展；（51）先进医疗设备与生物医用材料；（52）城镇区域规划与动态监测；（53）城市功能提升与空间节约利用；（54）建筑节能与绿色建筑；（55）城市生态居住环境质量保障；（56）城市信息平台；（57）国家公共安全应急信息平台；（58）重大生产事故预警与救援；（59）食品安全与出入境检验检疫；（60）突发公共事件防范与快速处置；（61）生物安全保障；（62）重大自然灾害监测与防御。国防项目6项略。

2.《规划纲要》确定的重大专项。

《规划纲要》在重点领域中确定一批优先主题的同时，围绕国家目标，进一步突出重点，筛选出若干重大战略产品、关键共性技术或重大工程作为重大专项。重大专项是为了实现国家目标，通过核心技术突破和资源集成，在一定时限内完成的重大战略产品、关键共性技术和重大工程，是我国科技发展的重中之重。

《规划纲要》确定了16个重大专项，除国防专项外，主要有：（1）核心电子器件、高端通用芯片及基础软件；（2）极大规模集成电路制造技术及成套工艺；（3）新一代宽带无线移动通信；（4）高档数控机床与基础制造技术；（5）大型油气田及煤层气开发；（6）大型先进压水堆及高温气冷堆核电站；（7）水体污染控制与治理；（8）转基因生物新品种培育；（9）重大新药创制；（10）艾滋病和病毒性肝炎等重大传染病防治；（11）大型飞机；（12）高分辨率对地观测系统；

(13) 载人航天与探月工程等。它们涉及信息、生物等战略产业领域，能源资源环境和人民健康等重大紧迫问题，以及军民两用技术和国防技术。

3. 《规划纲要》阐明和确定的前沿技术。

《规划纲要》阐明，前沿技术是指高技术领域中具有前瞻性、先导性和探索性的重大技术，是未来高技术更新换代和新兴产业发展的重要基础，是国家高技术创新能力的综合体现。选择前沿技术的主要原则：一是代表世界高技术前沿的发展方向。二是对国家未来新兴产业的形成和发展具有引领作用。三是有利于产业技术的更新换代，实现跨越发展。四是具备较好的人才队伍和研究开发基础。根据以上原则，确定了8个技术领域的27项前沿技术。

前沿技术的8个领域：（1）生物技术；（2）信息技术；（3）新材料技术；（4）先进制造技术；（5）先进能源技术；（6）海洋技术；（7）激光技术；（8）空天技术前沿技术。

前沿技术8个领域中的27个项目：（1）靶标发现技术；（2）动植物品种与药物分子设计技术；（3）基因操作和蛋白质工程技术；（4）基于干细胞的人体组织工程技术；（5）新一代工业生物技术；（6）智能感知技术；（7）自组织网络技术；（8）虚拟现实技术；（9）智能材料与结构技术；（10）高温超导技术；（11）高效能源材料技术；（12）极端制造技术；（13）智能服务机器人；（14）重大产品和重大设施寿命预测技术；（15）氢能及燃料电池技术；（16）分布式供能技术；（17）快中子堆技术；（18）磁约束核聚变；（19）海洋环境立体监测技术；（20）大洋海底多参数快速探测技术；（21）天然气水合物开发技术；（22）深海作业技术，激光技术、空天技术项目略。等等。

4. 《规划纲要》确定要加强研究的基础科学。

《规划纲要》指出，基础研究以深刻认识自然现象、揭示自然规律，获取新知识、新原理、新方法和培养高素质创新人才等为基本使命，是高新技术发展的重要源泉，是培育创新人才的摇篮，是建设先进文化的基础，是未来科学和技术发展的内在动力。发展基础研究要坚持服务国家目标与鼓励自由探索相结合，遵循科学发展的规律，重视科学家的探索精神，突出科学的长远价值，稳定支持，超前部署，并根据科学发展的新动向，进行动态调整。据此，《规划纲要》确定了8个科学前沿问题，10个面向国家重大战略需求的基础研究问题，并提出实施4个重大科学研究计划。

——科学前沿问题：（1）生命过程的定量研究和系统整合；（2）凝聚态物质与新效应；（3）物质深层次结构和宇宙大尺度物理学规律；（4）核心数学及其在交叉领域的应用；（5）地球系统过程与资源、环境和灾害效应；（6）新物质创造与转化的化学过程；（7）脑科学与认知科学；（8）科学实验与观测方法、技术和设备的创新。

——面向国家重大战略需求的基础研究：（1）人类健康与疾病的生物学基础；（2）农业生物遗传改良和农业可持续发展中的科学问题；（3）人类活动对地球系统的影响机制；（4）全球变化与区域响应；（5）复杂系统、灾变形成及其预测控制；（6）能源可持续发展中的关键科学问题；（7）材料设计与制备的新原理与新方法；（8）极端环境条件下制造的科学基础；（9）航空航天重大力学问题；（10）支撑信息技术发展的科学基础。

——重大科学研究计划：（1）蛋白质研究。重点研究重要生物体系的转录组学、蛋白质组学、代谢组学、结构生物学、蛋白质生物学功能及其相互作用、蛋白质相关的计算生物学与系统生物学，蛋白质研究的方法学，相关应用基础研究等。（2）量子调控研究。重点研究量子通信的载体和调控原理及方法，量子计算，电荷-自旋-相位-轨道等关联规律以及新的量子调控方法，受限小量子体系的新量子效应，人工带隙材料的宏观量子效应，量子调控表征和测量的新原理和新技术基础等。（3）纳米研究。重点研究纳米材料的可控制备、自组装和功能化，纳米材料的结构、优异特性及其调控机制，纳米加工与集成原理，概念性和原理性纳米器件，纳米电子学，纳米生物学和纳米医学，分子聚集体和生物分子的光、电、磁学性质及信息传递，单分子行为与操纵，分子机器的设计组装与调控，纳米尺度表征与度量学，纳米材料和纳米技术在能源、环境、信息、医药等领域的应用。（4）发育与生殖研究。

重点研究干细胞增殖、分化和调控,生殖细胞发生、成熟与受精,胚胎发育的调控机制,体细胞去分化和动物克隆机理,人体生殖功能的衰退与退行性病变的机制,辅助生殖与干细胞技术的安全和伦理等。

(三)《规划纲要》提出的人才建设目标和科技体制改革

1.《规划纲要》提出的人才建设目标。

《规划纲要》指出,科技创新,人才为本。人才资源已成为最重要的战略资源。要实施人才强国战略,切实加强科技人才队伍建设,为实施本纲要提供人才保障。

《规划纲要》确定了五大人才建设目标:(1)加快培养造就一批具有世界前沿水平的高级专家;(2)充分发挥教育在创新人才培养中的重要作用;(3)支持企业培养和吸引科技人才;(4)加大吸引留学和海外高层次人才工作力度;(5)构建有利于创新人才成长的文化环境。

2.《规划纲要》提出的科技体制改革。

《规划纲要》指出,深化科技体制改革的指导思想是:以服务国家目标和调动广大科技人员的积极性和创造性为出发点,以促进全社会科技资源高效配置和综合集成为重点,以建立企业为主体、产学研结合的技术创新体系为突破口,全面推进中国特色国家创新体系建设,大幅度提高国家自主创新能力。当前和今后一个时期,科技体制改革的重点任务是:

一是支持鼓励企业成为技术创新主体。(1)发挥经济、科技政策的导向作用,使企业成为研究开发投入的主体。(2)改革科技计划支持方式,支持企业承担国家研究开发任务。(3)完善技术转移机制,促进企业的技术集成与应用。(4)加快现代企业制度建设,增强企业技术创新的内在动力。(5)营造良好创新环境,扶持中小企业的技术创新活动。

二是深化科研机构改革,建立现代科研院所制度。(1)按照国家赋予的职责定位加强科研机构建设。(2)建立稳定支持科研机构创新活动的科技投入机制。(3)建立有利于科研机构原始创新的运行机制。(4)建立科研机构整体创新能力评价制度。(5)建立科研机构开放合作的有效机制。

三是推进科技管理体制改革。（1）建立健全国家科技决策机制。（2）建立健全国家科技宏观协调机制。（3）改革科技评审与评估制度。（4）改革科技成果评价和奖励制度。

四是全面推进中国特色国家创新体系建设。（1）建设以企业为主体、产学研结合的技术创新体系，并将其作为全面推进国家创新体系建设的突破口。（2）建设军民结合、寓军于民的国防科技创新体系。（3）建设各具特色和优势的区域创新体系。（4）建设社会化、网络化的科技中介服务体系。

（四）《规划纲要》阐明的政策措施和科技投入

1.《规划纲要》阐明的政策措施。

《规划纲要》指出，为确保纲要各项任务的落实，不仅要解决体制和机制问题，还必须制定和完善更加有效的政策与措施，这些政策和措施包括以下9项：（1）实施激励企业技术创新的财税政策；（2）加强对引进技术的消化、吸收和再创新；（3）实施促进自主创新的政府采购；（4）实施知识产权战略和技术标准战略；（5）实施促进创新创业的金融政策；（6）加速高新技术产业化和先进适用技术的推广；（7）完善军民结合、寓军于民的机制；（8）扩大国际和地区科技合作与交流；（9）提高全民族科学文化素质，营造有利于科技创新的社会环境。

2.《规划纲要》阐明的科技投入。

《规划纲要》指出，建立多元化、多渠道的科技投入体系。国家财政投入主要用于支持市场机制不能有效解决的基础研究、前沿技术研究、社会公益研究、重大共性关键技术研究等公共科技活动，并引导企业和全社会的科技投入。切实保障重大专项的顺利实施。继续加强对重大科技基础设施建设的投入。强化企业作为科技投入主体的地位。促使我国全社会研究开发投入占国内生产总值的比例逐年提高，到2010年达到2%，到2020年达到2.5%以上。

三 国家科技创新规划的基本内容

不久前，国务院颁发的《"十三五"国家科技创新规划》（以下简称《创新规划》），是我国国家科学和技术发展最新的五年规划，其基本内容和主要特色如下。

（一）《创新规划》的基本原则和发展目标

1.《创新规划》确定的基本原则。

坚持把支撑国家重大需求作为战略任务，坚持把加速赶超引领作为发展重点，坚持把科技为民作为根本宗旨，坚持把深化改革作为强大动力，坚持把人才驱动作为本质要求，坚持把全球视野作为重要导向。

2.《创新规划》确定的发展目标。

"十三五"科技创新的总体目标是：国家科技实力和创新能力大幅跃升，创新驱动发展成效显著，国家综合创新能力世界排名进入前15位，迈进创新型国家行列，有力支撑全面建成小康社会目标实现。具体内容包括：自主创新能力全面提升，科技创新支撑引领作用显著增强，创新型人才规模质量同步提升，有利于创新的体制机制更加成熟定型，创新创业生态更加优化。

3.《创新规划》确定的科技创新主要指标。

《创新规划》描绘了未来五年科技创新发展的蓝图，提出12项指标，并确定了以2015年为基数，到2020年五年期间达到的目标值：（1）国家综合创新能力世界排名，由第18位提升到第15位，进入全球公认的创新型国家行列；（2）科技进步贡献率，由55.3%提高到60%；（3）研究与试验发展经费投入强度，由2.1%提高到2.5%；（4）每万名就业人员中研发人员，由48.5（人年）提高到60（人年）；（5）高新技术企业营业收入，由22.2万亿元提高到34万亿元；（6）知识密集型服务业增加值占国内生产总值的比例，由15.6%提高到20%；（7）规模以上工业企业研发经费支出与主营业务收入之比，由0.9%提高到1.1%；（8）国际科技论文被引次数世界排名，由第4位提升到第2位；（9）PCT专利申请量，由3.05万件实现翻一番；（10）每万人口发明专利拥有量，由6.3件提高到12件；（11）全国技术合同成交金额，由9835亿元提高到2万亿元；（12）公民具备科学素质的比例，由6.2%提高到10%。

(二)《创新规划》的总体部署

1. 构筑国家先发优势。在深入实施国家科技重大专项的基础上，面向 2030 年部署启动 15 个科技创新重大科技项目；构建具有国际竞争力的产业技术体系，加强现代农业、新一代信息技术、智能制造、能源等领域一体化部署，推进颠覆性技术创新，加速引领产业变革；健全支撑民生改善和可持续发展的技术体系，突破资源环境、人口健康、公共安全等领域的瓶颈制约；建立保障国家安全和战略利益的技术体系，发展深海、深地、深空、深蓝等领域的战略高技术。

2. 增强原始创新能力。要持续加强基础研究，提高基础研究投入强度，组织实施国际大科学计划和大科学工程；建设以国家实验室为引领的科技创新基地，打造国家科技创新的战略研究力量；加快培育创新型人才队伍，培养造就世界水平的科技领军人才、高技能人才和高水平创新团队，支持青年科技人才脱颖而出，壮大创新型企业家队伍。

3. 拓展创新发展空间。打造区域创新高地，北京、上海建设具有全球影响力的科技创新中心，建设创新型省市和区域创新中心；提升区域创新协调发展水平，推动跨区域协同创新和科技扶贫；打造"一带一路"协同创新共同体，全方位融入和布局全球创新网络，提高全球配置创新资源的能力，深度参与全球创新治理，促进创新资源双向开放和流动。

4. 推动大众创业万众创新。全面提升科技服务业发展水平，建立统一开放的技术交易市场体系；建设服务实体经济的创业孵化体系，建设众创空间，完善创业孵化服务链条；完善科技与金融结合机制，健全支持科技创新创业的金融体系，大力发展创业投资和多层次资本市场。

5. 全面深化科技体制改革。深入推进科技管理体制改革，健全科技创新治理机制；强化企业创新主体地位和主导作用，深入实施国家技术创新工程；建立高效研发组织体系，健全现代大学制度和科研院所制度；完善科技成果转移转化机制，强化成果转移转化的市场化服务；健全军民深度融合创新机制，促进军民技术双向转化和资源共享。

6. 加强科普和创新文化建设。深入实施全民科学素质行动，全面提升公民科学素质；加强科普基础设施建设，大力推动科普信息化，培育发展科普产业;推动高等学校、科研院所和企业的各类科研设施向社会公众开放;弘扬科学精神,加强科研诚信建设,增强与公众的互动交流,培育尊重知识、崇尚创造、追求卓越的企业家精神和创新文化。

(三)《创新规划》的主要特色

1. 部署启动面向 2030 年的 15 个重大科技创新项目。

《创新规划》在第 4 章提出,"十三五"期间,要在实施好已有国家科技重大专项的基础上,面向 2030 年再部署一批体现国家战略意图的重大科技项目。新部署面向 2030 年的 15 个重大科技创新项目,由两部分组成:(1)重大科技项目,包括航空发动机及燃气轮机、深海空间站、量子通信与量子计算机、脑科学与类脑研究、国家网络空间安全、深空探测及空间飞行器在轨服务与维护系统 6 个;(2)重大工程,包括种业自主创新、煤炭清洁高效利用、智能电网、天地一体化信息网络、智能制造和机器人、重点新材料研发及应用、京津冀环境综合治理以及健康保障等 9 个。以往我国的科技创新政策表明,重大专项对于提升国家在相关领域的技术进步、解决国家面临的重要问题发挥了突出作用。例如,面对埃博拉病毒、寨卡病毒,中国能够率先或比较早地研制出病毒的防御疫苗,建立起快速反应机制,这得益于国家重大传染病防治专项的实施。目前,世界科技创新活动日新月异,生物、信息等前沿技术正在不断催生出新的业态和新的产业。瞄准未来新挑战,再部署一批体现国家重大战略意图的重大项目,既是对总结以往重大专项政策落实基础上的再发展,也是面向未来的一个新举措。

2. 运用自由探索与目标导向相结合的方法鼓励创新。

《创新规划》在第 8 章提出,坚持鼓励自由探索和目标导向相结合,增强创新驱动源头供给,显著提升我国的科学地位和国际影响力。以往科技探索表明,有目标导向、有任务要求的研究,一般都是由需求驱动的,它所取得的成果能很快转化为现实生产力。但对旧原理产生颠覆性作用的技术,需要源头创新。源头创新可能经历多次失败,甚至被反复争论,最终创新的思维在碰撞中产生,这样的研究属于自由探索。自由探索的成果可能会催生新的学科,推动科学研究和经济社会发展。

DNA 双螺旋结构的发现，就是自由探索的结果。这表明，自由探索、学科交叉渗透会产生全新的动力。

3. 通过分层方法部署区域创新体系建设。

《创新规划》在第 11 章阐明，我国区域呈现非均衡发展状态，各地要素布局和创新能力存在很大差距，必须因地制宜选择有利于创新的环境，打造各具特色的区域创新体系。《创新规划》提出要充分发挥地方在区域创新中的主体作用，优化发展布局，创新体制机制，集成优势创新资源，着力打造区域创新高地，引领带动区域创新水平整体跃升。为此，《创新规划》通过分层方法部署区域创新体系建设，提出第一个层次是把北京、上海等特大城市打造成具有国际影响力的科技创新中心，第二个层次是要推动国家自主创新示范区和高新区创新发展，第三个层次是建设带动性强的创新型省市和区域创新中心，第四个层面是系统推进全面创新改革试验。

4. 力争全方位融入和布局全球创新网络。

《创新规划》在第 14 章提出，坚持以全球视野谋划和推动创新，实施科技创新国际化战略，积极融入和主动布局全球创新网络，探索科技开放合作新模式、新路径、新体制，深度参与全球创新治理，促进创新资源双向开放和流动，全方位提升科技创新的国际化水平。当今科技研究与开发，已经进入全球化时代，任何一个创新系统都不能闭门造车，一定要全面开放，才能保证新的知识、新的人才全方位的流动，使得资源有效配置。不管是吸引海外人才归国创新，还是欢迎跨国公司在华设立研发机构，对丰富创新生态都有非常重要的作用。要积极融入全球创新网络，必须完善开放机制，全方位引导资源流动和有效配置，还要在国家层面营造更好的环境和条件，如吸引海外资源到我国来建设创新中心，制定技术移民政策，加强科技合作等。同时，在全球科技创新治理中，包括创新规则制定、知识产权保护、技术标准制定等方面，我国要争取拥有更多的影响力和话语权，确保拥有公平参与的机会。

5. 营造激励创新的社会文化氛围。

《创新规划》在第 24 章提出，营造崇尚创新的文化环境，加快科学精神和创新价值的传播塑造，动员全社会更好理解和投身科技创新。

营造鼓励探索、宽容失败和尊重人才、尊重创造的氛围，加强科研诚信、科研道德、科研伦理建设和社会监督，培育尊重知识、崇尚创造、追求卓越的创新文化。为此，一要大力弘扬科学精神，鼓励学术争鸣，激发批判思维，敢于发明创造，并引导科技人员强化社会责任，自觉报效祖国，造福人民。二要增进科技界与公众的互动互信。实践经验表明，新科学原理的探索，新技术的开发应用，存在许多不确定因素甚至风险，而公众对这些风险往往认识不足或不全面，这就需要科技界和公众加强有效对话，化解潜在风险。公众也要树立科学精神，正确认识科学发展过程中的不确定性。三要培育企业家精神与创新文化，树立崇尚创新和创业致富的价值导向，吸引更多人才通过创新和创业活动实现自我价值，同时增强创新自信，积极倡导敢为人先、勇于冒尖、宽容失败的创新文化，形成鼓励创新的科学文化氛围。

第二节 进一步完善推动科技进步的政策法规

一 实施科技发展专项计划

我国中长期科技发展规划制定的政策，通常是由科技发展专项计划的具体政策来体现的。也就是，中长期科技发展规划确定的任务与目标，是通过具体的科技发展专项计划来贯彻和落实的。从20世纪80年代初期开始，我国先后制订和实施过多种科技发展专项计划，目的在于紧跟世界科技前沿，促进我国的科技创新活动，推动科技成果及时转化为现实的生产力。我国实施的科技发展专项计划主要有：

（一）国家科技攻关计划

我国从1982年开始实施国家科技攻关计划。它面向经济建设主战场，重点解决经济和社会发展中的重大科技问题，是国家科技计划体系的重要组成部分，主要安排带有方向性、综合性和基础性的重大关键项目。它在促进农业发展、传统产业的技术更新、重大装备的研制、新兴产业的形成、生态环境和医疗卫生水平的提高等方面发挥了巨大作用。

"六五"期间，国家科技攻关计划在农业、消费品工业、能源开发及节能、地质和原材料、机械电子设备、交通运输、新兴技术、社会发展 8 大领域,安排了 38 个项目、112 个攻关课题,含 1467 个研究专题。国家拨款 15 亿元,各部门和地方也以多种形式投入 10 亿元,总经费为 25 亿元。计划实施过程共取得 3900 项重要科技成果,其中 3165 项被用于重点建设、技术改造和工农业生产,创造直接经济效益 127 亿元。同时,建成 122 条试验生产线,297 个中试车间和中间试验基地,168 个不同生态地区主要农作物品种区域试验点。

"七五"期间,国家科技攻关计划共选出 76 个项目,签订专题合同 4966 个。国家拨款 35 亿元,多渠道筹资 39 亿元,共投入 74 亿元。大体做了 4 个方面的安排。(1) 行业发展中的重大技术和装备项目 34 个,经费 14 亿元,占国家拨款总额 40%。(2) 重点新产品开发项目 16 个,经费 5 亿元,占国家拨款总额 14.3%。(3) 新兴技术领域,主要是微电子、信息技术、新材料、生物技术等方面的项目 11 个,经费 11 亿元,占国家拨款总额 31.4%。(4) 社会发展领域,在资源、生态、环境、医药卫生等方面安排项目 15 个,经费 5 亿元,占国家拨款总额 14.3%。计划实施过程共获得科技成果 10642 项,其中 58% 达到 20 世纪 80 年代国际水平,创造直接经济效益 406.7 亿元。同时,建起试验生产线 1339 条,工业性试验基地 872 个,农、林试验基地和试验点 2513 个,各类数据库 42 个,国家农作物种资源库 1 座,库容总量 40 万份。

"八五"期间,国家科技攻关计划在农业、交通运输、能源、原材料、机械电子、现代通信技术、工业过程控制技术、环境污染治理技术、遥感应用技术、资源开发和利用、重大疾病防治、人口控制等领域,共安排 181 个项目。中央财政投入资金 45.2 亿元,部门、地方和单位投入资金 44.8 亿元,经费总额达 90 亿元。计划实施过程共获得科技成果 6 万多项,其中获得国家专利近 800 项,形成新产品、新工艺 5000 项,新材料近 3000 种。累计取得直接经济效益 600 多亿元。特别是促进重点产业的科技进步,取得铁路运输重载技术、光纤通信技术、60 万千瓦火电机组、石油钻采、蒸汽解制乙烯技术、重油催化裂化技术、煤炭综采综掘设备、氧煤强化炼铁技术等一系列重大成果,还开发出青鸟系统、数控基本系统、大型程控交换机、离子束诱变生物技术等一批具有自主知识产权的高新技术产品。

"九五"期间,国家科技攻关计划采取多部门、跨行业、跨地区联合攻关形式,共安排项目251个,含5100多个专题,中央财政投入资金52.5亿元,引导地方配套和单位自筹投入资金177.3亿元,经费总额达229.8亿元。(1)农业领域,安排项目22个,含800多个专题,共培育农作物新品种664个,开发新产品988项,建立试验基地1995个、示范点4807个。(2)工业高新技术领域,如长江三峡水利枢纽、大型核电站、计算机、通信、集成电路、大型乙烯工程、工业过程自动化、精密成型、精细化工等方面安排项目182个,含2300多个专题。(3)社会发展领域,如医药卫生、环境保护、住宅建设、公共安全、社会事业等方面安排项目47个,含2000多个专题。计划实施过程共获得2万多项科技成果,其中获得1300多项专利,还建起4500多个试验示范基地、中试线、生产线等科研与应用基地。创造直接经济效益950多亿元,出口创汇23.5亿美元。

"十五"期间,国家科技攻关计划在农业、信息、自动化、材料、能源交通、资源环境、医药卫生、社会公共事业8大领域,共安排重大和重点项目210个。"十五"期间,逐步建立了多渠道、多层次的科技投入体系,在增加中央和地方财政拨款的基础上,使企业成为攻关计划的投入主体,同时积极吸收社会资金,扩大各种商业银行、风险投资基金及其他基金的配套支持。计划实施过程取得的科技成果包括:发表论文33400篇,获得国家及省部级科技进步奖850项,取得发明专利4200项,开发新产品7300项,建立中试线和生产线1814条,建立示范基地17243个,完成各类标准1231项。由此推动的科技进步主要体现在四个方面:(1)研制出一批农业持续发展急需的关键技术和产品;(2)开发出一批重点产业及支柱产业的关键共性技术;(3)开发出一批对控制城市环境污染、资源勘探开发、减灾防灾、生态保护等有重大作用的关键技术;(4)研制出一批关系人民健康和社会安全的关键技术和产品。

(二)国家科技支撑计划

2006年10月31日,科技部、财政部印发《国家科技支撑计划管理暂行办法》，提出在原国家科技攻关计划的基础上，设立国家科技支撑计划。确定该计划是为贯彻落实《国家中长期科学和技术发展规划纲要（2006—2020）》，主要面向国民经济和社会发展需求，重点解决经济社会发展中的重大科技问题，集成全国优势科技资源进行统筹部署，为国民经济和社会发展提供有效支撑。

为了更好地贯彻落实《规划纲要》，加强支撑计划的规范化、科学化管理，保证其顺利实施，2011年9月2日，科技部、财政部对暂行办法进行修订，并将修订后的《国家科技支撑计划管理办法》印发各地和部门。

支撑计划以重大工艺技术及产业共性技术研究开发与产业化应用示范为重点，主要解决综合性、跨行业、跨地区的重大科技问题，突破技术瓶颈制约，提升产业竞争力。它针对国民经济社会发展中急需科技提供支撑的紧迫性问题，重点支持能源、资源、环境、农业、材料、制造业、交通运输、信息产业与现代服务业、人口与健康、城镇化与城市发展、公共安全及其他社会事业11个领域。

实施支撑计划坚持的基本原则是：（1）需求牵引，突出重点。以国民经济社会发展需求为导向，重点支持对国家和区域经济社会发展以及国家安全具有重大战略意义的关键技术、共性技术、公益技术的研究开发与应用示范。（2）突出企业技术创新的主体地位，促进产学研结合。鼓励企业、高等院校和研究机构之间的合作创新，支撑计划中有明确产品目标导向和产业化前景的项目，必须由企业牵头或有企业参与。(3)统筹协调，联合推进。充分发挥部门、行业、地方、企业、专家和科技服务机构等各方面的作用，实行整体协调、资源集成、平等协作、联合推进的机制，以项目带动人才、基地建设。（4）权责明确，规范管理。实行各方面权责明确、各负其责，决策、咨询、实施、监督相互独立、相互制约的管理机制。

（三）国家高技术研究发展计划（863计划）

1986年3月，王大珩、王淦昌、杨嘉墀、陈芳允四位著名科学家给党中央写信，提出跟踪世界科技先进水平，加快我国高技术发展的建议。这封信得到邓小平同志高度重视，他马上批示：此事宜速决断，不可拖延。接着，经过全国广泛深入的讨论和极为严格的科技论证，中共中央、国务院批准颁发了《高技术研究发展计划（863计划）纲要》。从此，我国的高技术研究翻开了崭新的一页。

高技术研究发展计划（863计划）的主要任务是：解决事关国家长远发展和国家安全的战略性、前沿性和前瞻性高技术问题，发展具有自主知识产权的高技术，培育高技术产业生长点，力争实现跨越式发展，为实现国家第三步战略目标服务。863计划从世界高技术发展的趋势和我国的实际需要出发，坚持"有限目标，突出重点"的方针，选择信息技术、生物和现代农业技术、新材料技术、先进制造与自动化技术、激光技术、能源技术、资源环境技术、海洋技术、航天航空技术、先进防御技术等高技术领域的若干个主题和重大专项作为发展重点。通过把少部分精干力量集中在选出的高技术领域内，瞄准世界科技前沿，缩小与发达国家的差距，带动相关领域的科技进步，培养一批新一代高水平的技术人才，为未来形成高技术产业准备条件。为此，国家每年都要为863计划投入千亿元以上的巨额资金。

（四）国家重点基础研究发展计划（973计划）

根据中共中央、国务院提出的科教兴国和可持续发展战略，国家科技领导小组在1997年第3次会议上作出决定：制订和实施《国家重点基础研究发展规划》（973计划）。此后，科技部组织实施了这项计划。973计划是加强基础研究和科技工作一项重要举措，对我国提高科技持续创新能力，实现2010年以至21世纪中叶的科技和经济社会发展目标，具有重大意义。

973计划主要支持面向国家重大战略需求的基础研究领域和重大科学研究，目的是加强具有战略性、前瞻性、全局性和带动性的重大基础研究，促进原始性创新，提高我国自主创新能力，为国家未来发展提供科学支撑。它的主要任务是：解决我国经济建设、社会可持续发展、国家公共安全和科技发展中的重大基础科学问题，在世界科学发展的主流方向上取得一批具有重大影响的原始性创新成果，为国民经济和社会可持续发展提供科学基础，为未来高新技术的形成提供源头创新，提升我国基础研究自主创新能力。

973 计划项目研究期限一般为五年，要求结合我国经济、社会和科技发展的需要，统一部署，分年度组织实施。它强调国家需求与重大科学问题相结合，评选立项的原则是：（1）围绕我国社会、经济和科技自身发展的重大需要，解决国家中长期发展中面临的重大关键问题的基础性研究；（2）瞄准科学前沿重大问题，体现学科交叉、综合，探索科学发展基本规律的基础性研究；（3）发挥我国的优势与特色，体现我国自然、地理与人文资源特点，能在国际科学前沿占有一席之地的基础性研究。

（五）国家星火计划

星火计划在1986年开始实施，属于国民经济和科技发展计划的重要组成部分。它是第一个依靠科技促进农村经济发展的计划，是实施科教兴农的重要措施。其宗旨是：坚持面向农业、农村和农民；坚持依靠技术创新和体制创新，促进农业和农村经济结构的战略性调整和农民增收致富；推动农业产业化、农村城镇化和农民知识化，加速农村小康建设和农业现代化进程。它的主要任务是：以推动农村产业结构调整、增加农民收入，全面促进农村经济持续健康发展为目标，加强农村先进适用技术的推广，加速科技成果转化，大力普及科学知识，营造有利于农村科技发展的良好环境。围绕农副产品加工、农村资源综合利用和农村特色产业等领域，集成配套并推广一批先进适用技术，大幅度提高我国农村生产力水平。

星火计划的一项重要内容是加强科技产业化环境建设。一是积极发挥农业和农村技术市场中介组织作用，推进科技信息的传播、普及与应用，同时建立以企业投资为主体，政府、银行、社会共同参与的星火计划投融资体系。二是完善星火产业带、星火技术密集区、农村小城镇现代化建设示范镇、星火西进科技示范县、星火培训基地和星火国际化科技合作示范基地等星火科技示范区的建设工作。三是认定并支持国家级科技创新型星火龙头企业、星火外向型企业等星火重点企业的成长壮大。

（六）国家火炬计划

火炬计划于1988年8月经国务院批准，由科技部组织实施。目前，它是我国以市场机制推进高新技术产业化发展的指导性计划，是引导社会各方共同探索中国特色高新技术产业化道路的一面旗帜。它的宗旨是：实施"科教兴国"战略，贯彻执行改革开放的总方针，发挥我国科技力量的优势与潜力，以市场为导向，促进高新技术成果商品化、高新技术商品产业化和高新技术产业国际化。

火炬计划的主要内容是：(1) 创造适合高新技术产业发展的环境。(2) 建设和发展高新技术产业开发区，努力使其成为发展高新技术产业的基地，向传统产业扩散高新技术及其产品的辐射源，对外开放的窗口，深化改革的试验区，加速科技成果转化和技术创新的示范区，社会主义现代文明的新城区，培养和造就高科技实业家的学校。(3) 建设和发展高新技术创业服务中心，要求在吸取国外孵化器成功发展经验的基础上，结合我国国情，创建新型的社会公益型科技服务机构，为高新技术企业创业提供综合服务。(4) 实施火炬计划项目，重点支持新材料、生物技术、计算机、电子与信息、光机电一体化、新能源、高效节能与环保等领域的科技创新。它要求以市场需求为导向，以科技攻关计划、最新科技成果为依托，以发展高新技术产品、形成产业为目标，通过择优评选并组织实施高科技产业化项目，造就高新技术企业和企业集团，建立国家火炬计划软件产业基地。(5) 设立科技型中小企业技术创新基金，以政府专项基金形式支持科技型中小企业的技术创新。(6) 促进高新技术产业国际化，推动我国高新技术产品进入国际市场，推动高新技术企业走向世界。(7) 培训人才。造就一大批懂技术、善管理、会经营、勇于创新、敢于在市场竞争中奋力拼搏的科技管理人才和科技实业人才。

（七）科技惠民计划

2012年4月6日，科技部、财政部印发《科技惠民计划管理办法（试行）》，旨在推进民生科技成果转化应用，发挥好科技惠民、促进社会发展的支撑引领作用。2014年2月27日，科技部、财政部在梳理惠民计划项目实施过程中，针对可能出现调整的情况，提出具体处置意见，并作为《科技惠民计划管理办法（试行）》的补充规定下发到各地。

惠民计划的重点任务是：支持基层开展具有导向作用先进技术成果的转化应用，提升技术的实用性和产业化水平；支持基层开展重点领域先进适用技术的综合集成和示范应用，推动先进适用技术在基层公共服务领域的转化应用。

惠民计划的优先支持范围：（1）人口健康领域。优先支持体育运动康复器材、医疗器械、临床医疗和转化医学、生殖健康、民族医药、远程医疗等技术的转化应用。（2）生态环境领域。优先支持生态治理与恢复、大气等污染控制、饮用水保障、污染土壤治理、垃圾与污泥处理，以及城镇绿化与园林建设，宜居建筑、新能源利用、节能环保等技术的转化应用。（3）公共安全领域。优先支持食品安全检测预警、重大自然灾害监测预警、重大生产事故预防、重大突发事件应急等技术的转化应用。

（八）国家重大科学工程项目计划

我国从1983年开始实施国家重大科学工程建设项目计划，目的是推动科学研究所需要的大型或投资较大的现代化关键仪器设备建设，进而形成有关学科研究的重要科研与实验基地，提高国家的科技实力。它重点支持核物理、天文、地学、信息、纳米科技、生命科学、资源环境等领域，至今共有20多个项目列入此项计划。已建成"北京正负电子对撞机""兰州重离子加速器""神光系列高功率激光装置""H1-13串列式静电加速器""中国环流器HL-1装置"和"中国地壳运动观测网络"等国家重大科学工程项目。在建的还有"大天区面积多目标光纤光谱天文望远镜""HT-7U超托卡马克聚变实验装置""国家农作物基因资源工程"和"中国大陆科学钻探工程"等。

（九）国家重点实验室建设计划

为了给基础研究和应用研究创造良好的实验条件，保持和稳定一批基础研究的骨干队伍，我国自1984年开始实施国家重点实验室计划。重点实验室是国家科技创新体系的重要组成部分，是国家组织高水平基础研究和应用基础研究、聚集和培养优秀科技人才、开展高水平学术交流、科研装备先进的重要基地。其主要任务是针对学科发展前沿和国民经济、社会发展及国家安全的重要科技领域和方向，开展创新性研究。

国家重点实验室定位于基础研究、战略高技术研究和公益性研究，承担并完成了大量国家重大科研任务。1997—2007 年，国家重点实验室获得 50%的国家自然科学奖。2004 年，连续空缺 6 年后评出的 2 项国家技术发明奖一等奖，都由国家重点实验室获得。

(十) 国家自然科学基金

国家自然科学基金创建于 1986 年，由国家自然科学基金委员会负责组织、实施和管理。其宗旨是建立适应社会主义市场经济的自然科学基金管理体制和运行机制，资助自然科学基础研究和部分应用研究，发现和培养科技创新人才，发挥自然科学基金的导向和协调作用，促进科技进步和经济社会发展。

国家自然科学基金资助工作，遵循公开、公平、公正的原则，实行尊重科学、发扬民主、提倡竞争、促进合作、激励创新、引领未来的方针。它面向全国，重点资助具有良好研究条件、研究实力的高等院校和科研机构中的研究人员。《国家自然科学基金"十一五"发展规划》提出，要准确把握"支持基础研究、坚持自由探索、发挥导向作用"的战略定位，贯彻"尊重科学、发扬民主、提倡竞争、促进合作、激励创新、引领未来"的工作方针，实施源头创新战略、科技人才战略、创新环境战略和卓越管理战略，培育创新思想，提升原始创新能力，促进我国基础科学各学科均衡、协调和可持续发展。

国家自然科学基金在项目资助方面，每年将安排重大项目、重点项目和自由申请项目等不同类型项目，分别给予不同数量的经费资助。在人才培养方面，近年启动了资助杰出青年科学基金，资助创新群体基金，并对某些群体设立延续资助基金；还启动了青年科学基金、支持基础科学人才培养基地基金，同时适当提高各类项目中用于研究生和博士后研究人员费用的比例，以及安排资助海外及港澳青年学者合作研究基金等。在学科布局和协调发展方面，对数学、物理学、化学、天文学、地球科学、生物学、农业科学、医学、力学、工程科学、信息科学、材料科学、能源科学、环境科学、海洋科学、空间科学、脑科学与认知科学、管理科学等学科的发展方向和资助重点进行规划，制定各个科学部的优先发展领域，遴选出量子调控、科学与工程计算、生命重要活动的定量与整合研究、纳米科学与技术基础研究、认知过程及信息处理、新材料物理特性和制备技术与器件基础、全球变化与地球系统、环境与生物相互作用、化学与生物医学界面上的重要科学问题、化石能源高效洁净利用和新能源探索、农业生物重要性状的功能基因组、社会系统与重大工程系统的危机（灾害）控制、现代制造理论与技术基础等综合交叉的优先发展领域。

（十一）国家软科学研究计划

1990年5月24日，为了更好地指导和协调各地区、各部门开展软科学研究，国家科委发布《国家科委软科学研究计划管理办法》。该文件确定，软科学研究的范围主要包括：战略研究，规划研究，政策研究，管理研究，体制改革研究，科技法制研究，技术经济分析，重大项目可行性论证，以及软科学的基本理论和方法等。

2007年3月6日，科技部根据《国家科技计划管理暂行规定》等相关规定，制定《国家软科学研究计划管理办法》，同时废止了原国家科委的文件。

科技部文件规定，国家软科学研究计划是国家科技计划的重要组成部分。其主要任务是：以实现决策科学化、民主化为目标，综合运用自然科学、社会科学和工程技术多门类、多学科知识，为科技和经济社会发展的重大决策提供支撑。

科技部文件规定，国家软科学研究计划资助的项目包括重大项目、面上项目和出版项目三类。重大项目是根据科技和经济社会发展重大决策需求，由科技部综合各部门、地方和专家建议确定的年度重点研究任务；面上项目是指各申报单位提出，经科技部组织专家评审同意立项的研究任务；出版项目是指各申报单位提出，经科技部组织专家评审同意资助出版的软科学研究成果。

二 修订科学技术进步法

1993年7月2日，第八届全国人民代表大会常务委员会第二次会议通过了《中华人民共和国科学技术进步法》（简称《科技进步法》）。它自1993年10月1日起施行，十多年来有力地促进了我国科技事业的发展。随着我国提出建设创新型国家的奋斗目标，为了突出自主创新这条主线，针对当前制约我国科技进步的制度性问题，需要修订原有的《科技进步法》。2007年3月22日，国务院法制办公室公布了《科技进步法》（修订草案）（征求意见稿）》，公开征求意见。同年8月26日，《科技进步法（修订草案）》首次提请全国人大常委会审议。该修订草案对促进企业创新、整合科技资源、建立学术诚信档案等做了规定。同年12月29日，全国人大常委会表决通过了修订后的《科技进步法》。新的《科技进步法》，自2008年7月1日起施行，共分8章75条，分别为总则，科学研究、技术开发与科学技术应用，企业技术进步，科学技术研究开发机构，科学技术人员，保障措施，法律责任，附则。对照1993年颁布的《科技进步法》，可以发现新的《科技进步法》对下述几个方面作了重点修改。

（一）把建设创新型国家写入法律

1993年，我国刚刚确立社会主义市场经济体制目标。颁布的《科技进步法》体现了这一目标的要求，提出建立和发展技术市场，推动科学技术成果的商品化，技术贸易活动应当遵循交易原则，并对科研机构的市场化改革作了较多阐述，但是没有任何内容涉及建设创新型国家的问题。修改后的《科技进步法》，把增强自主创新能力和建设创新型国家写入法律，进一步明确了我国科技发展战略、基本方针、政策。新《科技进步法》第2条指出，国家坚持科学发展观，实施科教兴国战略，实行自主创新、重点跨越、支撑发展、引领未来的科学技术工作指导方针，构建国家创新体系，建设创新型国家。

（二）通过宽容失败和强调诚信来鼓励创新

众所周知，失败是成功之母。一项成功的科技创新成果，通常是在经历了多次失败之后才取得的。为了鼓励科技人员自由探索科研难题，勇于承担高风险的项目，应该为科技人员创造宽松的学术环境，对于某些客观原因造成的科研失败给予理解和保护，同时，要求科技人员遵守科技界公认的行为准则和道德规范，诚实守信。修订后的《科技进步法》既倡导宽容失败，又强调科研诚信，从保护和规范两个方面，给科技人员的自主创新，提供良好的制度环境。

第56条规定，国家鼓励科技人员自由探索、勇于承担风险。原始记录能够证明，承担探索性强、风险高的科技研究开发项目的科技人员，已经履行了勤勉尽责义务仍不能完成该项目的，给予宽容。这里的"原始记录"，是指项目执行过程中形成的大量观测报告、考察报告、试验报告、实验数据，以及记述工程结构和工艺方法的技术文件等内容。"给予宽容"，是指不影响项目的结题验收，不影响对项目承担人员的评价，不影响其继续申请科研项目等。

鼓励科技人员在创新过程中追求真理、勇于尝试、大胆探索，不仅要为他们创造宽松的学术环境，而且要加强他们的职业道德和科研诚信建设。新的《科技进步法》对此提出了明确要求。

第55条规定，科技人员应当弘扬科学精神，遵守学术规范，恪守职业道德，诚实守信；不得在科技活动中弄虚作假，不得参加、支持迷信活动。这里，既阐明了科技人员必备的学术要求，又规定了法律禁止的行为，把自觉遵守科技信用原则确定为科技人员必须遵守的法律义务。

第57条提出，通过建立学术诚信档案，对参与国家科技计划和基金项目的科技人员的诚信状况进行监督。

第70条对存在信用缺失行为，违反科技信用规范者，需要承担的法律责任，作出了明确规定：违反本法规定，抄袭、剽窃他人科技成果，或者在科技活动中弄虚作假的，由科技人员所在单位或者单位主管机关责令改正，对直接负责的主管人员和其他直接责任人员依法给予处分；获得用于科技进步的财政性资金或者有违法所得的，由有关主管部门追回财政性资金和违法所得；情节严重的，由所在单位或者单位主管机关向社会公布其违法行为，禁止其在一定期限内申请国家科技基金项目和国家科技计划项目。

（三）确定企业技术创新主体地位

企业是技术创新的主体，促进科技进步必须提高企业的创新能力。为此，修订后的《科技进步法》专门单独安排了第三章，以"企业技术进步"为标题，首先明确了企业在技术创新中的主体作用。同时，明文规定，国家要通过财税政策、产业政策、资本市场、科技中介服务体系等引导和扶持企业开展技术创新。

1. 确立企业在技术创新中的主体地位。

新的《科技进步法》指出，建立以企业为主体，以市场为导向，企业同科技研究开发机构、高等学校相结合的技术创新体系，引导和扶持企业技术创新活动，发挥企业在技术创新中的主体作用。鼓励企业增加研究开发和技术创新的投入，自主确立研究开发课题，开展技术创新活动。鼓励企业对引进技术进行消化、吸收和再创新。依法保护企业研究开发所取得的知识产权。通过制定产业、财政、能源、环境保护等政策，引导、促使企业研究开发新技术、新产品、新工艺，进行技术改造和设备更新，淘汰技术落后的设备、工艺，停止生产技术落后的产品。

2. 提出运用财税政策支持企业技术创新。

新的《科技进步法》要求设立科技型中小企业创新基金，资助中小企业开展技术创新。必要时可以设立其他基金，资助科技进步活动。鼓励企业平等竞争和实施国家科技计划项目；要求与产业发展相关的科技计划体现产业发展的需求，同时保障企业在参与过程中处于平等竞争的主体地位。要求在安排国家科技计划特别是重大科技专项时，对具有明确的市场应用前景的领域，建立企业牵头组织、产学研共同参与计划项目实施的机制，以利于项目目标的实现和项目成果的转化。企业开发新技术、新产品、新工艺发生的研究开发费用可以按照国家有关规定，税前列支并加计扣除，企业科学技术研究开发仪器、设备可以加速折旧。规定以下三类企业可以享受税收优惠：（1）从事高新技术产品研究开发、生产的企业；（2）投资于中小型高新技术企业的创业投资企业；（3）法律、行政法规规定的与科技进步有关的其他企业。

3. 提出建立促进企业技术创新的融资体系。

新的《科技进步法》确定，通过设立贷款贴息担保基金、加强政策性金融支持、完善资本市场等措施，形成一个有利于企业技术研发的融资体系，支持企业开展创新活动。提出国家利用财政性资金设立基金，为企业自主创新与成果产业化贷款提供贴息、担保。并要求政策性金融机构，在其业务范围内，重点支持企业自主创新项目。同时，要求完善资本市场，建立健全促进自主创新的机制，支持符合条件的高新技术企业利用资本市场推动自身发展。鼓励设立创业投资引导基金，引导社会资金流向创业投资企业，对企业的创业发展给予支持。

4. 把创新作为国有企业负责人业绩考核指标之一。

新的《科技进步法》要求国有企业建立健全有利于技术创新的分配制度，完善激励约束机制。要求国有企业负责人对企业的技术进步负责，把企业的创新投入、创新能力建设、创新成效等情况纳入对国有企业负责人的业绩考核范围。

（四）加强科学技术资源共享制度

影响我国自主创新能力提升的一个重要因素，是各部门各单位拥有的科技资源难以充分发挥共享功能。为了以法律形式有效推进科技资源共享，提高科技资源的使用效率，新的《科技进步法》多处涉及科技资源共享问题，针对政府和科技资源管理单位的权利、义务和责任等多个方面，分别作出规定，为健全科技资源共享制度提供法律依据。

第46条规定："利用财政性资金设立的科学技术研究开发机构，应当建立有利于科学技术资源共享的机制，促进科学技术资源的有效利用。"这对政府部门设立的或其他政府资助的非营利性科研开发单位，在科学技术资源共享方面作出了明确规定。

第64条规定："国家根据科学技术进步的需要，按照统筹规划、突出共享、优化配置、综合集成、政府主导、多方共建的原则，制定购置大型科学仪器、设备的规划，并开展对以财政性资金为主购置的大型科学仪器、设备的联合评议工作。"该条表明，购置政府拨款的大型科学仪器，"突出共享"是必须遵循的原则之一。这项规定，也是对财政部等部门2004年联合颁发的《中央级新购大型科学仪器设备联合评议工作管理办法（试行）》的确认，该管理办法要求对以财政性资金为主购置的大型科学仪器、设备开展联合评议，规定对已有同类大型科学仪器设施提供共享服务的，不予批准新购、新建。

第65条第一款规定："国务院科学技术行政部门应当会同国务院有关主管部门，建立科学技术研究基地、科学仪器设备和科学技术文献、科学技术数据、科学技术自然资源、科学技术普及资源等科学技术资源的信息系统，及时向社会公布科学技术资源的分布、使用情况。"这里，确定了推进科技信息资源共享的职能部门，确定了可以公开和可供共享的科技信息资源范围，确定了推进科技信息资源共享的方式和渠道。前一阶段，有关部门在科技信息资源共享方面做了大量工作，有了相当扎实的基础。例如，由科技部牵头，其他相关部门共同协作，在气象、海洋、地震、农业、医药卫生等领域，建成科技数据共享信息系统，并已通过这些系统向社会公布科技资源的分布和使用情况，提供共享服务。目前，科技部正在着手筹建基于信息网络技术的科技信息系统，作为各类科技资源信息集中展示和发布的统一窗口。该条第二款，明确了科技资源管理单位的开放义务和责任。规定科技资源的管理单位，应当向社会公布所管理的科技资源的共享使用制度和使用情况，并根据使用制度安排使用。该条第三款，规范了科技资源管理者和使用者的关系。在涉及共享使用的收费问题时，指出科技资源管理单位应当按照国家有关规定确定收费标准。

第68条用来强化对科技资源管理单位履行开放共享义务的监督，明确指出，利用财政性资金和国有资本购置大型科学仪器、设备后，不履行大型科学仪器、设备等科学技术资源共享使用义务的，由有关主管部门责令改正，对直接负责的主管人员和其他直接责任人员依法给予处分。

（五）支持农业基础科技研究

1993年颁布的《科技进步法》，涉及农业方面的条款较多，但主要是从促进农业科技成果推广应用角度提出有关规定，没有对农业基础科技研究采取鼓励性措施。修订后的《科技进步法》，增加了国家鼓励和支持农业科技基础研究、加大农业创新投入的新内容。该法在第23条明确规定，国家鼓励和支持农业科技的基础研究和应用研究，传播和普及农业学术知识，加快农业科技成果转化和产业化，促进农业科技进步。还要求采取措施，支持公益性农业科技研究开发机构和农业技术推广机构进行农业新品种、新技术的研究开发和应用。鼓励和引导农村群众性科技组织为种植业、林业、畜牧业、渔业等的发展提供科技服务，对农民进行科技培训。在第60条，把农业新品种、新技术的研究开发和农业科技成果的应用、推广,确定为财政性科技资金投入的 6 大主要事项之一。

三 完善科学技术奖励政策

为了鼓励科技创新,促进科学研究和技术开发,推动科技成果商品化和产业化,加速科教兴国、人才强国和可持续发展战略,我国除了实施中长期科技发展规划和科技发展专项计划,制定和修订科技进步法等措施外,还在建立和完善科学技术奖励制度方面做了大量工作。

1978 年 12 月 28 日,我国颁布《中华人民共和国发明奖励条例》,明确指出,设立这项奖励措施,是为了鼓励科技创新,促进科学技术现代化,加速社会主义建设。同时,对得奖的发明作出具体规定,要求它是一种重大的科学技术新成就,必须同时具备三项条件:(1)前人所没有的;(2)先进的;(3)经过实践证明可以应用的。这个条例,先后在 1984 年和 1993 年作过两次修订。

1979 年 11 月 21 日,我国颁布《中华人民共和国自然科学奖励条例》,阐明设立该奖项的目的是,为鼓励科学工作者的积极性和创造性,加速我国科学事业的发展,促进社会主义现代化建设。确定可授奖的对象是,阐明自然的现象、特性或规律的科学研究成果,在科学技术的发展中有重大意义。该条例分别在 1984 年、1993 年作过修订。

1984 年 9 月 12 日,我国颁布《中华人民共和国科学技术进步奖励条例》,指出设立这个奖项的目的是,为奖励在推动科技进步中做出重要贡献的集体和个人,充分发挥广大科技人员的积极性和创造性,以加速社会主义现代化建设。阐明奖励的范围是:应用于社会主义现代化建设的新科技成果,推广、采用已有的先进科技成果,科技管理以及标准、计量、科技情报工作等。同时,规定这项奖分国家级和省(部委)级两类。此条例,在 1993 年作过修订。

1993 年 7 月 2 日,我国颁布《中华人民共和国科学技术进步法》,用整整一章含五个条款的内容阐述科技奖励的办法。规定国家建立科技奖励制度,对于在科技进步活动中做出重要贡献的公民、组织,给予奖励。规定国家对为科技事业发展做出杰出贡献的公民,依法授予国家荣誉称号。阐明国务院设立自然科学奖、技术发明奖、科学技术进步奖、国际科学技术合作奖；必要时，可以设立其他科学技术奖。同时，还对企业事业单位如何奖励完成技术成果的个人、怎样设立科技奖励基金等内容，作出明确规定。

1999年5月23日，我国颁布《国家科学技术奖励条例》，同时废止以前颁布的《中华人民共和国发明奖励条例》《中华人民共和国自然科学奖励条例》和《中华人民共和国科学技术进步奖励条例》三个法规。2003年12月20日，该条例作过一次修改。在现行的《国家科学技术奖励条例》中，规定设立国家最高科学技术奖、国家自然科学奖、国家技术发明奖、国家科学技术进步奖、中华人民共和国国际科学技术合作奖等科技奖项。规定国家最高科学技术奖每年授予人数不超过2名，它与中华人民共和国国际科学技术合作奖一样不分等级。规定国家自然科学奖、国家技术发明奖、国家科学技术进步奖分为一等奖、二等奖2个等级；对作出特别重大科学发现或者技术发明的公民，对完成具有特别重大意义的科学技术工程、计划、项目等做出突出贡献的公民、组织，可以授予特等奖。这三项奖每年奖励项目总数不超过400项。

1999年12月26日，科技部根据《国家科学技术奖励条例》，制定并发布《国家科学技术奖励条例实施细则》，对奖励范围和评审标准、评审组织、推荐方法、评审程序、监督及异议处理、授奖方式等方面作出具体而详细的规定，以便做好国家科学技术奖励工作，保证国家科学技术奖的评审质量。

科技部同时又颁布了两部法规：一是《省、部级科学技术奖励管理办法》，用来规范省、部级科学技术奖励的设立和备案工作，加强对省、部级科学技术奖励工作的管理和指导。规定省、自治区、直辖市人民政府可以设立一项省级科学技术奖。省级科学技术奖可以分类奖励在科学研究、技术创新与开发、推广应用先进科学技术成果以及实现高新技术产业化等方面取得重大科学技术成果或者做出突出贡献的个人和组织。二是《社会力量设立科学技术奖管理办法》，以便做好社会力量设立科学技术奖的规范管理工作，保证社会力量设奖的质量和有序发展。2006年2月5日，该法经过全面修改后，由科技部重新发布施行。

2003年1月16日，科技部发布《关于受理香港、澳门特别行政区推荐国家科学技术奖的规定》，用来指导做好香港、澳门特别行政区推荐国家科学技术奖的受理工作。

在完善科技创新奖励制度过程中，我国除中央政府设立奖项外，地方政府、部门、境内外企业事业组织、一些非营利民间机构、社会团体和个人，也设立了科学技术奖项。各种不同类型的科学技术奖项形成一种合力，共同激发科技人员和科研机构从事发明创造的积极性，有力地推动了我国科技创新活动的进步。

第三节 完善科技成果转化的政策法规

一 颁布促进科技成果转化和推广应用的政策法规

（一）促进科技成果转化和推广应用的重要性

科技成果研究是以知识信息为劳动对象，同时形成知识信息状态的最终成果。它往往需要通过应用研究和开发研究，方可形成交给工厂制造的新产品。科技成果只有在生产中得到应用，取得实际效益，才能真正体现其特有的价值。

建立和完善科技成果转化机制，促进科技成果的推广应用，是我国促进创新活动政策体系建设的一个重要环节。

为了促进科技成果的转化和推广应用，我国颁布促进科技成果转化法规，确定科技成果转化应遵循的原则，提出促进科技成果转化的保障措施，规定技术权益的归属和分享。推出国家科研计划项目研究成果的产权管理办法，对承担国家科研项目形成的产权归属问题作出明确规定：在通常情况下，项目承担单位可以依法自主决定该产权的使用等，并取得相应的收益。制定促进高新技术成果产业化的政策，鼓励高新技术研究开发和成果转化，保障高新技术企业经营自主权，为高新技术成果转化和产业化创造环境条件。发布建立高新技术产业开发区、高新技术企业认定办法、高新技术产业开发区税收政策等，进一步促进高新技术成果的商品化、产业化，加速高新技术产业的发展。

(二) 发布促进科技成果转化和推广应用的法规

1.《促进科技成果转化法》概述。

1996年5月15日，第8届全国人民代表大会常务委员会第19次会议，通过了《中华人民共和国促进科技成果转化法》（以下简称《促进科技成果转化法》），并于同日公布，规定自1996年10月1日起施行。颁布这个法律的目的，是促进科技成果转化为现实生产力，规范科技成果转化活动，加速科学技术进步，推动经济建设和社会发展。它是与《科学技术进步法》相配套的新法律。

该法规是专门针对如何加快科技成果转化而制定的，其涉及范围包括：具有实用价值的发明创造所进行的后续试验、开发、应用、推广直至形成新产品、新工艺、新材料，以及发展新产业等活动。该法规定，在不损害国家和社会公共利益的条件下，科技成果转化活动可以自愿或依照合约进行，并享受利益，承担风险；科技成果转化中的知识产权受法律保护。

2.《促进科技成果转化法》规定的组织实施方法。

该法规规定，应当优先安排和支持下列科技成果转化：（1）明显提高产业技术水平和经济效益的项目；（2）形成产业规模，具有国际经济竞争能力的项目；（3）合理开发和利用资源、节约能源、降低消耗，以及防治环境污染的项目；（4）促进高产、优质、高效农业和农村经济发展的项目；（5）加速少数民族地区、边远贫困地区社会经济发展的项目。该法规定，科技成果持有者可以采用自行投资转化、转让或许可他人使用、与人合作共同开发、以成果作价投资入股等灵活多样的方式实施转化。还规定，企业为采用新技术、新工艺、新材料和生产新产品，可以自行寻找所需的科技成果及其合作者。企业有权独立或与境内外合作者联合实施科技成果转化。

该法规还规定，国家鼓励研究开发机构、高等院校等事业单位与生产企业相结合，联合实施科技成果转化。鼓励农业科研机构、农业试验示范单位独立或者与其他单位合作实施农业科技成果转化。鼓励企事业单位和农村科技经济合作组织进行中间试验、工业性试验、农业试验示范和其他技术创新和技术服务活动。该法规定，本单位难以转化的职务发明，完成人和参加人在不变更权属的前提下，可与单位订立协议进行转化，并享有协议规定的权益。该单位对转化活动应给予支持。同时，成果完成人或课题负责人，不得阻碍职务发明转化，不得把职务发明及其技术资料和数据占为己有，侵犯单位的合法权益。该法还规定，开展科技成果转化活动，应当签订合同，约定各方享有的权利和承担的风险。对科技成果进行检测和价值评估，必须遵循公正、客观的原则。

3. 《促进科技成果转化法》规定的保障措施。

该法规提出五条保障措施：（1）规定科技经费中的国家财政拨款部分，按一定比例用于科技成果转化，它主要用于科技成果转化的引导资金、贷款贴息、补助资金和风险投资以及其他所需用途；（2）国家对科技成果转化活动实行税收优惠政策；（3）国家金融机构逐步增加用于科技成果转化的贷款；（4）国家鼓励设立科技成果转化基金或者风险基金；（5）国家推进科技信息网络的建设和发展，建立资料库，提供科技成果信息服务。

4. 《促进科技成果转化法》规定的技术权益。

该法规提出科技成果转化形成的有关权益归属问题，由合同约定来处理。同时，对合同没有约定的权益归属问题，规定了处理原则。该法规定，参与科技成果转化的合作各方，应订立保守技术秘密协议，企事业单位应建立健全技术秘密保护制度，职工不得把职务发明擅自转让或者变相转让。该法还规定，单位把职务发明转让给他人的，应从其转让所得的净收入中，提取不低于20%的比例，奖励给做出重要贡献的人员。单位独立或合作完成的科技成果转化成功后，应连续三至五年从其新增留利中提取不低于5%的比例，奖励给做出重要贡献的人员。股份制企业可将其折算为股份或出资比例，作为给重要贡献人员的报酬或奖励。

5. 《促进科技成果转化法》规定的法律责任。

该法规对科技成果转化活动、科技成果检测或价值评估，以及技术交易中介活动，出现违法行为所承担的法律责任，分别作出具体规定。对科技人员个人出现的各种违法行为提出处理办法。同时，明确规定，各级政府工作人员在科技成果转化中玩忽职守、徇私舞弊的，给予行政处分；构成犯罪的，依法追究刑事责任。

(三) 制定促进高新技术成果产业化的政策

1999年3月23日，科技部、教育部、人事部、财政部、中国人民银行、国家税务总局、国家工商行政管理局联合制定《关于促进科技成果转化的若干规定》，1999年3月30日，国务院同意转发。该政策文件，是为了进一步落实《科学技术进步法》和《促进科技成果转化法》而发布的，旨在鼓励科研机构、高等学校及其科技人员研究开发高新技术，转化科技成果，发展高新技术产业。这个文件由三部分内容组成：

1. 鼓励高新技术研究开发和成果转化。

文件规定，科研机构、高等学校及其科技人员，可以采取多种方式转化高新技术成果，创办高新技术企业。以高新技术成果出资入股的，其作价金额可达到企业注册资本的35%。单位转化职务发明，应当奖励有关科技人员。如果采用技术转让方式，应从所得净收入中提取不低于20%的比例用于一次性奖励。如果自行或合作实施成果转化，应在项目投产后连续3—5年内，从年净收入中提取不低于5%的比例用于奖励，或者参照此比例，给予一次性奖励。如果在股份制企业实施转化，也可用不低于成果入股时作价金额20%的股份给予奖励。在研究开发和成果转化中做出主要贡献的人员，所得奖励份额应不低于奖励总额的50%。

文件规定，单位持有的高新技术成果在完成后一年没有实施转化的，其完成人和参加人在不变更职务发明权属的前提下，可与本单位订立协议进行转化，并享有协议约定的权益。完成人自办企业实施成果转化的，本单位可约定在企业中享有股权或出资比例，也可取得技术转让收入。如果部分完成人转化多人完成的职务发明，签订转化协议时应规定通过奖励或补偿方式保障其他完成人的利益。

文件阐明，科技人员可以在完成本职工作的前提下，在其他单位兼职从事研究开发和成果转化活动。可以离岗创办高新技术企业或到其他高新技术企业转化科技成果。各单位应允许离岗人员，在规定期限内（一般为2年）回原单位竞争上岗，保障其享有与连续工作的人员同等的福利和待遇。兼职或离岗人员不得侵害本单位或原单位的技术经济权益。

2. 保障高新技术企业经营自主权。

文件提出，科技人员创办高新技术企业，应贯彻"自愿组合、自筹资金、自主经营、自负盈亏、自我约束、自我发展"的原则，遵纪守法。要妥善解决集体性质高新技术企业中历史遗留的产权关系不清问题。要允许国有和集体高新技术企业吸收本单位的业务骨干参股，企业实行公司制改造时，允许业务骨干作为公司发起人。国有科研机构、高等学校与自己投资创办的高新技术企业之间，要实行所有权与经营权分离，合理确定投资回报比例，为企业留足发展资金。

3. 为高新技术成果转化创造环境条件。

文件指出，各地方要支持高新技术创业服务中心即科技企业孵化器，以及其他中介服务机构的建设与发展，要给予资金投入支持，给予政策扶持。文件表明，政府将利用竞标择优机制，以各种财政经费支出形式支持成果转化活动。有条件的地方可设立科技成果转化基金或风险基金。商业银行应对高新技术成果转化项目积极发放贷款。各地方、各部门应重点支持高新技术企业上市发行股票。

（四）制定规范科研项目成果产权管理制度的法规

1. 制定国家科研计划项目研究成果的产权管理办法。

2002年3月5日，科技部和财政部联合制定《关于国家科研计划项目研究成果知识产权管理的若干规定》，2002年4月14日，国务院同意转发了这一文件。该文件是为贯彻落实中共中央、国务院《关于加强技术创新，发展高科技，实现产业化的决定》（中发〔1999〕14号）精神而制定的，旨在完善以财政资助为主的国家科研项目成果的产权管理制度，促进我国自主知识产权总量的增加，加强科技成果转化，保障国家、单位和个人的合法权益。

2. 该文件的主要内容。

该文件明确指出，科研项目研究成果及其形成的知识产权，除涉及国家安全、国家利益和重大社会公共利益的以外，国家授予科研项目承担单位所有。项目承担单位可以依法自主决定实施、许可他人实施、转让、作价入股等，并取得相应的收益。同时，在特定情况下，国家根据需要保留无偿使用、开发、使之有效利用和获取收益的权利。

该文件要求单位申请承担科研项目时，须提交知识产权可行性分析报告。项目执行过程中，须根据知识产权的发展动态，及时调整研究策略和措施。还须建立规范有效的知识产权管理制度，对成果及时采取保护措施，依法取得知识产权，并加以有效管理和充分使用。同时，要求科研计划管理部门，把知识产权管理制度是否健全，作为确定项目承担单位的重要条件。在合同中明确约定项目承担单位管理、保护研究成果知识产权的义务，并依据合同对履行义务情况组织检查和验收。对不履行义务或履行不当、造成重大损失的，依法追究项目承担单位和主要责任人的责任。

该文件阐明，科研成果取得知识产权的事务费，一般由项目承担单位负担。但对于确有困难的单位，经财政部门批准，该费用可在国家科研计划经费中开支。

该文件指出，有关部门和省级政府可根据国家需要，报请国务院批准，决定项目成果在一定范围内推广应用，允许指定的单位实施，并区别不同情况，决定实施单位或无偿使用，或由实施单位按照国家规定向项目承担单位支付知识产权使用费。同时，要求项目承担单位采取有效措施，积极促进成果转化。项目承担单位转让知识产权时，在同等条件下成果完成人享有优先受让权。还要求项目承担单位按照有关文件规定，对成果完成人和为成果转化做出贡献的人员给予奖励和报酬。

二 发布建立国家高新技术产业开发区的政策

为了促进高新技术成果商品化、产业化，加速高新技术产业的发展，调整和优化产业结构，我国政府于1991年发布《关于批准国家高新技术产业开发区和有关政策规定的通知》，在1988年批准成立北京市新技术产业开发试验区的基础上，在各地已建立的高新技术产业开发区中，再选定一批开发区作为国家高新技术产业开发区，并给予相应的优惠政策。同时，批准国家科委制定的《国家高新技术产业开发区高新技术企业认定条件和办法》《国家高新技术产业开发区若干政策的暂行规定》，批准国家税务局制定的《国家高新技术产业开发区税收政策的规定》。经过十多年的发展后,在实施《国家中长期科学和技术发展规划纲要(2006—2020年)》的过程中,又进一步提出推动国家高新技术产业开发区增强自主创新能力的意见,并制定了国家高新技术产业开发区"十一五"发展规划。2015年10月29日,科技部公布,我国已经形成145个国家高新技术产业开发区(以下简称"高新区")。

(一)制定高新区高新技术企业认定条件和办法

为实施国务院批准的高新区有关政策规定,推动我国高新技术产业的发展,国家科委在1991年3月制定《国家高新技术产业开发区高新技术企业认定条件和办法》。2000年7月23日,科技部根据《中共中央国务院关于加强技术创新,发展高科技,实现产业化的决定》精神,修订了该文件的相关条款,对加强我国高新技术企业的研究开发活动提出更新更高的要求。现以该文件修订后的内容为依据分析如下。

该文件划定高新技术的范围是:(1)电子与信息技术;(2)生物工程和新医药技术;(3)新材料及应用技术;(4)先进制造技术;(5)航空航天技术;(6)现代农业技术;(7)新能源与高效节能技术;(8)环境保护新技术;(9)海洋工程技术;(10)核应用技术;(11)其他在传统产业改造中应用的新工艺、新技术。

该文件规定对高新技术企业认定的条件是:(1)从事高新技术范围内的一种或多种高新技术及其产品的研究开发、生产和技术服务。单纯的商业贸易除外。企业的高新技术产品,由省、市科技行政管理部门根据高新技术产品目录进行认定。(2)具有企业法人资格。(3)具有大专以上学历的科技人员占企业职工总数的30%以上,其中从事高新技术产品研究开发的科技人员应占企业职工总数的10%以上。从事高新技术产品生产或服务为主的劳动密集型高新技术企业,具有大专以上学历的科技人员应占企业职工总数的20%以上。(4)企业每年用于高新技术及其产品研究开发的经费应占本企业当年总销售额的5%以上。(5)高新技术企业的技术性收入与高新技术产品销售收入的总和应占本企业当年总收入的60%以上;新办企业在高新技术领域的投入占总投入60%以上。(6)企业的主要负责人应是熟悉本企业产品研究、开发、生产和经营,并重视技术创新的本企业专职人员。

该文件规定，区内高新技术企业的认定，须向高新区管委会提出申请，经高新区管委会审核后，由省、市科技行政管理部门批准并发给高新技术企业证书。经认定的高新技术企业享受国家政策规定的优惠待遇。每两年对已认定的高新技术企业进行资格复审，不合格者，取消其资格。

（二）制定高新区若干政策的暂行规定

为进一步扶植我国高新区的建设，推动高新技术产业的发展，国家科委在1991年3月制定《国家高新技术产业开发区若干政策的暂行规定》。该文件规定了高新区内高新技术企业可以享受的除税收政策以外的各项优惠政策。

该文件规定的进出口货物关税优惠政策：（1）在高新区内开办的高新技术企业为生产出口产品而进口的原材料和零部件，免领进口许可证，海关凭出口合同以及高新技术产业开发区的批准文件验收。（2）经海关批准，高新技术企业可以在高新区内设立保税仓库、保税工厂。海关按照进料加工的有关规定，以实际加工出口数量，免征进口关税和进口环节产品税、增值税。（3）高新技术企业生产的出口产品，除国家限制出口或者另有规定的产品以外，都免征出口关税。（4）保税货物转为内销，必须经原审批部门批准和海关许可，并照章纳税。其中属于国家实行配额和进口许可证管理的产品，需按国家有关规定报批补办进口手续和申领进口许可证。（5）高新技术企业用于高新技术开发而国内不能生产的仪器和设备，凭审批部门的批准文件，经海关审核后，免征进口关税。

该文件规定的进出口业务推动政策：（1）可在高新区内设立技术进出口公司，以推动高新技术产品进入国际市场。（2）按国家有关规定，对出口业务开展较好的高新技术企业可授予外贸经营权。根据业务需要，经有关部门批准，高新技术企业可在国外设立分支机构。

该文件规定的金融优惠政策：（1）银行对高新技术企业，给予积极支持，尽力安排其开发和生产建设所需资金。（2）银行可给高新区安排发行一定额度的长期债券，向社会筹集资金，支持高新技术产业的开发。（3）有关部门可在高新区建立风险投资基金，用于风险较大的高新技术产品开发。条件比较成熟的高新区，可创办风险投资公司。

该文件规定的进口替代产品市场保护政策：高新技术企业所开发的高新技术产品，凡是各方面指标达到同种进口产品的水平，并具备一定的生产规模，经有关部门审定后，列入国家限制进口商品目录，并按现行进口管理办法控制进口。

该文件规定的价格优惠政策：高新技术企业开发的属于国家控制价格的新产品，除特定品种须报物价部门定价外，在规定的试销期内，企业可自行制定试销价格，并报物价部门和业务主管部门备案。经营不属于国家控制价格的高新技术产品，企业可以自行定价。

该文件规定的折旧优惠政策：高新技术企业用于高新技术开发和高新技术产品生产的仪器、设备，可实行快速折旧。

该文件还对高新技术企业优先安排基本建设项目、优先招聘人才，以及给高新区返还新增税款等方面作出规定。

（三）制定高新区税收政策的规定

为促进我国高新技术产业健康发展，进一步推动高新区建设，国家税务局在1991年3月制定《国家高新技术产业开发区税收政策的规定》。该文件，对高新区内高新技术企业（以下简称"高新区企业"），可以享受的税收优惠政策作出规定。

该文件规定，高新区企业从被认定之日起，减按15%的税率征收所得税。其出口产品的产值达到当年总产值70%以上的，经税务机关核定，减按10%的税率征收所得税。新办高新区企业，经企业申请，税务机关批准，从投产年度起，两年内免征所得税。对新办的中外合资经营的高新区企业，合营期在10年以上的，经企业申请税务机关批准，可从开发获利年度起，头两年免征所得税。

该文件规定，对内资办的高新区企业，其进行技术转让以及在技术转让过程中发生的与技术转让有关的技术咨询、技术服务、技术培训的所得，年净收入在30万元以下的，可暂免征收所得税；超过30万元的部分，按适用税率征收所得税，对其属于火炬计划开发范围的高新技术产品，凡符合新产品减免税条件并按规定减免产品税、增值税的税款，可专项用于技术开发，不计征所得税。

该文件规定，内资办的高新区企业，一律按照国家现行规定缴纳奖金税。但属下列单项奖励金，可不征收奖金税：（1）从其留用的技术转让、技术咨询、技术服务、技术培训净收入中提取的奖金，不超过15%的部分；（2）高新技术产品出口企业，按国家规定从出口奖励金中发放给职工的奖金，不超过1.5个月标准工资的部分；（3）符合国家规定的其他免税单项奖。上述（1）、（2）两项合并计算的全年人均免税奖金额，不足2.5个月标准工资的，按2.5个月标准工资扣除计税；超出2.5个月标准工资的，按实际免税奖金扣除计税。

该文件规定，内资办的高新区企业，以自筹资金新技术开发和生产经营用房，按国家产业政策确定征免建筑税（或投资方向调节税）。

（四）提出进一步促进高新区发展的意见

为实施《国家中长期科学和技术发展规划纲要（2006—2020年）》，营造激励自主创新的环境，增强高新区的自主创新能力，进一步完善其科技成果转化机制，按照国务院的统一部署，科技部、国家发展改革委、国土资源部和建设部在2007年3月30日，联合制定并印发了《关于促进国家高新技术产业开发区进一步发展、增强自主创新能力的若干意见》（以下简称《若干意见》）。

《若干意见》为高新区确定"四位一体"的未来发展目标：高新区应建设成为促进技术进步和增强自主创新能力的重要载体，成为带动区域经济结构调整和经济增长方式转变的强大引擎，成为高新技术企业"走出去"参与国际竞争的服务平台，成为抢占世界高新技术产业制高点的前沿阵地。

《若干意见》提出，高新区发展应坚持四个原则：（1）始终坚持把发展高新技术作为根本任务，创造局部优化的环境，大力培育有竞争优势和发展前景的高新技术产业，注重发展高新技术产业与改造传统产业相结合；（2）以培育有国际竞争力的高新技术企业为目标，深化体制改革和软环境建设；（3）坚持合理和节约使用各种资源，走集约化发展道路；（4）在完善现有政策的基础上，切实解决制约发展的困难和问题。

《若干意见》确定高新区的重点工作是：（1）突出企业技术创新的

主体地位。为此,一要发挥企业在技术创新活动和创新成果应用中的主体作用,二要促使企业真正成为研究开发投入的主体,三要支持高新技术企业开发自主知识产权的高新技术产品,鼓励其提高竞争力和产业规模,四要鼓励科研院所和高等学校为高新技术企业增强自主创新能力提供支持。(2)加强创新创业服务体系建设。一是提高科技企业孵化器运行质量,并扩大其规模,重点办好专业孵化器,二是增强技术交易中介机构服务能力,三是支持建立优势领域的专业化共性技术服务平台,四是联合产、学、研建立技术创新组织,支持中小企业开展技术创新。(3)促进创新资源在高新区的集聚。(4)进一步完善支持高新区增强自主创新能力的财税金融政策。(5)严格依据土地利用总体规划和城市总体规划进行开发建设。

《若干意见》要求地方政府的相关部门,应依据自己的职责加强对高新区的规范管理和指导。《若干意见》还表明,科技部将会同有关部门加强对高新区进行宏观指导,将修订高新区评价指标体系,定期组织评估,合理调整布局。

三 制定国家高新技术产业开发区发展规划

(一)制定高新区"十五"和2010年发展规划纲要

从公布的《国家高新技术产业开发区"十五"和2010年发展规划纲要》可知,"十五"期间高新区发展的具体目标是:高新区技工贸总收入将保持平均年增长30%的速度,2005年达到3.5万亿元,工业产值3万亿元,工业增加值8000亿元,税收1500亿元,出口创汇600亿美元。2010年的发展目标是:经济总量将占到我国工业增加值、出口创汇的20%以上。

"十五"时期,高新区发展的主要任务是:(1)强化环境建设,构筑创业孵化体系和公共创新服务体系;(2)扶持多种类型的科技创业孵化机构,吸引大批科技创业人才进园创业,大幅度提升自主创新能力和水平;(3)集中力量扶持一两个在全国有影响的高新技术产业,形成特色主导产业;(4)按照国际规范建设高新区,扶持出口型高新技术企业和产品,增强国际化发展能力;(5)突出示范,分类指导,有条件的地方要办好高新技术产业带,全面提升高新区的整体发展质量和辐射带动能力。

(二) 制定高新区"十一五"发展规划纲要

从公布的《国家高新技术产业开发区"十一五"发展规划纲要》可以看出,"十一五"期间,高新区发展的主要目标是:全面提升自主创新能力、国际竞争力、可持续发展能力和辐射带动作用。主要经济指标的年均增长速度要达到20%以上。到2010年年底,国家高新区企业年销售总额达到8万亿元、年工业总产值达到7万亿元、年工业增加值达到1.7万亿元、年税收3800亿元、年出口额2500亿美元,高新技术产品年收入达到2万亿元。同时,建成三类园区:实现2—3个领先园区跨入世界一流高科技园区行列;建设一批自主创新能力较强的创新型园区;扶持一批具有地区特色的高新技术产业园区。

高新区发展重点任务有四项:(1) 完善创新创业环境,内容包括继续推动火炬创新创业园建设,完善以专业孵化器和大学科技园为核心的创业孵化体系建设,探索建立适合于高成长性企业加速发展的载体和资源整合体系,大力培育促进产业发展的第三方中介服务机构,加强高端人才队伍建设,通过扩大开放实现以国际化推进产业化,通过加强文化建设提升园区创新活力,通过加强协调促进园区和谐发展。(2) 壮大高新技术产业,具体内容有建立适合自主创新特点的产业结构和产业生态体系,大力发展现代服务业尤其是高技术服务业,积极发展高端制造业,推动产业特色化发展,加快高新技术改造传统产业,坚决退出低端高能耗产业。(3) 推进产业专业集聚:大力推广适合自主创新特点的产业集群发展模式,鼓励基于技术创新的产业联盟,搭建公共的专业技术服务平台。(4) 提升自主创新能力:强化企业创新主体地位,推进新型产学研合作,实施人才、专利、标准三大战略,鼓励产业组织创新和商业模式创新,加快引进技术的消化吸收再创新。

(三) 制定高新区"十二五"发展规划纲要

从公布的《国家高新技术产业开发区"十二五"发展规划纲要》可以看出,"十二五"期间,高新区发展的主要目标是:建成一批处于世界前沿水平的研发基地,培养一大批具有较强创新创业能力的复合型人才，引进超过 3000 名海外高层次人才来国家高新区创新创业。在重点技术领域形成一批取得若干具有国际影响力的重大创新成果。战略性新兴产业成为园区的主导产业，现代服务业占有较大比重，传统产业得到优化和升级，产业质量明显提高，形成一批具有影响力的创新型产业集群。其中，培育形成 15 个左右规模超过 1000 亿元，具备国际竞争力的创新型产业集群。

高新区发展重点任务，主要包括：（1）加快创新体系建设，提升企业自主创新能力；（2）大力培育发展战略性新兴产业，占据竞争制高点；（3）加快发展现代服务业，促进传统产业升级；（4）完善全链条孵化体系，促进企业做大做强；（5）巩固人才高地优势，努力打造人才特区；（6）完善科技金融体系，改善企业融资环境；（7）坚持开放合作发展，提高园区国际化水平；（8）加强分类指导，促进园区特色发展；（9）坚持以人为本，促进科学和谐发展。

（四）讨论制定高新区"十三五"发展规划纲要

2015 年 11 月 6 日，国家高新区发展战略研讨会在天津召开，来自科技部火炬中心、各国家高新区、相关研究机构代表近 200 人参加了会议。会上披露了《国家高新技术产业开发区"十三五"发展规划纲要》（征求意见稿），并向与会人员征求意见。据此，得见下述有关主要内容：

该《纲要》指出，"十二五"期间，高新区以科学发展为主题，以加快转变经济发展方式为主线，实施创新驱动发展战略，培育和发展了一批新兴产业集群，探索了经济发展新模式和辐射带动周边区域新机制，努力抢占世界高新技术产业制高点，已经初步具备了率先实施创新驱动发展战略的条件，并已逐步成为我国经济高速增长"稳定剂"的物质基础和知识来源。

该《纲要》显示，"十三五"期间，高新区将本着坚持"全面创新、生态引领、市场导向、开放共享、分类指导、集约高效"的发展原则，重点提升发展众创空间，积极推进大众创业，培育壮大市场主体，完善科技金融链条，提升自主创新能力，构建活力产业体系，建设产业科技社区、扩大全球链接辐射，深化机制体制改革。

该《纲要》指出,到 2020 年,高新区科技创新能力和经济创造能力继续保持较快增长,基本形成新的发展动力和发展范式,带动区域经济社会全面发展,努力实现率先形成有利于"大众创业、万众创新"的创新创业生态,率先形成具有全球竞争力和高度活力的新型产业体系,率先形成社交活跃、数据共享、经济、科技、生态有机统一的科技社区,率先形成全球链接辐射广泛深入的国际化发展平台。

第四节 科技信用管理政策的演进

一 制定科技信用管理政策的必要性

(一)科技信用概述

科技信用是指科技活动当事人遵守诺言和实践成约的行为。它要求人们从事科技活动时,遵守科技界公认的行为准则和道德规范,表现为以诚实守信为基础的心理承诺和如期履行契约的能力。[1]

科技信用属于科技领域特有的一种职业信用,是社会信用系统中一个重要的子系统。它覆盖整个科技领域,存在于科技项目立项,以及科技成果研究、开发和转让的各个方面。科技信用外延涉及范围相当广泛,往往与其他信用相互交融,形成多种多样的信用关系。它可以是科技机构与政府之间的法定信用关系,可以是科技机构相互之间或与企业之间的商业信用关系,可以是科技人员或机构与银行之间的资金信用关系,可以是科技成果交易者与消费者之间的商品信用关系,还可以是科技机构与内部人员的合约信用关系。

实际上,科技信用是一个包括守法信用、商业信用、银行信用、产品信用和服务信用等在内的与科技活动相关的信用体系。

面对信用缺失给社会经济造成的严重危害,我国提出标本兼治,严厉打击各种扰乱社会秩序的失信行为,加强全社会的信用教育,强化政府信用,重塑企业信用,构建个人信用,着力推进信用制度创新,建立符合国际惯例、比较完善的社会诚信体系。与此相适应,我国迅速推进

---

[1] 张明龙:《区域政策与自主创新》,中国经济出版社 2009 年版,第 383 页。

科技信用管理制度的建设，提出了一系列行之有效的措施。

（二）制定科技信用管理政策有利于防止不端行为

为了增强创新能力和核心竞争力，国家投入大量资金，资助科技项目研究和开发。目前，我国有三大国家主体科技计划项目，即863计划、科技攻关计划或科技支撑计划、基础研究计划项目，它们归口科技部管理，通常称作国家科技计划项目。我国还有国家自然科学基金、国家哲学社会科学基金、国家杰出青年科学基金等科学基金。设立国家科技计划项目和科学基金，是我国政府科技投入的主要方式。此外，科技部还主管各类产业化科技计划项目，如星火计划、火炬计划、新产品计划、成果推广计划、中小企业创新基金和农业成果转化基金等项目。各省科技厅也有一批科技计划项目。

从各类科技计划和科学基金的实施过程看，总的来说是规范有序的，并已取得明显的社会经济效益。但也出现了一些不守承诺、违背科技职业道德的失信行为。例如，出现实验报告、技术文件、情报文献造假，出现技术鉴定、经济评价的作假，还有以假冒的高科技产品行骗，泄露或侵占他人的关键技术资料等不端行为。不言而喻，加强科技信用管理是十分必要的。

二 制定科学基金领域的信用管理政策

在提出科技信用概念前，针对科技领域存在的信用缺失行为，科技部和国家自然科学基金委员会等单位，从加强国家科技计划项目和科学基金的管理入手，制定了一系列规范科技人员行为的政策法规。自20世纪90年代开始，国家自然科学基金委员会监督委员会连续颁发了三个文件，运用科技信用管理政策，在科学基金领域为阻挡不端行为而构筑起"三道大坝"。[①]

（一）构筑科学基金领域信用管理的第一道大坝

1999年8月4日，国家自然科学基金委员会监督委员会办公会议

[①] 张明龙、张琼妮：《中国建立科研诚信长效机制的探索》，《中外企业家》2012年第5期。

通过了一个重要文件：《国家自然科学基金委员会监督委员会监督检查暂行办法》。文件规定，将本着"依靠专家、发扬民主、择优支持、公正合理"的评审原则以及现行科学基金管理制度和办法，对国家自然科学基金项目展开监督检查。监督检查的主要对象是国家自然科学基金项目评审、资助工作及科学基金的管理、使用情况。检查重点是科学基金管理和使用的公正性、合法性及效益性。还规定，监督检查小组的主要任务是：了解被检查单位执行科学基金管理规定等情况，对有关单位或人员作出检查评价，其结果以书面形式向监委会报告。监督检查的方式，可结合审计联合开展或单独开展，根据需要实施综合检查或专项检查。

（二）构筑科学基金领域信用管理的第二道大坝

1999年8月4日即制定上述文件的同一天，国家自然科学基金委员会监督委员会办公会议通过了另一个重要文件：《国家自然科学基金委员会监督委员会受理投诉和举报暂行办法》。文件提出，倡导实事求是、不断创新的科学精神，反对科学研究和科学基金工作中的不正之风，促进科学基金事业健康发展。

文件确定了投诉和举报的范围：（1）在科学基金项目受理、评审和管理过程中，违反有关规定，有失客观、公正、合理的行为；（2）在科学基金项目申请、执行和结题等环节上，弄虚作假、捏造数据、剽窃成果等违反科学道德的行为；（3）因受资助单位管理不善等原因，致使科学基金项目未按有关规定执行并造成损失的；（4）在使用科学基金项目经费中违反专款专用等原则，甚至存在严重的截留、挪用和弄虚作假等行为；（5）其他违反国家自然科学基金有关规定的行为。

文件还规定了具体的处理办法：（1）被投诉和举报者违反有关科学基金管理办法和规定，经调查核实，事实确凿的，按有关规定处理；（2）由于工作失误等原因，致使确有创新的项目或应资助的项目未获资助的，经核实后，监委会建议有关部门组织项目复议；（3）投诉和举报内容不实，属于错告的，应澄清事实；属于诬告的，按有关规定处理；（4）在做出结论前，应尊重被投诉和举报者的人格名誉，不得扩散有关内容；（5）对办结的投诉和举报，监委会将处理结果告知投诉和举报者，并将有关材料归档；（6）对触犯国家法律或违反党纪的移交有关部门处理。

（三）构筑科学基金领域信用管理的第三道大坝

2001年6月12日，国家自然科学基金委员会监督委员会委务会议，通过了《国家杰出青年科学基金异议期试行办法》。

文件规定，国家自然科学基金委员会，将通过互联网及有关媒体，向社会公布评审确定的国家杰出青年科学基金候选人名单。候选人名单（含有关内容）公布后，其所在单位应同时将候选人申请书的主要内容，在候选人所在基层单位（一般为二级单位：大学为本系，研究院所为本研究室）范围内予以公布，便于了解其情况的科技工作者提出异议。

文件规定，提出异议期限为自国家杰出青年科学基金候选人名单公布之日起一个月内。文件还确定了受理异议的范围：（1）有关单位和个人在国家杰出青年科学基金项目受理和评审过程中，违反有关规定，有失客观、公正、合理的行为；（2）在申请国家杰出青年科学基金项目过程中，有弄虚作假、虚报浮夸、捏造数据、剽窃等违反科学道德的行为；（3）其他违反国家杰出青年科学基金项目有关管理规定的行为。

三 科技部牵头制定规范科技人员行为的信用政策

（一）制定科技计划项目管理的信用政策

1. 发布规范科技计划项目承担人员行为的信用政策。

2002年5月13日，科技部发布《国家科技计划项目承担人员管理的暂行办法》。明确提出国家科技计划项目负责人必须具备的资格：原则上应为该项目主体研究思路的提出者和实际主持研究的科技人员。中央和地方各级政府的公务人员（包括行使科技计划管理职能的其他人员）不得作为项目的负责人（战略性软科学项目除外），退休人员不得作为项目负责人。

规定项目负责人必须有足够的时间投入科研工作，要求他们把自身实际工作量一半以上的时间和精力投入到所主持项目的研究上。项目负责人在项目实施阶段无正当原因离岗不得超过半年。若有特殊原因确需出国或离岗超过半年以上的，应事先提出申请，报计划管理部门批准。规定项目负责人以外的主要研究人员，需在本课题研究中投入其实际工作时间的25%以上。还规定项目负责人同期主持的国家科技计划项目数原则上不得超过一项，作为主要参加人员同期参与承担的国家科技计划项目数（含负责主持的项目数），不得超过两项。

同时，该文件阐明计划管理部门、项目负责人所在单位、项目负责人及主要研究人员的各自职责和义务。特别是，该文件对违规行为提出五条处理意见，指出要严肃查处弄虚作假等不端现象。其中明确规定：对在填写国家科技计划项目有关材料时弄虚作假的，一经发现并核实后，计划管理部门将中止其在研国家科技计划项目，追回已拨经费，取消其3—5年申报国家科技计划项目资格，并予以公开通报，列入专家信用系统备案。对国家科技计划项目负责人违反规定，未经批准擅离岗位或出国超过半年以上的，计划管理部门有权中止其承担国家科技计划项目的资格，并根据情节轻重取消其1—5年国家科研项目的申请资格。

2. 发布规范科技计划项目评审行为的信用政策。

2003年1月29日，科技部颁布《国家科技计划项目评审行为准则与督查办法》。首先阐明了项目评估和项目评审的含义。认为项目评估，是指科技部各专项科技计划主管部门按照公开、公平和竞争的原则，择优遴选具有科技评估能力的评估机构，按照规定的程序、办法和标准，对项目进行的专业化咨询和评判活动。项目评审，是指科技部各专项科技计划主管部门组织或者委托有关单位组织科技、经济、管理等方面的专家，按照规定的程序、办法和标准，对项目进行的咨询和评判活动。指出项目评估或评审活动要按照国家有关法律、法规、规章和政策的要求，坚持独立、客观、公正的原则，并自觉接受有关方面的监督。评估机构的项目评估报告或者评审专家的项目评审意见是科技部管理决策的重要参考依据。

接着，分别对项目评估评审活动的组织者和承担者、项目评估人员和评审专家，以及项目推荐者和项目申请者，各自必须遵守的行为准则，作出具体规定。

同时，确定由科技部法制工作机构、综合计划管理机构、科技经费管理机构和驻科技部监察机构，依据有关规定，负责对项目评估评审活动进行监督检查。对于督查中发现的弄虚作假、徇私舞弊、滥用职权或玩忽职守等违规行为，按照其情节轻重，给予警告、通报批评，直至追究刑事责任的处分。

（二）制定鼓励创新和改进科技评价的信用政策

1. 发布增强原始性创新能力的信用政策。

2002年6月11日，科技部、教育部、中国科学院、中国工程院和国家自然科学基金委员会，联合颁发《关于进一步增强原始性创新能力的意见》。

提出鼓励冒险，宽容失败，勇于创新，敢为人先，营造有利于原始性创新的文化环境；鼓励学术民主，倡导创新文化，保障不同学术观点的公开发表和充分讨论。

提出继续推进科技管理制度改革，以人事制度和分配制度改革为重点，探索建立适应原始性创新要求的科研机构管理制度。形成理事会决策制、院所长负责制、科学技术委员会咨询制和职工代表大会监督制的现代科研机构管理制度。推行固定岗位和流动岗位相结合的用人制度，实行专业技术职务聘任与岗位聘用并轨。坚持课题负责人负责制，使课题负责人在批准的计划任务和预算范围内享有充分的自主权，减少管理环节与管理层次。建立灵活有效的激励分配机制，探索技术与知识作为生产要素参与分配的实现形式。

该文件专门安排一节内容详细阐述如何改进评价体系，指出要优化立项评价指标与标准。简化评估内容、优化评估程序、改进评价方法。要尽可能地压缩合并同内容、不同层次的评估活动。要建立基础研究评估共享资料平台，为各种评估活动提供权威性通用资料信息。要使评价体系进一步科学化、合理化，不同类型的基础研究工作应有不同的评价指标体系和侧重点。注重对于科技人员个人或团队素质、能力和研究水平的评价，注重研究人员对创新实际贡献的评价，改变现行奖励制度中按照科研人员排序进行奖励的做法，以利于推动形成研究团队，促进科学家之间的协作。加强对评估过程的监督，提高评估的公开性、公正性。探索建立评审专家信誉制度，扩大评估活动的公开化程度和被评审人的知情范围。实行严格的回避制度，减少各种不正之风和非学术因素的干扰。促进国际同行评议专家库的共享，鼓励聘请国外专家参加项目评估和研究成果的评价。

2. 发布改进科学技术评价的信用政策。

2003年5月15日，科技部、教育部、中国科学院、中国工程院和国家自然科学基金委员会等五部委，为了规范科技评价工作，建立健全科技评价机制，正确引导科技工作健康发展，进一步增强我国的科技持续创新能力，提高我国科学技术的实力和水平，联合发布《关于改进科学技术评价工作的决定》。

提出加强对科学技术评价工作的宏观指导，明确其职能定位，做到"目标导向、分类实施、客观公正、注重实效"。区别不同评价对象，确定不同的评价目标、内容和标准，采用不同的评价方法和指标，完善各类评价体系。坚持"公平、公正、公开"的评价原则，建立与国际接轨的评价制度，规范科学技术评价行为。倡导质量第一，克服浮躁、急功近利等短期行为，坚决反对浮夸作风。

指出要加强对科技成果评价工作的管理，改进现行成果评价方式，采用国际通行的同行评议和专家推荐制。科技评奖应以是否具有重大科技创新、重大技术进步，阐明自然现象、特征和规律，做出重大科学发现，以及在相应领域、学科内产生影响等实质性的内容作为重要指标，避免滥用不切实际的"国际领先""国内领先"等夸大之词，坚决抵制和反对虚假评价。要制定严格的监督机制和责任制度，一旦发生虚假评价的情况，要追究评价机构及相关人员的责任。提倡务实评价，营造宽松的创新环境，避免过繁过重的科学技术评价活动。加强科学道德建设，营造良好的创新文化，坚决反对任何形式的学术不端行为。

3. 制定体现科技信用政策要求的科学技术评价办法。

2003年9月20日，科技部根据《关于改进科学技术评价工作的决定》和国家有关法律法规，制定《科学技术评价办法》（试行）。

这一文件，先阐明科学技术评价工作的主要内容和涉及对象，提出科学技术评价工作应当遵循"目标导向、分类实施、客观公正、注重实效"的要求，必须有利于鼓励原始性创新，有利于促进科学技术成果转化和产业化，有利于发现和培育优秀人才，有利于营造宽松的创新环境，有利于防止和惩治学术不端行为。

接着，界定委托方、受托方及被评价方等科学技术评价工作的行为主体，确定他们的相应职责以及评价的基本程序和要求。还专门设立一章阐述如何进行评价专家的遴选，提出专家遴选遵循随机、回避和定期换届原则，建立专家信誉制度，明确专家应负的法律责任，充分体现了"以人为本、以德为先、以法为据"的专家路线。进而针对科学技术计划、科学技术项目、研究与发展机构、研究与发展人员、科学技术成果的评价，作出一系列具体规定。

最后，以"法律责任"为题，指出怎样处理各种违规行为。

四 在国家科技计划管理中不断完善科技信用政策

（一）以国家文件形式明确提出科技信用概念

1. 颁发《关于在国家科技计划管理中建立信用管理制度的决定》。

提到的文件及相应的政策法规，从不同角度，界定了科技计划项目和科学基金的申请者、评审者的职责与义务，进一步明确了他们必须遵守的行为准则和道德规范，为预防和治理科技领域失信现象作出制度安排，也为形成科技信用概念奠定理论基础。

这些文件尽管已经大量涉及科技领域的信用政策问题，甚至提到了"专家信誉制度"等科技领域专有信用概念，但是，它们都没有明确提出"科技信用"一词。第一次以国家文件形式阐述科技信用概念的，是科技部在2004年9月2日颁发的《关于在国家科技计划管理中建立信用管理制度的决定》。

该文件本着"让守信者得到鼓励、让失信者付出代价"的目的，为科技计划信用管理制度设计出基本框架。它阐明了国家科技计划信用制度建设的意义，信用管理的对象、依据、原则、范围、内容、组织实施方法、信用信息使用、信用管理在计划管理中的位置与作用等。从此，科技信用以自己特有的内涵，为信用家族增添了一个新成员。

2. 《关于在国家科技计划管理中建立信用管理制度的决定》基本内容。

（1）阐述科技领域引入信用政策的必要性和重要性。认为建立和健全社会信用制度，是社会主义市场经济发展的内在要求，也是社会主义市场经济条件下政府职能转变的必然要求。完善科技信用政策，加强科技信用管理，建立和健全科技信用制度体系，是国家科技创新体系建设的重要组成部分，是在市场经济条件下深化科技体制改革、完善国家科技计划管理的客观需要。加强科技计划的信用管理，可以提高国家科技计划的整体管理水平，提高政府科技资源分配的公正性和有效性，还可以强化制度约束，规范科技计划相关主体的行为，从源头上预防和遏制腐败行为。

（2）阐述国家科技计划信用管理的基本原则。提出应坚持实事求是的原则，要以事实为基本依据，做到客观记录和公正评价。应充分尊重科技活动自身规律，有利于形成科技界自我约束与自我调节的机制，保护科技创新的积极性和信用管理对象的合法权益。

（3）界定国家科技计划信用管理政策涉及的对象，是国家科技计划的执行者、评价者和管理者。阐明信用管理的依据是项目合同、计划任务书与委托协议书、项目预算书等正式承诺、国家科技计划相关管理制度与政策法规以及科技界公认行为准则等。

（4）提出建立国家科技计划信用信息评价指标体系，逐步建成国家科技计划信用信息共享平台系统。

（5）强调要重视国家科技计划信用信息的收集、记录与使用，把科技信用作为国家科技计划管理和决策的重要依据之一。

（6）对如何推进国家科技计划信用政策体系和制度建设作出部署。提出要积极推进、分步骤实施，要以提高失信成本为基本出发点稳步推进科技信用制度的规范化建设。既要发挥政府的主导作用，又要鼓励专业机构参与。既要坚持依法行政，又要加强道德建设和科技信用宣传。

（二）进一步完善科技信用管理政策体系的措施

自从明确提出科技信用概念之后，我国又制定了许多有利于推进和完善科技信用管理的文件及政策法规。其中主要有：

1. 在科技发展规划纲要中提出加强科技信用政策管理。

2005年，国务院以国发〔2005〕第044号文件形式，颁布了《国家中长期科学和技术发展规划纲要（2006—2020年）》。《纲要》第七部分科技体制改革与国家创新体系建设，在谈到推进科技管理体制改革时，进一步强调完善科技信用政策，推进科技信用管理制度建设，提出：一要建立健全国家科技决策机制。二要建立健全国家科技宏观协调机制。三要改革科技评审与评估制度。科技项目的评审要体现公正、公平、公开和鼓励创新的政策原则，完善同行专家评审机制，建立评审专家信用制度，建立国际同行专家参与评议的机制，加强对评审过程的监督，扩大评审活动的公开化程度和被评审人的知情范围。四要改革科技成果评价和奖励制度。完善科研评价制度和指标体系。建立适应不同性质科技工作的人才评价体系。

2. 提出利用科普信息资源加强科技信用政策体系建设。

2006年2月6日，国务院颁发《全民科学素质行动计划纲要（2006—2010—2020年）》。认为科学素质是公民素质的重要组成部分。提出集成国内外科普信息资源，建立全国科普信息资源共享和交流平台，为社会和公众提供资源支持和公共科普服务。制定相关法规、规章和标准，充分保护知识产权，创造公共科普信息资源公平使用的法制环境。这些措施，有利于提高信用信息管理技术，有利于建立和完善信用信息共享平台系统。

该文件还提出，制定《中国公民科学素质基准》，建立公民科学素质状况和《科学素质纲要》实施的监测指标体系，并纳入国家社会发展指标体系。同时，委托有关机构对公民科学素质等进行监测评估。这些做法，有利于建立科技人员信用信息评价指标体系，有利于运用指标量化确定科技人员的信用等级。

3. 在增强自主创新基础能力过程中推进科技信用政策体系建设。

2007年1月23日，国务院办公厅转发了发展改革委、科技部、教育部编制的《国家自主创新基础能力建设"十一五"规划》。

提出坚持以科学发展观为指导，贯彻"自主创新、重点跨越、支撑发展、引领未来"的科技发展方针。按照"需求导向,资源共享"的原则,在整合部门、地方科技资源、理顺管理体制的基础上,突出公益性、基础性、公共性的特点,重点围绕自然资源保护和高效利用、知识产权保护和科技信息共享、科学普及等重大问题,构建跨地区、跨学科、多层次、布局合理、体系完备的科技公共服务体系。加强统筹规划,在国家层面上做好科技资源共享的顶层设计。

同时,结合我国各类科技资源的特点,借鉴国际相关标准和规范,制定法规规章、技术标准和管理制度,确保在不同部门、地方和单位间实现共享科技条件资源。建立公开透明、科学合理的政府投资项目审理制度,促进建设项目的合理布局、高效运行,切实提高建设资金的使用效益。以上这些措施,对于加强科技信用管理政策体系建设,无疑是十分有利的。

4. 在实施创新驱动发展战略过程中加强科技信用制度建设。

2016年5月19日,中共中央、国务院颁发《国家创新驱动发展战略纲要》,强调科技创新是提高社会生产力和综合国力的战略支撑,必须摆在国家发展全局的核心位置。创新驱动就是创新成为引领发展的第一动力,依靠持续的知识积累、技术进步和劳动力素质提升来推动发展方式转变,促进经济向更高形态、更细分工、更合理结构的阶段演进。

该文件在谈到"营造崇尚创新的文化环境"时指出,要大力宣传广大科技工作者爱国奉献、勇攀高峰的感人事迹和崇高精神。倡导百家争鸣、尊重科学家个性的学术文化,增强敢为人先、勇于冒尖、大胆质疑的创新自信。重视科研试错探索价值,建立鼓励创新、宽容失败的容错纠错机制。营造宽松的科研氛围,保障科技人员的学术自由。加强科研诚信建设,引导广大科技工作者恪守学术道德,坚守社会责任。加强科学技术普及,提高全民科学素养,在全社会塑造科学理性精神。

五 推进科技信用管理政策体系建设的展望

科技信用缺失行为,大多是在执行科技计划和科学基金项目过程中出现的。因此,健全科技计划和科学基金信用管理政策,是推进科技信用政策体系建设的关键和重点。为此,我国在今后若干年内,将根据

《关于在国家科技计划管理中建立信用管理制度的决定》精神,着重从以下几方面加强科技信用政策体系建设。[①]

(一)制定科技项目执行者、评价者和管理者的信用规范

1. 制定项目执行者的信用规范。

其内容主要是:项目负责人须是在岗科技人员。一般应是项目主体研究思路的提出者或整个研究方案的设计者,并实际主持研究工作,防止出现挂名而不干事的现象。政府公务员可以主持战略性软科学项目,此外,与退休人员一样,不得作为项目负责人。项目负责人同期主持的国家级项目数原则上不得超过一项,应保证50%以上的实际工作量投入到自己主持的项目研究中,项目实施阶段无特殊原因不得离岗半年以上。项目执行者在项目立项、招投标、检查、鉴定、验收等过程中,必须按有关规定的要求提供项目的全部资料和信息,并确保其真实有效,不得弄虚作假。执行者应在规定时间内,全面完成合同所列的项目创新指标、技术指标和经济指标。项目执行者有义务接受评估评审,并应积极做好配合工作,不得妨碍评价者和管理者客观公正地开展工作。

2. 制定项目评价者的信用规范。

其内容主要是:在项目评估评审过程中,评价者的意见,对项目能否立项,成果验收能否通过,起着决定性的作用。为此,要建立健全评价专家资格审查制度和专家库。专家库应有一定比例的第一线中青年专家和国外同行专家。在评估评审工作中,应遵循随机原则从专家库遴选专家组成员,并严格实行回避制度与专家组定期轮换制度。评价者应坚持实事求是的态度,科学合理的方法,真实、准确地反映评价对象的实际情况,客观、公正地提出评价意见。

3. 制定项目管理者的信用规范

其内容主要是:管理者是项目申请立项、检查、验收中评估评审活动的组织者。制定管理者信用规范,建立健全管理者信用机制,有利于加强科技项目的科学化、规范化管理。管理者的信用行为,须以现有相

[①] 张明龙、张琼妮:《增强自主创新能力的科技信用管理方法创新》,《发展研究》2012年第7期。

关科技文件为依据，严格执行项目立项、检查、验收中规定的规则、程序和办法，对项目实行严格管理，正确指导和有效监督。反对不正之风与弄虚作假行为，倡导实事求是、勇于创新的科学作风。

（二）建立科技人员信用信息评价指标体系

科技人员信用信息，是科技信用制度的基本构成要素。要实施科技信用管理，首先应掌握必需的信用信息。科技人员信用信息评价指标，是专门用于科技领域的个人信用信息评价标准，大体包括三方面内容：

1. 科技人员信用基本信息评价指标。它又分为科技人员基本素质评价指标、科技人员科研能力评价指标和科技人员经济实力评价指标。

2. 科技人员不良行为记录评价指标。不良行为记录，是指科技人员在从事科技项目研究、评价和管理过程中出现失信行为，以及受到处理的情况。这项指标又分为项目执行者不良行为记录评价指标、评价者不良行为记录评价指标和管理者不良行为记录评价指标。

3. 科技人员良好行为记录评价指标。良好行为记录，是指科技人员在从事科技活动中，坚守承诺，实践成约，科技项目研究、评价和管理的业绩及贡献突出，主持完成的项目社会经济效益显著，获得各种科技工作的奖励和荣誉。这项指标又分解为项目执行者、评价者和管理者良好行为记录评价指标。

（三）校正指标量化评价可能出现的误差

科技人员信用等级，采用指标进行量化评价时，制定的指标标准，会随着社会经济的发展而有误差；各指标之间的权重安排和分值确定，也会因时间、地点变化而出现不合理之处。

为此，可结合使用主观评价方法加以检验性校正。具体做法是，邀请若干具有精湛专业知识和丰富评价经验的同行专家，采取背靠背独立完成的方式，运用专家个人经验判断能力，分别评价科技信用主体（项目执行者、评价者和管理者）的信用状况，再综合专家意见确定他们的信用等级。

然后，把专家评价与指标量化评价两种结果进行比较，消除其中误差，提高科技人员信用评级的精确性。

（四）完善科技人员信用数据库和信用信息共享平台系统

1. 制定科技信用数据库统一标准。目前，我国尚未建立全国性的征信系统，各地已建立或正在建立的征信机构，有的是政府管理部门组织的，有的是社团法人性质的，有的采取区域性会员制形式，信用数据库缺乏统一的设计标准。为了避免不同征信机构之间出现科技信用信息传递和交流的困难，建议有关部门按照科技信用信息收集、记录、整理、使用的要求，研究信用信息共享平台系统总体方案，构建总体框架，设计出科技信用数据库全国统一标准。

2. 进一步加快信用数据库建设。按照统一标准，规范各类科技计划和科学基金信用数据库，以及各征信机构科技信用数据库，同时规范科技信用信息的采集内容和服务范围，规范科技信用信息数据的查询和管理办法。

3. 建立科技信用信息共享平台系统。以统一规范的信用数据库为基础，逐步建成全国科技信用信息共享平台系统，方便科技信用数据的维护、查询和管理，为实现科技信用管理提供物质和技术保障。

（五）加强科技信用信息收集工作

由科技管理部门或科技工作者协会出面，组织科技人员信用信息征集管理机构。这个机构具有独立的法人资格，属于一个非营利性单位，给予它征集科研单位和科技人员信用信息的专门权利，并给予必要的政策扶持，使其逐步成为科技领域权威的征信机构。

它的主要职能是真实、完整、准确地记录项目执行者、评价者和管理者，在参与科技计划和科学基金项目活动中的信用状况，同时，通过广泛采集科研单位和科技人员的其他信用信息，掌握科技信用状态，并把它们整理和加工成各种信用资料，归类在个人或单位固定的信用号码内，形成一个可随时查阅的信用信息数据库，为科技管理部门进行科研项目监督管理和制定有关政策提供决策依据，为防范项目基金风险提供资信服务。

（六）建立健全失信行为惩戒机制

科技信用制度的规范化建设，将以提高失信成本为基本出发点，要求运用惩戒机制遏制失信行为。为此，要拓宽投诉和举报渠道，使科技计划和科学基金项目便于监督，易于揭露科技失信行为。要完善调查方法和程序，便于科学、客观、准确地认定科技失信行为。特别是，要采取道德谴责与法律追究相结合的方法，使失信者得到应有的惩处。科技项目失信行为惩戒机制的主要形式有：

1. 项目执行者失信行为惩戒机制。

（1）项目执行者违反项目负责人资格信用规范，一经查实，管理部门取消或中止其主持科技计划和科学基金项目的资格，并根据情节轻重取消其1—5年申请资格。

（2）项目执行者违反评估评审资料信用规范，一经查实，管理部门中止其在研科技计划和科学基金项目，追回已拨经费，取消其3—8年申报资格，进行公开通报批评，载入不良信用信息库存查。构成违纪的，建议有关部门给予纪律处分。属于违法行为的，依照有关法律规定处理。如剽窃、抄袭他人作品的，可依照《著作权法》第四十六条规定："应当根据情况，承担停止侵害、消除影响、公开赔礼道歉、赔偿损失等民事责任，并可以由著作权行政管理部门给予没收非法所得、罚款等行政处罚。"

（3）项目执行者违反项目任务合同信用规范时，对于没有完成创新指标、技术指标和经济指标的，按照合同条款规定进行处罚。对于因非不可抗原因没有按时完成项目任务的，管理部门有权追回专项拨款，中止其继续申报或承担科技计划和科学基金项目资格，对其作出公开通报批评，降低信用等级，列入不良信用行为信息库备案。

（4）项目执行者违反接受评估评审行为的信用规范时，管理部门可以区别情况责令其改正、记录不良信用、给予警告、公开通报批评、取消项目立项资格、终止项目合同、追回已拨经费，直至一定时限内取消其申报或承担科技计划和科学基金项目的资格，降低信用等级，并列入不良信用行为信息库备案。构成违纪的，建议有关部门给予纪律处分。触犯刑律的，移送司法机关依法追究刑事责任。

2. 项目评价者失信行为惩戒机制。

项目评价者违背科学道德，弄虚作假，徇私舞弊，或违反其他项目评价者信用规范的，管理部门可以区别情况责令改正，或记录不良信用、给予警告、公开通报批评、宣布评估评审意见无效，直至取消其参加评估评审活动的资格、降低信用等级、列入信用缺失者名单。属于违纪行为的，建议有关部门给予纪律处分。属于犯罪行为的，移送司法机关依法追究刑事责任。

3. 项目管理者失信行为惩戒机制。

项目管理者滥用职权或者玩忽职守，在项目立项、检查、验收过程中，发现重大情况隐匿不报，造成严重后果，或违反其他项目管理者信用规范的，根据问题严重程度，对主要负责人或直接责任人降低信用等级，给予纪律处分。构成犯罪的，移送司法机关依法追究刑事责任。

参考文献

[1] ［美］阿兰·格鲁奇:《比较经济制度》,徐节文、王连生、刘泽曾译,中国社会科学出版社1985年版。

[2] ［美］阿兰·兰德尔:《资源经济学》,施以正译,商务印书馆1989年版。

[3] ［美］埃冈·纽伯格、威廉·达菲等:《比较经济体制》,荣敬本、吴敬琏、陈国雄等译,商务印书馆1986年版。

[4] ［美］保罗·罗伯茨:《供应学派革命》,杨鲁军、虞虹、李捷理译,上海译文出版社1987年版。

[5] 财政部综合司:《调整收入分配:扩大内需的重要举措》,《中国财政》2003年第6期。

[6] 陈玲:《论残疾人劳动权特殊保护的法律对策——兼论〈残疾人就业条例〉的新举措》,《法制与社会》2008年第8期。

[7] 陈云:《陈云文选》,人民出版社1986年版。

[8] 丛明:《宏观经济走势与宏观调控政策基本取向》,《经济理论与经济管理》2006年第2期。

[9] ［美］丹尼斯·穆勒:《公共选择理论》,杨春学等译,中国社会科学出版社1999年版。

[10] 《邓小平文选》(第1—3卷),人民出版社1993年版。

[11] 邓子基:《财政政策与货币政策的配合同社会经济发展的关系》,《当代财经》2006年第1期。

[12] ［荷］丁伯根:《经济政策:原理与设计》,张幼文译,商务印书

馆 1988 年版。

[13] 封卫强：《地方政府视角下的小微企业政策支持体系构建》，《全球科技经济瞭望》2013 年第 12 期。

[14] 高卢麟：《关于〈中华人民共和国专利法修正案（草案）〉的说明》，在第 7 届全国人民代表大会常务委员会第 26 次会议上，1992 年 6 月 23 日。

[15] 龚秀敏：《建国以来我国中小企业政策回顾与总结》，《特区经济》2009 年第 10 期。

[16] 洪银兴：《经济转型和发展研究》，经济科学出版社 2008 年版。

[17] 胡培兆：《社会主义国有资本论》，经济科学出版社 1999 年版。

[18] 姜颖：《关于〈中华人民共和国专利法修正案（草案）〉的说明》，在第 9 届全国人民代表大会常务委员会第 15 次会议上，2000 年 4 月 25 日。

[19] 《江泽民文选》（1—3 卷），人民出版社 2006 年版。

[20] 金碚：《中国经济发展新常态研究》，《中国工业经济》2015 年第 1 期。

[21] [英] 库姆斯、萨维奥蒂和沃尔什：《经济学与技术进步》，中国社会科学院数量经济技术经济研究所技术经济理论方法研究室译，商务印书馆 1989 年版。

[22] [美] 库兹涅茨：《各国的经济增长》，常勋等译，商务印书馆 1985 年版。

[23] 《列宁选集》（第 1—4 卷），人民出版社 1972 年版。

[24] 林岗、黄泰岩：《三元经济发展模式》，经济科学出版社 2007 年版。

[25] 刘敏学：《关于〈中华人民共和国商标法修正案（草案）〉的说明》，在第 7 届全国人民代表大会常务委员会第 29 次会议上，1992 年 12 月 22 日。

[26] 刘伟：《我国经济增长及失衡的新变化和新特征》，《经济学动态》2014 年第 3 期。

[27] 刘伟、张辉：《中国经济增长中的产业结构变迁和技术进步》，

《经济研究》2008 年第 11 期。

[28] [德] 路德维希·艾哈德：《来自竞争的繁荣》，祝世康、穆家骥译，商务印书馆 1983 年版。

[29] 《马克思恩格斯选集》（第 1—4 卷），人民出版社 1972 年版。

[30] [美] 迈克尔·波特：《国家竞争优势》，李明轩、邱如美译，华夏出版社 2002 年版。

[31] 《毛泽东选集》（第 4 卷），人民出版社 1991 年版。

[32] [美] 莫里斯·博恩斯坦编：《东西方的经济计划》，朱泱、周叔俊、王昕若、石枕等译，商务印书馆 1987 年版。

[33] 南京市档案馆编：《南京解放》，中国档案出版社 2009 年版。

[34] 《斯大林选集》（下卷），人民出版社 1979 年版。

[35] 石宗源：《关于〈中华人民共和国著作权法修正案（草案）〉的说明》，在第 9 届全国人民代表大会常务委员会第 19 次会议上，2000 年 12 月 22 日。

[36] 宋涛：《宋涛文集》，经济科学出版社 2004 年版。

[37] 田力普：《关于〈中华人民共和国专利法修正案（草案）〉的说明》，在第 11 届全国人民代表大会常务委员会第 4 次会议上，2008 年 8 月 25 日。

[38] 王众孚：《关于〈中华人民共和国商标法修正案（草案）〉的说明》，在第 9 届全国人民代表大会常务委员会第 19 次会议上，2000 年 12 月 22 日。

[39] 卫兴华：《卫兴华经济学文集》，经济科学出版社 2005 年版。

[40] 吴敬琏：《当代中国经济改革》，上海远东出版社 2004 年版。

[41] 吴树青：《吴树青自选集》，学习出版社 2003 年版。

[42] 吴宣恭：《吴宣恭文集——产权、价值、分配》，经济科学出版社 2010 年版。

[43] 习近平：《干在实处，走在前列——推进浙江新发展的思考与实践》，中共中央党校出版社 2006 年版。

[44] 习近平：《习近平谈治国理政》，外文出版社 2014 年版。

[45] [英] 亚当·斯密：《国民财富的性质和原因的研究》（上卷），

郭大力、王亚南译，商务印书馆1972年版。

[46]［英］亚当·斯密：《国民财富的性质和原因的研究》（下卷），郭大力、王亚南译，商务印书馆1974年版。

[47]杨宜勇：《从战略高度制定促进就业政策措施》，《中国经贸导刊》2002年第19期。

[48]［美］约拉姆·巴泽尔：《产权的经济分析》，费方域、段毅才译，上海三联书店1997年版。

[49]张明龙：《经济运行与调控——计划与市场结合模式研究》，浙江人民出版社1993年版。

[50]张明龙：《国有企业无形资产的内涵、量化与保护》，《中国社会科学》1996年第6期。

[51]张明龙：《社会主义市场经济导论》，中国经济出版社1999年版。

[52]张明龙：《经济学基本理论研究》，中国文史出版社2002年版。

[53]张明龙：《经济学新问题求解》，中国经济出版社2007年版。

[54]张明龙等：《产业集群与区域发展研究》，中国经济出版社2008年版。

[55]张明龙：《区域政策与自主创新》，中国经济出版社2009年版。

[56]张明龙：《我国就业政策的六十年变迁》，《经济理论与经济管理》2009年第10期。

[57]张明龙、张琼妮：《完善知识产权保护制度的对策研究》，《经济纵横》2009年第12期。

[58]张明龙：《区域发展与创新》，中国经济出版社2010年版。

[59]张明龙：《改革前我国就业政策的主要特征》，《新华文摘》2010年第2期。

[60]张明龙、张琼妮：《中小企业创新与区域政策》，知识产权出版社2011年版。

[61]张明龙：《企业产权的演进与交易》，企业管理出版社2012年版。

[62]张明龙、张琼妮：《中国建立科研诚信长效机制的探索》，《中外企业家》2012年第5期。

[63]张明龙、张琼妮：《增强自主创新能力的科技信用管理方法创

新》,《发展研究》2012 年第 7 期。

[64] 张明龙等:《产业升级与创新——以浙江为例》,企业管理出版社 2013 年版。

[65] 张明龙:《走向市场经济的思索》,企业管理出版社 2014 年版。

[66] 张明龙、张琼妮:《我国宏观调控及其政策变迁纵向考察》,《中外企业家》2016 年第 13 期。

[67] 张维迎:《从中国改革看制度变革的演进特征》,《中国改革》2003 年第 11 期。

[68] 章庆平:《高校新工资制存在的问题与对策》,《高师教育》1995 年第 4 期。

[69]《周恩来选集》(下卷),人民出版社 1984 年版。

[70] 中共中央文献研究室编:《习近平关于全面深化改革论述摘编》中央文献出版社 2014 年版。

[71] 中央档案馆编:《中共中央文件选集》第 18 册,中共中央党校出版社 1992 年版。

[72] Bosworth Barry and Susan M. Collins, Accounting for Growth: Comparing China and India, Journal of Economic Perspectives, 22 (1), 2008.

[73] D. Teece, Profiting from technological innovation: Implications for integration, collaboration, licensing and public policy, Research Policy, 1986, (15).

[74] G. Stigler. The Theory of Price, New York, Macmillan Co., 1966.

[75] Held, J. R. Clusters as an Economic Development Tool: Beyond the Pitfalls. Economic Development Quarterly 1999, (10).

[76] J. Ben-David, Scientific Growth, Essays on the Social Organization and Ethos of Science, University of California Press, 1991.

[77] Krugman P. Geography and trade. Cambridge: MIT Press, 1991.

[78] North, D. C. Institutions, Institutional Change and Economic Performance. New York: Cambridge University Press 1990.

[79] R. F. Klueger. Buying and Selling a Business, New York: John Wiley

and Sons, Inc. , 1988.

[80] Report to the President and Congress on Coordination of Intellectual Property Enforcement and Protection, the National Intellectual Property Law Enforcement Coordination Council, September 2006.

[81] Saxenian A, Regional Advantage, Harvard University Press, 1994.

[82] Stefano Ponte and Peter Gibbon. Quality standards, conventions and the governance of global value chains. Economy and Society, 2005 (2).

[83] Storper M. The Regional World: Territorial development in a Global Economy. New York: Guilford Press, 1997.

后　记

　　经过数年努力，我们先后在《经济理论与经济管理》、《中国发展》等刊物，发表了《我国就业政策的六十年变迁》、《我国宏观调控及其政策变迁纵向考察》、《运用科技进步政策体系促进创新活动》等30多篇有关政策研究的论文。至此，觉得有必要，也有可能把这些论文系统化为一本书了。于是，有了这本《新中国经济与科技政策演变研究》。

　　本书的各种知识要素，是从学术界的许多研究成果中吸收来的，不少方面还直接得益于师长、同事和朋友的赐教。

　　同时，向所有提供过帮助的人，表示衷心的感谢！要感谢名家工作室成员的团队协作精神和艰辛的研究付出。感谢巫贤雅、沈伟、代少婷等研究生参与课题调研，以及帮助搜集、整理资料等工作。感谢浙江省哲学社会科学规划重点课题基金、名家工作室建设基金等，对本书出版的资助。感谢浙江财经大学东方学院、台州学院经贸管理学院、浙江师范大学经济管理学院等单位诸多同志的帮助。感谢中国社会科学出版社诸位同志，特别是刘艳女士，她们为提高本书质量倾注了大量时间和精力。

　　限于作者的学术水平和研究能力，书中难免存在一些不妥和错误之处，敬请广大读者不吝指教。

张琼妮　张明龙
2017年2月3日